對馬島

崔溥 漂海錄 研究

崔溥 漂海錄 研究

朴元熇 著

고려대학교출판부
KOREA UNIVERSITY PRESS

이 책은 고려대학교출판부가 조성한
인문사회과학출판기금으로 만들어졌습니다.

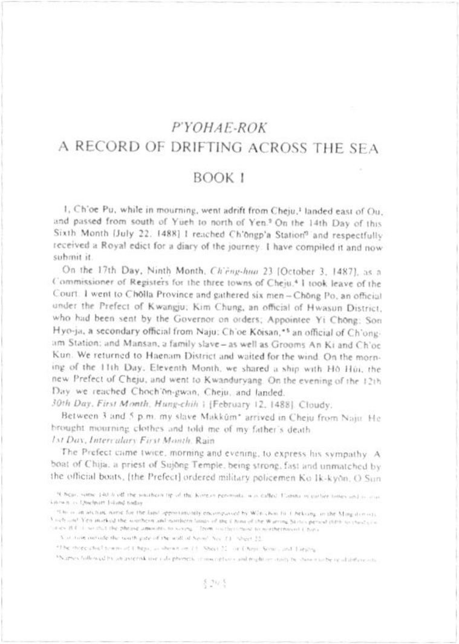

P'YOHAE-ROK
A RECORD OF DRIFTING ACROSS THE SEA
BOOK I

1965년 출간된 미국 메스킬(Meskill)의 영역 *Choe Pu's diary : A Record of Drifting across the Sea*

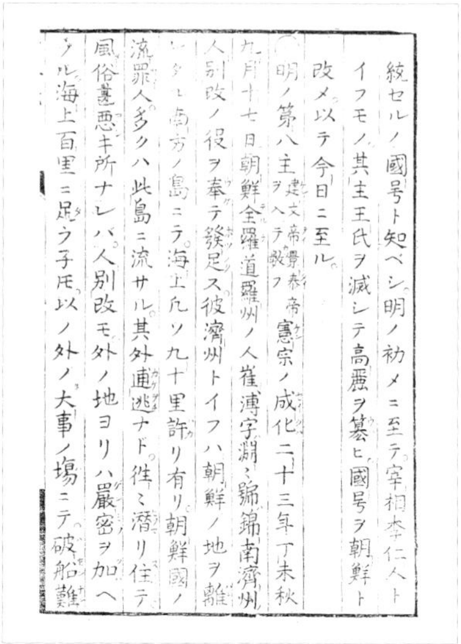

1795년 청전군금이 번역한 일역 《通俗漂海錄》(1769년 《唐土行程記》의 개정판)

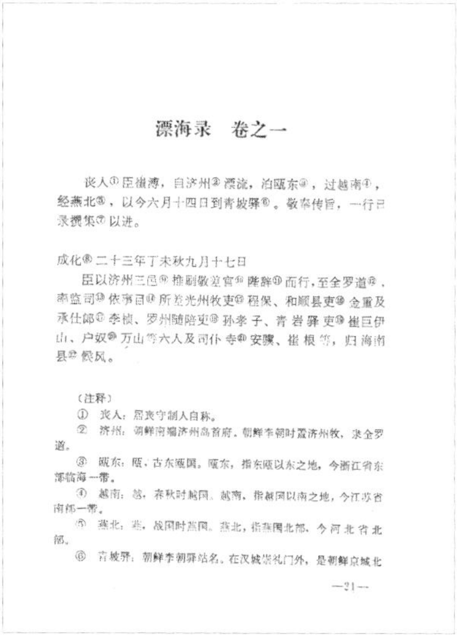

漂海录　卷之一

1992년 중국 葛振家의 點注本

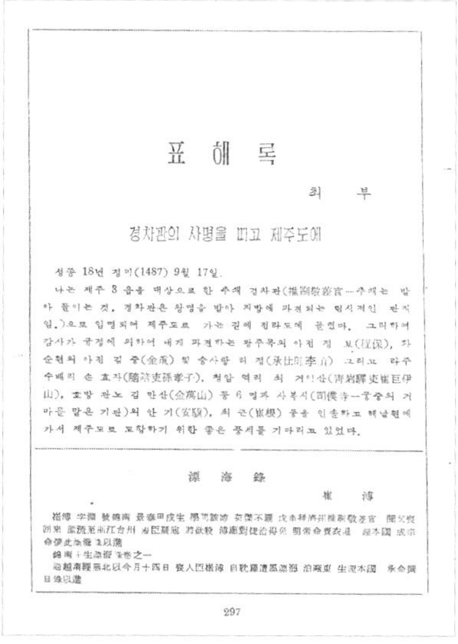

표 해 록

최 부

1964년 북한 김찬순이 초역한 한글본

《표해록》 역주본 4종

요
하
광녕(廣寧)
요양(遼陽)
의주(義州)
산해관(山海關)
만리장성
북경(北京)
한양(漢陽)
천진(天津)
덕주(德州)
제주(濟州)
황
하
서주(徐州)
회안(淮安)
양주(陽州)
진강
(鎭江)
소주(蘇州)
주산열도
항주(杭州)
영파(寧波)
소흥(紹興)
도저소(桃渚所)
태주(台州)
양
자
강

최부 일행 이동경로

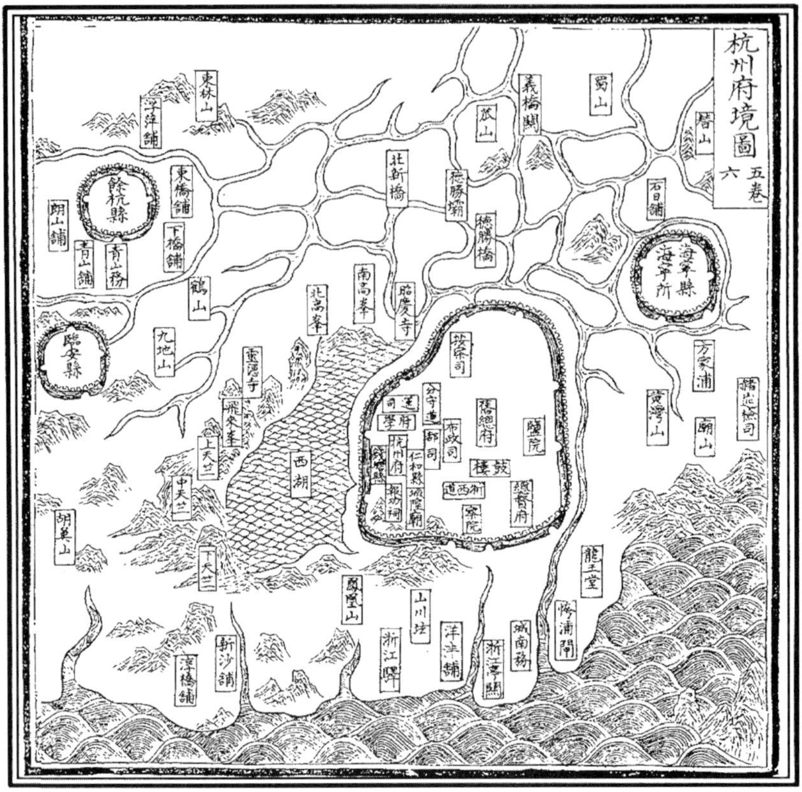

최부 일행이 경유한 杭州(출전 : 《籌海圖編》)

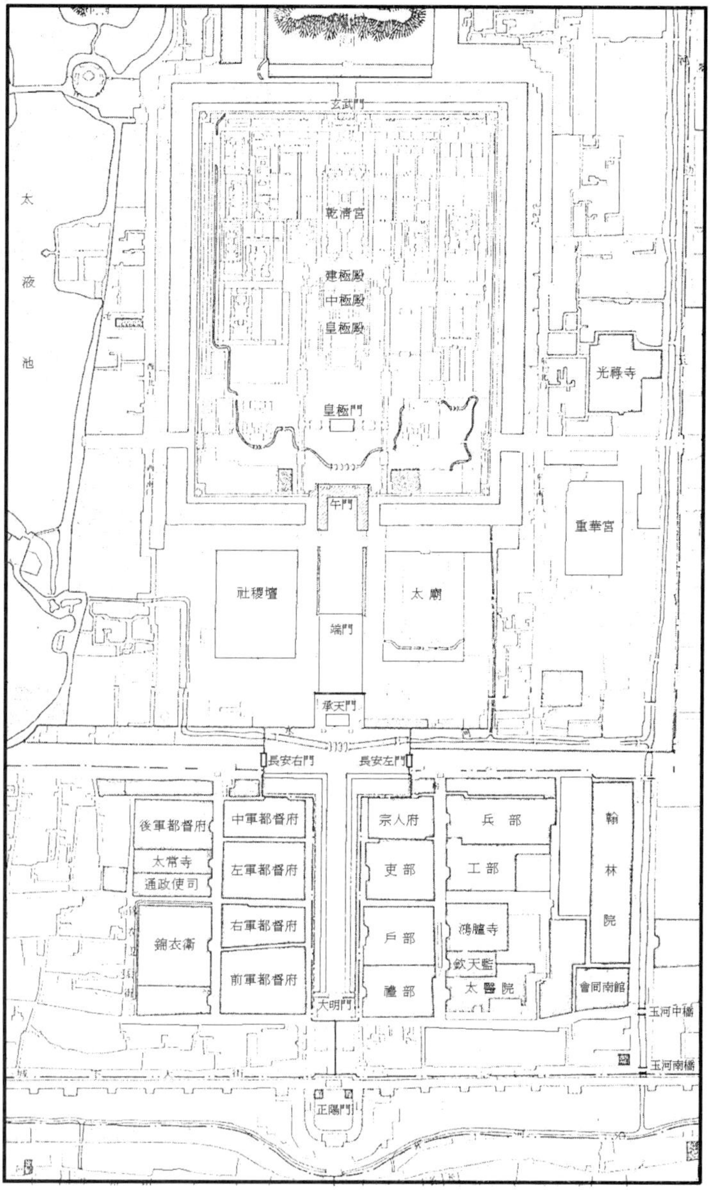
玄武門
乾淸宮
建極殿
中極殿
皇極殿
皇極門
午門
太液池
光祿寺
重華宮
社稷壇
太廟
端門
承天門
長安右門
長安左門
後軍都督府
中軍都督府
宗人府
兵部
翰林院
太常寺
通政使司
左軍都督府
吏部
工部
錦衣衛
右軍都督府
戶部
鴻臚寺
欽天監
前軍都督府
禮部
太醫院
會同南館
大明門
玉河中橋
玉河南橋
正陽門

北京 皇宮圖

책머리에

필자가 崔溥의 《漂海錄》에 관한 연구를 해야겠다고 작정하고, 관련 자료를 조금씩 수집하기 시작한 것이 1993년경이었다. 당시 진행 중이었던 연구과제가 마무리되기만 하면, 바로 崔溥 《漂海錄》에 관한 연구를 시작할 수 있도록 하기 위함이었다. 그리하여 1995년 1학기 대학원 세미나에서는 이재호 역본을 중심으로 강독을 하면서, 일단 필자 나름대로의 번역본 초고를 만들어 놓았다.

1997년 5월에는 평소 최부 표해록에 대해 많은 관심을 가진 명지대학교 유영구 이사장의 지원으로 최부의 중국 여정을 둘러보기 위한 답사팀이 만들어져 중국답사를 하게 되었는데, 이때 필자도 이 《표해록》 답사팀의 일원으로 참여할 수가 있었다. 최부 일행이 표착하였던 절강성 태주부 임해현 해안으로부터 영파—소흥—항주—소주—진강—양주—회안—서주—천진—북경—산해관—북녕—요양에 이르는 코스를 답사하였던 기록이 이 책의 4부 〈崔溥 漂海錄의 研究紀行—최부의 발자취를 따라〉이다. 이 글은 필자가 써 놓고 나서도 몇 년간을 묵혀 두고 있다가, 2003년에 계간지 《내일을 여는 역사》에 3회로 나누어 뒤늦게 발표하였으며, 이번에 다시 내

용을 조금 손질하여 이 책에 함께 수록하게 되었다.

그동안 필자가 매달려 오던 明清時代 徽州宗族에 관한 연구를 마무리하여 《明清徽州宗族史研究》를 막 출간한 시점인 2002년에, 학술진흥재단의 기초학문 분야에 최부 표해록 연구가 연구과제로 선정되었다. 비로소 이 연구에 본격적으로 돌입할 수 있게 된 필자는 기존 연구보다 한 단계 앞으로 나아가기 위해서는 研究史의 정리가 필수적이므로, 가장 먼저 〈표해록 연구문헌 목록〉을 작성해 보았다. 〈문헌 목록〉을 작성해 놓고 보니, 20세기에 들어서 가장 먼저 최부 《표해록》에 대한 학술적 관심을 보인 사람은 뜻밖에 미국의 메스킬이었다. 메스킬은 최부 《표해록》을 영어로 번역하고 또 상세한 주석을 달아, *A Record of Drifting across the Sea, Pyohae-rok 漂海錄*을 1958년에 컬럼비아 대학에 박사학위논문으로 제출하였다. 이후 일본학자 牧田諦良이 《策彥入明記の研究》 속에서 최부와 《표해록》을 소개하였고, 표점을 찍은 《표해록》 원문을 부록으로 수록하였다. 1964년에 가서야 평양에서는 김찬순에 의해 첫 한글 번역의 《표해록》 抄譯本이 나왔고, 서울에서는 첫 학술논문인 高炳翊의 〈성종조 최부의 표류와 표해록〉이 발표되었다. 이렇게 시작된 최부 《표해록》에 관한 研究史를 간략히 정리한 글이 〈崔溥 漂海錄 研究述評〉(《史叢》 56집, 2002) 이다.

지금까지 최부 《표해록》의 研究史를 훑어보게 되면, 歷史學的 研究와 文學的 研究는 이루어진 바가 있지만, 書誌學的 研究는 단 한 차례도 시도된 적이 없었다. 최부 《표해록》이 조선시대에 6차에 걸쳐 간행되었다는 사실을 이미 자료 수집 단계에서부터 알고 있던 필자가 그동안 수집한 6종의 판본을 대상으로 분석한 결과가 〈崔溥 漂海錄 版本考〉(《書誌學研究》 26집, 2003) 이다. 그 다음에 앞으로 진행시킬 譯註와 研究의 底本을 확정짓기 위해서는 판본에 대한 校勘을 하지 않을 수가 없었으므로, 판본 6종에 대한

校勘을 마친 성과가 〈崔溥 漂海錄 校勘記〉(《書誌學報》 27호, 2003) 이다. 그리고 그 다음은 18세기에 일본에서 최부 《표해록》을 日譯한 《通俗漂海錄》과 19세기에 조선의 諺解本 《표ᄒᆡ록》을 대비시켜 본 것이 〈日譯 通俗漂海錄과 諺解本 표ᄒᆡ록의 書誌學的 考察〉(《東方學志》 125집, 2004) 이다. 이상의 3편은 書誌學 논문으로, 바로 이 책의 2부 〈崔溥 漂海錄에 관한 書誌學的 硏究〉를 이루고 있다.

다음으로는 필자가 중국사 연구자로서 역사학적 연구의 성과도 내놓아야 할 차례가 되었다. 崔溥 《漂海錄》을 대상으로 한 역사학적 연구가 어려운 것은 여러 가지 점이 있겠지만, 가장 큰 난점은 그동안 다른 연구자들이 다룰 만한 주제는 대체로 조금씩 모두 다루었다는 것이었다. 물론 주제가 중복되더라도 다시 다룰 수가 있겠으나, 연구의 성격 자체가 하나의 역사문헌을 대상으로 하는 만큼, 자연히 겹치는 부분이 많을 수밖에 없었다. 기존의 연구성과를 다시 살펴보니 역시 겹치는 부분이 적지 않았으며, 이러한 중복을 최대한으로 피하면서 새로운 시각의 역사논문을 3편 쓰기로 계획을 세웠다. 그 첫째가 〈明代 朝鮮 漂流民의 送還節次와 情報傳達－崔溥 漂海錄을 중심으로〉(《明淸史硏究》 24집, 2005) 이다. 둘째는 〈15世紀 朝鮮人이 본 明 '弘治中興'의 兆朕－弘治元年(1488) 崔溥 漂海錄을 中心으로〉(《中國學論叢》 16호, 2005) 이다. 셋째는 〈15世紀 中國人의 朝鮮認識－崔溥 漂海錄을 길잡이로 삼아〉(《15-19世紀 중국인의 朝鮮認識》, 고구려연구재단 연구총서 9, 2005) 이다. 지금까지 다루어진 적이 없는 주제로 이루어진 이 3편의 논문으로 3부 〈崔溥 漂海錄의 歷史學的 硏究〉를 구성하였다.

그리고 그동안 出刊되었던 최부 《표해록》의 역본 7종을 대상으로 각 역본의 주요 특징과 誤譯 및 誤註를 검토해 본 것이 〈崔溥 漂海錄 飜譯述評〉(《韓國史學報》 21호, 2005) 이다. 이 글과 앞의 〈崔溥 漂海錄 硏究述評〉

(《史叢》 56집, 2002)을 묶어, 이 책의 1부 〈崔溥 漂海錄의 研究와 飜譯의 回顧〉를 구성하였다.

이렇게 研究史 2편, 書誌學 論文 3편, 歷史學 論文 3편, 그리고 研究紀行 1편을 함께 엮어 《崔溥 漂海錄 研究》를 출간하게 되었다. 일찍이 1964년 최부 표해록에 관한 최초의 논문을 썼던 고병익 선생님께 필자가 진행하고 있던 작업에 대해 편지로 말씀드린 일이 있었다. 이를 받아보신 고병익 선생님께서 필자의 연구실로 전화를 걸어와 몇 가지를 물어보시며 커다란 관심을 표해 주셨다. 그리고 석 달이 채 못 되어 입원하셨다는 소식을 들었고, 또 얼마 지나지 않아 별세하셨다는 訃告를 듣게 되었다. 이것이 필자가 고병익 선생님으로부터 받은 첫 전화이자 마지막 전화가 되고 말았다. 필자가 원래의 계획대로만 연구를 마쳤더라면, 고병익 선생님께도 이 책을 보여드릴 수 있었을 텐데, 못내 아쉽게 생각된다.

이 《崔溥 漂海錄 研究》의 출간으로 한때 明代 韓中關係史를 공부했던 연구자로서, 그동안 마음속에 지고 있던 '研究의 負債'를 다소나마 갚은 것 같아 후련하다는 느낌이 든다. 이 책과 자매편이 될 《崔溥 漂海錄 譯註》 프로젝트를 함께 한 김성한 · 권인용 · 홍성구 선생과 연구보조원으로 참여하거나 대학원 세미나에 참여했던 여러분에게 감사드리고 싶다. 이 책의 원고 정리를 비롯한 여러 번거로운 일을 도와준 이훈 선생과, 이훈 선생의 渡美 이후 마지막 마무리 작업을 도와준 김한웅 씨의 노고에도 감사하는 바이다.

그동안 연구에 전념할 수 있도록 항상 곁에서 필자를 도와 준 아내 玲卿에게 이 책을 바치고자 한다.

2005년 12월 26일
박 원 호

차 례

2부 崔溥 漂海錄의 書誌學的 硏究

3부 崔溥 漂海錄의 歷史學的 硏究

1부

崔溥 표해록의 研究와 飜譯의 回顧

1장 崔溥 漂海錄 研究述評

1. 초기의《표해록》연구

최부(1454-1504)는 朝鮮成宗 시기의 文臣이다. 濟州에서 推刷敬差官으로 근무하던 중 성종19년(弘治元年, 1488) 부친상을 당하여 급히 배를 타고 돌아오다가, 풍랑을 만나 13일간의 표류 끝에 중국의 浙江省 해안에 漂着하게 되었다. 최부 일행 43명은 온갖 고초를 겪은 다음 조선인임이 밝혀져 杭州로 이송되었고, 이어 대운하를 거쳐 北京에 이르렀다가 遼東을 경유하여 조선으로 귀환하였다.《漂海錄》은 최부가 漢陽에 도착한 직후 성종의 명에 따라 쓴 보고서로서, 표류로부터 중국 여정을 일기체로 기록한 일종의 中國見聞錄이다. 당시 조선인이 쉽게 가 볼 수 없었던 중국의 江南의 見聞에 대한 기술이 특히 朝野의 관심을 끌었다.

崔溥《漂海錄》[1]에 관해 학문적인 관심을 처음으로 표명한 이는 뜻밖에

---

1 최부의《표해록》을 다른《표해록》과 구별하기 위해, 최부의 號를 앞에 붙여《錦南漂海錄》이라고 부르기도 한다. 이 書名은 성균관대학교 대동문화연구원에서 1962년에《燕行錄選集》下卷을 간행할 때,《표해록》을《錦南〔崔溥〕漂海錄》으로 이름 붙여 수록한 데서 비롯한다. 이후 고병익은 1964년에 발표한 그의 논문〈成宗朝 崔溥의 漂流와 漂海錄〉의 첫머리에서, "《錦南漂海錄》이라는 이름으로 남아 있는 漂流記…"라고 하여, 이 書名의 사용을 굳혔다. 최부에게는《錦南集》이란 文集이 따로 있었고, 후일 肅宗2년(1676) 후손들이《표해록》을《금

도 메스킬이란 미국학자였다. 메스킬은 일찍이 1958년에 컬럼비아 대학에 英譯本 최부 《표해록》을 박사학위논문으로 제출하였다. 한국이나 일본이 아닌 미국에서 漢文으로 된 최부 《표해록》에 관한 첫 연구성과가 나왔다는 것은 의외의 일이다. 미국학자가 어떤 경로로 최부 《표해록》을 알게 되어 英譯에 착수하게 되었을까 하는 궁금증은, 메스킬이 1950년대에 일본유학생이었다는 점을 상기하면 의문의 실마리가 조금씩 풀리게 된다. 메스킬은 50년대에 일본에서 2년간 유학하고 있을 때, 스승인 宮崎市定에게서 이 최부 《표해록》에 대해 알게 되었다고 밝혔다.[2]

그 무렵 京都大學 人文科學研究所의 牧田諦亮도 15세기 일본승려 策彦의 《入明記》를 연구하고 있었는데, 연구과정에서 策彦보다 51년 전에 조선인 최부가 策彦과 비슷한 경로로 중국을 여행하고 기행기인 《표해록》을 남겼다는 사실을 알게 되었다. 그리고 牧田諦亮은 그 연구성과를 《策彦入明記の研究 (上)·(下)》 2책으로 간행하였는데, 제7장 〈漂海錄と唐土行程記〉에서 최부와 《표해록》, 18세기에 淸田君錦이 최부 《표해록》을

남집》 속에 合編하여 간행하기도 하였다. 그러므로 《錦南集》과 《漂海錄》을 연결시키는 의미도 있고, 또 다른 종류의 《표해록》과 구별하기 위해 최부의 號를 앞에 붙여 '錦南漂海錄'이라고 이름을 지었을 것으로 이해된다. 그렇지만 이 책의 固有한 書名은 어디까지나 《표해록》이다. 한편 다른 張漢喆 《표해록》이나 文淳得 《표해록》과도 구별해야 할 필요도 있으므로, 앞으로역시 '崔溥 《漂海錄》'이라고 통일시켜 불러야 마땅하지 않을까 생각한다.

2 John Meskill, "Acknowledgement," *A Record of Drifting across the Sea, P'yohae-rok 漂海錄*, 1958. 메스킬 교수는 최근 인터뷰에서, "최부에 대해 연구하게 된 것은 1950년대 한국전쟁 무렵이다. 당시 일본에 유학하던 중 京都大學의 宮崎市定 교수를 만났는데, 명나라 때 한 조선인 관리가 6개월 동안 중국을 종주하며, 풍부한 견문과 관찰로 엮은 일기가 있다는 얘기를 들었다. 최부의 《표해록》이었다. 이후 필자는 《표해록》을 영어로 완역해 박사학위를 받았고 《표해록》의 심오한 작품세계에 매료되었다"라고 술회한 바가 있다(《월간중앙》, 2004년 11월).

日譯한 《唐土行程記》에 대해 개략적인 소개를 하였다. 특히 《당토행정기》에 대해서는 학계에서 처음으로 상세하게 논급하였다. 책언 《입명기》의 연구과정에서 자연히 최부 《표해록》에 대해 관심을 갖게 된 牧田諦亮은 본격적인 역주작업을 하지는 않았으나, 陽明文庫本 《표해록》을 저본으로 原文에 구두점을 찍은 다음, 그의 저서인 《策彥入明記の研究 (下)》에 참고용으로 수록하였다.[3]

후일 高柄翊은 書評 〈메스킬 錦南漂海錄 譯註〉에서 메스킬이 英譯을 하면서 비교적 誤譯이 적었던 이유에 대해, "또 上擧한 《策彥入明記의 研究》에 句讀點을 찍은 原文이 收錄되어 있기 때문에 誤讀의 念慮는 적었던 것 같이 보인다"라고 추측한 바가 있다. 한편 메스킬의 《표해록》 英譯을 까맣게 모르고 있던 牧田諦亮도 후일 고병익의 書評을 통해 이러한 사실을 알고, 《金澤文庫研究》에 기고한 〈漂海錄と唐土行程記〉의 말미에 특별히 '漂海錄の英譯について'를 첨부하여 다음과 같이 언급하였다.

> 메스킬 씨는 일찍이 京大 人文科學研究所에 나타나 나에게 《策彥入明記の研究》를 번역하고 싶다는 의향을 표명했으나, 결국 《漂海錄》을 譯註하여 컬럼비아 대학에 학위청구논문으로 제출한 것이다. 《策彥入明記の研究》는 昭和34년(1959년) 3월에 완성하였으므로 그도 同書를 보았을 터이고, 高 교수도 英譯에 誤譯이 적은 것은 《策彥入明記の研究》에 실린 〈漂海錄〉에 구두점이 찍혀 있었기 때문일 것이라고 쓰고 있다. (간혹 誤讀이 있어 부끄럽기 짝이 없다.) 이에 대해서는 原文을 읽고 나서 신중히 대처하려고 한다.[4]

그러나 두 분의 이러한 추정은 메스킬의 *Ch'oe Pu's Diary : A Record of*

---

3 牧田諦亮, 〈漂海錄〉, 《策彥入明記の研究 (下)》, 法藏館, 1959.

4 牧田諦亮, 〈漂海錄と唐土行程記〉, 《金澤文庫研究》 第272号, 1984.

*Drifting across the Sea*라는 책이 1965년에 출간된 것을 기준으로 삼아 내린 판단일 뿐이다. 1965년에 출판된 이 책은 이미 1958년에 제출된 자신의 박사학위논문을 조금 보완하여 간행한 것이다. 그러므로 메스킬이 牧田諦亮의 저서를 활용하였는가 아닌가는, 그의 박사학위논문의 제출년도를 기준으로 살펴보아야 할 것이다. 사실 《策彦入明記の硏究 (上)》은 刊記가 1955년으로서 메스킬의 박사학위논문보다 3년이 이르나, 정작 〈표해록〉이 수록되어 있는 《策彦入明記の硏究 (下)》는 刊記가 1959년으로서 메스킬보다 오히려 1년이 늦다. 따라서 당시 일본에서 유학하며 牧田諦亮과도 만났던 메스킬이 구두점을 찍어 놓은 〈표해록〉을 얻었다고 한다면, 그 시점은 몇 년 전 牧田諦亮이 標點작업을 하던 원고 상태의 것이라야만 시간적으로 맞아떨어진다. 이 점에 관해 메스킬은 박사학위논문의 서문에서 牧田諦亮의 원고에 대해서는 아무런 언급을 하지 않았다. 여러 가지 정황을 보아 메스킬이 英譯을 시작하기 이전에, 먼저 牧田諦亮이 구두점을 찍어 놓은 원고 상태의 〈표해록〉을 손에 넣어, 이것을 英譯에 활용했을 가능성은 적어 보인다.

그런데 보다 주목해야 할 것은 牧田諦亮이 표점작업을 한 원고 상태의 〈표해록〉 외에도, 당시 메스킬이 활용할 수 있는 표점 찍힌 다른 〈표해록〉 자료가 있었다는 점이다. 그것은 바로 일본 京都의 陽明文庫에 있는 木版本《표해록》이다. 메스킬은 일본 체류 중에 京都의 陽明文庫와 橫浜의 金澤文庫 그리고 東京의 東洋文庫와 內閣文庫를 찾아 《표해록》 연구에 필요한 기초적인 版本調査를 한 일이 있었음은 박사학위논문의 서문에도 밝혀져 있다. 그런데 메스킬이 1950년대에 양명문고와 金澤文庫를 방문하였던 증거를 필자도 우연히 확인한 바가 있다. 2002년 10월 필자는 金澤文庫를 방문하여 收藏되어 있던 金澤文庫本 《표해록》을 살펴보던 중, 책의 마지막 갈

피에 오래된 소개서신이 한 장 끼어 있는 것을 발견하였다. 이 편지는 그 당시 東京都立大學 森克己 교수가 金澤文庫의 熊原政男 文庫長 앞으로 보낸 것인데, 컬럼비아 대학 대학원생(당시 東京大學 東洋文化研究所 연구원)인 메스킬이 방문하면 자료열람의 편의를 제공해 달라는 내용의 6월 16일자 서신이었다. 그리고 또 陽明文庫 所藏《표해록》의 跋文을 펜으로 써 놓은 다른 원고지 2장이 더 남아 있었는데, 원고지의 가장자리에는 붉은 글씨로 "컬럼비아 대학 메스킬 씨가 알려주다"라고 쓰여 있었다. 이것을 보면 메스킬은 京都 陽明文庫를 먼저 들러《표해록》판본조사를 마친 다음, 東京을 거쳐 横浜 金澤文庫에 갔다는 사실을 확인할 수 있었다. 이러한 판본조사 과정에서 열람한《표해록》중의 陽明文庫本에는, 일찍이 이 책을 소장했던 近衛家의 어떤 인사가《표해록》을 읽으면서 붉은 먹물로 찍어 놓은 표점이 선명하게 남아 있었다. 메스킬이 이 자료를 복사하였다고 하였으므로, 先人이 이미 찍어 놓은 표점은 英譯을 할 때 많은 참고가 되었을 것이다. 그 밖에도 메스킬이 참고할 수 있는 자료가 또 있었으니, 그것은 18세기에 일본의 淸田君錦이《표해록》을 日譯한《당토행정기》이다.《당토행정기》는 完譯이 아니고 抄譯이긴 하지만, 메스킬이《표해록》의 내용을 파악하는 데에는 구두점만을 찍어 놓은 양명문고본 못지않게 유용하였을 것이다. 사실 牧田諦亮도 양명문고본을 복사하여 底本으로 사용하였으므로, 자신이 표점작업을 할 때 이미 붉은 먹물로 찍혀 있는 양명문고본의 표점이 저절로 참고가 되지 않았을 리가 없다. 그리고 물론《당토행정기》의 번역문도 자연스럽게 참고하였을 것이다. 그러므로 메스킬이나 牧田諦亮이나 두 가지 자료를 참고하였던 점은 결국 마찬가지인 것이다.

표점을 찍은 양명문고본《표해록》에서 도움을 받았다고 해서 또는《당토행정기》를 활용했다고 해서, 메스킬의《표해록》英譯이 지닌 가치가

손상되는 것은 결코 아니다. 메스킬은 우선 《표해록》을 完譯하였으며, 상세한 해설을 썼고 까다로운 註釋도 풍부하게 달았다. 그리고 일본에 있는 몇 가지 《표해록》 版本에 대한 기초적인 조사는, 판본에 대한 牧田諦亮의 언급보다 역시 1년이 이르다. 그런데 믿기 어려운 일은 일본에 收藏되어 있는 《표해록》의 초기 3종 刊本인 동양문고본 · 양명문고본 · 금택문고본이, 한국에는 어느 것 하나 完本을 收藏하고 있는 곳이 없다는 점이다. 판본에 대해서는 따로 후술하겠지만 한국에 있는 규장각본 · 장서각본은 《표해록》의 네 번째와 다섯 번째 刊本일 따름이다.

여하튼 한국에서 첫 한글 완역본이 나오기 18년 전에 영어 완역본이 먼저 출간되었다는 자체만 해도 일단 놀라운 일이 아닐 수 없다. 메스킬은 이것을 기초로 다시 손질을 하여 1965년에 *Ch'oe Pu's Diary : A Record of Drifting across the Sea*라는 제목의 단행본을 정식으로 출판하였다.[5] 이 책은 당초에 완역을 했던 박사학위논문을 다소 축소하여, 내용 중에 길게 나열된 지명을 생략하였으므로 엄격한 의미에서 완역은 아니다. 이 책에 대해서는 메스킬의 몇 가지 誤譯에 대한 지적을 곁들인 고병익의 친절한 書評이 있다.[6] 최부 《표해록》에 대한 첫 학문적인 관심은 이렇게 미국학자 메스킬과 일본학자 牧田諦亮에 의해 시작되었다. 정작 한국에서는 鄭炳昱이 1961년에 〈漂海錄 解題〉를 발표하였는데, 이것은 다른 종류의 《표해록》인 張漢喆 《漂海錄》에 관한 글이었다.[7] 그러나 그 가운데서 아주 짧게나마 최부 《표해록》에

---

5 John Meskill, *Ch'oe Pu's Diary : A Record of Drifting across the Sea*, Tucson : The University of Arizona Press, 1965.

6 高柄翊, 〈메스킬 錦南漂海錄 譯註〉, 《東洋史學硏究》 1집, 1966 ; 〈崔溥의 漂流記〉, 《東亞史의 傳統》, 一潮閣, 1976(재수록).

7 鄭炳昱, 〈漂海錄解題〉, 《人文科學》 6집, 1961 ; 〈표해록(漂海錄) 에 대하여〉,

대해 언급한 것이 아마 최초의 관심 표명이 아니었을까 생각된다. 다음 해에 성균관대학교 대동문화연구원에서 《燕行錄選集》을 영인 출판할 때[8] 그 속에 최부 〈표해록〉을 포함시킴으로써, 비로소 학계의 관심을 불러일으키게 된 것으로 보인다. 그리하여 《표해록》에 관한 첫 전문적인 학술논문이 고병익에 의해 1964년에 발표되었다.[9] 이 논문은 《표해록》 연구가 지향해야 할 기본적인 문제점들—① 漂流 ② 喪服의 倫理 ③ 夷人과 倭賊 ④ 相互의 知見 ⑤ 撰進의 是非—을 고루 망라하여 다룸으로써, 앞으로의 《표해록》 연구에 머릿돌을 놓은 선구적인 연구였다.

경제사학자 김병하는 1973년에 최부 《표해록》과 《하멜 표류기》를 대비시켜, 최부와 하멜이 본 사회상과 의식구조의 차이를 비교하였다.[10] 그 후 경희대학교 전통문화연구소에서 '韓國研究資料叢刊(4)'로 《표해록》을 영인해 내었다. 100부 한정판으로 간행된 이 《표해록》의 저본은 뜻밖에도 일본 內閣文庫 所藏의 筆寫本을 복사한 것이었다. 이 필사본은 필자가 다음 논문에서 詳述할 陽明文庫本을 저본으로 삼아 필사된 것으로 간주되고 있다. 책머리에 실린 경제사학자 김병하의 〈최부의 표해록에 대하여〉라는 해설에는, 《표해록》의 간략한 줄거리와 함께 최부라는 인물에 대한 개략적인 소개가 들어 있다.[11]

《한국고전의 재인식》, 弘盛社, 1979(재수록).

8 成均館大學校 大東文化研究院, 《燕行錄選集》, 1962.

9 高柄翊, 〈成宗朝 崔溥의 漂流와 漂海錄〉, 《李相伯博士回甲紀念論叢》, 1964 ; 〈崔溥의 錦南漂海錄〉, 《東亞交涉史의 研究》, 서울大學校 出版部, 1970(재수록).

10 金炳夏, 〈崔溥와 하멜의 漂流記에서 본 社會相과 意識構造〉, 《문화비평》 5권 1호, 1973.

11 金炳夏, 〈崔溥의 漂海錄에 대하여〉, 《漂海錄》, 경희대학교 전통문화연구소, 1978.

2. 《표해록》의 4종 한글 번역

최부 《표해록》에 관한 첫 연구논문이 고병익에 의해 발표된 1964년, 북한에서는 김찬순에 의해 《표해록》의 한글번역이 나왔다.[12] 이 번역은 첫 한글 번역본이 되는 셈이나, 아쉽게도 완역이 아닌 抄譯이다. '조선고전문학선집 29'로서 《기행문집 (1)》에 포함되어 있는 것으로 보아 짐작할 수 있듯이, 〈표해록〉을 문학작품의 하나로 다루고 있음을 알 수 있다. 이 한글 번역본은 약간 손질이 되어 1988년에 재판이 간행되었다.[13] 비록 완역이 아니지만 북한에서 쓰이는 다양한 우리말 어휘가 구사되어 있어 유익한 점도 있다. 그 후 정확한 연도는 알 수 없지만 中國의 延邊에서 허문섭의 이름으로 펴낸 《기행문집》 속에, 최부 《표해록》이 〈표해기〉라는 제목으로 수록되었던 것 같다. 이 책을 손에 넣은 출판사 해누리가 1994년에 다시 조판을 하여 서울에서 《기행문집》을 간행하였다.[14] 그리고 中國의 民族出版社가 역시 朝鮮語本 《기행문집》 속에 〈표해록〉을 수록하였다.[15] 이 2종의 《표해록》을 검토하여 본 결과 북한 김찬순의 번역본을 조금 손질하였으나, 사실상 그대로 베껴다 옮겨놓은 것이라고 판정할 수밖에 없었다.

1976년에 이르러 이재호에 의한 첫 한글 완역본이 나왔다.[16] 민족문화추진회가 '고전국역총서'의 하나로 《국역 연행록선집》을 간행하면서, 이재호에게 〈표해록〉 번역을 의뢰하였던 것이다. 이재호는 이 번역에서 주석

---

12 김찬순, 〈표해록〉, 《기행문집 (1)》, 조선고전문학선집 29, 조선문학예술총동맹출판사, 1964.

13 김찬순, 〈표해록〉, 《기행문집 (1)》, 조선고전문학선집 20, 문예출판사, 1988.

14 허문섭, 〈표해기〉, 《기행문집》, 해누리, 1994.

15 洪林 編, 〈표해록〉, 《기행문집》, 조선고전문학선집 19, 1991.

16 이재호, 〈표해록〉, 《국역 연행록선집》, 民族文化推進會 古典國譯叢書, 1976.

을 충분히 달지는 못하였으나, 번역에 나름대로 공을 많이 들였던 흔적을 엿볼 수 있다. 저본으로 사용한 것은 대동문화연구원에서 간행하였던 《연행록선집》 속의 〈표해록〉으로서, 이는 藏書閣本을 영인한 것이었다. 그러나 이재호는 비록 저명한 한문학자이고 한국사학자이긴 하지만 중국사연구자가 아니었던 까닭에, 오역을 피하기 어려웠던 부분이 상당히 있다.

두 번째의 한글 완역본이 1979년 최기홍에 의해 비매품으로 나오고, 세 번째의 한글 완역본이 1984년 최주용에 의해 단행본으로 출간되었다. 최기홍 역본도 역시 장서각본을 저본으로 삼았고, 최주용 역본은 전남 무안에 사는 최부의 15세손 崔正祚에게서 얻은 필사본을 저본으로 하여 번역하였다.[17] 모두 적지 않은 오역이 있으며 먼저 출간된 이재호 역본의 존재를 모르고 있는 듯, 번역에 이를 참고한 흔적이 보이지 않는다는 점이 특이하다. 아무튼 전문가가 아닌 두 아마추어 연구자에 의한 《표해록》 번역본의 출간은 전문연구자의 분발을 촉구하는 계기가 되었다. 특히 최부의 傍孫인 최기홍의 번역본은 이후 수정을 거쳐 두 차례 개정판이 출판되었다.[18] 최기홍이 10년 뒤에 낸 개정판 《금남선생 표해록》에는 소설가 李炳注가 머리말을 썼다. 다시 8년이 지나 내놓은 개정판 《최부 표해록》에는 앞의 이병주 추천사와 함께, 北京大學 葛振家의 추천사도 들어 있다. 1994년 역자가 최부의 발자취를 더듬어 중국을 답사하였을 때 찍은 사진이 곁들어 있고, 한글세대를 의식하여 문장을 쉽게 고쳤으나 오역은 여전히 남아 있다.

---

17 崔基弘, 《漂海錄》, 三和印刷株式會社, 1979 ; 崔周容, 《漂海錄》, 極東精版社, 1984.

18 崔基弘, 《금남선생 표해록》, 敎養社, 1989 ; 《최부 표해록》, 敎養社, 1997.

3.《표해록》 연구의 확산

1980년대부터는《표해록》을 연구대상으로 한 논문이 계속하여 나오기 시작하였다. 서울대학교 동아문화연구소에서 1981년 펴낸《國語國文學事典》에 鄭炳昱이 쓴〈표해록〉의 항목이 삽입되었다.[19] 최강현은《표해록》을 '해양문학'의 범주에 넣어 문학적으로 분석하였다. 이 글은 다음 해 출간된 그의 저서《한국기행문학연구》에〈기행가사의 유형적 고찰〉로 제목이 바뀌어 수록되었다.[20] 일본의 牧田諦亮이《표해록》의 18세기 일역본인《당토행정기》에 관한 논문을 2편 발표하였다.[21] 김재선은〈崔溥 漂海錄與明代海防〉이란 논문을 필두로 하여,[22] 잇따라 모두 6편의 글을 발표하였다.[23] 대부분 논문 형식도 제대로 갖추어지지 않은 국제학술회의 발표요지로서, 내용도《표해록》의 서술을 그대로 옮겨 놓는 등 '연구'라고 할 만한 것이 없다. 한편 장덕순은〈海洋文學의 白眉 漂海錄〉속에서《조선

---

19 서울대학교 동아문화연구소,《國語國文學事典》, 신구문화사, 1981.

20 崔康賢,〈한국 해양문학 연구〉,《省谷論叢》12집, 1981 ;〈기행가사의 유형적 고찰〉,《韓國紀行文學研究》, 一志社, 1982(재수록).

21 牧田諦亮,〈漂海錄と唐土行程記〉《金澤文庫研究》第272号, 1984 ;〈唐土行程記談義〉,《神田博士追悼中國學論叢》, 1986.

22 金在先,〈崔溥〈漂海錄〉與明代海防〉,《圓光史學》제4집, 1986 ;《第一屆中國域外漢籍國際學術會議論集》, 1987(재수록).

23 金在先,〈明弘治年間南北水陸交通及衛所之考察〉,《第四屆中國域外漢籍國際學術會議論集》, 1991 ;〈明弘治年間中國江南江北的人文社會生活及習俗之考察〉,《第五屆中國域外漢籍國際學術會議論集》, 1991 ;〈漂海錄 中明弘治年間之蘇州景觀〉,《第九屆中國域外漢籍國際學術會議論集》, 1994 ;〈崔溥 漂海錄 與明代弘治年間之杭州地區景觀〉,《中國社會史學會第五屆年會及"地區社會與傳統中國"國際學術會議》, 1994 ;〈崔溥從明國還國後經歷考〉,《第十屆中國域外漢籍國際學術會議論集》, 1995.

성종실록》에 실려 있는 최부의 구두보고를 인용하고, 문학적인 면이 두드러진 《표해록》의 일부분을 발췌 번역하여 소개하였다. 다만 장덕순은 "이 표해록은 일역(清田君錦〔1721-1785〕 譯) 영역이 되어 해외에도 많이 알려져 있으나 국내에서는 아직 번역이 안 나온 것으로 알고 있는데 이는 실로 유감이 아닐 수 없다"라고 언급하였는데, 북한 번역본은 몰랐다고 하더라도 민족문화추진회의 이재호 역본이 있다는 사실도 몰랐다는 것은 "실로 유감이 아닐 수 없다".[24]

1988년에는 민족문화추진회에서 '한국문집총간'을 간행하며 최부의 문집인 《금남집》을 영인하여 수록하였는데, 물론 그 속에 〈표해록〉이 다시 포함되었다. 지금까지 한국에서의 번역이 모두 藏書閣本(영조원년, 1725)을 저본으로 하고 있는 데 반해, 이 〈표해록〉의 1권은 東洋文庫本(중종6년경, 1511 간행 추정)을, 2·3권은 奎章閣本(숙종2년, 1676)을 저본으로 삼고 있다. 그렇게 나뉘지게 된 까닭은 동양문고본은 국내에서는 고려대학교도서관 華山文庫에 제1권만 남아 있고, 규장각본은 규장각에 제2·3권만 남아 있기 때문이었다. 물론 두 판본은 모두 장서각본보다 앞선 시기에 간행되었다. 민족문화추진회에서는 여기에 표점을 찍어서 출간함으로써, 지금까지와 다른 판본을 학계에 제시하여 주었다.

1991년에 《한국민족문화대백과사전》이 정신문화연구원으로부터 출간되었는데, 그 가운데 최부 《표해록》에 관해서는 〈최보〉·〈표해록〉·〈금남집〉의 세 항목이 들어 있다.[25] 〈최보〉의 항목은 고병익이, 〈표해

---

24 張德順, 〈海洋文學의 白眉 漂海錄〉, 소재영·김태준 편, 《여행과 체험의 문학—국토기행》, 민족문화문고간행회, 1987 ; 〈紀行·日記의 白眉 漂海錄〉, 《韓國隨筆文學史》, 도서출판 박이정, 1995(재수록).

25 高柄翊, 〈최보〉 ; 崔康賢, 〈표해록〉 ; 李東述, 〈금남집〉, 《한국민족문화대백

록〉은 최강현이, 〈금남집〉은 이동술이 각각 집필하였다. '최부'의 '溥'자는 '넓을 보'·'펼 부'·'물모양 박'의 세 가지 발음이 있지만, 《한국민족문화대백과사전》의 세 항목 속에서는 모두 '보'로 서술되어 있다. 아마도 사전편찬위원회에서 '보'로 읽도록 통일시킨 것같이 여겨진다. 사실 이 이전에도 최강현과 장덕순은 각각 자신의 글 속에서 '최보'로 호칭한 일이 있었으며, 이는 앞서 언급한 《國語國文學事典》의 〈표해록〉을 집필한 정병욱으로부터 비롯된 것 같다. 일반적으로 사전이 지니고 있는 권위를 생각하면 그냥 '최보'로 따라 읽어야 하겠지만, 필자는 이 人名을 '최부'로 통일시켜 읽어야 한다고 생각한다. 왜냐하면 첫째, 발음을 참고할 수 있는 가장 오래된 諺解本 《표ᄒᆡ록》에 '최부'로 되어 있는데, '부'는 오늘날의 '부'에 해당한다. 둘째, 耽津 崔氏 門中에서 '최부'로 통용되고 있다. 셋째, 최초의 한글 번역본인 북한의 김찬순 역본에서도 '최부'로 읽고 있다. 넷째, 한국의 첫 완역본인 이재호 역본에서도 '최부'로 읽었다는 점이다. 그러므로 역사인물의 人名 읽기에서 앞으로 더 이상의 혼란이 생기는 것은 바람직하지 않다고 본다.

1992년 경인문화사 문집편찬위원회에서는 《금남선생문집》을 영인하면서, 그 속에 檀紀4287년(1954)의 羅致煥 序文이 붙은 木活字本 〈표해록〉을 수록하였다. 문집편찬위원회가 어떤 가치를 평가하여 이 木活字本을 선택하였는지, '해제'가 없어 편찬 의도를 짐작할 수 있는 방도가 없다. 1992년에는 中國 北京大學의 葛振家가 《漂海錄—中國行記》 點注本을 출간하였는데, 《표해록》에 표점을 찍고 간략한 주석을 덧붙였다. 〈漂海錄 初探〉이란 해설을 수록하였는데, 주로 弘治초기의 ① 海禁·海防·표류사건 처리 ② 남북교통 ③ 시정 풍물 ④ 최부를 통해 본 조선의 儒家思想

과사전》, 1991.

을 중점적으로 다루었다.[26] 중국의 《光明日報》에 李洪甫가 이 책을 소개하는 書評을 썼다.[27] 미국학자와 일본학자에 이어 드디어 중국학자도 《표해록》 연구에 뛰어든 것이다. 이 點注本에서도 표점과 주석에 적지 않은 오류가 발견된다. 한편 국문학자 최래옥도 〈표해록연구〉를 발표하였는데, 海洋文學의 범주에서 6종의 《표해록》을 분석하였다.[28] 그 가운데 최부의 《표해록》을 인물 · 서지 · 한글 《표히록》을 중심으로 요약하였다. 최래옥은 諺解本 《표히록》이 국립중앙도서관에 소장되어 있다는 말을 최강현으로부터 듣고, 19세기의 한글 諺解本인 《표히록》을 조사하여 소개하였다. 최주현은 〈최부의 금남표해록 연구〉를 한양대학교 석사학위논문으로 제출하였는데, 주로 《표해록》의 문학적 특성과 최부의 인간상을 중심으로 고찰하였다.[29]

葛振家는 그동안 《표해록》을 연구해 왔던 한국 · 일본 · 미국 · 중국학자 8명의 글 12편을 중국어로 번역하여, 1995년에 編著 《崔溥漂海錄研究》를 출간하였다.[30] 또한 이 책의 출간을 계기로 崔基泓 · 高柄翊 · 崔來沃 · 金在先 · 楊萬鼎 · 牧田諦亮 · 메스킬 등의 연구자를 北京에 초빙하여 《崔溥漂海錄研究》 出版學術座談會를 개최하였다.[31] 葛振家는 또한 자신의 點注本 《漂海錄—中國行記》를 수정하고, 국제학술회의에서 발표

---

26 葛振家, 《漂海錄—中國行記》, 社會科學文獻出版社, 1992.

27 李洪甫, 〈点注本 漂海錄 出版〉, 《光明日報》, 1992年12月10日.

28 崔來沃, 〈漂海錄 研究〉, 《比較民俗學》 10집, 1993.

29 崔柱賢, 〈崔溥의 錦南漂海錄 研究〉, 漢陽大學校 教育大學院 석사학위논문, 1994.

30 葛振家 主編, 《崔溥漂海錄研究》, 社會科學文獻出版社, 1995.

31 《光明日報》, 1995年 6月24日 ; 《人民日報》, 1995年6月27日 ; 《東亞日報》, 1995년 7월11일 ; 《當代韓國》 秋季号, 1995. 9.

했던 2편의 논문을 추가시켜 보완한 다음,[32] 書名을《崔溥漂海錄評注》로 바꾸어 재발간하였다.[33] 추가한 2편의 논문은 제목이 비슷한 〈漂海錄 學術價値再探討〉와 〈崔溥 漂海錄 價値再探析〉이었다. 전자는 역사상 많은 외국인의 중국기행기 중에서 최부 《표해록》이 지닌 가치를 추구한 논문이고, 후자는 조선의 여러 '朝天錄'·'燕行錄' 속에서 《표해록》이 차지하는 좌표를 검토해 본 논문이다. 최부 《표해록》이 지닌 중국기행기로서의 가치를 종횡으로 점검해 본 뜻있는 연구라고 할 수 있다.

한편 향토사학자 양만정도 〈錦南崔溥漂海錄 撰進에 따른 受難과 戊午士禍에 대한 考察〉을 발표한 바가 있는데, 이는 최부가 귀국한 이후 조선에서 당한 수난에 대한 글이다.[34] 이 글은 葛振家 主編 《崔溥漂海錄研究》에 먼저 수록되었던 것을 다시 한글로 옮겨 실은 것이다. 그리고 尹致富는 건국대학교 박사학위논문 《韓國海洋文學研究》에서 《표해록》을 海洋文學의 '記事類'에 넣어 분석하였다.[35] 이후 윤치부는 19세기의 한글 諺解本인 《표ᄒᆡ록》에 주목하여, 이를 현대어로 고치고 간단한 주석을 달아 단행본으로 출간하였다.[36]

---

32 葛振家, 〈漂海錄 學術價値再探討〉, 第2回朝鮮研究環太平洋國際學術會議, 1994 ; 〈崔溥 漂海錄 價値再探析〉, 第3回朝鮮研究環太平洋國際學術會議, 1996.

33 葛振家, 《崔溥 漂海錄 評注》, 線裝書局, 2002.

34 楊萬鼎, 〈錦南崔溥漂海錄 撰進에 따른 受難과 戊午被禍에 대한 考察〉, 《全羅文化研究》 제8·9집, 1997.

35 尹致富, 〈燕行錄選集 所載 崔溥의 漂海錄〉, 《韓國海洋文學研究》, 學文社, 1994.

36 윤치부, 《註解 표ᄒᆡ록》, 도서출판 박이정, 1998.

4. 《표해록》 특집과 답사기

1990년대에는 언론에서 최부 《표해록》에 관한 특집을 꾸미거나, 최부의 중국 旅程을 답사한 기행문을 연재하여, 최부와 《표해록》에 대한 일반 대중의 관심을 제고시켜 주었다. 사실 이보다 훨씬 전인 1973년에 지금은 없어진 《讀書新聞》에 權五惇이 〈한국 해양문학의 白眉—표해록〉이라는 제목으로 12회에 걸쳐 내용을 요약 연재한 일이 있었다.[37] 연재 제1회에 鄭炳昱의 간략한 해설이 실려 있는 것으로 보아, 이 〈표해록〉의 연재에 정병욱이 중심적인 역할을 한 것 같다. '한국 해양문학의 白眉'라는 제목은 앞의 장덕순의 글 제목과 일치하고 있지만, 사실 이것은 정병욱이 《讀書新聞》의 연재 이전인 1961년부터 張漢喆 《漂海錄》을 대상으로 하여 이미 써 왔던 표현이다.[38] 이 연재는 사실상 《표해록》의 거친 抄譯에 해당하지만, 일반 대중에게 《표해록》의 존재를 처음 알린 것이었다.

1990년대에 들어서는 먼저 韓松周가 《光州日報》에 〈湖南學—崔溥〉라는 주제로 5회에 걸쳐 연재하였다. 이 글은 최부라는 인물에 초점을 맞춘 것이기는 하나, 그중 2회는 《표해록》에 관한 서술이었다.[39] 다음은 《한국일보》에서 崔珍煥이 〈錦南先生 漂海錄을 따라서〉를 2회에 걸쳐 연재하였다. 이 짧은 기행기는 최기홍·葛振家가 조직한 답사팀에 최 기자가 동행하여 쓴 글로서, 최부가 거쳤던 지방 중에서 寧波·蘇州·杭州·北京만을 답사한 답사기이다.[40] 같은 해 《無等日報》에서 〈표해록을 따라〉를 기획특집으로 엮어, 金井昊가 장장 19회에 걸쳐 장기에 걸친 연재를 하였다.[41]

---

37 權五惇, 〈漂海錄〉, 《讀書新聞》, 1973. 5. 20-8. 12. (12회)

38 鄭炳昱, 〈漂海錄解題〉, 《人文科學》 6집, 1961.

39 한송주, 〈湖南學—崔溥〉, 《光州日報》, 1993. 5. 15-6. 19.

40 최진환, 〈錦南先生 漂海錄을 따라서〉, 《한국일보》, 1994. 6. 18-7. 7. (2회)

장기간에 걸쳐 너무 많은 지면을 할애하였기 때문에 《표해록》에 관련된 부분이 상대적으로 적어, 결과적으로 중국역사문화기행이 되어버린 감이 있다.

그리고 1997년에 명지대학 답사팀이 《표해록》의 중국 코스를 2주간 답사하였다. 이 팀은 최부가 표착한 지점으로 추정되는 浙江省 三門縣의 바닷가로부터 桃渚 · 寧波 · 紹興 · 杭州 · 揚州 · 淮安 · 高郵 · 徐州 · 天津 · 北京 · 山海關 · 北寧(廣寧) · 遼陽을 가장 충실하게 답사하였다. 박태근이 '최부의 明나라 표류기 표해록'이라는 제목의 답사기를 《한국일보》에 14회에 걸쳐 연재하였다.[42] 이 답사팀에 합류하였던 필자의 답사기 〈최부의 발자취를 따라〉는 미발표로 남겨져 있다가, 2003년에 계간지 《내일을 여는 역사》에 3회로 나누어 뒤늦게 발표하였다.

5. 최근의 《표해록》 연구

최근의 연구 경향으로 두드러진 점은 曺永祿을 위시한 동국대학교의 몇 연구자가 《표해록》 연구에 참여하기 시작하였다는 것이다. 조영록은 1995년 第六屆明史國際學術討論會에서 〈崔溥漂海錄所描寫的十五世紀下半期中國一朝鮮士人官僚之批判性觀察〉을 구두 발표한 이래,[43] 이를 토대로 하여 東京大學 東洋學硏究所 주관 '東아시아(朝鮮 · 中國 · 日本) 近世社會의 比較硏究' 프로젝트의 논문인 〈近世 東亞 三國의 傳統社會에 관한 比較史的 고찰―崔溥 漂海錄과 日譯 唐土行程記를 中心으로〉로 확대

41 金井昊, 〈표해록을 따라〉, 《無等日報》, 1994. 11. 1-1995. 4. 4.(19회)

42 박태근, 〈崔溥의 明나라 표류기 漂海錄〉, 《한국일보》, 1997. 9. 1-12. 22.

43 曺永祿, 〈崔溥漂海錄所描寫的十五世紀下半期中國一朝鮮士人官僚之批判性觀察〉, 《明史論文集 第六屆明史國際學術討論會》, 1997.

시켰다.[44] 이 논문은 《표해록》과 日譯 《당토행정기》의 비교를 통해, 중국 · 조선 · 일본의 이질성이 심화되는 동아시아 3국의 사회변화에 초점을 맞추었다. 그리고 《표해록》 속에서 최부가 중국을 비판하고 있고, 《당토행정기》 속의 '考'를 통해 清田君錦은 조선을 비판하고 있다는 점도 대비시켰다. 잇따라 발표한 〈15세기 한 · 중 두 나라의 문화적 이질성—崔溥의 漂海錄을 중심으로〉는 第二屆韓國傳統文化學術研討會의 발표요지를 한국어로 논문화한 것이다.[45] 이 논문은 남방항로를 통한 浙東지역의 韓中交流를 다룬 특징은 있으나, 전체적인 연구목적이나 연구방법은 앞의 논문과 비슷하다. 조영록의 영향을 받은 서인범과 주성지는 《曺永祿教授定年記念論叢》에 게재한 논문에서, 각각 최부가 본 강남의 도시 · 풍속 · 사람과 최부 일행이 탔던 선박과 표류항로에 대해 조명하고 분석하였다.[46] 서인범은 최부가 본 江北과 遼東을 별도로 다루었다.[47]

한편 동국대학교 한국문학연구소도 《燕行錄全集》을 영인 간행하며, 그 속에 〈금남표해록〉을 또 다시 포함시켰다.[48] 수록된 〈금남표해록〉도 구태의연하게 장서각본을 저본으로 삼고 있는데, 다른 판본에 대한 조사도

---

44 曺永祿, 〈近世 東亞 三國의 傳統社會에 관한 比較史的 고찰—崔溥의 漂海錄과 日譯 唐土行程記를 中心으로〉, 《東洋史學研究》 64, 1998(《近世 동아시아 三國의 國際交流와 文化》, 지식산업사, 2002 재수록).

45 曺永祿, 〈15세기 한 · 중 두 나라의 문화적 이질성—崔溥의 漂海錄을 중심으로〉, 《近世 동아시아 三國의 國際交流와 文化》, 지식산업사, 2002.

46 서인범, 〈조선 관인의 눈에 비친 中國의 江南—崔溥 漂海錄을 중심으로〉 ; 주성지, 〈漂海錄을 통한 韓中航路 分析〉, 《東國史學—曺永祿教授定年記念論叢》, 2002.

47 서인범, 〈崔溥 漂海錄 연구—최부가 묘사한 중국의 江北과 遼東〉, 《國史館論叢》 102輯, 2003.

48 동국대학교 한국문학연구소, 〈錦南漂海錄〉, 《燕行錄全集》, 2001.

소홀히 한 채 장서각본을 또 다시 선택한 이유가 무엇인지 알 수가 없다. 그런데 성균관대학교 대동문화연구원에서 1962년에 간행을 마친 《연행록선집》에 〈표해록〉을 포함시킨 이래, 거의 40년이 지나 다시 《연행록전집》을 영인 간행하면서 〈해제〉를 전혀 붙이지 않았다는 것은 아무래도 이해가 되지 않았다. 물론 《연행록선집》 상 · 하권이 30종의 연행록을 수록한 데 비해, 100권에 달하는 《연행록전집》은 380여 종의 연행록을 수록하고 있는 점에 대해서는 일단 수집의 노고가 인정되기는 한다. 그러나 그냥 단순한 수집과 영인일 뿐, 《연행록선집》에도 들어 있는 '해제'는커녕 간략한 설명조차 없어 답답하기 짝이 없었다. 《연행록전집》의 출간을 기념하여 '燕行錄과 東亞細亞 연구'라는 주제의 국제학술회의도 떠들썩하게 개최하였으나 한마디로 外華內貧의 느낌을 떨칠 수가 없었다.[49] 같은 시기에 京都大學의 夫馬進이 편찬한 《燕行錄全集日本所藏編》의 알찬 내용과는 여러모로 대조가 되었다.[50] 2003년에 동국대학교 한국문학연구소의 연행록해제팀에 의해 《연행록해제》 1, 2권이 간행되었지만, 이는 이미 출간한 《연행록전집》 380여 종에 대한 해제가 아니라, 추가로 입수한 미수집본 《연행록》 100여 종에 대한 해제일 뿐이다.[51]

최부 일행이 중국에 표착한 지점은 浙江省 三門縣의 어느 바닷가이다. 그런데 2002년 7월에 이곳에서 거리가 좀 떨어진 寧海縣 越溪村에 〈崔溥

49 제21차 韓國文學 國際學術會議 〈燕行錄과 東亞細亞 연구〉, 동국대학교 한국문학연구소, 2001년 12월 7일.

50 林基中 · 夫馬進 編, 《燕行錄全集日本所藏編》, 2001. 널리 활용되어야 할 이 책을 필자는 아직 손에 넣지 못하였으며, 다만 夫馬進이 林基中 · 夫馬進 編 《燕行錄全集日本所藏編》(《東洋史硏究》 第61卷 第4號, 2003)을 소개한 글에 의해, 그 대강을 짐작할 수밖에 없었다.

51 한국문학연구소, 《국학고전 연행록해제》, 유성문화사, 2003.

漂流事跡碑〉가 세워졌다. 이곳은 최부 일행이 桃渚所에서 조사를 받고 杭州로 이송되기 위해, 길을 떠나 이틀 후 도착한 越溪巡檢司가 있었던 마을이다. 이 기념비는 崔氏 門中과 浙江省 寧海縣 당국이 협력하여 8년 만에 건립한 것으로, 제막식에 즈음하여 조촐한 국제학술좌담회가 개최되기도 하였다. 그리고 11월에는 호남대학교와 浙江旅遊大學의 자매결연 체결기념으로 〈최부의 표해록을 계기로 본 한중교류증진방안〉이란 주제의 국제학술회의가 光州의 호남대에서 개최되었다. 조영록의 기조연설 〈錦南 漂海錄의 동아시아 交流史的 硏究와 그 몇 가지 課題〉는 종래 그의 연구성과를 종합하여 압축한 내용이다. 주제발표 중에 劉俊和의 〈최부와 표해록이 가지는 의미〉는 내용이 아주 소략하다. 김기주의 〈표해록의 저자 최부에 관한 연구〉는 硏究史의 정리에 착오가 있고 누락도 많다.[52] 두 국제회의 모두 순수한 학술적인 목적으로 거행된 행사라기보다, 崔溥를 顯彰하기 위한 목적이 두드러져 연구에 대한 기대가 당초부터 무리였을지도 모른다.

오랜만에 일본학자인 松浦章이 〈明代漂到中國的朝鮮船〉이라는 논문 속에서, 부분적으로 최부의 漂海에 관해 논급하며 최부 《표해록》에 대한 관심을 표명하기 시작하였다.[53] 그리고 京都大學의 夫馬進을 대표로 한 연구팀이 '東アジアにおける國際秩序と交流の歷史的硏究'라는 주제로 공동연구를 시작하였는데, 2003년 2월 22일에 열린 제2회 연구회에서는 중국 南京大學 范金民이 〈朝鮮人の眼から見た中國の運河風景ー崔溥 漂海錄

52 호남대 · 浙江旅遊大學 자매결연체결기념 국제학술회의 〈최부의 표해록을 계기로 본 한중교류증진방안〉, 호남대학교 호남발전연구원 · 浙江旅遊大學, 2002년 11월 21일.

53 松浦章, 〈明代漂到中國的朝鮮船〉, 《明淸時代中國與朝鮮的交流》, 樂學書局, 2002.

を中心として〉을 발표하였다. 이는 중국에서도 이제 문학전공자가 아닌 明清史研究者에 의해 본격적인 최부 《표해록》 연구가 시작되었음을 뜻한다.

范金民은 2004년 3월에 出刊된 第二回報告書《人文知の新たな總合に向けて》〈歷史篇〉 속에서 《표해록》에 대해, "대운하의 풍광을 묘사한 글로서 최부만큼 이렇게 상세하고 체계 있게 쓴 글은 최부의 시대는 물론 심지어 明代를 통틀어도 찾을 수 없다"고 하며, 다음과 같이 덧붙였다. "運河와 市井 모습을 관찰한 종합성 · 체계성 · 완결성 면에서, 최부 《표해록》은 시기가 가장 이를 뿐만 아니라, 명대의 유사한 기록 중에서도 유일한 것이다. 최부의 관찰은 명대중기 특히 15세기 후반 대운하 연안의 市井 모습을 뚜렷하게 드러내 보여줬을 뿐 아니라, 또한 우리들에게 당시 대운하 연안의 경제문화 · 사회생산 · 생활습속 · 도시풍경 등 진귀한 내용을 제공함으로써, 대운하 문화를 연구하는 데 빠뜨릴 수 없는 중요한 자료이다."[54]

조영록이 2005년에 발표한 〈1488년의 명과 조선—표해록과 조선부의 상호인식〉은 자신이 기왕에 발표하였던 글을 초점을 달리하여 재정리한 것이다.[55] 박원호도 그동안 축적해 왔던 최부 《표해록》의 연구성과를 2005년에 쏟아내었다. 최부 《표해록》을 중심으로 하여 漂流民의 送還節次와 情報傳達, 弘治中興의 兆朕, 15世紀 中國人의 朝鮮認識을 고찰한 논문 3편과 최부 《표해록》의 7종 번역본에 대한 評論이 바로 그것이다.[56]

---

54 范金民, 〈朝鮮人眼中的中國運河風情—崔溥 漂海錄 爲中心〉, 京都大學大學院文學研究科 編, 《人文知の新たな總合に向けて》, 第二回報告書 '歷史篇', 2004.
55 조영록, 〈1488년의 명과 조선—표해록과 조선부의 상호인식〉, 《동아시아역사 속의 중국과 한국》, 최소자교수정년기념기념논총간행위원회, 2005.
56 朴元熇, 〈明代 朝鮮 漂流民의 送還節次와 情報傳達—崔溥 漂海錄 을 중심으

돌이켜 보면 1950·60년대에 메스킬·牧田諦良·고병익에 의해 시작된 최부 《표해록》의 연구가, 최근에 이르러 연구자의 外延이 크게 확대되었고 연구의 폭도 넓어진 것을 실감할 수 있다. 앞으로의 과제는 비록 연구자의 수가 소수일지라도 좋으니, 15세기의 동아시아사를 전공하는 연구자가 최부 《표해록》을 참신한 시각으로 보다 정밀하게 연구하는 것이라고 생각한다. 그리하여 그와 같은 정밀한 연구의 결과, 최부 《표해록》이 15세기 동아시아사 연구에 국제적으로 활용될 수 있는 朝鮮史料로 자리매김되기를 기대한다.

로〉, 《明淸史硏究》 24輯, 2005 ; 〈朝鮮人이 본 明 '弘治中興'의 兆朕－弘治元年(1488)의 崔溥 漂海錄을 중심으로〉, 《中國學論叢》 16輯, 2005 ; 〈15世紀 中國人의 朝鮮認識－崔溥 漂海錄을 길잡이로 삼아〉, 《15-19세기 중국인의 조선인식》, 고구려연구재단 연구총서 9, 2005 ; 〈崔溥 漂海錄 飜譯述評〉, 《韓國史學報》 21호, 2005.

2장 崔溥 漂海錄 飜譯述評

조선 성종19년(1488)에 崔溥가 漢文으로 쓴 《漂海錄》은 현재 한글 또는 다른 언어로 번역된 譯本의 종류가 결코 적은 편은 아니다. 가장 이른 譯本은 江戶時代의 儒學者 淸田君錦(1721-1785)이 일본어로 번역하여, 조선 영조45년(1769)에 《唐土行程記》라는 書名으로 京都에서 출판한 日譯本이다. 《唐土行程記》는 26년이 지난 후 書名을 《通俗漂海錄》으로 改題하여 다시 出刊되었다. 조선에서는 고종10년(1873) 경에 이르러서야 필사본인 諺解本 《표히록》이 출현하였다.[57]

20세기 들어 최부 《표해록》의 번역본이 여러 종 나오게 되었는데, 처음으로 최부 《표해록》에 대해 학문적 관심을 표명한 연구자는 놀랍게도 미국인 메스킬이었다. 메스킬은 일찍이 1958년에 최부 《표해록》을 英譯하여 박사학위논문으로 컬럼비아 대학에 제출하였으며, 이를 다시 보완하여 1965년에 단행본으로 출간하였다. 가장 최근에 나온 한글 번역본은 2004년에 出刊된 서인범·주성지의 《표해록》이다. 이 46년간에 나온 7종의 譯本을 차례로 다루면서 古典飜譯의 여러 문제를 생각해 보고자하는 것이 이

57 이 두 책에 관해서는 이 책의 2부 5장 〈日譯 通俗漂海錄과 諺解本 표히록〉을 참조할 것.

장의 목표이다. 譯本 7종을 일단 初刊年度를 기준으로 차례로 다루지만, 再版을 낸 경우에는 모두 수정을 거친 改訂版을 批評의 대상으로 삼았다.

1. 미국 메스킬의 英譯本(컬럼비아 대학 박사학위논문, 1958년)

메스킬은 일찍이 컬럼비아 대학에 박사학위논문으로 제출하였던 최부 《표해록》의 英譯本인 *A Record of Drifting across the Sea, P'yohae-rok 漂海錄*을 보완하여, 1965년에 *Ch'oe Pu's Diary, A Record of Drifting across the Sea*라는 단행본을 출간하였다.[58] 나중에 나온 이 단행본은 당초에 최부 《표해록》을 완역했던 박사학위논문 중 일부를 삭제하였으므로 엄격한 의미에서 완역이라고는 볼 수 없다. 그러나 나열된 地名만을 주로 생략하였으므로, 다른 抄譯과는 달리 사실상 完譯에 가깝다고 볼 수가 있다. 1966년에 高柄翊은 이 책의 導論에 해당하는 'Introduction'에서 역자가 범한 몇 가지 오류를 書評을 통해 지적한 바가 있다. 그리고는 "本文의 英譯이 대체로 正確·適切함과 더불어 註釋은 필요한 限度에 그쳐서 數가 많지 못하나 역시 대체로 적절하다"라고 평가하였다.[59] 그렇지만 메스킬의 이 英譯本에도 사실 적지 않은 엉뚱한 誤譯이 발견되는데, 아래에서 간략하게 몇 가지 예만 들어 보겠다.

> 윤정월 7일 "在高麗時, 爾濟州朝大元"(고려 때 너희 제주가 원나라에 조공할 적에) 를 "In Koryo period Cho Tae-Won of your Cheju"(고려 때 너희 제주의 朝大元이) 로 '朝大元'을 人名으로 번역.

---

58 John Meskill, *Ch'oe Pu's Diary, A Record of Drifting across the Sea*, Tucson : The University of Arizona Press, 1965.

59 高柄翊, 〈메스킬 錦南漂海錄 譯註〉, 《東洋史學硏究》 1집, 1966 ; 〈崔溥의 漂流記〉, 《東亞史의 傳統》, 一潮閣, 1976(재수록).

윤정월 14일 "我之漂船, 專是行李顚倒, 不善候風之所致"(내 배가 표류한 것은 오로지 일정을 서두르다, 순풍 기다리기를 잘못한 데서 말미암은 것인데)를 "Our boat has gone adrift solely because the baggage was unevenly stowed and because we were not good at forecasting the weather"(우리의 배가 표류한 것은 수하물이 고르게 적재되지 않았고, 우리가 날씨의 예측을 잘 못했기 때문인데)로 번역.

윤정월 18일 "此漢此漢, 無乃病狂歟? 汝若艱苦, 宜委四肢, 莫之能起可也"(이 사람아! 이 사람아! 미쳐버린 것이겠지! 당신이 그렇게 힘들다면 사지를 뻗어버리고 일어서지도 못해야 할 것이 아니겠나?)를 "These Chinese! They must mad! If you are really at the end of your strength, you had better just drop and not get up"(이 중국놈들! 그들은 미친 것이 틀림없다. 만약 당신이 정말 기진맥진하다면 그냥 뻗어버리고 일어나지 못해야 할 것이다)로 '漢'을 '중국인'으로 번역.

2월 7일 "… 則我以後進之士, 不知其人之職品"(내가 후배로서 그 사람들의 벼슬 품계를 알지 못합니다)를 "… became Chinsa after me, and I do not know their positions or ranks"(나보다 進士가 늦게 되었으므로, 나는 그들의 관직이나 관품을 모릅니다)로 '後進之士'를 '자기보다 늦게 進士가 됨'으로 거꾸로 번역.

2월 11일 "及將所獲夷船, 拖閣上塢外"(압류한 夷人의 선박은 船渠로 끌어다 올려두는 한편)을 "The seized boat was also towed outside Ko-shang-wu"(압류한 배는 閣上塢 밖에다 끌어다 두고)로 '閣上塢'를 마치 地名이나 고유명사처럼 번역.

5월 24일 "自今日壞寺長髮云云, 僧徒顧安所容一身乎?"(오늘부터는 절을 부수고 머리를 기르도록 하라 운운하셨으니, 僧徒는 어디에서 이 한 몸 받아줄지를 살피고 있습니다)를 "From now on the temples will be destroyed, and the monks will have to grow their hair. That is why I am like this"(지

금부터 절은 부수어질 것이고 중들은 머리를 길러야 합니다. 그것이 내가 이렇게 된 이유입니다) 로 번역.

이와 같은 명백한 誤譯 외에 정확하지 않은 번역이나, 누락한 부분 역시 적지 않다. 비록 그렇다고 하더라도 한국에서 첫 한글 完譯本이 나오기 무려 18년 전에, 英語 完譯本이 먼저 출간되었다는 자체만 해도 일단 놀라운 일이 아닐 수 없다.

한편 메스킬이 1950년대에 일본에 유학하며 英譯을 모색하고 있던 무렵 京都大學 人文科學硏究所의 牧田諦亮도 최부 《표해록》에 대한 관심을 기울이기 시작하고 있었다. 일본승려 策彦의 《入明記》를 연구하는 과정에 策彦보다 51년 전, 조선인 최부가 비슷한 코스로 중국을 여행하고 기행기인 《표해록》을 남겼다는 사실을 알게 되었던 것이다. 牧田諦亮은 18세기에 최부 《표해록》을 日譯한 淸田君錦의 《唐土行程記》에 특히 관심을 가지고, 이를 소개한 글을 《策彦入明記の硏究》에 수록하였다. 그리고 牧田諦亮은 본격적인 譯註 작업을 하지는 않았으나, 陽明文庫本 《표해록》을 底本으로 삼아 原文에 標點을 찍어, 참고용으로 《策彦入明記の硏究》의 뒷부분에 수록하였다.[60]

2. 북한 김찬순 역본(조선문학예술총동맹출판사, 1964년)

북한의 김찬순에 의해 한글번역 《표해록》이 나온 것은 1964년이다.[61] 이 번역은 첫 한글 번역본이 되는 셈이나, 아쉽게도 완역이 아닌 抄譯이다.

---

60 牧田諦亮, 〈漂海錄〉, 《策彦入明記の硏究(下)》, 法藏館, 1959.

61 김찬순, 〈표해록〉, 《기행문집 (1)》, 조선고전문학선집 29, 조선문학예술총동맹출판사, 1964.

《기행문집 (1)》에 포함되어 있는 것으로 보아 짐작할 수 있듯이, 〈표해록〉을 문학작품의 하나로 다루고 있음을 알 수 있다. 그런데 역자가 김찬순으로 되어 있지만 실제 역자는 다른 사람이거나, 또는 여러 명의 역자에 의한 공동번역일 가능성도 배제할 수 없다. 왜냐하면 《기행문집》에 실린 다른 작품의 역자 이름도 모두 김찬순으로 되어 있는 것을 보아, 아마 김찬순은 아마 '조선고전문학선집' 편찬 총책임자의 이름이 아닐까 하고 생각된다. 북한의 이 한글역본은 내용을 조금 손질하여 1988년에 개정판이 간행되었다.[62] 1964년 刊本은 원문을 하단에 제시하고 역문을 상단에 배열하였는데, 1988년 刊本은 원문을 아예 빼 버린 상태였다.

북한 김찬순의 역본에는 원래 원문에는 없는 중간 제목을 만들어 달았는데, 예를 들면 '해안에 표착, 포위망을 뚫고 살길을 찾아서' '소흥부를 떠나 항주에' '북경에 체류' 등이다. 김찬순 역본은 완역이 아니고 생략한 부분이 아주 많은 편인데, 생략된 부분을 표시하는 형식도 '원문 88자 생략—역자', '약간 생략—역자', '지명 생략—역자', '소소한 지명 생략—역자', '명칭은 생략함', '중략' 등으로 되어 있어, 용어 사용조차 제대로 정리되어 있지 않고 조잡한 것으로 보아, 더욱 공동번역일 것이라는 심증을 갖게 해 준다. 그렇지만 다른 한편 이 역본은 오늘날 한국에서 거의 쓰이지 않으나 북한에서는 쓰고 있는 다양한 우리말 어휘가 구사되어 있어 유익한 점도 없지 않다.

이 김찬순 역본의 底本이 어떤 版本인지는 분명하지가 않지만, 아마도 筆寫本이 틀림없을 것 같다. 왜냐하면 글자가 분명치 않아 식별이 어려웠던지, 도처에 '길 북쪽 ○여 리 밖에'라든지, '백○도포' 등의 缺字 표기(○이 결자를 표시함)가 자주 등장하기 때문이다. 특히 '3월 26일부터 4월 1일까

62 김찬순, 〈표해록〉, 《기행문집(1)》, 조선고전문학선집 20, 문예출판사, 1988.

지의 기록은 루락됨'이라고 나와 있는 것을 보면, 원래 筆寫本 자체에 누락이 있었던 것 같다. 이 역본의 原文을 《표해록》 판본 6종과 대조해 보아도, 어느 판본과도 맞아 떨어지는 것이 없다는 것을 곧 알게 된다.

그런데 여전히 남는 의문은 이 책을 번역할 때 쓴 저본이 北京大學의 葛振家 교수가 필자에게 복사해 준 평양 김일성대학도서관 소장의 필사본보다도 보존상태가 훨씬 더 좋지 않은 것 같다는 점이다. 물론 김일성대학도서관 소장 《표해록》의 표지에는 筆寫 시기가 1965년 2월로 일자가 쓰여 있다. 그렇다면 이 필사본이 필사의 대상으로 삼았던 原本 또는 다른 筆寫本이 있었을 것이고 김찬순 역본의 底本보다 상태가 좋았을 터인데, 바로 그 筆寫本을 역본의 저본으로 삼지 못하였던 이유가 무엇인지 도무지 짐작할 길이 없다. 그런데 그 筆寫本을 筆寫할 당시 저본의 원래 판본이 어느 것인지는 조금 더 조사를 해 보아야 할 것이나, 지금 그러한 문제에까지 매달릴 여유는 없다.

김찬순 역본은 생략한 곳이 많다 보니 전체적인 분량이 줄어들었고, 따라서 誤譯도 상대적으로 적게 발견된다. 몇 가지 중요한 誤譯과 誤註를 골라 본다면 대략 아래와 같다.

9월 17일 "推刷"(原籍地에서 이탈한 자를 찾아내어 송환하는 일) 을 '받아들이는 것'으로 잘못 註釋.

9월 17일 "司僕寺安驥崔根等"(司僕寺의 安驥 직책을 맡고 있는 崔根 등) 을 '사복시의 안기, 최근 등'으로 번역하여, '安驥'를 人名으로 번역.

윤정월 4일 "長壽哉! 此船也. 等至於破, 何不速破!"(명도 길구나! 이 배는! 파선되기를 기다리는데 왜 빨리 파선되지 않는 거야!) 를 '이 놈의 배는 명도 길지. 어차피 깨지고야 말 것이 왜 얼른 깨져버리지 않나? 파선되면 나만 죽겠나. 남들도 다 죽지 …'로 번역하여, 원문에는 없는 "파선되면 나만 죽겠나. 남

들도 다 죽지 …"를 삽입.

윤정월 5일 "有如十盲仰一杖"(마치 '열 소경에 한 막대'처럼 여겼는데)를 '마치 저는 열 소경의 한 지팽이로 되어 있사온데'로 번역하여, 속담을 그대로 살리지 못했고, 집안의 지팡이 역할을 하는 사람이 '최부'여야 하는데, 최부의 종 '막금'으로 잘못 간주하여 번역.

윤정월 11일 "莫若先飮漿水, 繼之以粥, 適可而止可也"(먼저 미음을 마신 뒤 죽을 먹되 적당히 먹고 그만두는 게 좋을 것이다)를 '간장물을 마신 다음 죽을 달여 알맞추 먹고 말아야 한다'로 번역.

윤정월 12일 "其西岸有二草屋, 如鮑作干家者"(그 서쪽 물가에 초가집 두 채가 있었는데 보자기의 집 같았습니다)를 '절인 고기를 말리는 집인 듯한 초가 둘이 있는데'로 번역하여, '보자기'(鮑作干, 우리말 '보자기' 대신에 漢字를 빌려 쓴 말로서, 바닷물 속에 들어가 조개, 미역 등 해물을 채취하는 사람을 말함)의 뜻을 오인.

윤정월 22일 "臣解所着襦帖裏, 以與許淸之子隆"(신이 입었던 솜으로 댄 철릭을 벗어서 허청의 아들 隆에게 주었습니다)를 '나는 그가 얄미워 나의 입은 솜옷을 벗어서 허청의 아들 륭에게 주었다'로 번역.

2월 4일 "鎭守太監·綉衣·三司大人"(鎭守太監과 綉衣 및 三司의 大人)에서, '綉衣'가 '巡按御使'임을 모르고 '綉衣三司'를 연결지어 '진수태감 수의 삼사 대인'으로 번역.

4월 11일 "兀良哈"(올량합, 즉 女眞 오랑캐)를 '돌궐족'으로 잘못 註釋.

종합서술: "江南市兒以錫約臂"(강남의 건달은 주석으로 팔뚝을 묶고)를 '강남의 도시 아이들은 주석으로 만든 팔찌를 팔에 꼈는데'로 번역하여, '건달' 또는 '무뢰배'의 뜻인 '市兒'를 '도시 아이'로 번역.

이 김찬순 역본은 무려 24년 후 개정판이 출간되었으나, 특별히 인상적인 개정 부분을 찾아보기 어려웠다.

정확한 연도는 알 수 없지만 중국의 延邊에서 허문섭의 이름으로 펴낸 《기행문집》 속에 〈표해기〉라는 제목의 최부 《표해록》이 수록되었던 것 같다. 이것을 손에 넣은 서울의 도서출판 해누리가 조판을 다시 하여 1994년에 《기행문집》을 출판하였다.[63] 그리고 중국의 民族出版社가 역시 朝鮮語本 《기행문집》 속에 〈표해록〉을 수록하였다.[64] 이 2종의 《표해록》을 면밀히 검토해 본 결과 사실상 북한 김찬순의 역본을 토대로 하여 조금 손질을 가하였으나, 대부분 그대로 옮긴 것이라고 간주할 수밖에 없었다.

3. 이재호 역본(《국역 연행록선집》 수록, 민족문화추진회, 1976년)

한편 한국에서는 1976년에 이재호에 의해 비로소 첫 한글 역본이 나왔다.[65] 이 역본은 우선 한글로 번역된 최초의 완역본으로서, 民族文化推進會가 古典國譯叢書를 간행할 때 이재호에게 번역을 의뢰하여 《국역 연행록선집》에 수록하였던 것이다. 현재 학계에서는 최초의 한글 완역본을 최기홍 역본으로 간주하는 견해가 있으나, 이는 물론 사실과 다르다. 韓國史學者이며 漢學에도 소양이 깊었던 당시 부산대 교수 이재호는 비록 주석을 충분히 달지는 못하였으나, 번역에 나름대로 공을 많이 들였던 흔적을 엿볼 수 있다.

한글로 번역된 첫 완역본인 이 역본의 역자가 漢文學者이고 韓國史學者이긴 하지만, 中國史學者가 아니었던 까닭에 誤譯을 피하기 어려웠던 부분이 꽤 많이 발견되고 있으며, 그 일부만 적시해 보자면 대략 다음과 같다.

---

63 허문섭, 〈표해기〉, 《기행문집》, 해누리, 1994.

64 洪林 編, 〈표해록〉, 《기행문집》, 조선고전문학선집 19, 1991.

65 이재호, 〈표해록〉, 《국역 연행록선집》, 民族文化推進會 古典國譯叢書, 1976.

윤정월 4일 "然人各有心, 我等當竭力從事, 斃而後已"(사람마다 마음가짐이 다르니 저희는 마땅히 죽을 때까지 힘껏 일하겠습니다)를 '각기 본심을 가진 사람이 없으나, 우리들은 각각 있는 힘을 다하여 일에 종사하다가 죽은 후에야 그만 두겠습니다'로 번역.

정월 4일 "父名澤, 格進士試"(아버지 이름은 澤인데, 進士試에 합격했으나)를 '아버지 이름은 澤裕인데 進士試에 합격했으나'로 번역하여, '格'을 '裕'로 착각했을 뿐 아니라, 부친의 이름 '澤'을 '澤裕'로 誤認.

윤정월 19일 "鎭守太監 · 綉衣 · 三司大人"(鎭守太監과 綉衣 및 三司의 大人)에서, '綉衣'가 '巡按御使'임을 모르고 '綉衣三司'를 연결지어 '진수태감 수의삼사 대인'으로 번역.

2월 22일 "江淮勝槩樓, 當道崢嶸"(江淮勝概樓는 길을 가로막고 우뚝 솟아 있어)를 '江淮의 좋은 경치는 누각이 길 복판에 서서'로 번역하여, 고유명사인 樓閣 이름 '江淮勝概樓'를 풀어서 번역.

4월 1일 "自浙江以來不見通事之人"(절강에서부터 그 후로는 通事를 만나보지 못했는데)를 '절강에서부터 그 후로는 事理에 通達한 사람을 보지 못했는데'로 번역.

4월 7일 "我二人來討些人情面皮"(우리 두 사람이 체면을 무릅쓰고 와서 선물을 달라는 것은)를 '인정상 낯가죽이 두꺼운 일입니다'로 번역.

4월 19일 "都要 賞賜衣服來, 莫悞"(모두 상으로 하사받은 의복을 입고 와야 하며, 어김이 없어야 합니다)를 '상을 하사할 것이니, 어김없이 길복을 입고 오십시오'로 번역하여, 이미 賞을 받았는데 앞으로 받을 것처럼 번역.

4월 27일 "有養馬者, 中途斃死"(말을 돌보는 養馬—말을 보살피는 관직명—가 중도에서 죽었소)를 '말을 기른 사람이 중도에서 죽었소'로 번역하여, '養馬'가 직책임을 모르고 번역.

5월 28일 "塚土纍纍耳"(흙먼지만이 가득할 뿐이었습니다)를 '무덤이 총총 있

을 뿐이었습니다'로 번역하여, 校勘을 못한 탓에 '塚'(봉)을 '塚'(총)으로 오인.

6월 3일 "東寧衛方才撥軍夫, 築城于此"(東寧衛에서 이제 막 軍夫를 뽑아 이곳에 성을 쌓고 있었습니다)를 '東寧衛의 方才가 軍夫를 내어'로 번역하여, '이제 막'이란 뜻의 '方才'를 人名으로 誤認.

이 밖에도 이재호는 이 역본에서 심각한 실수를 범한 곳이 하나 있다. 이재호가 번역의 底本으로 삼은 대동문화연구원 간행 《연행록선집》의 〈표해록〉은 원래 藏書閣本을 影印한 것이었다. 그런데 성균관대학교 대동문화연구원에서 藏書閣本을 影印할 당시 실수로 5쪽과 6쪽의 앞뒤를 잘못 바꾸어서 배열하고 말았다. 이재호는 이를 알아차리지 못하고 6쪽과 5쪽을 억지로 연결시켜, 문맥이 통하지도 않는데 무리하게 번역을 강행해 버린 것이다. 그렇지만 이재호 역본은 한글 번역본 가운데 최초의 완역본으로서, 이후 최부 《표해록》 연구에 토대가 되었다.

4. 최기홍 역본(三和印刷株式會社, 1979년)과 최주용 역본(極東精版社, 1984년)

1979년에 최기홍이 藏書閣本을 저본으로 삼은 完譯本을 비매품으로 출간하였고,[66] 1984년에는 최주용이 전남 무안에 사는 최부의 15세손 崔正祚 소장의 筆寫本을 저본으로 한 完譯本을 출간하였다. 최기홍은 최부의 傍孫으로 알려져 있고, 최주용도 耽津崔氏大宗會의 顧問을 맡았던 경력으로 보아 역시 최부의 후손으로 보인다. 그러니까 두 역자는 모두 최부의 후손으로서 사명감을 지니고 최부 《표해록》을 번역한 것을 알 수가 있다. 비록 전문적인 연구자는 아니지만, 본인의 漢學 능력에 기대어 번역을 시도하였던 것으로 보인다.

---

66 崔基弘, 《漂海錄》, 三和印刷株式會社, 1979.

최기홍이 10년 뒤에 낸 개정판 《금남선생 표해록》(教養社, 1989) 에는 소설가 李炳注가 머리말을 썼다.[67] 다시 8년이 지나 내놓은 개정판 《최부 표해록》(教養社, 1997) 은 중국답사 때 찍은 사진을 곁들이고 또 한글세대를 의식하여 문장을 쉽게 고쳤을 뿐 아니라, 앞의 이병주 추천사와 아울러 北京大學 葛振家의 추천사도 수록되어 있다.[68] 최주용 역본도 사진과 함께 삽화가 곁들여져 있으며, 또한 각주는 서인범 · 주성지 역주본을 제외하고는 여러 역본 중에서 가장 상세하고 풍부하다.

당시 한국의 독자들은 북한 김찬순 역본을 손에 넣기가 어려웠고, 이재호 역본은 최초의 완역임에도 불구하고 단행본으로 출판되지 않았기 때문인지, 좀처럼 독자의 손길이 닿지 않았다. 그런데 처음에는 비매품으로 발간되었으나 두 차례에 걸쳐 개정판이 나온 최기홍 역본은 일반 독자가 가장 쉽게 접할 수 있는 역본이었다. 아마도 최근 약 20년간에 한국 독자가 가장 많이 읽은 《표해록》이 바로 최기홍 역본이 아닐까 추측된다. 그에 비해 최주용 역본(極東精版社, 1984년) 은 初版이 나온 후 곧 絶版되었던 탓인지는 몰라도, 일반 독자는 물론 학계에도 이 역본의 존재가 거의 알려지지 않고 있었다.[69]

이 두 역본은 모두 먼저 출간된 이재호 역본의 존재를 모르고 번역에 임한 듯, 이재호 역본을 참고했던 흔적이 전혀 보이지 않는다. 이 두 역본에도 물론 아주 많은 誤譯이 있을 수밖에 없지만, 아마추어 연구자의 번역이므로 굳이 학술적인 입장에서 세밀한 비평은 불필요할 것 같다. 다만 아마추어

67 최기홍, 《금남선생 표해록》, 教養社, 1989.

68 최기홍, 《표해록》, 教養社, 1997.

69 필자는 '國文學科 全光鏞 教授 遺贈圖書'의 藏書印이 찍혀 있는 이 역본을 서울대학교 도서관에서 복사하였다.

연구자에 의한 《표해록》 역본의 출간은 전문연구자의 분발을 촉구하는 계기가 된 것만은 확실하다.

1988년에는 민족문화추진회에서 '한국문집총간'을 간행하며 최부의 문집인 《금남집》을 영인하여 수록하였는데, 물론 그 속에 〈표해록〉이 다시 포함되었다. 지금까지 한국에서의 번역이 모두 藏書閣本(영조원년, 1725)을 저본으로 하고 있는 데 반해, 이 〈표해록〉의 제1권은 東洋文庫本(중종 후기 간행 추정)을, 제2·3권은 奎章閣本(숙종2년, 1676)을 저본으로 삼고 있다. 그렇게 나눠지게 된 까닭은 동양문고본은 국내에서는 고려대학교 도서관 華山文庫에 제1권만 남아 있고, 규장각본은 규장각에 제2·3권만 남아 있기 때문이었다. 물론 두 판본은 모두 장서각본보다 앞선 시기에 간행되었다. 민족문화추진회에서는 여기에 표점을 찍어서 출간함으로써, 지금까지 역자들이 주로 저본으로 삼았던 장서각본과는 다른 판본을 학계에 처음 제시하여 주었다.

5. 中國 葛振家 點注本(中國社會科學文獻出版社, 1992년)

1992년에는 中國 北京大學의 葛振家가 《漂海錄－中國行記》 點注本을 출간하였는데, 이는 《표해록》에 표점을 찍고 간략한 주석을 덧붙인 것이다. 미국학자와 일본학자에 이어 드디어 중국학자도 《표해록》 연구에 뛰어든 것이다. 葛振家는 또한 10년 후 자신의 點注本 《漂海錄－中國行記》를 수정하고, 국제학술회의에서 발표했던 2편의 논문을 보완하여 추가한 다음,[70] 2002년에 書名을 《崔溥 漂海錄 評注》로 바꾸어 재발간하였다.[71]

---

70 葛振家, 〈漂海錄 學術價值再探討〉, 第2回朝鮮硏究環太平洋國際學術會議, 1994 ; 〈崔溥 漂海錄 價值再探析〉, 第3回朝鮮硏究環太平洋國際學術會議, 1996.

葛振家는 최부 《표해록》을 현대중국어로 옮긴 것이 아니고, 標點과 註釋을 통하여 자기의 해석을 밝혔다. 그런데 標點과 註釋을 살펴보면, 뜻밖에 誤謬가 상당히 많다는 것을 발견하게 된다. 葛振家가 한 차례 수정과 보완을 한 다음 2002년에 출간한 《崔溥 漂海錄 評注》를 기준으로 삼아 검토해 보아도, 誤譯 또는 誤註라고 간주되는 부분이 결코 적지 않다. 標點의 오류로 간주할 수 있는 부분은 너무 번거로워서 생략하고, 잘못된 註釋이라고 생각되는 대표적인 부분만을 가려내어 살펴보고자 한다. 처음 제시되는 것이 原文, 다음 부분이 필자의 주석, 그리고 마지막의 부분이 잘못이라고 생각되는 葛振家의 주석이다.

윤정월 4일 "取露治船"(바닷물을 끓여 식수로 만들거나 배를 수리하는 일)을 '尋陸地保船平安'(육지를 찾아내어 배를 안전하게 함)으로 주석.

윤정월 6일 "有染"(물들인)을 '垢染'(깨끗하지 않은)으로 주석.

윤정월 11일 "塗附"(말라붙어)를 '以惡附惡'(나쁜 일이 겹침)으로 주석.

윤정월 12일 "中船"(중간 크기의 배)을 '我國船隻'(우리나라 즉 중국의 배)로 주석.

윤정월 12일 "鮑作干家"(보자기 즉 바다에서 조개 미역 등 해산물을 채취하는 사람의 집)을 '製作鮑作干的漁戶'(말린 전복을 만드는 어부의 집)으로 주석.

윤정월 19일 "絶倒"('抱腹絶倒'의 뜻으로, 몸을 가누지 못할 정도로 크게 웃음)을 '大哭'(큰 소리로 울다)으로 주석.

윤정월 19일 "輕薄子"(경박한 사람)을 '浮蕩少年'(불량소년)으로 주석.

윤정월 19일 "顚倒"(서둘러)를 '心神錯亂'(심신의 착란)으로 주석.

---

71 葛振家, 《崔溥 漂海錄 評注》, 線裝書局, 2002.

윤정월 23일　“犯夜”(밤을 타서) 를 ‘違犯宵禁’(야간통행금지를 위반함) 으로 주석.

윤정월 24일　“百技跛行”(온갖 모양으로 절룩거리며 걸으니) 를 ‘百般赶路’(온갖 방법으로 갈 길을 서두름) 으로 주석.

3월 5일　“龍飛”(군사를 처음 일으킴) 를 ‘喩帝王登極’(제왕으로 등극함을 말함) 으로 주석.

3월 5일　“太宗文皇帝”(明成祖 永樂帝 朱棣) 를 ‘朱允炆’(建文帝) 로 오인.

3월 5일　“天順”(明英宗의 年號) 를 ‘元天順帝(阿速吉八) 年號’로 오인.

3월 29일　“一時”(같이) 를 ‘卽刻’(즉시) 로 주석.

4월 11일　“兀良哈”(女眞 兀良哈, 즉 몽골 兀良哈 3衛가 아니고, 압록강 북쪽에 있는 兀良哈 즉 오랑캐) 를 ‘指兀良哈三衛’(兀良哈 3衛를 가리킴) 으로 주석.

5월 19일　“驛寫子”(驛의 서기) 를 ‘驛站文書’(驛의 문서) 로 주석.

5월 24일　“八音”(‘八音遏密’은 天子가 갑자기 昇遐함을 의미) 를 ‘金石絲匏土革木之總稱’(金石絲匏土革木의 총칭) 으로 주석.

종합서술　“市兒”(건달, 무뢰배) 를 ‘賣買幼兒’(아동 매매) 로 주석.

종합서술　“穿鼻”(코를 뚫고) 를 ‘牽引’(끌다) 로 주석.

이와 같은 오류가 적지 않음에도 불구하고, 이 책은 최부 《표해록》이 처음으로 중국학자의 손에 의해 중국학계에 소개되었다는 점에서 큰 의미가 있다고 할 것이다.

6. 서인범 · 주성지 역주본(한길사, 2004년)

2004년에 한길사 ‘한길그레이트북스’ 시리즈의 하나로 출판된 서인범 · 주성지 옮김의 《표해록》은 가장 최근에 나온 역본이다. 이 역본은 우선 역사

연구자 그것도 明代史가 전공인 서인범과 韓國史가 전공인 주성지가 번역의 대표로 되어 있는 점에서 보더라도, 기존의 번역본과는 달리 전문지식이 충분히 반영된 학술적인 譯註本임을 첫 눈에 알 수 있다. 무엇보다도 풍부한 脚註와 다양한 圖板에서도 드러나듯이, 이 역본은 기존의 《표해록》 번역을 뛰어 넘는 뚜렷한 학술성을 갖추고 있다. 그런데 한편으로는 모두 656쪽인 이 역주본의 번역 · 각주가 505쪽 정도이고 원문이 87쪽인 데 비해, 도판이 무려 65쪽에 달하고 있는 점은 도판이 아무래도 너무 많다는 느낌이다. 더구나 도판 중에는 최부 《표해록》에서 잠깐 언급된 중국 역사인물들, 예를 들자면 堯舜 秦始皇 宋太祖 등의 肖像까지 한 면에 걸쳐 실을 필요가 있을까 하는 생각이 든다. 또한 각주가 풍부하다는 것이 이 책이 지닌 뚜렷한 장점인데, 이렇게 풍부한 각주를 달면서도 '표해록 연구문헌목록'을 부록으로 싣지 않았다는 점도 선뜻 이해가 안 된다.

더욱이 이 책의 解題에서는 임진왜란 이전에 간행된 세 刊本이 일본의 東洋文庫 · 陽明文庫 · 金澤文庫에 각각 收藏되어 있음이 언급되어 있다. 그렇다면 일본에 있는 임진왜란 이전 간행된 세 刊本 중에서 底本을 택하여야 마땅할 것 같은데, 이를 선택하지 않은 이유가 무엇인지도 설명되어 있지 않다. 필자는 2003년 논문에서 판본 6종의 간행 경과와 의미를 분석하며, 〈東洋文庫本〉〈陽明文庫本〉〈金澤文庫本〉〈奎章閣本〉〈藏書閣本〉〈華山文庫本〉의 새로운 판본 명칭으로 쓸 것을 제안하였으며, 이어서 판본 6종에 대한 校勘을 시도한 바도 있었다.[72] 그런데 서인범 · 주성지 역주 《표해록》의 '표해록 원문 교감'에는 이 역주의 底本으로 〈奎章閣本〉을 사용했고, 〈奎章閣本〉은 권3이 缺卷이므로 〈藏書閣本〉과 〈華山文庫本〉으로

72 이 책의 2부 3장 〈崔溥 漂海錄 版本考〉와 4장 〈崔溥 漂海錄 校勘記〉를 참조할 것.

보충했으며, 비교 판본으로는 〈藏書閣本〉을 이용했다고 밝히고 있다. 그러면서도 권3(《錦南集》의 권3은 즉 《漂海錄》 권1에 해당)이 缺卷인 〈奎章閣本〉이 〈藏書閣本〉이나 〈華山文庫本〉보다 어떤 점이 더 나아서 역자가 저본으로 선택하였는지에 대한 이유가 설명되어 있지 않다.

이 역주본에 실려 있는 原文에는 標點이 있으나, 오직 한 종류의 표점, 즉 마침표만을 쓰고 있다. 그나마 마침표가 문장 속에 너무 잚게 자주 사용되고 있어, 역자가 문장 전체를 어떻게 파악하고 있는지를 가늠하기가 어렵다. 뿐만 아니라 이는 1988년에 民族文化推進會에서 간행한 韓國文集叢刊의 《錦南集》에 실려 있는 〈표해록〉의 표점과 거의 다를 바가 없으니, 즉 표점을 보고 역자가 이 문장을 어떻게 해석하고 있는지를 알아내기가 어렵다. 그리고 역문의 문장도 直譯과 한글 풀어쓰기가 혼재되어 있는데, 이는 번역의 초고를 분담한 사람이 다른 데서 기인하지만 문장 서술의 원칙에 따라 좀더 통일을 기할 필요가 있었다.

그러나 이 역주본에서 학술적으로 가장 문제가 되는 것은 역시 誤譯과 誤註의 문제이다. 이 점은 공동 역자의 한 사람인 서인범도 〈역자후기〉에서 "《표해록》의 출간을 앞두고 가장 염려되는 것은 오역 혹은 잘못된 고증이 있지 않을까 하는 점이다. 또한 무리하게 주를 달려고 만용을 부린 것은 아닌가 하는 점이다. 독자 여러분의 지적과 넓은 아량을 바라는 바이다"라고 스스로 우려한 바 있다. 물론 앞에서 다룬 6종의 역본에도 誤譯이 적지 않았으나, 메스킬의 英譯本을 제외한 나머지는 본격적인 학술적 번역으로 보기는 어렵다. 그러나 이 서인범·주성지의 역주본은 문학자나 아마추어가 아닌 전문적인 역사 연구자에 의해 이루어진 최초의 학술적 역주본이다. 다시 말하면 최부 《표해록》의 역본 여러 종 가운데 이 역주본이 차지하는 비중이 큰 만큼, 이 역본의 번역 내용에 대해 더욱 세밀한 학술적 비평이

시도되는 것도 자연스러운 일일 것이다.

따라서 필자는 서인범 · 주성지 역본이 달성한 학문적 성과를 인정하는 동시에, 誤譯과 誤註의 몇몇 구체적인 내용에 대해 譯者들과 商榷하는 기회를 갖고자 한다. 예를 들면, 최부 《표해록》의 첫머리 단락에 "以今六月十四日到靑坡驛, 敬奉 傳旨, 一行日錄撰集以進"에서, 이 역주본에서는 '今'을 '지금'으로, '一行'을 '행동을 같이한 사람들'이란 뜻으로 각주까지 달아 번역을 하였다. 그런데 '今六月十四日'의 '今'은 '지금 6월 14일'이 아니고 '올'로 번역하여 '올(今年) 6월 14일에'라고 해야 하지 않을까? 또한 '一行'은 최부의 '일행'이란 뜻이 아니라, '이번 길의'라는 뜻이 아닐까? 敬差官 최부가 귀환 후 성종의 명에 따라 '日錄'을 작성하면서, '자신의 日記'가 아닌 '一行의 日記'를 쓴다는 것은 당시의 시대상에 맞지 않는 일이다. 따라서 '一行日錄'이란 말을 줄이면 '行錄'이 되는 것이고, 漂流했다가 귀환한 후에 작성된 대표적인 行錄은 바로 성종14년의 李暹 〈行錄〉[73]이다. 그러므로 '一行日錄'이란 '一行의 日記'라는 뜻보다, 그냥 '紀行記'라는 뜻으로 번역해야 할 것이라고 생각된다.

아래에서는 서인범 · 주성지 역주본이 범한 誤譯 · 誤註 · 漏落 · 誤讀의 대표적인 사례를 몇 가지 검토해 보려고 한다.

1) 잘못된 번역의 사례

윤정월 12일 "如鮑作干家者"(보자기—바다 속에 들어가 조개 미역 등 해산물을 채취하는 사람—의 집 같았습니다)를 '말린 고기를 만드는 집인 듯했다'로 잘못 번역.

---

73 《朝鮮成宗實錄》, 14年 8月 壬午 : "命弘文館直提學金宗直, 因李暹行錄, 又採其言, 書啓."

윤정월 12일 "賊之始至, 示若從容, 見我勢弱, 馴成大賊"(해적이 처음 이르렀을 적에는 얌전하였는데, 우리의 형세가 약한 것을 보더니 차츰 날강도로 변하였습니다)를 '적이 처음에 왔을 때 순순히 따르는 것같이 행동하면 우리의 기세가 약하다고 보아 더욱 큰 적이 될 것이니'로 번역.

윤정월 13일 "所藏襦衣, 俱失於賊, 所穿之衣, 久漬鹹水"(간직했던 솜옷은 모두 해적에게 빼앗겼고, 입은 옷은 바닷물에 절었는데)를 '소장했던 유의(襦衣—동옷. 종이를 넣어 만든 것으로 병사들이 입는 옷)는 모두 빼앗겼고, 구멍난 옷은 오래도록 바닷물에 절었는데'로 번역.

윤정월 14일 "不惑邪說, 不爲黷祭, 則其可禍之乎?"(邪說에 미혹되지 않아 제사 지내지 않는다고 그에게 재앙을 내리겠는가?)를 '邪說에 미혹되지 않고 거짓으로 제사를 지내는 것이 아니라면 그것이 화가 될 수 있겠는가?'로 번역.

윤정월 15일 "我其妄自尊大, 坐見溺死, 胡可哉?"(무턱대고 높은 사람이라고 점잔만 빼다가 앉아서 익사 당하는 것이 어찌 옳겠는가!)를 '내가 허망하게도 스스로 교만하게 뽐내어 앉아서 익사를 당하는구나! 어찌 이럴 수 있는가?'로 번역.

윤정월 16일 "釋喪卽吉, 非孝也"(상복을 벗고 길복을 입는 것은 효가 아니고)를 '상복을 벗는다는 것이 吉이라 한다면 효도가 아니고'로 번역.

윤정월 18일 "止里人少住"(마을 사람을 제지시켜 조금 멈추게 하고는)를 '주민이 얼마 안 되는 마을에 멈추게 했다'로 번역.

윤정월 19일 "其人撫掌曰"(그 사람은 손뼉을 치며 말하기를)을 '그 사람이 기뻐하고 웃으며 말했다'로 번역.

윤정월 19일 "看你也不是歹人"(보아하니 당신은 나쁜 사람은 아닌데)를 '당신들을 보건대 호인(互人—호인. 사람의 얼굴에 물고기의 몸을 가진 사람)이 아닌데'로 번역하여, 版本의 對校를 통한 校勘을 못한 탓에 '알인'(歹人)을 '호인'(互人)으로 誤讀.

윤정월 20일 "則不敢仰見天日, 以堅泣血之心"(감히 하늘과 해를 우러러

보면서는 비통한 마음을 견지할 수 없기 때문) 을 '감히 (우러러) 하늘을 바라볼 수 없고, 피눈물을 흘리는 마음을 단단히 먹으려고'로 번역.

윤정월 22일 "却添一言曰 : '軍人衣服俱有'云云" (도리어 한마디를 보태어 '군인의 의복은 모두 그대로 있었다' 운운하면서) 를 '도리어 군인의복을 갖추고 있었다는 등의 말을 첨가하고 싶은데'로 번역.

윤정월 25일 "然不得一日之暇, 與將軍及莊・尹兩官人, 從容談話, 展布所懷" (하루도 장군 및 莊・尹 두 관인과 함께 조용히 담화하며 회포를 풀 짬을 얻지 못하였으니) 를 '하루도 못 되는 시간이지만, 장군과 장씨 그리고 윤씨 두 관인과 더불어 편안하게 담화를 나누고 품고 있던 생각을 토론했으니'로 거꾸로 번역.

2월 4일 "初以汝類爲倭船刦掠, 將加捕戮" (처음에는 당신들을 倭船을 타고 와서 겁략하는 무리들이라고 여겨, 잡아다 죽이려고 했소) 를 '처음에 그대들을 왜선(倭船) 으로 간주해서 위협하고 겁탈하여 사로잡아 죽이려고 했소'로 거꾸로 번역.

2월 5일 "鎭守太監・綉衣・三司大人" (鎭守太監과 綉衣 및 三司의 大人) 을 '진수태감과 수의(綉衣) 의 삼사대인(三司大人)'으로 번역하여, 巡按御使인 '綉衣'를 布政使・按察使・都指揮使의 三使와 혼동.

2월 7일 "李邊・金浣之・趙惠・李堅, 則我以後進之士" (이변・김완지・조혜・이견 등은 내가 후배로서) 를 '이변, 김완지, 조혜, 이견 등은 뒤에 나온 선비들이라'로 거꾸로 번역.

2월 8일 "都總太監欲討看總兵官所驗點你弓一張・刀一把" (都總太監께서 총병관이 점검한 당신의 활 1장과 칼 1자루를 찾아 살펴보시겠다고 하오) 를 '도사와 총병관, 그리고 태감이 총병관의 처소에서 점검한 그대들의 활 한 장, 칼 한 파 등을 살펴보고자 하오'로 번역.

2월 11일 "趙宋時" (趙宋 때) 를 '송나라 趙匡胤 때'로 번역하여, 南北朝時代의 '劉宋'과 구별하기 위해 쓴 '趙宋'이란 표현을 '宋太祖 때'로 오인.

2월 15일 "明皇" (英明한 황제께서) 를 '명 황제가'로 번역.

2월 17일 "又有官人姓鄭者求和約軒詩韻"(또 鄭씨 성을 가진 관원이 約軒의 詩에 和韻해 주기를 청하기에)를 '성이 정(鄭)이라는 관리가 화운(和韻)을 요구하기에'로 번역하여, '約軒 方湜의 詩'를 누락.

2월 22일 "江淮勝槩樓, 當道崢嶸"(江淮勝槪樓는 길을 가로막고 우뚝 솟아있어)를 '江淮의 훌륭한 경치는 누각이 가파른 지역에 서있어'로 번역하여, 고유명사인 樓閣의 이름을 풀어서 번역.

2월 25일 "擅自決杖我異國人, 亦有法文乎?"(마음대로 우리 이국인에게 곤장을 때리니 그런 법규가 있습니까?)를 '제멋대로 혼자서 장형을 집행했소. 나는 이국인이지만 명률에는 법조문이 있지 않소?'로 번역.

4월 7일 "我二人來討些人情面皮"(우리 두 사람이 체면을 무릅쓰고 와서 선물을 달라는 것은)을 '우리 두 사람은 인정상 온 것입니다'로 번역.

4월 7일 "後年差小, 與尋常麻子一般"(몇 년 후에는 점점 작아져서 보통 삼씨와 같아졌다)를 '후에 조금 차이는 났지만 일반적인 마자와 같았다'로 번역.

4월 11일 "生還本國, 祇自仰天祝手而已. 但瑣尾逗遛, 遷延日月"(살아서 본국으로 돌아가게 되었으니 하늘을 우러러 감사할 따름입니다. 다만 유랑하는 처지에 발이 묶인 몸이 시일만 지체시키면서)를 '본국으로 살아서 돌아갈 수 있기를 하늘을 우러러 빌 뿐이오. 잠시라도 머무르게 되어서 기일이 늦춰진다면'으로 번역.

4월 18일 "事畢便打發回去"(일을 마치면 바로 돌아갈 수 있도록 할 것입니다)를 '일을 마치면 즉시 되돌아올 것이오'로 거꾸로 번역.

4월 23일 "兩京畿府州縣, 直隸六部"(兩京 畿內의 부·주·현은 六部에 직속되어 있었습니다)를 '양경 내에는 부, 주, 현, 직예육부(直隸六部)가 있었다'로 번역.

4월 27일 "如蟪蛄蠛蠓之生死於天地中"(마치 쓰르라미와 하루살이가 천지간에 살다가 죽는 것과 같아)를 '마치 미물들처럼 생사가 천지간에 있어'로 번역.

5월 19일　"或渴水"(마실 물이 떨어지기도 하고)를 '구멍이 나 물이 솟아나기도 하고'로 번역.

종합서술　"天又晩燠早寒"(기후가 또 더디게 따뜻해지고 일찍 추워지므로)를 '날씨가 낮에는 따뜻했다가 밤에는 추워'로 번역.

종합서술"華粧自鬻, 要價資生以成風"(몸을 팔아서 생활하는 풍조가 있었습니다)를 '몸소 행상하여 생활비를 버는 풍속이 있었다'로 번역.

종합서술　"江南市兒"(강남의 건달들은)를 '강남 시장의 아이들은'으로 번역.

2) 정확하지 않은 註釋의 사례

각주 39　況海路의 문단과 雖竭心力의 문단

'대동문화연구원 편찬의 판본과 규장각 판본이 완전히 뒤바뀌어 있다' → '장서각본을 影印할 때 착오로 2쪽의 배열을 뒤바꾼 것으로, 판본 자체의 결함은 아님'

각주 45　姜有夫

'규장각판본에서는 강유부(姜有夫)로 표기했다' → '규장각본 권1은 缺卷이므로, 이를 확인할 수 없으며, 더욱이 어떤 판본에도 표점이 없기 때문에, 꼭 '姜有夫'로 표기했다고 간주할 수 있는 근거는 없음.'

각주 51　駕

'〈멍에〉라고 하며, 뱃전 위에 설치하는 横樑' → '蓬屋 위로 〈덮치다〉라는 뜻의 동사로 풀이해야 함.'

각주 270　塢

'한대 서북변에는 흉노 등 이민족의 동향을 감시하는 오후(塢候)라고 하는 채(砦, 요새)가 존재했다' → '강변이나 해변에 배를 건조하거나 수리할 수 있는 도크와 같은 재래식 시설'

각주 279　一衣三十年

'백결선생을 말하는 듯하다. 생몰 연대는 알 수 없고 신라시대의 음악가로 금(琴)의 명수였다' → '춘추시대 제나라 晏嬰이 狐裘를 30년 동안 입었다는 故

事에서 유래함.'

각주 280 蛇魚感恩

'진대 왕상(王祥)이라는 지극히 효가 깊은 인물이 있었다. 일찍이 어머니를 여의었다. 계모 주씨(朱氏)는 자애롭지 못했으며 남을 곧잘 헐뜯어 아버지로부터 사랑을 잃게 되었다. 왕상은 매번 외양간을 청소하는데도 공손하고 근면했다. 부모가 질병이 들자 옷도 벗지 않고 탕약도 몸소 달여 맛볼 정도였다. 어머니가 일찍이 살아 있는 생선을 먹고 싶어 했으나 날씨가 추워 얼음이 얼었다. 왕상이 얼음을 깨고 생선을 구하려 하자 홀연히 얼음이 저절로 깨지며 두 마리 잉어가 튀어 나왔다. 또 어머니가 참새 고기가 먹고 싶다고 생각하자 황작 수십 마리가 장막 안으로 날아 들어왔다. 《진서》 권33, 왕상열전.' → '隨侯가 큰 뱀의 창자가 끊어진 것을 보고 약을 써서 고쳐주었더니, 후에 뱀이 강에서 큰 구슬을 물고 나와 은혜를 갚았다는 고사와 어떤 사람이 낚시에 걸린 잉어가 눈물을 흘리기에 불쌍히 여겨 살려 주었더니, 후에 물속에서 푸른 구슬을 물고 나와 은혜를 갚았다는 전설임.'

각주 358 藥王廟

'태고의 전설적인 제왕인 황제(黃帝) 때의 명의 편작(扁鵲)을 제사 지낸다' → '戰國時代 鄭나라의 名醫인 扁鵲을 제사지내는 祠堂임.'

종합서술 각주 133 淺

'葛振家는 천을 물가의 험한 길이라고 해석했다' → '얕은 여울에 배를 끌기 위하여 설치한 淺鋪를 가리키는데, 일종의 교통시설에 해당한다.'

3) 번역에서 누락 시킨 語彙의 사례

윤정월 19일 '如臣等者, 若不先自下陸, 若無印牌之信, 豈復免於禍哉' → '신 등과 같은 사람도 만약 먼저 스스로 육지에 내려오지 않았거나, 인신과 마패의 신표가 없었더라면 어떻게 또 화를 면할 수 있었겠습니까.'

2월 4일 '綉衣' → '巡按御史'

2월 12일 '錢塘學' → '錢塘縣의 縣學'

2월 17일 '約軒詩' → '約軒 方湜의 詩'

종합서술 '頭官' → '두관(頭官)'

종합서술 '有角黑巾' → '귀가 있는 검정 두건'

발문 '定州守尹侯行'[74] → '정주(定州)의 군수(郡守) 윤행(尹行) 후(侯)에게.'

4) 틀린 漢字 讀音과 誤讀의 사례

(1) 인명

박중간(朴重幹) → 박중알(朴重斡) | 김율(金栗) → 김속(金粟) | 적룡(翟龍) → 적용(翟勇) | 왕희지(王羲之) → 왕휘지(王徽之)[75] | 오성문(吳誠文) → 오계문(吳誡文) | 오왕(吳王) → 오새(吳璽)

(2) 지명

만랄가(滿剌可) → 만랄가(滿剌加) | 절개령(折開嶺) → 탁개령(拆開嶺) | 제양포(第洋鋪) → 모양포(茅洋鋪) | 원두교(院杜橋) → 원사교(院社橋) | 과당교(跨塘橋) → 과당교(夸塘橋) | 취리성(檇李城) → 휴리성(攜李城) | 책병교(册兵橋) → 단병교(丹兵橋) | 번봉포(藩葑鋪) → 반봉포(潘葑鋪) | 봉황교(鳳凰橋) · 돈회자포(墩淮子鋪) → 봉황교돈(鳳凰橋墩) · 회자하포(淮子河鋪) | 평하교리(平河橋里) · 경하진점(涇河鎭店) → 평하교(平河橋) · 이경하(里涇河) · 진점(鎭店) | 서호하(西湖河) · 취노화상탑(嘴老和尙塔) → 서호하취(西湖河嘴) · 노화상탑(老和尙塔) |

---

74 陽明文庫本에는 이상의 6자가 들어 있으나, 奎章閣本에는 없다. 版本 對校의 결과에 의해 삽입하였다.

75 王徽之는 유명한 王羲之의 아들로서 역시 當代의 저명한 書家이다.

총창동위(總廠東衛)·총창서위(總廠西衛) → 총창동가(總廠東街)·총창서가(總廠西街) | 누수(漊水) → 탑수(漯水) | 담자국(郯子國) → 섬자국(剡子國) | 지원(至元) → 지정(至正) | 옥루교(玉樓橋) → 오루교(五樓橋) | 개거두포(開渠頭鋪)·산진포(山津鋪) → 개거(開渠)·두산진(頭山津) | 담가장(譚家莊) → 역가화(譯家花) | 교제(校堤) → 사제(梭堤) | 원가만(元家灣) → 표가만(表家灣) | 함수갑(減水閘) → 감수갑(減水閘) | 추가구포(趨家口鋪) → 조가구포(趙家口鋪) | 평가구(平家口) → 평하구(平河口) | 현녕관(玄寧觀) → 현령관(玄靈觀) | 급사방(給事坊)·아원문(亞元門) → 급사방아원문(給事方亞元門) | 연하(連河) → 요하(遼河) | 저양(雎陽) → 수양(睡陽) | 연산(連山)·도행아(島杏兒) → 연산도(連山島)·행아(杏兒) | 유안성(逶安城)·앵장하둔(鶯掌河屯) → 수안성(綉安城)·앵나하둔(鶯拿河屯)

서인범 교수는 처음에 한문 강독의 방침으로 대학원생들과 매주 윤독회를 열어, 1999년 3월부터 3년간에 걸쳐 역주 작업을 완료했다고 '역자후기'에서 밝혔다. 처음 시작할 당시는 11명이었던 대학원생이 마지막까지 남은 사람은 5명뿐이었다고 한다. 가지가지의 열악한 조건 속에서 각고분투하였음을 짐작하고도 남는다. 비록 서인범·주성지의 역주본에 상당한 誤譯이 있다고 할지라도, 풍부한 각주 및 도판과 더불어 이 역주본이 최부《표해록》 연구를 한 단계 크게 끌어 올린 성과도 역시 인정받아야 마땅할 것이다.

漢文古典의 학술적인 번역은 사실 까다로운 작업이다. 번역 가운데는 누가 보더라도 분명한 誤譯이 있는가 하면, 거의 誤譯에 가까운 譯文도 있을 것이며, 誤譯이라고까지는 할 수 없지만 적절한 뉘앙스를 살리지 못한 것도 있을 것이다. 경우에 따라서는 두 가지 역문을 놓고 비교해 볼 때, 어느 쪽이 더 나은 역문인지 판별하기 어려운 것도 있을 것이다. 여하튼 原文이 지닌 뜻을

가장 완벽하게 살린 譯文을 만들어 독자들에게 전달하는 것이 궁극적인 古典飜譯의 목적일 것이다.

필자는 지난 46년간 出刊된 崔溥 《漂海錄》의 譯本 7종을 비평의 대상으로 삼아, 이들 역본의 장단점을 간략히 거론하였다. 그리고 譯文 중에서 誤譯 또는 誤註라고 판단한 부분을 제시하여 보았다. 최부 《표해록》의 번역에서 노출된 誤譯과 誤註를 검토하는 과정에서, 필자는 漢文 古典飜譯의 어려움을 다시 한 번 절감하지 않을 수가 없었다. 이 글은 다른 譯者의 譯本을 비판하려는 것에만 목표를 둔 것이 아니다. 오직 앞으로 보다 정확한 최부 《표해록》 역본을 탄생시키기 위해, 반드시 건너가야 할 징검다리를 건너려는 마음으로 쓴 것일 뿐이다.

2부

崔溥 漂海錄의 書誌學的 研究

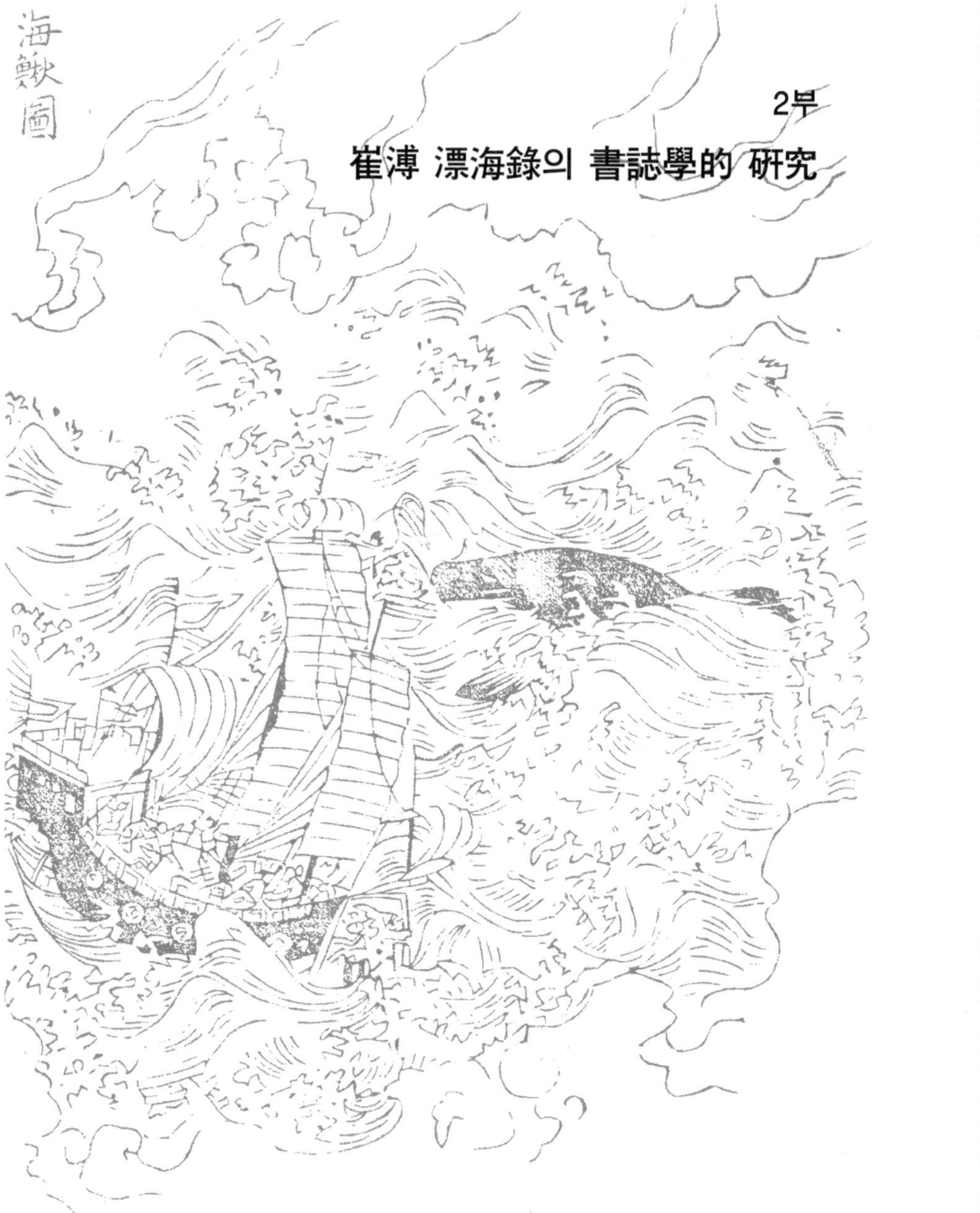

3장 崔溥 漂海錄 版本考

崔溥《漂海錄》은 일제시대 이전 조선시대에 간행된 판본만 6종이 있다. 한국에서 가장 널리 이용되고 있는 판본이 英祖元年(1725)에 최부의 외6세손 羅斗冬이 간행한 다섯 번째의 이른바 '補刊本'이다. 현재 藏書閣에 완본이 소장되어 있는 이 판본은 성균관대학교 대동문화연구원이 1962년에 《燕行錄選集》을 영인 간행할 때 底本으로 사용하였다. 그리고 1976년 민족문화추진회에서 '고전국역총서' 《국역 연행록선집》을 간행할 때도, 이전의 《연행록선집》에 영인된 이 판본을 그대로 저본으로 삼아 《표해록》을 국역하였다.

1988년에 민족문화추진회가 《影印標點 韓國文集叢刊》을 낼 때에는 기초적인 판본 조사를 한 끝에, 肅宗2년(1676)에 최부의 외6세손 羅斗春이 간행한 최부의 文集인 《錦南集》 속에 수록된 〈표해록〉을 저본으로 삼았다. 그러나 네 번째로 간행된 이른바 '羅斗春本'은 〈표해록〉 3권 가운데 권2와 권3만 奎章閣에 소장되어 있기 때문에, 缺卷을 고려대학교도서관 華山文庫의 이른바 '官板本'으로 보충하지 않을 수 없었다. '官板本'으로 이름 지어진 이 판본이 가장 일찍 간행된 것은 틀림없으나 정확한 간행년도를 알 수가 없고, 고려대학교도서관 華山文庫에도 권1만이 貴重圖書로 분류되어 있다.

그런데 최부 《표해록》에는 이상 3종의 판본 외에도 주요한 판본 몇 종이 더 있다. 필자는 최부 《표해록》의 연구를 시작하는 자료조사 과정에서 적어도 6종 이상의 판본이 있음을 알고,[1] 판본에 대한 더욱 정밀한 정보를 얻고자 하였으나 흡족한 결과를 얻지 못하였다. 최부 《표해록》에 대해 완벽한 譯註를 하고, 또 이에 기초한 연구를 진행시키기 위해서는, 무엇보다도 판본의 조사가 선행되어야만 할 것은 두말할 필요가 없다. 그리고 이를 통해 가장 적절한 판본을 譯註의 저본으로 삼아야 할 것이다. 이것이 바로 필자가 당면한 연구의 진척을 위해, 스스로 최부 《표해록》 판본에 대한 고찰에 나서지 않을 수 없었던 까닭이다.

1. 版本 6종의 名稱과 收藏處

민족문화추진회에서 《영인표점 한국문집총간》을 낼 때 최부의 문집 《錦南集》을 수록하였는데, 이 《금남집》 속에 〈표해록〉이 포함되어 있었다. 《영인표점 한국문집총간 해제1》에는 《금남집》에 대한 간략한 〈해설〉이 실려 있는데, 그 가운데 〈편찬 및 간행〉 부분이 최부 《표해록》 판본에 관해 필자가 찾을 수 있었던 유일한 자료였다. 민족문화추진회의 吳世玉이 쓴 이 〈해설〉은 그 요점을 간추려 보면 대략 다음과 같은 내용이다.[2]

> **官板本**
> 명종 연간에 甲寅字로 간행되었다. 完本은 전해지지 않고 고려대학교도서관 華山文庫에 권1만이 전한다.[3]

---

1 檀紀 4287년(1954)에 羅州에서 목활자로 간행된 《錦南集》 속에도 〈漂海錄〉이 들어 있으나(景仁文化社, 1992, 영인본), 이는 조선시대의 刊印本이 아니므로 고찰 대상에서 제외시켰다.

2 吳世玉, 〈錦南集 편찬 및 간행〉, 《영인표점 한국문집총간 해제1》.

定州本

최부의 外孫 유희춘이 평안도관찰사 吳祥에게 부탁하여 宣祖2년(1569) 定州에서 목판으로 간행하였다.

南原本

유희춘은 〈定州本〉이 유포되지 못하자 宣祖6년(1573) 전라도관찰사 李陽元에게 교정본을 보내어 간행을 위탁하였다. 李陽元은 李交龜 · 兪泓의 협조를 얻고, 兪泓이 龍城宰 鄭淹에게 위탁하여 목판으로 간행하였다.[4]

羅斗春本

임진왜란을 거치며 册版이 散失되고 나서 肅宗2년(1676)에 外6世孫 羅斗春이 羅州牧使 李喜年의 도움을 받아 〈표해록〉을 《錦南集》에 合編하여 목판으로 간행하였다. 현재 奎章閣에 소장되어 있는데, 권3(〈표해록〉의 권1에 해당함)이 缺卷이다.

補刊本

英祖2년(1726)에 外6世孫 羅斗冬이 〈羅斗春本〉의 佚板을 修改하고, 다음해 外弟 鄭重元의 의견에 따라 《표해록》을 《錦南集》과 따로 목판으로 간행하였다. 현재 藏書閣에 소장되어 있다.

木活字本[5]

高宗33년(1896)에 康津 羅川墓閣에서 목활자로 간행되었다. 고려대학교도서관 晩松文庫에 소장되어 있다.[6]

---

3 후술하겠지만 이 판본은 日本 東京의 東洋文庫에 完本이 收藏되어 있다.

4 이 설명에는 柳希春의 〈萬曆元年 跋文〉을 잘못 해석한 부분이 있다. 즉 '交龜'란 監司 · 兵使 · 水使가 바뀔 때 符信을 주고받던 일을 말하는데, 여기서 '交龜'를 人名으로 잘못 간주하고 문장을 끊어 읽음으로써 오류가 생겼다. 이러한 오류는 《奎章閣所藏文集解說 1》의 《錦南集》 해설에서도 그대로 답습되고 있다.

5 吳世玉은 이 판본에 대해서만은 이름을 정하지 않았으므로, 이 판본의 이름만은 필자가 임의로 〈木活字本〉이라고 붙였다.

6 실제로 晩松文庫에는 《錦南集》과 《표해록》 3권 중에 권1만이 있을 뿐, 《표해

이 〈해설〉에 의해 필자는 비로소 《표해록》의 판본에 대한 비교적 정리된 정보를 가질 수 있게 되었다. 그런데 그동안 잘 알려지지 않은 판본에 대한 관심이 깊어질수록, 또 그 판본을 소장하고 있는 곳을 알아낼수록, 우선 각종 판본의 명칭에 대해 불만을 느끼지 않을 수 없었다. 왜냐하면 《표해록》의 판본에 대한 명칭이, 네 가지 각기 다른 기준에 따라 들쑥날쑥하게 이름이 붙여졌기 때문이다. 자세하게 말하자면, 官板本이란 중앙관서가 간행하였다는 의미에서, 定州本과 南原本은 地方刊本이기 때문에 간행된 지역 명칭을, 羅斗春本은 간행을 주재한 후손의 이름을, 補刊本은 각종 부수적인 자료를 보충하여 수록하였다는 특징을 살려, 각 판본의 이름을 붙였다는 것을 알 수 있다.

그러나 定州本과 南原本도 지방관서가 板刻한 것으로 결국 마찬가지로 官板本의 범주에 속하기 때문에, 앞의 官板本과의 구별이 뚜렷하지 않다. 羅斗春本은 간행을 주재한 후손의 이름을 썼으면서도, 補刊本은 후손의 이름을 쓰지 않은 이유도 잘 이해가 안 된다. 따라서 필자는 이와 같은 판본 6종에 새로운 명칭을 붙이는 일을 앞으로의 과제로 남겨두고, 우선 파악하기 쉬운 임시적인 명칭을 붙여 《표해록》 판본에 관한 논의를 펴 나가고자 한다. 필자의 임시적인 판본 명칭은 판본의 收藏處에 초점을 맞추어 이름을 붙이는 것이다. 다행하게도 6종의 판본은 수장처가 겹치지 않았는데, 지금까지 필자가 확인한 바로는 다음과 같다.

〈官板本〉은 日本 東京의 東洋文庫에 완본이 소장되어 있고, 고려대학교도서관 華山文庫에는 권1만 소장되어 있을 뿐임.

〈定州本〉은 日本 京都의 陽明文庫에 완본이 소장되어 있고, 한국에는 소장하

록》 3권 완본은 華山文庫에 소장되어 있다.

고 있는 곳이 없음.

〈南原本〉은 日本 神奈川縣의 金澤文庫에 완본이 소장되어 있고, 한국에는 소장하고 있는 곳이 없음.

〈羅斗春本〉은 서울대학교 奎章閣에 권2와 권3만이 소장되어 있고, 영남대학교도서관과 북제주군 애월도서관에 각각 권2가 소장되어 있으며, 고려대학교 도서관에 권3이 소장되어 있음.

〈補刊本〉은 한국정신문화연구원 藏書閣에 완본이 소장되어 있음.

〈木活字本〉은 고려대학교도서관의 華山文庫에 완본이 소장되어 있고, 晩松文庫에 권3, 藏書閣에 권2가 각각 소장되어 있음.

수장처를 기준으로 하여 판본의 명칭을 붙이는 것은 물론 가장 바람직한 방법은 아닐 것이다. 그렇지만 필자는 최부 《표해록》의 경우, 이상 6종의 판본에 합당한 새 명칭이 주어질 때까지, 한시적으로 판본 명칭을 차례로 〈東洋文庫本〉〈陽明文庫本〉〈金澤文庫本〉〈奎章閣本〉〈藏書閣本〉〈華山文庫本〉으로 분류하여 쓰는 것이 좋겠다고 생각한다.

최부 《표해록》 6종 판본이 현재 수장되어 있는 상황의 두드러진 특징은, 임진왜란 이전에 간행된 3종 판본이 한국에 완본이 제대로 남아 있지 않고, 일본의 세 文庫에만 각각 수장되어 있다는 점이다. 이 3종의 판본은 다른 많은 조선의 典籍과 마찬가지로 임진왜란 때에 倭軍이 약탈하여 일본으로 가져간 것으로 보이며, 조선에 있던 册板은 전란 중에 燒燬되어 버린 것으로 추정된다. 그리고 임진왜란 이후에 간행된 3종만이 한국의 奎章閣 · 藏書閣 · 華山文庫에 각각 수장되어 있을 뿐이다. 이 3종 가운데서도 藏書閣本이 《표해록》의 譯註에 널리 이용되어 왔으며, 그 다음으로는 奎章閣本이 影印標點의 대상이 되었던 것이다.

판본 6종 가운데서도 일본에만 있는 東洋文庫本 · 陽明文庫本 · 金澤文庫本은 그동안 한국에 소개조차 잘 이루어지지 않았다. 그런데 20세기에 들어 최부《표해록》에 대해 가장 먼저 학문적인 관심을 가지고 英譯에 착수하였던 미국학자 메스킬은, 일찍이 1958년에 컬럼비아 대학에 英譯本 "A Record of Drifting across the Sea, P'yohae-rok 漂海錄"을 박사학위논문으로 제출하였다.[7] 漢文으로 된 최부《표해록》에 관한 첫 연구성과가 미국에서 나왔다는 것은 뜻밖의 일이지만, 이는 메스킬이 1950년대에 일본 京都大學에 2년간 유학하였기 때문에 가능한 일이기도 하였다. 메스킬은 일본 체류 중에 京都의 陽明文庫뿐 아니라 神奈川縣의 金澤文庫 그리고 東京의 東洋文庫와 內閣文庫를 찾아,《표해록》연구에 필요한 기초적인 판본조사를 하였고, 陽明文庫本을 英譯의 저본으로 삼았다고 1958년에 박사학위논문의 서문에서 밝혔다.

한편 그 무렵 京都大學 人文科學硏究所의 牧田諦亮도 15세기 일본승려 策彦의《入明記》를 연구하는 과정에서, 策彦보다 51년 전에 조선인 최부가 策彦과 비슷한 코스로 중국을 여행하고 기행기인《표해록》을 남겼다는 사실을 알게 되었다. 牧田諦亮은 그《入明記》에 대한 연구성과를《策彦入明記の硏究 (上)·(下)》2책으로 간행하였다. 그 속에서 역시 陽明文庫本《표해록》을 저본으로 原文에 구두점을 찍은 다음, 그의 저서인《策彦入明記の硏究 (下)》에 참고용으로 수록하였다.[8] 牧田諦良은 이 책의〈第7章 漂海錄と唐土行程記〉에서 陽明文庫本 이외의 다른 판본에 대해, 京都

7 John Meskill, "Acknowledgement," *A Record of Drifting across the Sea, P'yohae-rok 漂海錄*, 1958.

8 牧田諦亮,〈第七章 漂海錄と唐土行程記〉,《策彦入明記の硏究 (下)》, 法藏館, 1959.

의 建仁寺 塔頭兩足院에서 소장하고 있는 筆寫本과 東京 內閣文庫의 筆寫本을 언급하는 데 그치고 있다.

牧田諦亮은 후에 金澤文庫에 《표해록》의 朝鮮刊本이 소장되어 있다는 것을 알고 이를 복사하였다. 그리고 금택문고본에는 양명문고본에 있는 柳希春의 〈隆慶3年 跋文〉이 없고, 양명문고본에는 금택문고본에 있는 柳希春의 〈萬曆元年 跋文〉이 없다는 것을 지적하면서도, 牧田諦亮은 금택문고본이 그래도 양명문고본과 동일한 刊本이 아닐까 하고 엉뚱한 추정을 하였다. 그리고 〈표해록〉이 《錦南集》 속에 합편되어 있는 奎章閣本이 있다는 사실을 《奎章閣圖書韓國本總目錄》에서 알게 되었다고 언급하였는데, 그렇지만 그때까지도 銅活字로 인쇄된 官板本인 東洋文庫本이 東京에 있다는 사실은 모르고 있었던 것으로 보인다.[9]

이를 살펴보면 결국 가장 일찍 최부 《표해록》에 대해 학문적인 관심을 가졌던 메스킬과 牧田諦亮 두 연구자 모두가, 한국에는 소개되지 않았던 京都의 양명문고본을 저본으로 삼아 연구에 착수했다는 것을 알 수 있다. 그렇지만 메스킬은 양명문고본을 저본으로 英譯을 하면서도, 東洋文庫本 · 金澤文庫本과 서로 대조하며 정밀한 교감작업을 벌이지는 않았다.

2. 東洋文庫本의 活字名과 간행 시기

銅活字로 간행된 이 판본에는 序文이나 跋文이 없으며 간행년도를 알아낼 수 있는 어떠한 印出記錄도 없다. 그런데 앞의 《영인표점 한국문집총간 해제1》에서 오세옥은 "왕명으로 초고본이 완성된 후 承文院에 소장되었다

9 牧田諦亮, 〈漂海錄と唐土行程記〉, 《金澤文庫研究》 第272号, 1984.

가 명종 연간에 활자〔甲寅字〕로 간행되었다. 이 본의 완본은 전해지지 않고 고려대학교 중앙도서관 華山文庫에 零本 1책(권1) 만이 전한다"고 해설하였다.[10] 이 판본이 명종 연간에 간행되었다고 해설한 것은, 아마도 고려대학교도서관의 도서카드에 기재되어 있는 사항을 그대로 따른 것으로 보인다. 그러나 정작 《금남집》 첫머리의 〈범례〉에서는 '성종 연간에 갑인자로 인쇄'되었다고 하여, 같은 《영인표점 한국문집총간》에서도 〈해제〉와 〈범례〉가 서로 설명이 엇갈리고 있다.

확실한 인출기록이 없는 이 동양문고본의 刊年을 추정하기 위해서는, 銅活字의 정교도, 마멸도, 보주도 등을 조사해 보는 수밖에 없다. 이 銅活字의 字體를 정밀하게 검토하여 본 결과, 동양문고본의 활자명은 종래에 알려져 있던 대로 갑인자임에는 틀림없었다. 再鑄甲寅字가 나오는 선조13년(1580) 보다 훨씬 이전이므로,[11] 이 갑인자는 마땅히 初鑄甲寅字일 것이다. 그런데 초주갑인자는 그동안의 유실과 마모로 인해 중종10년에 부분적으로 補鑄가 이루어진다.[12] 그렇다면 이 보주도를 조사하여 보면 간행시기를 어느 정도 가늠해 볼 수 있을 것이다. 이리하여 보주의 정도를 면밀하게 살펴 본 결과, 이 판본에서는 補鑄活字가 상당히 사용되고 있음을 알게 되었고, 중종후기에 간행되었을 가능성이 일단 높다는 판단을 내리게 되었다.[13]

동양문고본의 刊年을 측정함에 명종 연간을 배제하고 중종후기로 간주

---

10 오세옥, 〈錦南集 편찬 및 간행〉, 《영인표점 한국문집총간 해제1》.

11 천혜봉, 《한국금속활자본》, 범우사, 1993, 54-58쪽.

12 千惠鳳, 《韓國 書誌學》, 민음사, 1991, 333쪽. 천혜봉 교수는 동양문고본의 刊年이 중종후기로부터 명종 연간이라는 조심스러운 판정을 내렸다. 그러나 필자는 명종 연간에 간행되었을 가능성을 배제하였다.

13 甲寅字의 補鑄度 감별을 통한 刊年의 추정에 관해서는, 천혜봉 교수의 敎示를 받았음을 밝힌다.

하는 또 하나의 중요한 근거는 《稗官雜記》에 실려 있는 다음과 같은 구절 때문이다.

> 東國少小說, … 崔校理溥漂海記

《稗官雜記》의 刊年이 대체로 중종말기로 추정되고 있으므로, 최부 《표해록》의 刊年은 자연히 중종후기가 타당해지는 것이다.

동양문고본의 刊年과 연관지어 볼 때, 중종6년 3월 李世仁이 왕에게 《표해록》의 開刊을 건의한 《조선중종실록》의 다음 기사는 눈길을 끈다.

> 또 최부의 표해록은 金陵에서 帝都에 이르기까지의 산천 · 풍토 · 습속을 갖추어 기록하지 않음이 없으니, 우리나라 사람이 비록 중국을 직접 눈으로 보지 않더라도 이로써 알 수 있습니다. 청컨대 함께 開刊 전파케 하소서.[14]

이 기사를 근거로 하여 동양문고본이 중종6년(1511) 에 바로 간행되었다고 추측할 수도 있겠지만, 여기에는 한 가지 문제점이 가로 놓여 있다. 왜냐하면 비록 이세인이 《표해록》의 開刊을 건의하였다지만, 開刊 여부에 대한 이후의 후속 기록이 전혀 없는 것이다. 그리고 이세인이 《표해록》과 동시에 개간을 건의했던 成俔 · 金時習 · 南孝溫 등 9명의 문집도 대부분 이때에 開刊되지 못하였다. 9명의 문집 가운데, 비교적 이른 시기에 개간되는 김시습의 《梅月堂集》도 후일 선조20년(1587) 에야 비로소 간행되었다. 그런데 9명의 문집 가운데 가장 먼저 개간된 兪好仁의 《濡谿集》만은 중종 연간에 간행되었을 가능성이 높다고 한다. 鄭弼溶은 〈해제〉에서 몇

14 《朝鮮中宗實錄》, 6年 3月 甲子.

가지 근거를 들어, 《濡谿集》이 1530년경에 개간된 것으로 추정하였다.[15] 그렇다면 앞에서 갑인자의 보주도 등을 근거로 판단한 《표해록》의 간행시기와 거의 엇비슷하다. 동양문고본 《표해록》의 간행시기는 《濡谿集》이 간행된 1530년경, 즉 중종25년 전후인 중종후기에 간행된 것으로 추측된다.

3. 陽明文庫本 · 金澤文庫本의 간행 경과

《표해록》을 목판으로 처음 開刊한 것은 柳希春이 평안도관찰사 吳祥에게 부탁하여 선조2년(융경3년, 1569) 定州에서 印出한 양명문고본이다. 유희춘이 쓴 〈융경3년 발문〉은 다음과 같다.

> 錦南 崔 선생의 諱는 溥이고 字는 淵淵으로 希春의 외조부이시다. 經術과 氣概로 成宗代에 벼슬길에 올라 시종으로 발탁되셨다. 일찍이 명을 받고 제주도에 갔다가 마침 부친상으로 급히 돌아오던 중, 폭풍우를 만나 중국의 台州[16]에 표착하셨다. 돌아와 도성 밖에 이르자 임금께서 일행의 일지를 엮어 바치도록 명하신 뒤, 이를 훑어보고 훌륭하다 여겨 드디어 이를 承文院에 보관하게 하셨다. 그 글은 분량이 3권에 지나지 않지만 바다의 변화 상황과 浙江 동남에서 北京 일대에 이르는 여정의 산천, 물산, 인물, 풍속이 선명하게 정리되어 있을 뿐 아니라, 선생의 經世의 재능도 열에 하나 정도는 엿볼 수 있다. 많이 듣고 널리 읽기를 원하는 이들 가운데 이를 보고자 하는 사람이 많았으나, 지금까지 80년간이나 조판 인쇄하여 널리 전파하지 못하였다. 희춘이 聖恩을 받아 塞外[17]로부터 돌아오자마자 이 책을 조판할 것을 서둘러 생각하여 교정을 마쳤

15 鄭弼溶, 〈濡谿集 편찬 및 간행〉, 《영인표점 한국문집총간 해제1》.

16 원문에는 '台'로만 되어 있으나, 《眉巖集》 卷3의 〈漂海錄跋〉에는 '台州'로 되어 있다.

17 '塞外'란 원래 중국의 邊疆 以北 지역을 가리키지만, 여기에서는 유희춘이 귀양살이를 한 함경도를 가리킨다. 유희춘은 명종2년(1547) 良才驛의 壁書事件에 연루

지만, 오직 일을 주관해 줄 분을 찾기 어려웠다. 마침 박식하고 단아한 吳 공이 평안도관찰사로 나가게 되어, 희춘이 편지로 간곡하게 위촉하였다. 공이 드디어 흔쾌히 수락하고, (定州郡守 尹行 侯에게 분부하여)[18] 한가한 자들을 모아 그 일을 마무리 지어 완성시키게 하였다. 아! 이 책이 온전하지 못한 상태로 거의 백년이 되어 가는데, 이제 오랜 어둠 끝에 밝게 드러나 앞으로 세상에 널리 전해지게 되었으니, 어찌 다행한 일이 아니겠는가!

隆慶3년 龍集 己巳年 8월 16일

外孫 通政大夫成均館大司成知製敎 유희춘이 삼가 씀.

유희춘이 이 발문을 써 놓자 柳景深이 와서 문장을 다듬어 주었으며, 며칠 후에 李壽崙이 와서 표지를 써 준 것으로 《眉巖日記草》에 기록되어 있다.[19] 유희춘은 발문에서 "80년간을 조판 인쇄하여 널리 전파하지 못하였다"고 표현하였는데, 선조원년(1568) 부터 80년을 소급시켜 보면 성종19년(1488) 으로서 바로 최부가 후일 《표해록》으로 이름이 바뀌는 〈中朝聞見日記〉를 성종에게 지어 바친 해가 된다.[20] 성종은 文士 양성과 文集 간행에 특별한 열의를 지니고 있었음도 잘 알려진 일이다.[21] 유희춘이 이전 동양문고본의 간행 사실을 몰랐다고 보기는 어렵고, 銅活字로 수십 부만 印出하여 頒賜用으로 쓰인 初刊本을 정식 출판으로 간주하지 않았을 가능성이

되어 제주도로 유배되었다가 함경도 鍾城으로 귀양을 갔으며, 이곳에서 지내는 19년간 독서와 저술에 몰두하였다. 명종20년(1565) 충청도 恩津에 移配되었다가 2년 뒤인 선조의 즉위 직후 3政丞의 상소로 석방되었다.

18 이 구절은 오직 양명문고본에만 들어 있다. 이후 규장각본 · 장서각본 · 화산문고본에 이 발문이 재록되지만, 이 구절은 모두 빠져 있다.

19 《眉巖日記草》, 己巳 8月17日, 8月23日.

20 《朝鮮成宗實錄》, 19年 6月 丙午, 甲寅, 丁巳.

21 신승운, 〈成宗朝의 文士養成과 文集編刊〉, 《문헌정보학회지》 제28집, 1995.

더 높다. 유희춘의 표현대로 당시에는 木板으로 간행하지 않으면 널리 전파할 수 없었기(未有鋟梓以廣其傳者也) 때문이다. 더욱이 양명문고본의 字體가 甲寅字로 찍은 동양문고본을 飜刻한 특징이 두드러지게 나타나고 있는 것으로 보아, 유희춘이 동양문고본을 교정하여 양명문고본을 刊印하였다고 볼 수 있다. 《眉巖日記草》에 따르면, 선조3년 6월에는 평안감사 成世章이 印出한 《표해록》 2건을 보내 왔으며, 7월에 書員을 통해 3건을 보내왔다고 기록되어 있다.[22] 종이가 부족하였기 때문인지 몰라도 木板으로 印出한 건수도 아주 적다는 느낌을 받게 된다.

다음 해인 선조4년 2월에 유희춘은 전라감사가 되자마자 먼저 外祖父인 최부의 文集 간행에 온 힘을 기울였다.[23] 사실 유희춘은 3년 전 당시 전라감사로 임명된 李俊民의 집을 방문하여 《錦南集》의 開刊을 약속받은 일이 있었으나, 그동안 일이 제대로 추진되지 못하였던 것 같다. 마침내 《錦南集》15건을 인출한 때가 선조4년 10월 15일이었는데,[24] 바로 그날 유희춘은 大司憲으로 발령을 받고 李陽元이 새 전라감사가 되었다.[25] 유희춘은 이번에는 신임 전라감사 이양원에게 부탁하여 다시 《표해록》의 간행을 시도하였다. 이는 양명문고본 《표해록》을 간행한 지 불과 4년 만으로서, 매우 이례적인 일이 아닐 수 없다. 부임하기 전에 유희춘을 찾아 온 이양원은 《표해

---

22 《眉巖日記草》, 庚午 6月 27日, 7月 22日.

23 《眉巖日記草》, 辛未 2月 11日, 5月 24日, 6月 18日.

24 裵賢淑, 〈宣祖初 校書館活動과 書籍流通考〉, 《書誌學研究》 제18집, 1999, 237쪽. 이 논문에서 배현숙은 《眉巖日記草》에 언급된 당시의 간행 서적을 일목요연하게 정리하였다. 그런데 전라감사 유희춘이 18邑에 나누어 作板 刊行하게 한 《금남집》을 '中央官板'으로 간주한 것과, 유희춘이 대신들에게 《금남집》을 '分送'한 것을 '頒賜'한 것으로 서술한 점은 착오이다.

25 《眉巖日記草》, 辛未 10月 15日

록》을 羅州에서 開刊하겠다고 약속하였다.[26] 역시 목판본인 이 판본에는 다음과 같은 유희춘의 〈萬曆元年 跋文〉이 책의 앞머리에 들어 있다.

> 외조부 錦南 선생은 博學과 節概로 당대에 이름을 떨치셨다. 표해록은 또 中原을 묘사한 대문장이어서, 이를 읽어보고자 하는 사람들이 많았으나 널리 유포되지는 못하였다. 伯春 李陽元 공이 호남관찰사로 나가실 때, 희춘이 교정본의 조판 인쇄를 간곡하게 위촉하였다. 李公은 止叔 兪泓 公에게 인계하며, 더욱 힘써 이를 도와주었다. 兪公이 드디어 龍城(南原) 郡守 鄭淹 侯에게 처리를 위촉하니, 몇 달이 걸려 일을 끝내게 되었다. 아! 이 책이 조판되어 전파되면 먼저 문자를 바로잡아 무궁하게 변치 않게 할 수 있을 뿐 아니라, 海東 사람들이 陋俗을 中華의 習俗으로 바꾸려는 의지에도 도움이 없지 않을 것이니, 어찌 다행한 일이 아니겠는가!
>
> 萬曆元年(1573) 中秋의 달 밝은 밤에,
>
> 외손 嘉善大夫同知中樞府事兼同知經筵成均館事 유희춘이 삼가 발문을 씀.

유희춘이 양명문고본을 간행한 지 4년 만에 다시 금택문고본을 간행하고자 한 이유는 교정본을 간행하여 더욱 널리 유포시키기 위한 목적이었음을 알 수 있다. 그러나 유희춘이 처음부터 비용과 노력이 많이 드는 새 板刻을 시도하였던 것은 아니었다. 새로운 板刻에 앞서 유희춘은 定州에 있는 《표해록》의 板木을 운송해 오기로 작정하고,[27] 평안감사와 황해감사에게 편지를 내어 京江까지만 운송해 달라고 부탁하였다. 京江까지만 운송해 주면 그 다음은 羅州의 배를 보내 판목을 실어 올 참이었던 것이다.[28] 그런데 평안감사 尹毅中[29]이 "道內에서 板刻한 판목은 道內에 두어야지 他道로

26 《眉巖日記草》, 辛未 11月 2日.

27 《眉巖日記草》, 辛未 8月 9日.

28 《眉巖日記草》, 辛未 9月 6日.

내보내는 것은 곤란하다"는 뜻을 전하며 완곡하게 거절하므로,[30] 유희춘은 하는 수 없이 자신의 후임인 전라감사 이양원에게 새로운 板刻을 부탁하게 되었던 것이다.

그런데 전라감사 이양원이 1년 만에 대사헌으로 다시 발령이 났다. 이임할 무렵 이양원은 《표해록》의 개간을 남원부사에게 당부하였는데, 이제 남원부가 여러 읍에 분담시켜 판각을 하게 된다는 연락을 해 오자 유희춘은 기뻐하였다.[31] 그리고 이양원이 이임한 이후 兪泓이 짧은 기간 전라감사를 역임하였던 듯하다. 사실 《미암일기초》에는 유홍이 전라감사가 되었다는 기록이 전혀 없고, 선조6년 5월 25일에 李仲虎가 새 전라감사가 되었다는 내용만 있다. 그런데 《실록》을 보면, 이양원은 선조5년 10월 29일에 대사헌으로 발령받은 것으로 되어있다. 그러므로 이중호가 부임하기 7개월 이전, 이양원이 이임할 무렵에 또 한 사람의 전라감사가 부임해야 마땅하다. 《미암일기초》에 의하면 선조6년 7월 20일에 《표해록》이 남원에서 開板되었으며, 유희춘이 '兪泓監司'의 집을 방문하여 인출된 1건을 확인하였다고 한다.[32] '監司'란 역시 전라감사를 가리키는 것으로 보아야 할 것이다. 이 무렵 유홍은 7월 17일에 회령부사로 발령을 받고,[33] 부임에 앞서 한양의 자택에 머물고 있었다고 짐작된다.

회령부사로 부임한 지 채 한 달이 안 된 8월 10일에 다시 北兵使가 된

---

29 《眉巖日記草》, 辛未 11月 2日에는 '平安監司 尹'으로만 되어 있고, 이름이 나와 있지 않다. 그러나 《朝鮮王朝實錄》(宣祖5年 12月 甲戌條)에, "평안감사 尹毅中이 병으로 呈辭하였으나, 허락하지 않았다"는 기사를 참고하면, 尹毅中이 틀림없다.

30 《眉巖日記草》, 辛未 8月 9日, 9月 6日.

31 《眉巖日記草》, 壬申 11月 8日.

32 《眉巖日記草》, 癸酉 7月 20日.

33 《朝鮮宣祖實錄》, 6年 7月 17日.

유홍은,[34] 다음 달 9월 26일에 지난 監司 시절의 불미스러운 일로 파직을 당하게 되었다. 이 기사 속에 "司導僉正 李侹은 전에 錦山郡守로 있을 때, 本道 監司 兪泓이 순찰차 그 고을에 이르렀는데…"[35]라는 부분을 보면, 유홍이 전라감사를 역임하였음이 확실하다.[36] 또한 유홍이 짧은 기간이라도 전라감사를 역임해야만 유희춘의 〈만력원년 발문〉 속에 "표해록은 또 中原을 묘사한 대문장이어서, 이를 읽어보고자 하는 사람들이 많았으나 널리 유포되지는 못하였다. 伯春 李陽元公이 호남관찰사로 나가실 때, 희춘이 교정본의 조판 인쇄를 간곡하게 위촉하였다. 李公은 止叔 兪泓 公에게 인계하며, 더욱 힘써 이를 도와주었다. 兪公이 드디어 龍城郡守 鄭淹 侯에게 처리를 위촉하니, 몇 달이 걸려 일을 끝내게 되었다"라고 언급한 것과도 부합이 된다.

유홍이 이양원의 뒤를 이어 약 7개월간 전라감사로 재임하는 기간에도 《표해록》은 개간되지 못하고, 전라감사는 다시 李仲虎로 바뀌게 되었다. 유희춘은 선조6년 6월 25일에 부임하는 이중호를 전별하며 남원의 《표해록》 개간을 다시 부탁하였다. 그런데 이중호도 불과 2개월 만에 경질되고 朴民獻이 새 전라감사로 부임하게 되는데, 유희춘은 이번에는 박민헌에게 〈漂海錄 跋文〉을 증정하였다. 인출할 종이가 부족하였던 듯 유희춘은 담양부사 이중호와 青僴이 보내 온 印紙를 선조6년 6월 24일에 남원에 보냈고, 6월 27일에는 남원부사 李瓘이 인출한 《표해록》을 보내겠다고 알려 왔으며,

---

34 《朝鮮宣祖實錄》, 6年 8月 10日.

35 《朝鮮宣祖實錄》, 6年 9月 26日.

36 이보다 늦은 영조원년(1725) 이기는 하지만, 장서각본 《표해록》의 〈題漂海錄後〉를 쓴 鄭重元도 유홍을 '方伯泓'으로 지칭하여 監司로 간주하였다. 한편 유홍은 선조10년(1577) 에 南孝溫의 《秋江集》을 간행한 일도 있다.

7월 1일에는 曺僴이 공급했던 종이로 인출한 《표해록》이 유희춘에게 도착하였다.

유희춘이 전라감사를 이임할 때 후임 전라감사 이양원에게 부탁한 시점인 선조4년 11월부터 유홍과 이중호를 거쳐 박민헌이 새 전라감사로 임명되는 선조6년 8월경이 되어서야 비로소 개간이 이루어진 것이다. 이렇게 우여곡절을 겪으며 간행된 《표해록》이 바로 금택문고본이다. 임진왜란 이전에 간행된 세 판본의 서지사항을 표로 나타내 보면 다음과 같다.

	東洋文庫本(官板本)	陽明文庫本(定州本)	金澤文庫本(南原本)
卷册	표해록 3권	표해록 3권	표해록 3권
版種	동활자	목판	목판
版心	內向花紋魚尾	內向黑魚尾	內向黑魚尾
行字數	10-17	10-17	10-17
刊印年	중종후기 (嘉靖年間, 1534-44)	선조2년 (隆慶3年,1569)	선조6년 (萬曆元年, 1573)
序文	없음	없음	없음
跋文	없음	융경3년 유희춘	만력원년 유희춘
크기 (cm)	가로 20.8 세로 31.9	가로 20.5 세로 32.2	가로 21.6 세로 32.6

양명문고본과 금택문고본은 최부의 외손자인 유희춘이 평안도관찰사와 전라도관찰사에게 적극적으로 부탁하여 地方板刻으로 이루어진 점에 특징이 있다. 당시 地方刊本의 개판처로는 官署·寺刹·書院·分司刊經都監·鄕校 등이 있었다.[37] 그러니까 유희춘은 최부의 외손자이지만 임진왜란 이후 간행된 3종 판본의 경우처럼 후손들의 힘을 결집시켜 《표해록》을 간행한 것이 아니다. 어디까지나 유희춘 개인의 관직을 충분히 활용하여,

37 金致雨, 〈壬亂以前 地方刊本의 改板處에 관한 研究〉, 《書誌學研究》 제16집, 1998, 37-38쪽.

관찰사를 통해 官板本으로 간행해 낸 것이다. 임진왜란 이전에 간행된 3종 판본 가운데서는 아무래도 금택문고본이 동양문고본과 양명문고본을 교정한, 가장 완성도가 높은 판본이라고 볼 수 있을 것이다. 南原에서 간행된 금택문고본은 선조18년 《攷事撮要》의 책판목록에 책명이 올라 있으나, 이보다 4년 앞서 定州에서 간행된 양명문고본은 오히려 누락되어 있다.[38]

4. 奎章閣本 · 藏書閣本 · 華山文庫本의 간행 의미

임진왜란을 겪은 이후 조선의 출판인쇄문화는 한동안 침체를 겪지 않을 수 없었다. 17세기 후반에 이르러서야 각종 서적의 板刻이 다시 시작되었는데, 이 무렵에 간행된 《표해록》이 바로 규장각본이다. 이 규장각본은 숙종 3년(1677)에 외손 羅斗春의 주도로 羅州에서 간행되었으니, 금택문고본이 간행되고 나서 실로 104년 만의 일이다. 그런데 이 규장각본은 《표해록》이 별도로 간행된 것이 아니고, 최부의 문집 《금남집》을 다시 간행하면서 그 속에 《표해록》이 합편된 것이다. 標題가 《금남선생집》으로 되어 있는 최부 문집의 권1 · 2는 종래의 《금남집》이고, 권3 · 4 · 5는 종래의 《표해록》이다. 따라서 이 규장각본 〈표해록〉의 간행은 최부의 문집을 재간행하는 사업의 일환이었다고 볼 수 있다. 따라서 이 규장각본에는 〈표해록〉 자체의 새로운 서문이나 발문은 없고, 《금남집》의 서문만 실려 있다.

규장각본이 간행된 이후 49년 만에 다시 외손 羅斗冬이 규장각본의 없어진 목판을 손질하고 고치며, 《금남집》을 다시 간행할 준비를 하였다. 서문을 부탁 받은 鄭重元은 "문집은 眉巖이 처음 2권으로 편찬했던 것이 옳으니

---

38 金致雨, 〈朝鮮朝 前期 地方刊本의 硏究〉, 박사학위논문, 성균관대학교 대학원, 1999, 5-41쪽 ; 裵賢淑, 〈宣祖初 地方 册版考〉, 《書誌學硏究》 제25집, 303-338쪽.

그대로 서문을 쓰도록 하고, 《표해록》은 처음과 같이 따로 책을 만들자"고 청하였고, 나두동이 이를 받아들여 다시 《금남집》과 《표해록》을 따로 나누어 역시 羅州에서 간행하게 되었다. 이것이 바로 장서각본 《표해록》으로서, 정중원이 쓴 〈題漂海錄後〉는 내용이 다음과 같다.

> 錦南 선생 崔 公이 바다에서 표류했던 일은 弘治 戊申年(弘治元年, 1488)으로 우리 성종19년이고, 公은 당시 나이 35세였다. 10년 후(燕山君4年, 1498)에 史禍가 일어났고, 다시 6년이 지나 뜻하지 않게 죽임을 당하였다. 그 후 67년이 지난 隆慶 辛未年(宣祖4年, 1571)에 眉巖이 전라감사가 되어 文集 2권을 간행하였고, 3년 후인 癸酉年(宣祖6年, 1573)에 監司 泓에게 부탁해서 표해록 3권을 간행하였다. '集'과 '錄'으로 부르며 따로 책으로 엮어 세상에 전하였다. 그 후 103년이 지나 丙辰年(肅宗2年, 1676)에 錦城(羅州)에서 重刊할 때, 두 책을 합하여 하나로 만들었다. 이제 羅斗冬 씨가 없어진 목판을 손질하여 고치는 일을 하며, 나에게 서신을 보내 와 序文을 쓸 수 있겠는가 하고 물었다. 나 重元은, 文集은 眉巖이 처음 2권으로 편찬했던 것이 옳으니 序文을 그대로 쓰도록 하고, 표해록은 처음과 같이 따로 책을 만들자고 청하였다. 羅 형이 좋다고 회답하였으므로, 이에 표해록의 後文을 쓰는 바이다.
>
> 甲辰年 3월 하순 外遠孫 八溪 鄭重元 지음.

장서각본도 간행하기 직전 마지막 단계에서 《표해록》을 《금남집》에서 분리시켜 별도로 책을 만들었지만, 후손들이 최부의 문집인 《금남집》을 재간행하는 차원에서 이루어진 것만은 사실이다.

이후 171년이 지난 고종33년(1896)에 최부의 후손들이 康津에서 목판이 아닌 정리자체 목활자로 《금남집》을 재차 간행하였는데, 이번에는 《금남집》 속에 《표해록》을 다시 포함시켰다. 卷首題가 '耽津崔氏錦南先生漂海錄'[39]으로 되어 있는 《표해록》이 바로 화산문고본이다. 그러니까 최

부의 《금남집》 속에 〈표해록〉이 포함되어 있는 형식은 규장각본과 마찬가지이다. 화산문고본에는 별도의 새로운 발문 따위가 없고 장서각본의 정중원의 甲辰年 〈題漂海錄後〉가 첨부되어 있으며, 말미에 '丙申仲冬康津羅川墓閣重刊'이란 표기만 추가되어 있을 뿐이다. 임진왜란 이후 간행된 이 3종 판본의 서지사항은 다음과 같다.

	奎章閣本 (羅斗春本)	藏書閣本 (補刊本)	華山文庫本 (木活字本)	비고
卷册	금남집 5권 (표해록 3권)	금남집 2권 표해록 3권	금남집 5권 (표해록 3권)	
版種	木版	木版	木活字	
版心	內向二葉花紋魚尾	內向二葉花紋魚尾	內向一葉花紋魚尾	
行字數	10-17	10-17	9-20	
刊印年	숙종3년 (康熙16년,1677)	영조1년 (雍正3년,1725)	고종33년 (光緖22년,1896)	
序文	미상	없음	없음	
跋文	隆慶3년 유희춘 萬曆元年 유희춘	隆慶3년 유희춘 萬曆元年 유희춘 甲辰年 정중원	隆慶3년 유희춘 萬曆元年 유희춘 甲辰年 정중원	甲辰年은 경종4년 (雍正2년)
크기 (cm)	가로 18.5 세로 28.2	가로 18.4 세로 25.3	가로 18.8 세로 29.7	

이와 같이 임진왜란 이후 간행된 판본 3종은 최부의 후손들에 의해 문집 간행사업의 형태로 추진되었으며, 私板本으로 출간되었다는 점이 특징이다. 그런데 일본에 들어 간 최부 《표해록》은 儒學者 淸田君錦에 의해 일본어로 번역되어, 1769년(영조45년) 영리를 목적으로 하는 書肆가 《唐土行程記》라는 書名으로 출판하였다. 대중의 흥미를 끌기 위해 원본에는 없는

39 권1의 卷首題만 이렇게 되어 있고, 권2와 권3의 卷首題는 '錦南崔先生漂海錄'으로 되어 있다.

소제목을 달고 삽화도 그려 넣은《당토행정기》는, 26년 후《通俗漂海錄》으로 改題되어 일본에서 더욱 널리 읽혀졌다. 조선에서는 최부의 후손에 의한 문집 간행의 형태로 간행되었던 데 비해, 일본에서는 말하자면 조선의 坊刻本에 해당되는 상업적 출판의 형태로 간행되었던 것이다. 18세기 조선과 일본의 사회상이 다른 점을 극명하게 나타내어 주고 있다.

최부《표해록》은 조선시대에 간행된 판본만 6종이 있다. 성종19년 6월에 明에서 귀환한 최부가 국왕의 명에 따라 쓴 보고서〈中朝聞見日記〉는 承文院에 보관되어 오다가 '漂海錄'이란 題名으로 銅活字本으로 처음 간행되었다. 현재 일본의 東洋文庫에 완본이 소장되어 있고 고려대학교도서관 華山文庫에는 권1만 소장되어 있는 이 初刊本《표해록》의 활자명은 初鑄甲寅字이다. 동활자의 보주도 등을 검토하여 볼 때, 이 동양문고본은 중종후기에 간행되었다고 보는 것이 타당할 것이다. 이후 최부의 외손자인 유희춘에 의해 선조2년 양명문고본과 선조6년 금택문고본이 각각 觀察使의 도움을 받아 定州와 南原에서 목판본으로 간행되었다. 임진왜란 이전에 간행된 이 3종 판본은 일본의 세 文庫에만 完本이 收藏되어 있다.

임진왜란 이후 간행된 3종 판본은 한국에 남아 있는데, 모두 후손들이 최부의 문집인《금남집》간행사업의 일환으로 간행한 것이다. 임진왜란 이전의 3종 판본이 官板本인 데 비해 이들은 私板本이라고 할 수 있다. 이 가운데 숙종3년의 규장각본과 영조1년의 장서각본은 각각 羅州에서 목판본으로 간행되었다. 고종33년에 康津에서 간행된 화산문고본은 목활자본으로서, 인쇄가 가장 조잡하고 내용에도 착오가 많았다. 판본 6종이 간행된 추이를 종합하여 표로 나타내어 보면 다음과 같다.

	동양문고본	양명문고본	금택문고본	규장각본	장서각본	화산문고본
册題	표해록	표해록	표해록	금남집	금남집 표해록	금남집
刊印年	1534-1544	1569	1573	1676	1725	1896
刊印差	0	+ 25-35	+ 4	+ 103	+ 49	+ 171
版種	銅活字	木版	木版	木版	木版	木活字
刊印處	官板 (중앙)	官板 (지방)	官板 (지방)	私板	私板	私板

조선후기로 내려 갈수록 처음에는 별도로 간행되던 《표해록》이 최부의 문집간행의 일환으로 출간되고 있다는 것을 알 수 있다. 그리고 版種은 동활자에서 목판으로, 목판에서 다시 목활자로 차츰 격이 떨어지고 있다. 이는 《표해록》이 처음에는 官板本으로서, 인쇄의 주체가 중앙관서였다가 다음에 지방관서로 바뀌고, 다시 후손들에 의해 사판본으로 이행하고 있는 추세와 연동된 현상일 것이다. 또한 조선후기에 文集刊行이 성행하고 있는 추세도 함께 나타내어 주고 있다.

4장 崔溥 漂海錄 校勘記

최부 《표해록》은 조선시대에 임진왜란 이전에 3차, 그리고 이후에 3차 간행되었다. 임진왜란 이전에 간행된 3종이 중요한 판본이지만, 한국에는 1종도 완본이 남아 있지 않고 일본의 세 文庫에만 각각 보존되어 있다. 3종 판본 가운데 중종후기에 甲寅字로 간행된 初刊本이 東洋文庫本이다. 이후 최부의 외손자인 眉巖 柳希春이 선조2년(1569)에 평안도관찰사에게 부탁하여 定州에서 목판본으로 간행한 것이 陽明文庫本이다. 이어서 선조6년(1573)에 유희춘이 다시 자신의 후임 전라도관찰사에게 요청하여 南原에서 목판본으로 재간행한 것이 金澤文庫本이다. 임진왜란 이후 崔溥文集 간행사업의 일환으로 간행된 《표해록》 판본도 3종이 있다. 숙종3년(1676)에 최부의 후손에 의해 羅州에서 목판본으로 간행된 것이 奎章閣本이고, 영조원년(1725)에 역시 羅州에서 후손에 의해 목판본으로 간행된 것이 藏書閣本이다. 그리고 고종33년(1896)에는 康津의 후손에 의해 목활자로 華山文庫本이 간행되었다.

최부 《표해록》 판본 6종의 간행경과와 서지사항 그리고 간행의의 등을 밝히고 나자,[40] 자연스럽게 그 다음 단계인 校勘의 문제가 눈앞에 다가오게

40 이 책의 2부 3장 〈崔溥 漂海錄 版本考〉를 참고할 것.

되었다. 《표해록》을 譯註와 硏究의 대상으로 삼을 때, 과연 어느 판본을 底本으로 삼는 것이 적절할 것인지는 궁극적으로 교감의 결과에 달려 있기 때문이다. 따라서 필자는 일찍이 陳垣이 《元典章》을 교감하였던 (1) 對校法 (2) 本校法 (3) 他校法 (4) 理校法의 방식과 순서에 따라,[41] 최부 《표해록》의 교감을 진행시켰다. 최부 《표해록》은 판본이 6종이나 되는 만큼, 먼저 對校를 통해 文字異同을 조사할 필요가 있을 것이다. 그 대교의 결과를 분석하게 되면 저본으로 삼기에 적절한 판본이 드러나게 될 것이다. 일단 저본으로 삼을 판본을 결정짓고 나면, 本書 자체를 前後로 교감하여 보아야 할 것이다. 그리고 그 다음 단계는 《표해록》의 내용이 주로 15세기 중국에 대한 기록이므로, 中國文獻에 의거하여 《표해록》의 내용을 교감해 볼 필요가 있을 것이다. 마지막으로 옳고 그름을 반드시 가려야만 할 곳을 교감하여 판단을 내려야만 할 것이다.

서지학의 주제영역을 8개 분야로 나누어 한국의 서지학 연구 경향을 분석한 강순애에 의하면, 교감학 연구가 전체의 2.45%로서 가장 미약한 분야로 나타났다.[42] 이 연구가, 서지학의 여러 주제영역 중에 그동안의 성과가 너무도 미미하였던 교감학 분야에 일조하게 될 것을 기대한다.

1. 版本 6종의 對校

1950년대에 미국학자 메스킬과 일본학자 牧田諦良이 처음으로 최부 《표해록》에 관심을 갖기 시작했을 때, 모두 日本 京都 陽明文庫本을 가지고 연구에 착수하였다. 메스킬은 당시에 동양문고본과 금택문고본이 일본에

---

41 陳垣, 《校勘學釋例》, 臺灣學生書局, 1976, 144-150쪽.

42 강순애, 〈韓國의 書誌學 硏究 傾向—서지학연구의 분석을 중심으로〉, 《書誌學硏究》 第14輯, 1997, 9-10쪽.

있다는 것을 조사는 하였지만,[43] 판본을 對校할 충분한 여유를 갖지 못하고 그냥 양명문고본을 저본으로 삼아 英譯을 하였다. 牧田諦良도 후에 금택문고본이 있다는 사실을 알았지만,[44] 최부 《표해록》의 연구 자체가 목적이 아니었기 때문에, 역시 자신의 논문 속에서 판본 문제를 간단히 언급하는 데 그쳤다.

1964년 북한에서는 김찬순에 의해 최부 《표해록》의 첫 抄譯이 나왔다.[45] 김찬순이 《표해록》을 번역할 때 어느 판본으로 저본을 삼았는지는 확언할 수는 없다. 한편 한국에서는 1976년에 이재호의 의한 첫 完譯本이 나오고, 뒤이어 최기홍과 최주용에 의한 완역본이 잇따라 출판되었다.[46] 그렇지만 3명의 역자는 모두 최부 《표해록》의 판본이 도대체 몇 종 있으며 또 수장처가 어디인지도 파악하지 못한 채, 당장 손에 넣기 쉬운 장서각본을 저본으로 삼아 번역을 하였다. 따라서 판본에 따라 文字異同이 있을 터인데도, 이에 대한 對校가 시도된 일은 물론 한 차례도 없었다. 우선 판본 6종의 서지사항을 간략하게 표로 정리하여 보면 다음과 같다.

	동양문고본	양명문고본	금택문고본	규장각본	장서각본	화산문고본
卷册	표해록 3권	표해록 3권	표해록 3권	금남집 5권 (표해록 3권)	금남집 2권 표해록 3권	금남집 5권 (표해록 3권)
版種	동활자	목판	목판	목판	목판	목활자

---

43 John Meskill, *A Record of Drifting across the Sea, Pyohae-rok 漂海錄*, 1958, pp.44-46.

44 牧田諦亮, 〈漂海錄と唐土行程記〉, 《金澤文庫硏究》 272号, 1984, 16-17쪽.

45 김찬순, 〈표해록〉, 《기행문 선집(1)》, 조선문학예술총동맹출판사, 1964.

46 李載浩, 〈漂海錄〉, 《국역 연행록선집》, 민족문화추진회 고전국역총서, 1976 ; 崔基弘, 《漂海錄》, 삼화인쇄주식회사, 1979 ; 崔周容, 《漂海錄》, 極東精版社, 1984.

版心	內向花紋魚尾	內向黑魚尾	內向黑魚尾	內向二葉花紋魚尾	內向二葉花紋魚尾	內向一葉花紋魚尾
行字	10-17	10-17	10-17	10-17	10-17	9-20
刊年	중종후기 (1534-1544)	선조2년 (1569)	선조6년 (1573)	숙종3년 (1677)	영조1년 (1725)	고종33년 (1896)
크기	20.8×31.9	20.5×32.2	21.6×32.6	18.5×28.2	18.4×25.3	18.8×29.7

필자는 먼저 최부 《표해록》의 판본 6종을 對校함으로써, 연구의 底本을 확정하는 데 확실한 근거를 마련하고자 하였다. 판본 6종의 대교를 마치고 나서 다음 세 가지 기준으로 대교표를 다시 정리하였다. 첫째, 俗子 · 古字 · 略字 · 同字 등 異體字나 通用字를 모두 조사하였지만, 지나치게 번거로운 점이 있으므로 이 대교표에서는 일단 모두 제외하기로 하였다. 둘째, 화산문고본은 앞의 5종 판본과 비교하여 볼 때 너무나 많은 착오가 있어 판본 가치가 전혀 없다고 판단되었으므로, 결국 대교표에서 제거하기로 결정하였다. 셋째, 규장각본의 권1은 缺本이므로 그냥 빈칸으로 두었고 闕字는 ○ 표를 하였으며, 분명한 誤字 · 補字 · 顚倒字만을 〈비고〉란에 표기하였다.

최부 《표해록》 판본 5종 대교표

卷-張-行-字	동양 문고본	양명 문고본	금택 문고본	규장각본	장서각본	비고
1-1a-10-5	保	保	保		普	普는 保의 誤字
1-2b-6-5	金	金	金		○	
1-2b-6-16	別	別	別		○	
1-4a-2-2	乃	乃	乃		奈	
1-4b-2-16	漂渺	漂渺	漂渺		縹緲	
1-5a-1-10	寧	與其	與其		與其	
1-5a-3-2	殘	孱	孱		孱	
1-5b-9-16	對	對	對		待	
1-6a-7-5	濡	濡	濡		留	
1-6b-3-12	則	則	則		○	
1-6b-7-2	當	當	當		各	

1-7a-2-8	結	結	結		絶	絶은 結의 誤字
1-13a-8-8	一	○	○		一	
1-14b-5-12	襦	襴	襴		襴	
1-16a-5-8	楨	楨	植		楨	植은 楨의 誤字
1-17b-4-13	襦	襴	襴		襴	
1-20b-1-7	露取	取露	取露		取露	露取는 取露의 顚倒字
1-23a-2-10	中全	○	○		中全	
1-23a-4-10	以後	○	○		以後	
1-23a-8-9	濟	濟	濟		淸	淸은 濟의 誤字
1-27b-6-3	隅	稜	稜		稜	
1-28b-4-16	專	全	全		全	
1-31b-6-16	反	歹	互		互	互는 歹의 誤字
1-32a-5-10	祥	祥	祥		詐	詐는 祥의 誤字
1-32a-5-16	誤	誤	誤		設	設은 誤의 誤字
1-36b-5-2	招	抬	抬		招	抬는 招의 誤字
1-38a-2-15	化	化	化		和	化는 和의 誤字
1-38a-6-15	好	好	好		護	好는 護의 誤字
1-40a-2-8	聞	聞	聞		門	門은 聞의 誤字
1-40b-2-13	慟	慟	慟		痛	
1-41a-9-3	襦	襴	襴		襴	
1-45a-7-7	維	維	維		有	有는 維의 誤字
1-45b-4-13	濘	濘	濘		寧	濘은 寧의 誤字
1-49a-5-1	驛	驛	驛	驛	倅	倅는 驛의 誤字
1-49b-4-6	姚	姚	姚	姚	妕	妕는 姚의 誤字
1-49b-6-7	姚	姚	姚	姚	妕	妕는 姚의 誤字
2-4a-3-9	掌	掌	掌	掌	堂	堂은 掌의 誤字
2-4b-4-10	策文	對策	策文	對策	對策	
2-4b-7-4	策文	對策	策文	對策	策文	
2-4b-7-8	取	取	取	聚	取	聚는 取의 誤字
2-4b-8-4	策文	對策	策文	對策	策文	
2-5a-3-5	策文	對策	對策	對策	對策	
2-6a-6-16	○	樓	樓	樓	樓	
2-6a-7-9	鷗	鷗	鷗	鷗	⿰丘鳥	⿰丘鳥는 鷗의 誤字
2-13a-3-5	棲	棲	棲	樓	棲	樓는 棲의 誤字
2-13b-9-11	宜	宜	宜	直	宜	直은 宜의 誤字
2-17a-7-6	古	古	古	右	右	右는 古의 誤字
2-17b-10-5	遊	遊	遊	其	遊	
2-19a-2-11	博	博	博	博	傅	傅는 博의 誤字

2-20a-5-7	學	學	學	學	字	字는 學의 誤字
2-22a-5-10	便	使	使	使	便	使는 便의 誤字
2-23a-6-6	尊崇	尊崇	尊崇	崇尊	崇尊	崇尊은 尊崇의 顚倒字
2-25a-4-16	河	河	河	何	河	何는 河의 誤字
2-29a-4-16	楫	楫	楫	揖	楫	揖은 楫의 誤字
2-29a-6-14	微	徵	微	微	微	徵은 微의 誤字
2-29b-7-10	諳	諳	諳	暗	暗	暗은 諳의 誤字
2-30a-2-15	過百	過白	白過	過白	過白	白過는 過白의 顚倒字
2-31b-8-8	洙	泆	洙	洙	洙	泆은 洙의 誤字
2-32a-4-10	傳	傳	傳	傅	傅	傅는 傳의 誤字
2-33b-1-7	杭	杭	杭	杬	杬	杬은 杭의 誤字
2-34b-5-12	奈	奈	奈	奈	乃	乃는 奈의 誤字
2-36b-1-12	批	批	批	枇	枇	枇는 批의 誤字
2-38a-10-11	橋	橋	橋	橋	撟	撟는 橋의 誤字
2-38b-7-15	世	世	世	世	歲	
2-40b-8-3	渙	渙	渙	澳	澳	澳는 渙의 誤字
2-42a-1-9	當	當	當	當	常	常은 當의 誤字
2-43a-4-4	水	水	水	木	水	木은 水의 誤字
2-43a-7-17	凡	凡	凡	凡	九	九는 凡의 誤字
2-43b-9-8	線	線	線	線	綿	綿은 線의 誤字
2-48b-3-11	佩	佩	佩	佣	佣	佣은 佩의 誤字
2-54b-2-10	閉	閑	閑	閑	閑	閑은 閉의 誤字
3-1a-9-9	小	小	小	小	盜	
3-5a-4-7	傳	傳	傳	傳	傅	傳의 傅의 誤字
3-11a-3-14	措	楷	楷	楷	楷	楷은 措의 誤字
3-20b-3-17	且	且	且	且	目	目은 且의 誤字
3-21b-5-6	洵	洵	洵	洵	洵	洵은 洵의 誤字
3-22a-2-6	洵	洵	洵	洵	洵	洵은 洵의 誤字
3-23a-2-1	亡	亡	亡	無	無	
3-24b-10-14	禎	禎	禎	禎	楨	禎은 楨의 誤字
3-25a-4-16	石	石	石	右	右	右는 石의 誤字
3-26a-1-17	官	官	官	宮	官	宮은 官의 誤字
3-27b-7-10	古	古	古	占	占	占은 古의 誤字
3-29a-6-2	海	海	海	河	海	河는 海의 誤字
3-29b-3-13	坊	坊	方	方	方	方은 坊의 誤字
3-32b-6-3	名	名	名	各	各	各은 名의 誤字
3-33b-5-1	剛	剛	剛	問	剛	問은 剛의 誤字

3-35b-1-11	擺	擺	擺	木罷	木罷	木罷는 擺의 誤字
3-35b-6-13	國	國	國	固	國	固는 國의 誤字
3-41b-8-9	佩	佩	佩	佣	佣	佣은 佩의 誤字
3-42b-1-14	遼	遼	遼	遼	連	連은 遼의 誤字
3-43b-1-17	址	址	址	坫	址	坫은 址의 誤字
3-45a-1-9	或	或	或	或	成	成은 或의 誤字
3-46b-10-1	河	河	河	海	河	海는 河의 誤字
3-51a-6-6	則	則	於	則	於	
3-52b-2-7	淸	淸	淸	靑	淸	靑은 淸의 誤字
3-53b-7-14	○	府	府	府	府	
3-53b-8-7	○	擔石	擔石	擔石	擔石	

선조2년 유희춘의 부탁으로 평안도관찰사가 양명문고본을 定州에서 간행할 때 동양문고본을 바탕으로 飜刻한 것이 틀림없고, 또 선조6년 유희춘이 전라도관찰사에게 부탁하여 南原에서 재간행할 때는 양명문고본을 교정하여 금택문고본을 간행하였다. 그러므로 임진왜란 이전 간행된 3종 판본 가운데서 금택문고본이 가장 완성도가 높을 것이라고 예상하였지만, 막상 판본 6종 대교표를 만들어 보니 반드시 그렇지도 않다는 사실이 드러났다.

2. 對校 결과에 대한 分析

1) 동양문고본

임진왜란 이후 간행된 3종 판본에 비해, 이전에 간행된 3종 판본이 물론 보다 중요할 것이다. 초간본인 동양문고본은 校書館에서 적은 부수만 甲寅字로 인출하여 국왕의 頒賜用으로 사용된 것 같이 보인다. 동양문고본은 일본의 東洋文庫에만 完本이 있고, 고려대학교도서관 華山文庫에는 零本으로 권1만이 남아 있는데, 틀림없이 同一 版本이지만 놀랍게도 이 같은 두 版本 사이에도 文字異同이 발견된다. 이는 동일 판본일지라도 인쇄 시기가 다를 때, 늦게 인출한 印本에서 앞의 印本에서 발견된 착오를 바로잡는다

든지 하는 경우에 생길 수 있는 일이다.

그러한 예를 들어보면, 1-4b-2-16의 부분이 零本에는 '漂流'라고 되어 있으나, 동양문고 完本에는 '漂渺'로 되어 있다. 그리고 또 활자가 10行 17字로 배열되어 있는 이 판본에, 동양문고 완본 1-32b의 제10항이 16자만으로 된 곳도 있다.[47] 이는 衍字인 '今'자 한 활자를 나중에 제거하였기 때문에 일어난 일이다. 또 1-32b-6-16에도 고려대학교 零本은 '歹人'으로 되어 있으나, 동양문고 완본에는 거의 같은 뜻이라고 볼 수 있는 '反人'으로 고쳐져 있다. 이로써 판본은 동일하지만 고려대학교도서관의 零本이 더 먼저 인쇄된 初印本임을 알 수 있고, 동양문고의 完本은 교정을 거친 精印本이라고 확정지을 수가 있다.

2) 양명문고본

양명문고본과 약 30년 전에 간행된 동양문고본과의 文字異同을 살펴보면, 우선1-20b-1-7의 '露取'를 '取露'로 바로잡는다든지 한 부분도 없지 않다. 그렇지만 '轉到'의 뜻을 지닌 1-33a-7-6의 '斡到'를 '幹到'로, 1-36b-5-2의 '招臣等'을 '抬臣等'으로, 2-29a-6-14의 '微茫'을 '徵茫'으로, 2-31b-8-8의 '洙水'를 '泆水'로, 2-54b-2-10의 '閉縱'을 '閑縱' 등으로 오히려 改惡하여 놓은 부분이 더 많다. 나머지는 서로 비슷한 뜻을 지니고 있어, 꼭 어느 쪽이 틀렸다고 보기가 어려운 점이 있다.

양명문고본에는 3곳에서 각각 1-13a-8-8의 '一', 1-23a-2-10의 '中全',

---

47 동양문고본을 번각한 양명문고본이나, 양명문고본을 번각한 금택문고본도 32-b의 제10항은 16자로 되어 있다. 임진왜란 이후 처음 간행된 규장각본은 마침 권1이 缺卷임으로 이를 확인할 수는 없다. 그런데 장서각본의 32-b의 제10항이 동일하게 16자임을 볼 때, 결국 규장각본도 마찬가지일 것으로 판단된다.

1-23a-4-10의 '以後'가 탈자가 되어 있는데, 동양문고본의 해당 처를 찾아보면 補鑄字임을 금방 알 수 있을 정도로 글자의 획이 굵고 색이 짙다. 이는 아마도 양명문고본이 번각할 때 사용했던 동양문고본이 미처 補鑄를 마치지 못했던 印本이었던 때문인지도 모른다. 동양문고본에도 이와는 다른 3곳에 탈자가 있다. 그 가운데 2-6a-6-10의 '樓'는 이 行이 정상적인 17字인 것으로 보아, 처음 稿本 단계에서부터 이 글자가 빠져 있었던 것 같다. 나머지 탈자가 생긴 3-53b-7-14의 '府', 3-53b-8-7의 '擔石'은 모두 빈 칸으로 남아 있는 것으로 보아, 동활자를 보충하여 植字를 마치지 못하였음을 나타내어 주고 있다. 결국 두 번째 간행된 양명문고본이 초간본인 동양문고본보다 특별히 나아진 점이 별로 없다는 사실을 알 수 있다.

3) 금택문고본

유희춘은 양명문고본을 교정하여 다시 금택문고본을 간행하였다. 양명문고본과의 간행 연차가 불과 4년밖에 안 되기 때문에, 이 두 판본 사이에는 文字異同이 가장 적은 편이다. 금택문고본에는 앞의 양명문고본에서 誤字로 된 '徵茫'을 '微茫'으로, '洙水'를 '洙水'로 되돌려 놓기는 하였다. 그러나 '나쁜 사람'을 뜻하는 1-31b-6-16의 '歹人'을 무슨 뜻인지를 알 수 없는 '互人'으로, 2-30a-2-15의 '過白馬大湖'를 '白過馬大湖'로, 3-29b-3-13의 '給事坊'을 '給事方'으로 오히려 잘못 고쳐 놓은 곳이 더 많다. 조선중기의 대학자인 유희춘이 직접 교정하였음에도 이러한 잘못이 저질러졌다는 것이 기이하게 여겨지고, 아마 刻手의 실수가 아닐까 하고 여겨진다. 여하튼 세 번째 간행된 금택문고본이 역시 두 번째 간행된 양명문고본보다 더 나아진 점이 거의 없다는 사실이 중요하다.

다음은 북한의 김찬순이 번역한 《표해록》의 저본과 금택문고본과의 관

련성에 대해 검토해 보고자 한다. 조선문학예술총동맹 출판사가 1964년에 발행한 《기행문 선집(1)》에 실려 있는 김찬순 역의 《표해록》에는 아무런 해설이 없을 뿐 아니라, 《표해록》의 〈발문〉 따위도 실려 있지 않으므로 어느 판본을 저본으로 삼았는지 파악하기가 어렵다. 다만 번역문의 하단에는 원문을 배열하였는데, 글자가 不明이라고 표시된 곳이 여러 곳인 것으로 보아 보존 상태가 극히 좋지 않은 판본을 저본으로 삼았음을 알 수 있다.

〈최부 표해록 판본 5종 대교표〉를 활용하여 몇몇 주요한 글자를 맞추어 보면 김찬순 역 《표해록》의 저본은 금택문고본과 일치하는 부분이 가장 많기는 하다. 예를 들면 1-31b-6-16의 글자가 동양문고본에는 '反'으로, 양명문고본은 '歹'로 되어있지만, 여기에는 금택문고본과 같이 '互'로 되어 있다. 또 2-3a-4-15가 다른 판본에는 모두 '過白'으로 되어 있지만, 여기에는 역시 금택문고본과 같이 '白過'로 되어 있다. 그렇지만 또 금택문고본과는 다른 양명문고본 및 동양문고본에만 있는 글자와 일치되는 글자도 없지는 않다. 그러므로 아마도 김찬순은 刊印本이 아닌 필사본을 번역의 저본으로 삼았을 가능성이 크다.

한편 평양의 김일성종합대학도서관에는 필사본 《표해록》이 소장되어 있다.[48] 이 필사본에는 平壤市 牧丹區 戰勝洞의 盧應坤이 1965년에 筆寫하였다는 기록이 남겨져 있지만, 어느 판본을 저본으로 하여 필사하였는지에 관한 기록이 없다. 필자도 복사본을 가지고 있는 이 필사본에는 유희춘의 〈萬曆元年 跋文〉만 들어 있는 것으로 보아, 선조6년에 간행된 세 번째의 금택문고본을 필사한 것이라고 일단 추정된다. 왜냐하면 〈萬曆元年 跋文〉만 들어 있는 판본은 6종 가운데 금택문고본밖에 없기 때문이다. 필사본

48 《漂海錄》 筆寫本, 김일성종합대학도서관 收藏.

《표해록》의 복사본을 면밀히 검토해 본 결과, 역시 금택문고본이 지닌 특징과 일치되는 부분이 두드러졌다. 앞의 김찬순이 제시했던 원문에는 不明의 글자가 상당수 있는 데 비해, 필사본은 빈 칸으로 처리한 곳이 없는 매우 깨끗한 상태였다.

김찬순이 첫 《표해록》 번역본을 출간하고 난 이듬해에 김일성종합대학도서관 소장의 필사본이 필사되었기 때문에, 번역을 할 때 김찬순이 이 필사본을 참고하지 못하였던 것은 이해가 된다. 그런데 문예출판사는 1988년에 《기행문집(1)》을 다시 출판하였다.[49] 이 《기행문집(1)》에는 최부 《표해록》을 비롯한 10개 작품이 수록되어 있고 간략한 해설인 〈기행문집(1)에 대하여〉란 글도 붙어 있지만, 역시 저본에 대한 언급은 한마디도 없다. 1964년본은 原文을 쪽의 하단에 배열하였고, 譯文에서는 필요한 한자를 괄호 속에 표기하였으나, 1988년본에서는 原文을 책의 후미에 배열하였고 譯文에서 한자를 철저히 제거하였다. 그 밖에는 손질을 가한 부분이 原文이나 譯文을 막론하고 거의 없다고 해도 지나친 말이 아니다.

그런데 문제는 1988년에 이르러서도 김찬순은 필사본을 참고하지 못하였던 듯, 《표해록》에는 不明으로 처리한 글자가 여럿 그대로 남아 있다. 24년이 지나 《표해록》 번역본을 다시 손질하여 출판하면서도, 여전히 김일성종합대학도서관에 소장된 필사본을 참고하지 못한 점은 실로 不可思議하다고 아니할 할 수 없다. 가령 김찬순이 '조선고전문학선집'을 출판하는 명목상의 대표일 뿐, 실제 번역은 집체작업에 의해 이루어졌다고 하더라도 이러한 의문은 여전히 유효할 것이다.

---

49 김찬순, 〈표해록〉, 《기행문집(1)》, 조선고전문학선집 20, 문예출판사, 1988. 2000년에 서울의 연문사가 이 책을 영인본으로 다시 간행하였다.

4) 규장각본

금택문고본이 간행된 지 103년이 지나 후손에 의해 崔溥文集《錦南集》간행의 일환으로 발간된 것이 규장각본이다. 규장각본은 권1이 缺本이므로 금택문고본과 규장각본의 文字異同을 권2, 3만으로 對校할 수밖에 없었다.

卷-張-行-字	금택문고본	규장각본	正誤	비고
2-4b-4-10	策文	對策		
2-4b-7-4	策文	對策		
2-4b-7-8	取	聚	誤	
2-4b-8-4	策文	對策		
2-13a-3-5	棲	樓	誤	
2-13b-9-11	宜	直	誤	
2-17a-7-6	古	右	誤	
2-17b-10-5	遊	其	誤	
2-23a-6-6	尊崇	崇尊	誤	
2-25a-4-16	河	何	誤	
2-29a-4-16	楫	揖	誤	
2-29b-7-10	諳	暗	誤	
2-30a-2-15	白過	過白	正	
2-32a-4-10	傳	傅	誤	
2-33b-1-7	杭	杬	誤	
2-36b-1-12	批	枇	誤	
2-40b-8-3	渙	澳	誤	
2-43a-4-4	水	木	誤	
2-48b-3-11	佩	佣	誤	
3-23a-2-1	亡	無		
3-25a-4-16	石	右	誤	
3-26a-1-17	官	宮	誤	
3-27b-7-10	古	占	誤	
3-29a-6-2	海	河	誤	
3-32b-6-3	名	各	誤	
3-33b-5-1	剛	問	誤	

3-35b-1-11	擺	欛	誤	
3-35b-6-13	國	固	誤	
3-41b-8-9	佩	佣	誤	
3-43b-1-17	址	坫	誤	
3-46b-10-1	河	海	誤	
3-51a-6-6	於	則		
3-52b-2-7	清	青	誤	

* 금택문고본을 기준으로 하여 규장각본의 正誤를 표시함.

임진왜란 이후 간행된 이 규장각본에서부터 다수의 異體字나 通用字가 쓰이기 시작하였다. 규장각본에서는 앞의 금택문고본에서 잘못이 저질러졌던 '白過馬大湖'를 '過白馬大湖'로 바로 잡기도 하였으나, 한편으로는 '不諳事'로 되어 있는 것을 정반대의 뜻인 '不暗事'로 改惡을 하는 등 많은 착오가 나타나므로 위와 같은 표를 만들어 보았다. 그리고 규장각본에서는 동일한 글자가 중첩하여 사용될 때는 글자 대신 '々'의 부호를 사용하기 시작하였으며, 이 방식은 후에 장서각본에서도 그대로 답습되었다.

5) 장서각본

규장각본보다 49년이 지나 간행된 장서각본의 특징을 한 마디로 요약하면, 규장각본을 만들 때 발생한 誤字만 17자를 바로 잡으면서도, 동시에 다른 14개 처에서 새로운 誤字를 만들어 내고 있다는 점이다. 그리고 異體字와 通用字를 쓰는 빈도가 현저하게 늘어났다는 점도 들 수 있다. 규장각본에서 장서각본으로 바뀌는 과정에서 나타나는 변화를 표로 만들어 보면 다음과 같다.

卷-張-行-字	규장각본	장서각본	正誤	비고
1-49a-5-1	驛	倅	誤	
1-49b-4-6	姚	姉	誤	
1-49b-6-7	姚	姉	誤	
2-4a-3-9	掌	堂	誤	
2-4b-7-4	對策	策文		
2-4b-7-8	聚	取	正	
2-4b-8-4	對策	策文		
2-6a-7-9	鷗	鴎	誤	
2-13a-3-5	樓	棲	正	
2-13b-9-11	直	宜	正	
2-17b-10-5	其	遊	正	
2-19a-2-11	博	傳	誤	
2-20b-3-1	学	字	誤	
2-22a-5-10	使	便	正	
2-25a-4-16	何	河	正	
2-29a-4-16	揖	楫	正	
2-34b-5-12	奈	乃	正	
2-38a-10-11	橋	撟	誤	
2-38b-7-15	世	歲	正	
2-42a-1-9	當	常	誤	
2-43a-4-4	木	水	正	
2-43a-7-17	凡	九	誤	
2-46b-9-8	線	綿	誤	
3-1a-9-9	小	盜	誤	
3-5a-4-7	傳	傅	正	
3-20b-3-17	且	目	誤	
3-24b-10-14	禎	楨	正	人名, '李楨', 《朝鮮成宗實錄》 19年 4月 戊申
3-26a-1-17	宮	官	正	
3-29a-6-2	河	海	正	
3-33b-5-1	問	剛	正	
3-35b-6-13	固	國	正	
3-42a-1-14	遼	連	誤	地名, '遼河'

3-43b-1-17	坫	址	正	
3-45a-1-9	或	成	正	
3-46b-10-1	海	河	正	地名, '淮河'
3-51a-6-6	則	於		
3-52b-2-7	青	淸	正	

표를 살펴보면 '使風'을 '便風'으로, '舟揖'을 '舟楫'으로, '江河之木'을 '江河之水'로, '淮海'를 '淮河'로 바로 잡는다든지, 또는 '萬世'를 '萬歲'로, '無奈'를 '無乃'로 보다 정확성을 기한 것도 있다. 그러나 한편으로는 '白鷗'를 '白鴫'로, '經學窮理'를 '經字窮理'로, '小心過夜'를 '盜心過夜'로, '遼河'를 '連河'로 하는 등, 명백하게 잘못을 저질러 놓은 곳이 더 많다.

재미있는 것은 刻手가 行의 字數를 착각하여 실수를 저지른 곳도 있다. 예를 들면 刻手는 처음 3-20b의 제2항을 실수로 1자가 더 많은 18자로 刻字하였다. 그리고 刻手는 일단 제3항을 17자로 정상적으로 刻字한 다음에 비로소 자신의 실수를 깨달았던 것 같다. 앞의 실수를 만회하기 위하여 刻手는 다음 제4항을 16자로 刻字함으로써, 다시 字數를 맞추어 나갈 수 있게 되었다.

더욱이 규장각본이 결본이어서 직접 대조를 하지 못한 권1을, 규장각본보다 앞선 금택문고본과 대비시켜 보면, 장서각본은 훨씬 많은 문제를 안고 있음을 알 수 있다.

卷-張-行-字	금택문고본	장서각본	正誤	비고
1-1a-10-5	保	普	誤	人名, '程保',《朝鮮成宗實錄》19年6月丁巳
1-2b-6-5	金	○	脫字	
1-2b-6-16	別	○	脫字	
1-4a-2-2	乃	奈	正	
1-4b-2-16	漂渺	縹緲		

1-5b-9-16	對	待		
1-6a-7-5	濡	留		
1-6b-3-12	則	○	脫字	
1-6b-7-2	當	各	誤	
1-7a-2-8	結	絶	誤	
1-13a-8-8	○	一	補字	
1-16a-5-8	植	楨	正	人名, '李楨',《朝鮮成宗實錄》 19년4월戊申
1-22b-2-10	○	中全	補字	
1-23a-4-10	○	以後	補字	
1-23a-8-9	濟	淸	誤	
1-32a-5-10	祥	詐	誤	
1-32a-5-16	誤	設	誤	
1-36b-5-2	抬	招	正	
1-38a-2-15	化	和	正	地名, '和順縣'
1-38a-6-15	好	護	正	
1-40a-2-8	聞	門	誤	
1-40b-2-13	慟	痛	誤	
1-45a-7-7	維	有	誤	《詩經》, '曷維其已'
1-45b-4-13	濘	寧	正	地名, '寧海縣'

장서각본의 권1을 缺卷인 규장각본 대신 그보다 앞선 금택문고본과 對校해 본 결과, 脫字·補字를 제외하고 바로잡은 곳이 6개 처인 데 비해 새로 착오를 일으킨 곳이 9개 처나 되었다.

6) 화산문고본

장서각본보다 171년 뒤에 康津의 후손들에 의해 간행된 것이 화산문고본이다. 판본 6종 가운데서 가장 뒤늦게 刊印된 목활자본인 화산문고본은 제일 착오가 많고 인쇄도 아주 졸렬하였다. 판본 가치가 전혀 없다고 해도 지나치지 않을 만큼 오자와 탈자가 너무 많았다. 사실 임진왜란을 轉機로 하여 규장각본에서부터 상당히 많은 이체자가 나타남으로써, 이러한 변화가 이

미 시작되었다고 볼 수 있다. 이러한 경향은 장서각본에서 더욱 확대되어 많은 오자 · 탈자가 나왔고, 화산문고본에 이르면 이루 다 헤아리기 어려울 정도로 착오가 증가하였다. 조선전기에서 후기로 넘어 가며 官板本에서 私板本으로 바뀌어 출판되는 최부 《표해록》은 시대가 흘러 조선말기로 내려갈수록 더욱 출판의 내용이 부실해지고 있는 것이다.

가장 중요한 對校法에 의한 교감을 마치고 나서, 초간본인 동양문고본을 저본으로 결정한 다음 本校法으로 저본을 다시 교감하여 보았다.

卷-張-行-字	원문	교감	출처
1-20b-1-7	露取	取露	1-4b-5-12, 1-4b-10-13
1-21a-4-16	金眞山	金眞音山	1-6b-4-13
1-38a-2-15	化順縣吏	和順縣吏	1-1a-10-6
1-45b-4-13	濘海縣	寧海縣	1-45b-8-6, 1-46a-3-13
2-21a-1-8	金大	金太	2-8a-7-4, 2-15a-4-11, 2-25b-3-12
3-5a-4-7	傳榮	傅榮	2-44a-4-1, 2-50a-7-9, 2-55a-2-1
3-17a-5-11	高夷福	高以福	1-6b-2-10, 1-21a-6-15, 1-30a-6-11

本校法에 의한 교감의 결과는 위와 같이 네 사람의 인명과 두 곳의 지명에 착오가 나왔고, 또한 顚倒字가 하나 눈에 띄었다.

3. 中國文獻에 의한 校勘

이 저본을 기준으로 하여 이번에는 他校法에 해당하는 중국문헌으로 다시 저본을 교감해 보았다. 중국문헌 가운데서는 地方志가 가장 중요함은 두 말할 필요가 없다. 시기적으로는 최부의 중국기행이 이루어지던 15-16세기의 地方志를 보다 중시하고, '通志'나 '省志'보다 더 상세한 내용을 담고 있는 '府志'나 '縣志'를 중시하였다.

卷-張-行-字	원문	교감	출처
1-44a-6-7	越溪	越鷄	越谿巡司城東二十里.〈明崇禎5年《寧海縣志》卷1 輿地志 城郭〉
1-46a-6-7	缸空	缸窯	缸窯鋪四十里.〈明崇禎5年《寧海縣志》卷2 建置志 舖遞〉
1-49a-5-1	西璵鄉	西嶼鄉	西嶼鄉縣東南.〈成化4年《寧波郡志》卷4 閭里考 慈谿縣〉
1-50b-6-12	祐聖觀	佑聖觀	佑聖觀府城內佑聖觀在臥龍山東麓.〈萬曆15年《紹興府志》卷22 祠祀〉
2-1b-10-7	剩縣	嵊縣	嵊縣在府城東南一百八十里.〈《明一統志》卷45 紹興府 建置〉
2-15a-5-11	溥濟橋	普濟橋	爲橋凡一十有七曰普濟(上有華光廟)〈萬曆7年《杭州府志》卷45 橋梁〉
2-15b-5-16	塘西鎭	塘棲	塘棲九里五黃橋.〈《一統路程圖記》卷7'杭州府·官塘至鎭江府水路'〉
2-16a-2-16	浯溪橋	語溪橋	語溪橋在縣南東岸三百步〈光緒5年《石門縣志》卷2 建置〉
2-19a-1-14	僋臺湖	澹臺湖	澹臺湖在縣南西界太湖.〈隆慶《長洲縣志》卷10 水部 城外 運河〉
2-24a-1-5	普恩橋	普思橋	普思橋在滸墅.〈隆慶《長洲縣志》卷12 橋梁〉
2-24a-2-5	通兵橋	通吳橋	通吳橋 …… 在縣東通吳門外.〈正德《常州府志續集》卷4 橋梁 武進〉
2-24a-2-8	望高	望亭	望亭巡檢司在縣南五十里.〈正德《常州府志續集》卷6 官寺 無錫〉
2-24a-9-4	藩葑鋪	潘葑鋪	潘葑橋在縣北十八里跨運河.〈正德《常州府志續集》卷4 橋梁 無錫〉
2-24b-1-13	亇鴈鋪	丁堰淺	沿河設淺十八 …… 丁堰·戚墅堰.〈萬曆《重修常州府志》卷2 疆域 水程〉
2-24b-4-9	武晉縣	武進縣	武晉縣治 武進縣附郭.〈《明一統志》卷10 常州府 建置〉
2-24b-8-4	牛犇	犇牛	犇牛壩在縣西三十里犇牛鎭.〈正德《常州府志續集》卷6 官寺 武進〉
2-25a-1-4	長店	張店	急遞鋪 … 存一十六鋪. … 張店.〈正德《常州府志續集》卷6 官寺 武進〉
2-25a-2-14	淸徽觀	淸微觀	淸微觀在呂城鎭〈乾隆15年《鎭江

			府志》卷20 寺觀〉
2-25a-4-1	七星橋	七里橋	七里橋在縣東南七里漕渠珥瀆口〈乾隆15年《鎭江府志》卷18 津梁 丹陽縣〉
2-25a-7-6	七星廟	七里廟	丹陽縣雲陽驛七里至七里廟.〈《士商類要》卷1 '杭州府由蘇州至揚州府水路'〉
2-25a-10-2	專城	甎城	甎城…洪武元年指揮宋禮請於朝甃以甎石.〈乾隆15年《鎭江府志》卷4 城隍〉
2-28b-6-2	八里鋪	王八里舖	州治前…曰王八里鋪…達甘泉界〈道光25年《高郵州志》卷1 彊域 鋪舍〉
2-29a-8-1	張家鋪	張家溝舖	州治前…曰張家溝鋪…達寶應界〈道光25年《高郵州志》卷1 彊域 鋪舍〉
2-29b-10-8	槐角樓	槐樓	槐樓巡檢司在縣南三十里.〈雍正11年《揚州府志》卷13 公署 寶應縣〉 淮角樓卄里寶應縣.〈《一統路程圖記》卷5〈江北水路〉'南京由漕河至北京各閘'〉
2-29b-10-12 2-30a-4-11	范水鋪	氾水淺	氾水淺在縣南四十里.〈雍正11年《揚州府志》卷8 河渠 寶應縣〉
2-30a-1-13	范光大湖	氾光湖	氾光湖縣治西南十五里.〈萬曆《揚州府志》卷6 河渠下 寶應縣〉
2-31a-1-4	新藏閘	新莊閘	福興閘又二十里曰新莊閘.〈咸豐2年《淮安府志》卷5 山陽縣〉
2-32b-4-11	張思忠	張泗冲	張泗冲鋪去治東一十里.〈萬曆《淮安府志》卷3 建置 廨舍 桃源縣〉 張思仲卄里桃源縣.〈《一統路程圖記》卷5〈江北水路〉'南京由漕河至北京各閘'〉
2-33a-2-3	沙方	沙坊	直河驛十二里沙坊.〈《士商類要》卷1 '南京由漕河至北京水路程'〉
2-33a-7-4	剡子廟	郯子廟	郯子廟在邳州治東北.〈《欽定大淸一統志》卷69 徐州府 祠廟〉
2-34b-9-1	子方山	子房山	東南二里爲子房山〈嘉靖《徐州志》卷4 地理 山川〉

地方志를 위주로 한 中國文獻으로 校勘을 해 본 결과, 주로 地名에서 예상했던 것보다 훨씬 많은 오류가 드러났다. 물론 아래의 표에서 지적된 《표해록》의 지명이 모조리 오류라는 확증도 없으며, 또 중국 地方志의 기록이 전적으로 옳다는 보장도 없다. 경우에 따라서는 地名의 글자가 시대에 따라 바뀔 수도 있고, 동시에 두 글자가 併用되는 시기도 있을 것이다. 그러므로 중국문헌에서 지명 자료를 뽑아 교감용으로 쓸 경우 더욱 신중한 접근이 요구된다고 하겠다.

마지막으로 이제는 교감의 마지막 단계인 '理校法'으로 밝혀 낼 수 있는 부분을, 조사하고 교감하여 본 결과는 다음과 같다.

卷-張-行-字	원문	교감	출처
1-23b-3-14	舶趧風	舶趠風	蘇軾의 詩, 〈舶趠風〉
1-29b-8-14	桃知所	桃渚所	《籌海圖編》 卷5, 〈浙江兵防官考〉
2-5b-3-10	'鄭大人忘其名'	鄭紀	號, '東園' 《明人別名字號索引》
2-6a-6-16	漢江	登漢江樓	《朝鮮世祖實錄》 世祖6年 3月 壬午
2-36b-5-10	桃源	桃園	《三國志演義》 제1회 '桃園結義'
2-36b-6-16	桃源	桃園	《三國志演義》 제1회 '桃園結義'
2-54b-5-12	'不知某字也'	妃	'天妃廟' 또는 '天妃宮'
3-2b-9-9	'何左侍郎'	何琮	《明憲宗實錄》 成化24年 3月 甲子
3-2b-9-14	'阮右侍郎'	阮勤	《大淸一統志》 劵104, 潞安府 2
3-12a-1-11	'倪左侍郎'	倪岳	《明孝宗實錄》 弘治元年 12月 癸卯
3-12a-1-15	'張右侍郎'	張悅	《明孝宗實錄》 弘治2年 7月 丁丑
3-23b-8-11	閩東	浙東	浙江省 台州府 臨海縣 上陸

위의 표에서 '船趕風'은 '船趁風'의, '桃知所'는 '桃渚所'의 誤記임이 분명하다. 張寧이 조선에 사신으로 나와 지은 詩의 정확한 제목은 '登漢江樓'가 옳다. '武陵桃源'의 地名은 '桃源'이고 '桃園結義'의 경우 地名은 '桃園'이 맞지만, 이곳 '桃園'이란 지명이 '桃源'과도 혼용되고 있었음을 地方志에서 확인할 수 있었다. 또 최부가 "城東有巨廟臨河岸, 大書其額, 臣遠望之. 其上天字, 其下廟字, 其中一字, 不知某字也"라고 했던 祠廟의 이름은, 沿海 지방의 海上保護神인 馬祖를 섬기는 '天妃廟' 또는 '天后廟' 외에 다른 이름을 생각하기가 어렵다. 최부가 성명을 기억하지 못했던 '鄭大人'·'何左侍郎'·'倪左侍郎'·'倪左侍郎'·'張右侍郎'은 조사한 중국문헌대로 각각 鄭紀·何琮·阮勤·倪岳·張悅이 틀림없을 것이다. 그리고 최부가 漂着한 곳은 浙江의 東部이지 閩東에 이른 적이 없으므로, 물론 '閩東'은 '浙東'의 誤記일 것이다.

그리고 한 가지 빠뜨릴 수 없는 것은 '揚州' '揚子江' 등 '揚' 자가 들어가는 지명을, 최부 《표해록》은 30여 개 처에서 대부분 '楊'으로 표기하였다. 중국의 辭典을 찾아보면 '楊州'가 '揚州'와 통용된다는 풀이가 없으나, 일본의 《大漢和辭典》의 '楊州' 항목에는 "'揚州'와 같다"라고 나와 있다.[50] 따라서 兩者가 절대로 통용되지 않는다고 말할 수는 없겠지만, '楊州'가 정확한 표기가 아님은 확실하다. 흥미로운 점은 최부가 중국의 문장을 그대로 베껴온 〈眉山萬翼碑〉 碑文 속에서는 모두 '楊'이 아닌 '揚'으로 기재되어 있다는 사실이다.

---

50 淸田君錦이 18세기에 최부 《漂海錄》을 日譯한 《通俗漂海錄》에서 이를 증명해 주는 좋은 예를 찾을 수 있다. 譯者는 譯文에서는 '楊州'라고 표기하였으나, 자신이 쓴 〈考〉에서는 '揚州'로 표기하였다.

조선중기에 眉巖 柳希春이 주도하여 외조부인 崔溥의 《표해록》 동양문고본을 번각하여 양명문고본을 간행하였고, 다시 양명문고본을 교정하여 금택문고본을 간행하였다. 그러므로 조선시대에 간행된 최부 《표해록》의 판본 6종 가운데 세 번째의 금택문고본이 내용적으로 가장 완성도가 높을 것이라고 예상하였다. 그러나 막상 〈최부 표해록 판본 6종 대교표〉를 만들어 보니 오히려 초간본인 동양문고본을 저본으로 삼아야 하겠다는 결론을 내리지 않을 수 없었다.

임진왜란 이후 처음 간행된 규장각본부터 異體字나 通用字가 많이 사용되기 시작하다가, 장서각본에 이르면 이러한 경향은 더욱 심화되었다. 임진왜란 이후의 판본 3종 가운데 가장 늦은 화산문고본은 誤字·脫字 등 착오가 너무 많아, 하나의 판본으로서의 가치를 인정하기가 어려웠다. 이는 《표해록》의 刊印이 中央官板 → 地方官板 → 私板으로 이행함에 따라, 간행 비용의 조달이 어려워짐과 동시에 문자의 사용에도 점차 엄격성을 상실해 가고 있는 것을 의미한다.

결국 16세기에 官板本으로 간행된 동양문고본·양명문고본·금택문고본보다 임진왜란을 지난 이후 17세기후반에 후손들이 私板本으로 간행한 규장각본에서부터 내용에 많은 착오가 나타났다. 그 다음 18세기 전반에 간행된 장서각본에서는 이를 바로잡는 부분도 없지 않았으나, 여전히 새로운 착오를 일으키기도 하며 동시에 異體字와 通用字의 사용이 급격하게 늘어났다. 그러다가 드디어 19세기 후반에 간행된 화산문고본은 완전히 판본 가치를 상실할 지경에 이르게 되는 것이다. 이는 조선 출판인쇄사에서 무엇을 말해 주는 것인지 숙고해야 할 필요가 있는 문제이다.

다음에는 저본으로 삼은 동양문고본 《표해록》을 중국문헌으로 교감하여 보니, 주로 地名에서 많은 誤字가 드러났다. 최부 일행은 浙江의 해안에

서 杭州—北京—遼東을 거쳐 조선으로 송환되는 신분에다, 기록하는 일을 陪吏 4인이 분담하였으므로 아무래도 이와 같은 착오를 피하기 어려웠을 것이다.[51] 그리고 최부는 한양 남대문 밖 청파역에 도착하자마자 성종의 명령에 의해 奔喪을 미룬 채, 다급한 마음으로 불과 8일 만에 보고서를 작성하였기 때문에 더욱 校閱할 겨를이 없었다고 볼 수 있다.

판본 6종 사이에 文字異同이 있으므로, 판본 연구와 교감 작업을 거치지 않은 최부 《표해록》의 譯註와 연구는 일정한 한계를 지닐 수밖에 없다고 생각된다. 20세기에 들어 최부 《표해록》을 英譯한 미국 컬럼비아 대학의 메스킬과, 原文에 구두점만을 찍은 일본 京都大學의 牧田諦亮은 양명문고본에만 의존하였다. 북한의 김찬순은 完譯이 아닌 抄譯인 데다, 저본으로 삼은 《표해록》이 보존상태가 좋지 않은 금택문고본이나 또는 그 필사본이었던 것으로 추측된다. 한국의 이재호·최기홍·최주용의 譯註는 完譯이기는 하나, 문제가 많은 다섯 번째의 장서각본을 저본으로 삼았다. 중국의 北京大學의 葛振家도 역시 한국에서 복사해 간 장서각본을 저본으로 삼았음을 다시 돌이켜 볼 필요가 있다.

최부 《표해록》을 교감해 본 결과 역시 초간본인 동양문고본을 저본으로 삼고, 다른 판본을 참조하여, 譯註와 研究를 진행시켜야 마땅하다고 생각한다.

---

51 최부는 《漂海錄》의 맨 마지막 부분에서 "秖令陪吏四人, 逐日觀標榜問地方, 掛一漏萬, 記其大略耳"라고 토로하였다. 그리고 《漂海錄》 閏正月 21日자의 기록과 《朝鮮成宗實錄》 19年 4月 戊申條를 보면, 陪吏 4인이란 "光州牧吏 程保·和順縣吏 金重·羅州牧吏 孫孝子·濟州牧吏 李孝枝"를 가리킨다.

5장 日譯 通俗漂海錄과 諺解本 표ᄒᆡ록

崔溥《漂海錄》이 일본에 전해진 시기가 언제쯤인지 정확하게는 알 수는 없다. 다만 임진왜란 이전에 간행된 판본 3종이 한국에는 1종도 完本이 제대로 남아 있지 않고 일본에만 현존하는 것으로 보아, 아마도 戰亂 때 倭軍이 약탈해 간 朝鮮典籍 중에 섞여 전해졌을 것으로 추측해 볼 수 있을 따름이다. 이 최부《표해록》은 江戶時代의 儒學者인 淸田君錦(1721-1785)[52]에 의해 일본어로 번역되어, 明和4년(영조45년, 1769) 《唐土行程記》라는 書名으로 京都에서 출간되었으며 26년 후에는 《通俗漂海錄》으로 改題되었다.

조선에서 일부 '識字層'의 사람들만 漢文으로 쓰인 《漂海錄》을 읽던 시기에, 일본의 서민들은 18세기 후반부터 일본어로 번역된 《통속표해록》은 읽을 수 있었다. 조선에서도 19세기 후반에는 諺解本 《표ᄒᆡ록》의 筆寫

52 淸田君錦의 본명은 '絢'이므로 '淸田絢'으로 불러야 마땅할 것이다. 그런데 日本儒學史에서는 그의 성명을 '儋叟'라는 號를 써서 '淸田儋叟'로 호칭하는 것이 일반적이다. 그리고 《당토행정기》에 대해 첫 논문을 쓴 牧田諦亮은 그의 字를 써서 '淸田君錦'으로 호칭하였다. 《당토행정기》의 題文 · 序文 · 跋文에는 '淸君錦'으로 되어 있고, 書肆의 刊記에서도 역시 '淸君錦先生'으로 표기되어 있다. 한편 淸田君錦 본인은 〈附言六條〉의 末尾와 각 권의 卷首에서 자신의 성명을 '淸絢'으로 썼다. 동일인의 인명을 여러 방식으로 표기함으로 인해 발생할 혼란을 피하기 위해, 여기서는 牧田諦亮을 따라 '淸田君錦'으로 부르기로 한다.

本이 있었으나, 널리 유통되었다는 흔적을 찾기가 어렵다. 《통속표해록》과 《표히록》은 최부 《표해록》을 축약하여 번역한 것인 만큼 原書와 일치될 수는 없다는 점은 이해가 되지만, 번역상의 오류가 두드러지게 눈에 띄고 있다. 이 두 譯本 가운데 《표히록》은 단순히 誤譯이 있고 축약이 심한 정도이다. 그러나 《통속표해록》은 오자와 오역은 물론이고 의도적인 윤색도 있을 뿐 아니라, 역자의 논평 속에는 조선 멸시의 관점마저 노골적으로 드러나 있다.

일본의 《통속표해록》은 조선의 이른바 '坊刻本'에 해당한다고 볼 수 있다. 그렇다면 조선에서는 18세기에 한글 《표해록》의 방각본이 왜 출현하지 못했는지도 생각해 볼 필요가 있다. 19세기에 이르러서도 조선에서는 한글 《표히록》의 필사본밖에 출현하지 않았다. 이는 18-9세기 한국과 일본 양국의 출판인쇄문화를 비교해 보는 하나의 실마리가 될 수 있을 것이다.

1. 《唐土行程記》에서 《通俗漂海錄》으로

淸田君錦이 최부 《표해록》을 일본어로 번역한 《당토행정기》는 江戶時代 明和4년(영조45년, 1769)에 京都의 書肆인 皇都書林이 출판하였다. 《당토행정기》의 譯者인 淸田君錦의 人物 · 著作 · 史觀에 대해서는 이미 牧田諦亮이 비교적 자세하게 논술한 바가 있다.[53] 우선 淸田君錦이 번역할 때 사용한 底本은 과연 《표해록》의 어떤 版本이었을까. 《당토행정기》의

---

53 牧田諦亮, 〈唐土行程記談義〉, 《神田喜一郎先生追悼 中國學論集》, 京都 : 二玄社, 1986, 610-624쪽. 일본의 牧田諦亮 교수는 자신이 소장하고 있던 《唐土行程記》의 복사본을 1995년 北京大學의 葛振家 교수에게 기증하였는데, 필자는 같은 해 葛振家 교수에게서 복사본을 다시 전해 받았다.

刊年으로 따져 본다면, 조선시대의 《표해록》 판본 6종 가운데 마지막 華山文庫本을 제외한 그 이전 5종 판본이 모두 저본이 될 가능성이 있다.[54] 그런데 《당토행정기》에는 '舊跋'이라는 제목으로 유희춘의 〈隆慶3年 跋文〉을 수록해 놓았는데, 그 말미에 교정자의 한 사람인 堀榮吉이 쓴 다음과 같은 구절이 덧붙어 있다.

> 淸 선생이 번역한 《漂海錄》 原本, 즉 朝鮮刊本은 본래 序나 跋이 없었다. 근자에 高氏가 소장한 寫本을 보니 崔希春의 跋文 2首가 있어,[55] 그중에 이 책의 유래를 자세히 언급한 것 하나를 卷末에 붙인다.[56]

그런데 필자가 조사한 《표해록》 판본 6종 가운데서, 서문이나 발문이 전혀 없는 판본은 오직 初刊本인 東洋文庫本뿐이다. 그러므로 淸田君錦이 《당토행정기》를 번역할 당시 사용했던 저본은 동양문고본이라고 단정해도 좋을 것 같다. 牧田諦亮은 "君錦이 의거한 朝鮮刊本이라는 것도 우연히

---

54 이 책의 2부 3장 〈崔溥 漂海錄 版本考〉를 참고.

55 高氏 소장의 필사본은 유희춘의 〈隆慶3年 跋文〉과 〈萬曆元年 跋文〉이 모두 들어 있다는 것으로 보아, 숙종3년(1677)에 간행된 규장각본의 필사본일 가능성이 가장 크다. 물론 '崔希春'은 '柳希春'의 단순한 착오이다.

56 〈舊跋〉, 《唐土行程記》: "錦南崔先生諱溥, 字淵淵, 希春之外祖父也. 以經術氣節, 遭遇 成廟, 擢寘侍從. 嘗奉 命往耽羅, 適奔父喪, 爲風所逆, 漂到中國之台. 還至都城外, 上命撰進一行日錄, 覽而嘉之, 遂俾藏于承文院. 其文字卷不過三, 而不唯狀大洋變化, 自甌徂燕一路, 山川 · 土產 · 人物 · 風俗, 粲然森列, 而先生經濟之才, 亦可得其什一. 求多聞務博覽之士願見者衆矣, 而至今八十年間, 未有鋟梓以廣其傳者. 希春自塞外蒙 恩還朝, 亟思所以壽是書者, 校正旣了, 唯以主張措畫爲難得. 會博雅吳公出按關西, 希春以書懇屬. 公遂欣然而諾, 定州守尹侯行鳩游手完其役, 而訖于成. 噫! 是書殘缺沈淪且百年, 今乃得顯於久晦之餘, 將大行于斯世, 豈非幸也歟? 隆慶三年龍集己巳八月旣望, 外孫通政大夫成均館大司成知製 教柳希春謹識."(標點 : 필자)

마지막 隆慶3年 序 2葉이 빠진 刊本으로서, 양명문고 소장의 朝鮮刊本과 同種本일 것이라고 추측된다"[57]고 하였으나, 이는 당시 동양문고본의 존재를 모르고 있었던 牧田諦亮의 억측일 뿐이다.

《당토행정기》의 저본이 동양문고본일 것이라는 한 예로서, 최부 일행이 杭州에 머물고 있던 2월 8일자의 기록을 들어 보기로 한다. 어떤 사람이 최부에게, 給事中 張寧이 조선에 使臣으로 갔을 적에 지은 詩를 모은《皇華集》에 관해 알고 있는가 하고 물었다. 최부는 곧 '漢江'이란 제목의 시가 가장 훌륭하다고 대답하며, 즉석에서 몇 구절을 읊어 보인다. 그런데 정작 이 시의 정확한 제목은 '登漢江樓'이기 때문에, 양명문고본 이후 모든 판본은 1行17字에서 18字로 늘어나는 것을 무릅쓰고 '樓'자를 삽입하였다.[58] 그렇지만《당토행정기》에는 여전히 "漢江ニ題スル詩"라고 하여, 詩의 제목을 '漢江'으로 소개하고 있는 것으로 보아, 동양문고본을 저본으로 삼아 번역했기 때문이라고 간주할 수 있을 것이다.[59]

《당토행정기》는 최부《표해록》을 축약해서 번역한 것으로서 完譯이 아니다. 역문 가운데는 곳곳에 '考曰'로 시작하는 淸田君錦의 짧은 코멘트가 들어 있어, 18세기 일본 지식인의 사고경향을 엿볼 수 있는 좋은 자료가 된다. 역문의 첫머리에 있는 '考'에는 최부《표해록》과 조선 역사에 대한 개략적인 설명이 베풀어져 있는데, 특히 書名을《표해록》에서《당토행정기》로 바꾸게 된 까닭에 대해서는 이렇게 설명하고 있다.

이 책의 原本은 朝鮮의 崔溥가 지은 바로서,《漂海錄》이라고 부른다. 그렇지

---

57 牧田諦亮,《策彦入明記の研究》下, 京都 : 法藏館, 1959, 234쪽.

58 이 책의 2부 4장〈崔溥 漂海錄 校勘記〉참고.

59《唐土行程記》卷2, 2月 8日 (京都大學圖書館所藏 영인본).

만 唐土 里程의 일을 주로 기록하고 있기 때문에 지금의 이름으로 바꾼다.[60]

결국 淸田君錦이 이 책을 번역하게 된 까닭에 대해, 牧田諦亮은 "중국 본토의 大運河를 따라 寧波에서부터 北京으로 가는 길의 街路의 風光이나 중국 사정의 에피소드 등에 크게 흥미를 느꼈기 때문으로 생각되어, 당시 일본 文人들의 중국에의 傾倒의 정도를 알려 준다"[61]라고 언급하였다. 그러나 보다 중요한 점은 이 책의 번역이 역자 자신의 생각에 의한 것이 아니고, 상업적 출판사의 권고에 의해 시작하였다는 점이 아닐까 한다. 해양을 통한 중국과의 私貿易이 활발하던 18세기 일본에서, 대양에서의 표류 이야기와 중국의 江南 및 大運河 주변에 대한 정보가 충분히 대중의 흥미를 불러일으킬 수 있을 것이라고 출판사가 판단했기 때문일 것이다.

《당토행정기》가 皇都書林에 의해 출판된 지 26년이 지난 寛政7년(정조 19년, 1795)에 이 책은 東都書林·浪華書林·皇都書林의 협력에 의해 《通俗漂海錄》으로 改題되어 다시 간행되었다.[62] 書名을 《당토행정기》에서 《통속표해록》으로 바꾼 것은, 아마도 《통속표해록》이란 書名이 보다 대중성이 있다고 출판사가 판단한 결과일 것이다. 이 무렵은 역자 淸田君錦이 이미 작고한 지 10년이 되는 해이기 때문에, 역자의 뜻과는 상관없이 출판사가 마음대로 改題를 결정하였다고 보아야 할 것이다.

牧田諦亮은 京都大學圖書館에 소장되어 있는 《통속표해록》을 《당토

60 《唐土行程記》卷1, 考: "此書ノ原本ハ朝鮮ノ崔溥ガ撰セシ所ニテ。漂海錄ト號ス。然レモ唐土里程ノ事ヲオモニ記セルニ因テ。今ノ名ニ改ム。"

61 牧田諦亮, 〈漂海錄と唐土行程記〉, 《金澤文庫研究》第272号, 神奈川縣: 金澤文庫, 1984, 23쪽.

62 필자는 京都大學 文學部 夫馬進 교수에게 부탁하여 京都大學圖書館의 《通俗漂海錄》 복사본을 2003년에 전달받았다.

행정기》와 비교해 본 결과에 대해 이렇게 언급하였다.

> 京大本通俗漂海錄은 제4책의 卷尾에 伊藤聖訓의 跋, 平安書林文錦堂藏板目錄의 2매, 각 책의 말미에 붙어 있는 교정자명을 나열한 1매 등이 없고, 版心은 '通俗' 2자를 빼서 '漂海錄'이라고 해 놓은 것을 알 수 있다.[63]

그런데 필자가 경도대학도서관 소장의 《통속표해록》을 조사한 결과는, 《통속표해록》에도 伊藤聖訓의 발문이 들어 있었다. 뿐만 아니라 경도대학도서관 소장의 《당토행정기》와 《통속표해록》외에, 국립중앙도서관에도 역시 《당토행정기》와 《통속표해록》이 收藏되어 있음을 알게 되었다.[64] 이 4책의 목차를 면밀하게 비교해 본 결과는 아래와 같다.

《唐土行程記》		《通俗漂海錄》	
京都大學圖書館本	국립중앙도서관본	京都大學圖書館本	국립중앙도서관본
題言 唐土行程記序 插畫 唐土行程記總目錄 附言六條	唐土行程記序 題言 唐土行程記總目錄 附言六條 插畫	題言 通俗漂海錄卷之序 通俗漂海錄目錄 附言六條 插畫	通俗漂海錄卷之序 題言 附言六條 通俗漂海錄目錄 插畫
唐土行程記卷之一 唐土行程記卷之二 唐土行程記卷之三 唐土行程記卷之四 *各 卷末: 校定人員名單	唐土行程記卷之一 唐土行程記卷之二 唐土行程記卷之三 唐土行程記卷之四 *各 卷末: 校定人員名單	通俗漂海錄卷之一 通俗漂海錄卷之二 通俗漂海錄卷之三 通俗漂海錄卷之四	通俗漂海錄卷之一 通俗漂海錄卷之二 通俗漂海錄卷之三 通俗漂海錄卷之四

---

63 牧田諦亮, 앞의 논문, 1986, 609쪽.

64 崔溥 著, 播磨清絢 日譯, 《唐土行程記》(국립중앙도서관 고전운영실, 청구기호 한古朝63-42) ; 《通俗漂海錄》(국립중앙도서관 고전운영실, 청구기호 한古朝63-53).

舊跋 跋 平安書林文錦堂 藏版目錄 明和六乙巳丑六月	舊跋 跋 明和六乙巳丑六月	跋 舊跋 寬政七年乙卯六月	跋 舊跋 寬政七年乙卯六月

위의 표를 살펴보면, 刊記는 마찬가지이지만 목차의 배열 순서가 각각 다른 2종의 《당토행정기》와 《통속표해록》이 있음을 알 수 있다. 모두 본문의 배열에는 차이가 없는데, 본문의 앞 뒤 글의 배열이 서로 엇갈려 있다. 결국 《통속표해록》은 《당토행정기》의 板木을 그대로 사용하면서 標題와 卷首題를 바꾸었고, 版心題를 종래의 '行程記'에서 '漂海錄'으로 바꾼 형태라는 것을 금방 알 수 있었다.

사실상 내용은 동일한 《당토행정기》와 《통속표해록》이지만, 역시 하나의 저본을 정하고 나서 살펴보는 것이 편리할 것 같다. 필자는 '당토행정기'라는 書名보다 26년 후에 간행된 '통속표해록'이란 서명을 중시하고자 한다. 2종의 《통속표해록》 중에서는 첫머리가 題言으로부터 시작하여 舊跋로 끝나는 목차가 가장 자연스럽다고 볼 때, 京都大學圖書館 所藏本을 표준으로 삼고자 한다. 이 책의 標題와 卷首題는 '通俗漂海錄'이고, 版心題는 그냥 '漂海錄'으로만 되어 있다. 《통속표해록》의 내용을 살펴보면 아래와 같은 순서로 글이 배열되어 있다.

題言 : 平安 江邨綬

〈通俗漂海錄卷之序〉: 柚木太玄

〈通俗漂海錄目錄〉: 41 小題

〈附言六條〉: 淸絢

插畫 : 9圖

〈通俗漂海錄卷之一〉

〈通俗漂海錄卷之二〉
〈通俗漂海錄卷之三〉
〈通俗漂海錄卷之四〉
〈舊跋〉: 柳希春〈隆慶3年 跋文〉附 堀榮吉 識文
〈跋〉: 伊藤聖訓
刊記 : 寬政七年乙卯六月

이 책의 첫머리에는 淸田君錦의 次兄인 江村北海, 즉 江邨綬의 題言과 江村北海의 제자인 柚木太玄의 序文이 있다. 다음 〈통속표해록목록〉을 살펴보면, 《표해록》 原書에는 없는 41개의 小題를 달아 놓음으로써 내용의 전개를 한눈에 파악할 수 있도록 배려하였다. 그러나 〈목록〉에서만 小題를 나열하였을 뿐, 정작 본문 속에서는 小題를 붙이지 않았다. 〈附言六條〉란 淸田君錦이 자신의 번역에 대한 '일러두기' 형식의 글로서 6개 항목으로 정리해 놓은 것이다.

삽화도 물론 原書에는 없는 것으로서, 독자의 이해를 돕고 흥미를 유발시키기 위해 출판사가 그려 넣은 것으로 생각된다. 모두 9圖로서 海鰍圖 · 西湖圖 · 揚子江圖 · 黃河圖 · 無支祈圖 · 孔林圖 · 闕里形勝 · 北京 · 點蒼山의 그림이 있다. 그런데 아래 표에서 확인할 수 있는 것처럼, 〈목록〉에서 나열된 그림의 제목이 9圖와 일치하지 않는 부분이 있다. '黃河運河'는 '黃河圖'에 해당한다고 볼 수 있으나, '泰山'은 '闕里形勝'과는 약간 거리가 있다. 〈목록〉에 나와 있는 '南海西海' '吳三桂' '渤海圖'는 아예 그림이 없고, '點蒼山'은 그림만 있고 〈목록〉에서는 아예 빠져 있다.[65]

原書인 《표해록》은 3권으로 이루어져 있는 데 비해, 《통속표해록》은

65 點蒼山은 雲南에 있는 名山으로서 淸田君錦이 독자의 이해를 돕기 위해 쓴 〈考〉에만 언급되어 있을 뿐, 최부 《표해록》의 原書에서는 언급이 없다.

4책으로 나누어 놓았다. 譯書의 41개 小題와 구성을 原書와 표를 만들어 대비시켜 보면 아래와 같다.

《漂海錄》	《通俗漂海錄》(41 小題)	
권 1 (처음-2월4일)	권 1 (처음-1월18일)	朝鮮國起本, 朝鮮奉唐土正朔, 崔溥使濟州, 海上逢風漂流 附海鰍圖, 下山逢賊, 崔溥 捨船上陸, 千戶許淸 (7)
	권 2 (1월19일-2월12일)	第一次桃渚所吟味, 第二次同所吟味, 寧波府, 第三次紹興府吟味, 杭州 (5)
권 2 (2월5일-3월25일)	권 3 (2월13일-3월29일)	第四次杭州吟味 附西湖圖, 蘇州, 鎭江府 附揚子江圖, 楊州府, 淮陰驛 附黃河運河, 龜山 附無支祈圖, 呂梁洪百步洪, 歌風臺, 兗州府 附孔林圖 附泰山, 山東響馬, 魯王, 釋尊, 潞沙, 北京 附圖 (14)
권 3 (3월26일-끝)	권 4 (4월1일-끝)	朝覲, 拜賜, 崔溥病臥, 北京出發 附南海西海, 謝恩使, 寧遠衛 附吳三桂, 山海關, 孤竹國, 廣寧府, 賀聖節使, 僧戒勉, 遼東 附渤海圖, 鴨綠江, 義州, 江南江北風土文物 (15)

끝머리에는 유희춘의 〈隆慶3년 跋文〉과 그 뒤에 덧붙인 堀榮吉의 짧은 識文, 그리고 淸田君錦의 조카인 伊藤聖訓의 跋文이 수록되어 있으며, '寬政七年乙卯六月'이란 刊記가 있다.

이 책의 書名을 일본의 牧田諦亮이 '唐土行程記'로 지칭한 이래, 한국학자들도 이를 무심코 '당토행정기'라고 따라 부르고 있지만,[66] 앞으로 학계에서 이 책의 書名을 '通俗漂海錄'으로 통일시켜 부르는 것이 보다 합당하다고 생각된다. 그 이유로 다음 세 가지 점을 꼽을 수 있다. 첫째, 《당토행정기》는 淸田君錦이 일본어로 간행할 때 처음 붙인 書名이긴 하나, 26년 후에 《통

66 曺永祿, 〈近世 東亞 三國의 傳統社會에 관한 比較史的 고찰—崔溥의 漂海錄과 日譯 唐土行程記를 中心으로〉, 《東洋史學硏究》 64輯, 1998, 1-14쪽 ; 《近世동아시아 三國의 國際交流와 文化》, 지식산업사, 2002, 175-205쪽 (재수록).

속표해록》으로 改題되었고, 이후 훨씬 오랜 기간에 걸쳐 이 書名으로 일본에서 유통되었다. 둘째, 《당토행정기》란 '唐土(中國) 行程의 記錄'이란 뜻으로서 이 책의 특성을 잘 드러내는 書名이라고 볼 수가 없으며, 또한 한눈에 그 뜻을 파악하기 어려운 점이 있다. 셋째, 이 책은 궁극적으로 崔溥 《漂海錄》의 譯書이므로 '표류의 기록'이란 뜻을 살리면서, 이를 대중적으로 읽기 쉽게 만들었다는 의미로 붙인 '통속표해록'이란 책이름이 더욱 적절하다.

2. 《표ᄒᆡ록》의 諺解 및 筆寫 시기

18세기 일본의 《통속표해록》보다는 늦지만, 조선에서도 19세기에 한글로 번역된 諺解本 《표ᄒᆡ록》이 있었다. 이 언해본 《표ᄒᆡ록》은 현재 국립중앙도서관 勝溪文庫에 收藏되어 있다. 《표ᄒᆡ록》의 刊印本이 이 시기에 존재하였을 것이라는 흔적이 전혀 없으므로, 이 필사본은 아마도 한글로 된 《표ᄒᆡ록》의 유일본이 아닐까 하고 생각된다.

이 諺解本은 《표ᄒᆡ록》 《표ᄒᆡ록 뎨이》 《표ᄒᆡ록 삼》의 3권으로 나뉘어져 있다. 卷을 나눈 방식을 보면 한 문장이 미처 끝나지도 않은 상태에서 중도에 잘라 무리하게 나눈 것을 알 수 있다. 譯文 자체는 물론 띄어쓰기가 전혀 없으며, 심지어 일자가 바뀌어도 문단 바꾸기를 하지 않았다. 이는 月曆의 속종이를 활용한다든지 하는 것과 함께, 종이를 무척 아꼈던 증거가 될 수 있다. 따라서 分綴한 것은 기록의 내용을 감안한 것이라기보다는, 그냥 분량을 보아 적당하게 3권으로 나눈 것 같이 보인다.

기록은 《표ᄒᆡ록 삼》의 3월 15일자까지만 남아 있고 나머지 부분은 결락되어 있는데, 유실된 것인지 혹은 필사가 도중에 중단된 것인지도 알 수가 없다. 최부가 제주삼읍추쇄경차관으로 부임하여 사무를 처리하던 중 父親喪을 통보 받게 된 날인 성종19년(1488) 정월 30일부터, 압록강을 건너

귀국하는 6월 4일까지 '日錄' 형식으로 되어 있는 전체 기록의 중간 정도에 조금 못 미친다. 그러므로 《표ᄒᆡ록》은 분량 면에서도 原書의 겨우 절반가량만 남아 있는 셈이다.

<table>
<tr><th colspan="2">《漂海錄》</th><th colspan="2">《표ᄒᆡ록》</th></tr>
<tr><th>권수</th><th>일자</th><th>권수</th><th>일자</th></tr>
<tr><td rowspan="2">권 1</td><td rowspan="2">처음 - 2월 4일</td><td>표ᄒᆡ록</td><td>처음 - 윤정월 12일</td></tr>
<tr><td>표ᄒᆡ록뎨이</td><td>윤정월 12일 - 윤정월 20일</td></tr>
<tr><td rowspan="2">권 2</td><td rowspan="2">2월 5일 - 3월 25일</td><td>표ᄒᆡ록삼</td><td>윤정월 20일 - 3월 15일</td></tr>
<tr><td colspan="2" rowspan="2">결락</td></tr>
<tr><td>권 3</td><td>3월 26일 - 끝</td></tr>
</table>

《표ᄒᆡ록 삼》의 앞머리에는 '止菴公朴夫人遺墨'이란 붓글씨가 남겨져 있다. 어쩌면 朴夫人은 단순한 傳寫者이기보다 譯者일 가능성도 높아 보인다. 만약 그렇다면 《표ᄒᆡ록》은 他筆本이 아닌 朴夫人의 번역 親筆本이 될 것이다.

윤치부는 《표ᄒᆡ록》의 겉표지에 쓰인 '癸酉曆書'라는 글을 보아, 필사된 시기를 일단 최상한선 중종8년(1513, 癸酉年)에서 최하한선 고종10년(1873, 癸酉年) 사이로 폭 넓게 잡았다. 그리고는 月曆의 속종이에 쓰여 있는 일자를 근거로 필사시기를 고종10년(1873) 경이 아닐까 하고 조심스럽게 추정하였다.[67] 그런데 필자는 윤치부의 이와 같은 추정에서 한 걸음 더 나아가서, 《표ᄒᆡ록》이 언해된 시점이 고종10년(1873) 이후가 틀림없음을 諺解本의 내용에서 찾아 증명해 보이고자 한다.

최부 일행은 2월 4일경 紹興에 도착하여 總督備倭署都指揮僉事 黃宗을 비롯한 관인들로부터 심문을 받게 된다. 黃宗이 "처음에는 당신들을 倭船

67 윤치부, 〈解題〉, 《註解 표ᄒᆡ록》, 도서출판 박이정, 1998, 1-2쪽.

을 타고 와서 겁략하는 무리들이라고 여겨, 잡아다 죽이려고 했소. 당신이 만약 조선인이라면 당신 나라의 역대 연혁과 도읍 · 산천 · 인물…을 자세히 써 내면, 여러 史書에 맞추어 보고 옳고 그름을 가리도록 하겠소"라고 한 말에 대해, 최부가 조선의 연혁과 도읍을 진술하는 가운데 아래와 같은 대목이 있다.

지금은 우리 조선으로 바뀌어 한양에 도읍한 지 이제 백년 가까이 되었습니다

이 대목을 《표히록》의 譯者는 다음과 같이 옮겼다.

이제 혁ᄒᆞ야 우리 됴션이 ᄃᆡ야 한샹의 도읍ᄒᆞ야 쟝ᄎᆞᆺ 오ᄇᆡᆨ년이오

여기서 高麗에서 朝鮮으로 王朝가 바뀌어 漢陽에 도읍한 이후의 기간을, '백년'에서 '오백년'으로 고쳐 놓았다는 사실을 한눈에 알 수가 있다. 이를 고쳐 번역한 것은 조선 건국으로부터 최부의 시점까지가 96년, 즉 백년 가량이었지만, 諺解를 한 사람이나 또는 그 諺解本을 읽을 독자에게는 '백년'이 맞지 않았기 때문일 것이다. 그들에게는 '오백년'이라야만 시기가 맞아 들어갔으므로, 아예 '오백년'으로 고쳐버린 것이 틀림없을 것이다. 따라서 조선 건국으로부터 오백년에 가까운 '癸酉年'을 조사해 보면, 바로 고종10년(1873) 에 해당된다. 정확하게 계산해 보면 오백년에서 19년이 모자라는 481년이 되므로, '쟝ᄎᆞᆺ 오ᄇᆡᆨ년'이 되는 것이다.

그리고 또 한 가지 놓칠 수 없는 점은 필사본의 겉표지용으로 癸酉曆書를 사용하고 있다는 점이다. 曆書로서의 가치가 사라진 曆書를, 필사본의 표지로서 재활용하고 있는 것이다. 이를 보면 《표히록》을 諺解하고 筆寫한 시기는 당연히 고종10년(1873) 이후가 확실하다고 할 수 있다.

3. 《通俗漂海錄》과 《표히록》의 오류

《통속표해록》과 《표히록》은 完譯이 아니고 抄譯인 만큼 내용이 《표해록》과 완전히 일치할 수는 없을 것이다. 먼저 日譯을 한 淸田君錦이 번역하는 과정에서 오역을 한 부분도 있고, 또 잘못 이해하고 있는 사항도 없지 않다. 誤譯과 意譯의 경계가 모호한 점도 있으므로, 명백하게 오역으로 간주할 수 없는 부분도 있다. 한편으로는 淸田君錦과 같은 경우에는 자기 의도대로 윤색을 하거나, 독자의 이해를 돕기 위해 새로운 구절을 삽입한 부분도 있다. 또는 노골적으로 최부를 비하하거나 조선을 멸시하는 대목도 없지 않다. 日譯에서 드러난 이와 같은 문제점을 다섯 가지 유형별로 정리하여 보았다.

1) 人名·地名 등을 단순히 誤記한 경우

《통속표해록》에서는 역자의 잘못인지 아니면 刻手의 실수인지는 분명하지 않지만, 특히 인명과 지명에서 다음과 같이 많은 誤字가 발견되고 있다.

일자	《通俗漂海錄》	《漂海錄》	비고
윤정월 4일	高回	高廻	
윤정월 4일	黃金	莫金	
윤정월 21일	校文舘	弘文館	
1월 24일	僊巖里	穿岩里	
2월 朔日	憲橋	都憲橋	
2월 5일	程夢周	鄭夢周	
2월 6일	崔勇	翟勇	
2월 8일	張給事堺	給事甥	
2월 12일	五子胥	伍子胥	
2월 12일	朱元章	米元章	
2월 12일	石頭	西石頭	
2월 13일	楊	楊昇	
2월 13일	通樂橋	通示橋	

2월 15일	張欽	張謹	
2월 18일	虎北寺	虎丘寺	
2월 19일	採菱橋	釆菱橋	
2월 21일	宋의 神宗	宋眞宗	
2월 22일	金山寺	金山下	
3월 3일	騎馬臺	戲馬臺	
3월 8일	魯橋江	魯橋閘	
3월 12일	金綠閘	金線閘	
3월 12일	張升	張昇	
3월 14일	江北	山東	
3월 15일	淸酒一壺	淸酒三壺	
3월 17일	藥酒	茶酒	
3월 18일	紅絹裡	紅綃裏	
4월 18일	文德房・武功房	文德坊・武功坊	
4월 19일	運窩遞運所	連窩遞運所	
5월 7일	高麗驛	高嶺驛	
5월 17일	徐鎭	徐鑵	
6월 朔日	王惣	馬惣	

이 밖에도 《표해록》에 이름이 명기되어 있는데도 불구하고, 《통속표해록》에서는 이름을 표기하지 않고 '某'로 표기해 놓은 경우도 있다. 예를 들면 2월 18일의 '太監某'는 '太監羅'이고, 5월 17일의 '總兵某'는 '總兵官緱謙'이며, 6월 朔日의 '千戶某氏'는 '千戶董文'이다.

2) 번역에서 原文을 잘못 해석한 경우

역자가 번역에서 정확성을 기하지 못하고, 해석을 잘못해 놓은 곳은 다음과 같다.

일자	《通俗漂海錄》	필자의 譯文	原文
정월 晦日	아비 崔澤格의 死去	아비의 죽음	父之喪
윤정월 10일	바닷물에 젖은 생 쌀	마른 쌀	乾米
윤정월 19일	李楨을 시켜	程保를 시켜	令程保
윤정월 19일	반나절이라도 쉬게	중도에서 죽게 될 것	半途而斃

윤정월 28일	옷을 입은 채	옷을 벗어 머리 위에	以衣而涉
윤정월 29일	5重의 탑이	다섯 개의 浮圖	五浮圖
2월 5일	남쪽은 바다로 이곳과 연한 곳은 평탄해서 산도 없어	북쪽은 큰 바다에 연해 평탄하였으며, 구릉은 없어	北濱大海, 平衍無丘陵
2월 12일	紹興府 안에서는	절강포정사…안에서는	浙江布政司…內有杭州
2월 18일	鄭姜玉金의 4太監	鄭同 · 姜玉 · 金興太監	鄭太監同姜太監玉金太監興
2월 18일	손뼉 치며 크게 웃어	눈짓을 하며 담소하고	擊目談笑
2월 22일	野生馬가 무리지어 놀듯	戰馬가 떼 지어 달리듯	戰馬羣奔然
2월 23일	해적이 아님을 알고	좋은 사람임을 알고	知其爲好人
2월 27일	긴 코	주름진 코	縮鼻
3월 8일	衛河는 북에서 남으로	衛河는 남에서 북으로	衛河自南而北
4월 23일	皇城의 서쪽 20여 丁	皇城 서쪽의 3-4里	皇城西三四里
5월 8일	야채를 보내 왔다	차를 대접하였다	饋以茶

3) 原文을 윤색하거나 加筆한 경우

淸田君錦은 번역을 매끄럽게 하기 위한 목적으로 문장에 손질을 하거나, 원문에는 없는 구절을 덧붙이기도 하였다. 또는 아주 의도적으로 특정한 어휘를 기피하기도 하였다. 이를테면 '倭'나 '倭賊'이라는 단어는 무조건 '海賊'으로 고쳐 놓거나, '倭船'을 '外國船'으로 고쳐서 '海賊'이 바로 '日本海賊'임을 감추려고 하였다. 이러한 예는 윤정월 19일에 네 곳, 윤정월 21일에 두 곳, 2월 9일에 한 곳에서 나타나고 있다. 그러므로 倭寇의 침입에 대비하기 위해 설치된 明朝의 관직인 '把總松門等處備倭指揮'도 그냥 '指揮官'으로 번역하였다. 위와 같은 윤색과는 달리 淸田君錦이 독자의 이해를 돕기 위해, 原書에는 없는 구절을 삽입한 경우는 다음과 같다.

일자	《通俗漂海錄》	…의 부분에 앞의 구절
윤정월 19일	너희들은 나를 원망하지 말라	너희들을 비호할 수 없을 뿐일세 …
윤정월 20일	딱하기 이를 데가 없군	다시 표류하게 된 사건을 말하였습니다 …

2월 7일	宋人이 말한 바대로	… 비록 토끼를 파는 사람을 보더라도
2월 17일	'밤에 楓橋에 배대니, 한 밤중의 종소리'	'姑蘇城 밖의 寒山寺'라는 곳입니다 …
2월 17일	지금은 그 배가 된다고 한다	모두 상세히 기록할 수 없습니다 …
2월 21일	이보다 4, 50십리 정도 흘러	… 바다로 흘러들어 가니
2월 22일	蜀 땅의	… 岷山에서
2월 22일	북경의	… 天壽寺
2월 23일	매우 아름다웠다	3층이었는데 …
3월 5일	이곳은 項王의 古戰場이라	九里山을 지나 …
3월 8일	梁山泊에 이어져	서쪽으로는 …
3월 8일	異國人에게 보이는 것이 부끄럽다	이와 같이 못된 짓을 하는 것이오 …
3월 26일	도적이 마침내 물러섰다	서로 치고 때렸습니다 …

4) 역자가 事實을 잘못 이해하고 있는 경우

역자는 본문을 번역하며 곳곳에 〈考〉를 달아 독자의 이해를 돕도록 배려하였으며, 이 〈考〉와는 별도로 짧은 주석을 본문 속에 붙이기도 하였다. 그런데 특히 이 〈考〉의 설명 가운데에는 淸田君錦 자신이 사실을 잘못 이해하고 있는 것이 있다. 그러한 예 가운데 주요한 것을 꼽아보면 다음을 들 수 있다.

예를 들면 첫머리의 〈考〉에서 조선의 역사를 概觀하며, "明初에 이르러 宰相 李仁人이란 자가 그의 君主 王氏를 멸하고 高麗를 찬탈해 국호를 朝鮮이라 고쳐 지금에 이르렀다"고 언급한 부분이 있다. 이는 물론 원래 착오가 있는 中國史書를 참고하였기 때문이다. 제일 먼저 착오가 생긴 明太祖의 〈皇明祖訓〉을 《大明會典》에서 그대로 수록하였고, 아마도 淸田君錦은 이를 읽었을 것으로 여겨진다. 그리고 3월 7일 자 "山의 기괴함으로는 閩의 黃山을 제일 로 치는데…"라는 대목에서 黃山은 '閩', 즉 福建이 아니라, 安徽에 있는 산이다.

마지막으로 오류라고 볼 수는 없지만 淸田君錦이 조선을 멸시하는 대목이나 최부를 비하하는 부분 역시 없지 않다. 이는 18세기 일본 유학자의 朝鮮觀을 나타내어 주는 실례이기 때문에 매우 주목이 된다. 이 문제는

牧田諦亮이 이미 비교적 상세하게 다룬 바가 있어 여기서 반복할 필요가 없을 것 같으므로 간략하게 요지만 열거한다.

일자	《通俗漂海錄》
윤정월 24일〈考〉	해마다 米 200석을 받는다는 것을 떠벌여 말한 것이라고 한다면, 조선인의 봉록과 재산이 빈약하다는 것은 말하지 않아도 알 수 있다.
2월 9일〈考〉	최부가 일을 처리하는 것이 마땅치 않다. 곳곳서 食物과 財寶를 주면 받고, 책을 주면 받지 않는다. 물건을 받는 禮에서도, 청하지도 않은 官人에게는 詩를 지어 바치고, 이곳에서는 무례하다며 시를 짓지 않는다. 매우 卑俗하다.
2월 17일〈考〉	文錄의役(임진왜란) 때 우리 군대가 한번 쳐들어가자 八道가 잿더미로 변했다. 충성스럽고 지혜 있는 선비들은 어느 바위 구멍으로 도망쳐 숨었던가? 우습다.
2월 17일〈考〉	詩는 천하다고 해서 짓지 않는다고 해 놓고는 뒤으로는 和韻을 하고, 喪中이라고 하면서도 거위 고기를 받으니 우습다.
3월 15일〈考〉	요동을 지날 때 陳玘가 전해 달라는 말을 조금도 생각하지 않고 지나쳐 버렸다. 陳玘가 핥아먹으라고 준 엿만 핥아 없어졌으니 우습다.
4월 20일〈考〉	곳곳에서 닭과 돼지를 받고, 술을 받고, 요리를 받았다. 접대한 데 가서 여러 물건을 받고 사양하지 않았다. 가령 대접 받은 것은 채식이고, 고기와 술을 자신이 먹고 마시지는 않았다고 하더라도, 이를 받은 것만은 틀림없다.
6월 4일〈考〉	文錄의役(임진왜란) 때 조선왕은 의주로 도망쳤다. 우리 대일본의 군대가 거기까지 추격하지 않은 것은 그 나라의 天幸이었다고 할 수 있다.

위에서 예로 든 몇 구절만 살펴보더라도, 淸田君錦이 최부와 조선을 멸시하는 태도가 뚜렷이 드러나고 있으며, 일본이 우월하다는 민족의식이 확고함을 느낄 수가 있다. 사실 번역에서조차 적지 않은 오류를 범한 淸田君錦 자신이 《표해록》의 문장이 거칠다느니 하며, 다음과 같이 폄하하는 것은 아이러니컬한 일이 아닐 수 없다.

序文 선생이 조선 최부의 《표해록》을 구해 읽고 말씀하시길, "문장이 비록 朴陋하나 異域의 풍토에 관해서는 또한 증거가 될 수 있다.[68]

附言六條 문장은 비록 朴陋하지만, 異域의 풍물에 대해서는 증거가 될 수 있다.[69]

최부 일행은 13일간의 표류 끝에 浙江의 해안에 표착한 이후, 그 절박한 상황에서도 간단한 메모를 남기려고 애썼다. 그와 같은 조각 기록을 바탕으로 하여 還國하자마자 成宗의 명에 따라 《표해록》을 저술하였던 것이다. 최부가 奔喪을 미룬 채 불과 8일 만에 저술을 끝내었다는 사실은 물론 淸田君錦이 알 수 없었을 것이다. 그렇지만 표류인으로 심문을 받고 송환 당하는 신분이었다는 정황을 전혀 고려하지 않은, 淸田君錦의 평가가 공정하다고는 볼 수 없다.

다음은 《표ᄒᆡ록》의 譯文을 살펴보면 역시 完譯이 아니고 抄譯이다. 생략과 축약을 한 곳이 많고 오역을 한 곳도 또한 적지 않다. 원본의 보존 상태가 아주 좋지 못한 이 《표ᄒᆡ록》을, 윤치부는 많은 노력을 기울여 註解를 하였다. 《표ᄒᆡ록》의 오류에 대해서는 윤치부가 이미 대부분 지적을 한 바가 있으므로,[70] 다만 누락시킨 몇 가지 오역에 대해서만 다음과 같이 간단히 정리한다.

일자	《표ᄒᆡ록》	필자의 譯文	비고
첫머리	안긔 최근 등을 ᄃᆞ리고	安驥인 崔根 등을 거느리고	'安驥'는 司僕寺의 직책
윤정월 28일	의복을 가져가라 ᄒᆞ고	의복을 빼앗아 갔다 하고	
2월 4일	쟝ᄎᆞᆺ 오ᄇᆡᆨ년이오	지금까지 백년이나	번역의 시점을 기준
2월 5일	그 나흘 셰워시니	두 개가 서 있었습니다	
2월 7일	다 내 훗사ᄅᆞᆷ으로	내가 후배로서	李邊은 세종원년에 급제
2월 14일	ᄆᆞ자히놈이 신ᄃᆞ려 왈	水夫가 신에게 말하기를	'마자이'는 말잡이의 뜻
3월 15일	뇨동 사ᄅᆞᆷ 진사	요동 사람 진기	이름이 陳玘임

68 〈通俗漂海錄序〉, 《通俗漂海錄》.

69 〈附言六條〉, 《通俗漂海錄》.

70 윤치부, 앞의 책, 2-3쪽.

4. 《通俗漂海錄》과 《표힉록》의 비교

《표해록》의 저자인 최부는 성리학자이면서도 역사와 지리에 정통한 인물로서, 일찍이 성종16년(1485)에 徐居正을 도와 《東國通鑑》을 편찬하였고, 이듬해에는 金宗直을 도아 《東國輿地勝覽》의 편찬하는 데에도 주도적인 역할을 수행하였다. 공교롭게도 《표해록》을 日譯한 清田君錦도 역시 성리학자로서 역사와 지리에 박식한 인물로서, 《資治通鑑批評》 10卷 2册을 비롯한 역사학 저작이 여럿 있다. 이는 제자 柚木太玄이 〈通俗漂海錄序〉에 쓴 다음과 같은 논평을 보아 알 수가 있다.

> 선생은 특히 史學에 밝아 唐虞로부터 明清에 이르는 역사를 얘기할 때는 마치 그 시대를 직접 본 것처럼 말씀하셨다. 異域의 輿地에 대해서도 마치 친히 자기 발로 다녀 본 것 같았다.[71]

또 최부가 《표해록》 5월 28일자에 "요동은 … 五代 시대에 渤海 大氏의 차지가 되었으나 후에 또 遼·金·元에 병탄되었습니다"라고 다소 부정확하게 요약한 글에 대해서, 清田君錦은 "발해국의 大氏는 唐의 중엽부터 세력이 강대해져 百官을 둔 엄연한 國主였다. 五代 初에 遼에게 침략 당해 쇠미해졌다. 최부가 말한 바는 잘못 되었다"고 꼬집기도 하였다. 한편 清田君錦은 아주 국수주의적인 유학자로서, 그의 이러한 思考는 〈附言六條〉나 〈考〉에서 잘 드러나고 있다.

> 옛적에는 중국도 蕃戎으로 부른 일이 있었는데, 지금은 스스로를 倭俗이라고 卑下시키고, 일찍이 蕃戎이라고 불렀던 나라를 中華·中夏로 높여 부르는 것을 개탄한다.[72]

---

71 〈通俗漂海錄序〉, 《通俗漂海錄》.

> 天地 사이에 우리 大日本에 필적할 나라는 결코 없다는 것을 알아야 한다[73]

> 文錄의役〔임진왜란〕 때 조선왕은 의주로 도망쳤다. 우리 大日本의 군대가 거기까지 추격하지 않은 것은 그 나라의 天幸이라고 할 수 있다.[74]

조선통신사를 극진하게 환대하는 18세기 일본 지식인사회의 이면에는, 조선을 멸시하고 있는 또 다른 한 갈래의 흐름도 뚜렷하게 이어지고 있다는 사실도 주목할 필요가 있다.

18세기 후반 이래 일본인들은 淸田君錦이 日譯한 《통속표해록》을 통해 최부 《표해록》을 한결 쉽게 읽을 수 있었다. 그런데 같은 시대에 조선에서는 여전히 漢文으로 쓰인 《표해록》을 일부 계층의 사람들만 읽을 수 있었을 뿐이었다. 조선에서는 19세기에 필사된 것으로 보이는 언해본 《표히록》이 남아 있기는 하지만, 한글 《표히록》의 刊印本이 존재했을 가능성은 거의 없어 보인다. 일역 《통속표해록》과 언해본 《표히록》은 좋은 비교의 대상이 될 수 있을 것처럼 보이지만, 사실 양자를 직접적으로 비교하기에는 다소 무리한 점도 없지 않다. 일본의 《통속표해록》은 18세기의 刊印本이지만 조선의 《표히록》은 19세기의 필사본일 따름이다. 《통속표해록》은 상업적 이익을 목적으로 한 書肆에 의해 출판된 坊刻本이지만, 《표히록》은 諺解한 사람도 분명하지 않은 '止菴公朴夫人'의 遺墨일 뿐이며 그나마 절반 정도밖에 남아 있지 않다.

그럼에도 불구하고 굳이 양자를 비교의 대상으로 올려놓는 까닭은, 18, 9세기 조선과 일본 兩國 출판인쇄문화의 존재양상을 대비시켜 보이고자

---

72 〈附言六條〉, 《通俗漂海錄》.

73 《通俗漂海錄》 卷2, 閏正月 21日.

74 《通俗漂海錄》 卷4, 6月 4日.

하는 목적 때문이다. 일본의 《통속표해록》을 출판한 '書肆'란 영리를 추구하는 출판사이므로 일본의 《통속표해록》은 조선의 이른바 坊刻本에 해당한다. 그런데 조선에서는 왜 같은 시기에 방각본 《표ᄒᆡ록》이 왜 출현하지 못하였으며, 계속 崔溥 文集인 《錦南集》 속에 들어간 채 간행이 되어야 했는지 하는 문제를 생각해 볼 필요가 있다.

조선의 방각본은 선조9년(1576)에 간행된 《攷事撮要》를 그 시초로 보고 있다. 마지막 장에 기록된 "水標橋 아래 북쪽 二第里 門 입구에 있는 河漢水 집에서 목판을 새겼으니 살 사람은 찾아오라"는 刊記에 근거하고 있다. 그러나 이는 어디까지나 起源일 뿐, 조선에서 방각본 인쇄가 실제로 활성화되는 것은 17세기 중기 이후의 일이다.[75]

17세기는 임진왜란과 병자호란을 겪은 뒤라, 戰亂에 잃은 서책을 응급 복구해야 할 필요성 때문에 값싸게 출판할 수 있는 방각본이 요청되었다. 그러나 18세기 英·正祖 시기에 중앙에서는 官板 活字本이 성행하였고, 지방에서는 木活字로 손쉽게 인쇄할 수가 있게 되어, 방각본의 필요를 덜 느끼게 되었을 것이다. 19세기에 이르면 일반 민중에게도 서책의 수요가 크게 늘게 되어, 영리 목적의 값싼 방각본 출판이 활성화되어 갔다고 설명되고 있다.[76]

방각본의 대상이 되는 서책으로는 학습에 사용되는 千字文·童蒙先習·明心寶鑑·史略·史要聚選·通鑑節要·小學集注·論語·孟子·中庸·大學·古文眞寶 등을 들 수가 있다. 그 밖에 詩·律을 짓는 데 필요한 奎章典韻·全韻玉篇·三韻通考 등과 冠婚喪祭의 儀式과 書簡 양식에 필

75 千惠鳳, 《韓國 書誌學》, 민음사, 1997, 232쪽(개정판).

76 金東旭, 〈坊刻本에 대하여〉, 《東方學志》 11輯, 1970, 97-139쪽.

요한 儒胥必知 · 天機大要 · 四禮便覽 · 四禮提要 · 家禮 · 草彙 · 簡牘精要 · 簡禮彙纂 등과 醫書 · 農書 · 兵書 등이 있다. 소설류에는 九雲夢 · 謝氏南征記 · 三國志 · 西遊記 · 蘇大成傳 · 水滸志 · 淑英娘子傳 · 淑香傳 · 沈淸傳 등을 들 수가 있다.[77]

부길만은 조선시대 방각본 출판의 시기 구분을 다음과 같이 하였다.

제1기 실용성의 강조(1576-1724)
제2기 유교적 교양과 아동 학습의 강조(1725-1842)
제3기 오락 기능의 강화와 실용성의 확대(1843-1910)

특히 제3기를 "사대부 가문의 부녀자뿐만 아니라 평민에까지 독자층이 확대되면서 다양한 내용의 소설들이 등장하였다. 이제까지 유교적 교양이나 학습 목적으로 출판되던 방각본이 오락을 목적으로 출판되기 시작한 것이다. 즉 방각본 소설의 등장이다"라고 특징지었다.[78] 그런데 언해본《표히록》의 필사시기로 추정되는 고종10년(1873)은 바로 제3기의 한 중간쯤에 해당된다. 물론 최부《표해록》은 魚叔權이《稗官雜記》에서 "東國에는 소설이 적어, 오직 고려 臺諫 李仁老의《破閑集》… 校理 崔溥의〈漂海記〉, 海平 鄭眉壽의《閑中啓齒》, 忠庵 金淨의《濟州風土記》, 適庵 曺伸의《謏聞瑣錄》이 세상에 전하여진다"라고 한 이래,[79] 줄곧 '소설'의 하나로 간주되어 왔다.[80]

77 金斗鍾,《韓國古印刷技術史》, 探求堂, 1974, 461쪽.
78 부길만,《조선시대 방각본 출판 연구》, 서울출판미디어, 2003, 34-37쪽.
79《大東野乘》권1, 稗官雜記 第4卷(민족문화추진회, 고전국역총서DB).
80 북한의《조선 서지학 개관》(국립중앙도서관 서지학부, 국립출판사, 평양, 1955, 202쪽 ; 한국문화사 영인본, 1999) 에는 지금도 최부의 〈표해기〉를 稗官文學의

19세기에 조선에서 방각본 소설의 출판이 성행하는 가운데서도 한글《표해록》의 방각본은 끝내 출현하지 않았다. 그런데 일본에서는 18세기에 영리를 추구하는 출판사가 원본에는 없는 41개의 小題를 붙이고 삽화까지 그려 넣은 방각본《통속표해록》을 출판한 것이다. 淸田君錦의 次兄인 江邨綬가 쓴 題言에는 아래와 같은 중요한 언급이 있다.

> 書肆의 아무개가 동생 君錦에게 청하기를, 그 책을 간추려 번역하여 幼學이 배우기 편하도록 하며, 또 나에게 題言을 요청하였다.[81]

이는 皇都書林이란 出版社가《표해록》을 번역하여 출판하겠다는 것을 먼저 결정한 다음에, 적절한 譯者로서 淸田君錦을 지목하여 교섭에 나섰음을 말해주고 있다. 이와 같은 사실은 18세기 일본 출판인쇄문화의 존재양상을 알려주는 좋은 사례가 아닐 수 없다. 일본의《통속표해록》과 조선의《표히록》을 간단히 대비시켜 보면 아래의 표와 같다.

	《通俗漂海錄》	《표히록》	비고
時期	1769(明和4년, 영조45년)	1873(고종10년) 이후	초판본은《唐土行程記》
譯者	淸田君錦	止菴公朴夫人 (추정)	
刊種	木版本	筆寫本	
飜譯	抄譯	抄譯	
附錄	考, 插畵	없음	
書種	坊刻本	아님	

조선의 경우 왜《표히록》의 방각본이 등장하지 못했는가에 대해서는, 몇 가지 가설로 이 문제에 대한 접근이 가능할 것 같아 보인다. 먼저 일본에서

범주에 넣고 있다.

81 〈題言〉,《通俗漂海錄》.

방각본 출판이 활발하던 18세기는 바로 조선에서 방각본의 출판이 상대적으로 위축되어 있던 시기였다. 즉 조선의 영·정조시대에는 官板本의 활성화에 힘입어 방각본이 침체되어 있던 시대였기 때문이라는 것이다. 그러나 이는 19세기에 조선의 방각본 출판이 활성화되었을 때에도 방각본《표히록》이 나타나지 않았던 사실을 설명할 수 없다는 점에 약점이 있다.

물론 조선왕조가 펴 온 왕실 중심의 서적출판정책이 무거운 전통으로 짓누르고 있었다는 점도 꼽을 수 있을 것이다.[82] 그리고 책을 상품으로 인정하지 않으려는 생각이 폭넓게 자리잡고 있었다는 점도 들 수 있을 것이다. 중종24년(1529)에 大司諫 魚得江이 中宗에게 올린 건의를 둘러싸고, 君臣들은 아래와 같이 대화를 나누었다.

> 신이 전에 掌令을 있을 때 서점을 설치할 것을 아뢰자, 모두들 아뢰어야 할 일도 아닌 것을 아뢴다고 하였습니다. 이 일은 한두 달 사이에 시행해야만 할 것이 아니라, 비록 십년 혹은 백년이 걸려 시행하더라도 괜찮습니다. 世家나 大族 중에는 조상 때부터 전해 오는 서책이 있기도 하고 하사받은 서책이 있기도 하지만, 도리어 쓸모없게 된 것이 틀림없이 많이 있을 것입니다. 만약 서점을 세운다면 팔고 싶은 사람은 팔고, 사고 싶은 사람은 살 것입니다. 유생들이 한 책 읽기를 끝내면 그 책을 팔아 다른 책을 사서 읽을 수 있게 되고, 서로 사고파니 오랜 계책이 될 것입니다. 옛사람의 말에 '책을 빌려주는 것도 어리석고, 책을 돌려주는 것도 어리석다'고 했습니다. 세상 사람들이 조상 때부터 전해 오는 책 파는 것을 잘못이라고 여겨 팔지 않으려고 합니다. 그러나 묶어서 높이 쌓아두기만 하고 한 번도 펼쳐서 읽지 않는다면, 좀만 먹게 될 것이니 무슨 유익함이 있겠습니까? … 임금이 이르기를, 이 일은 전에도 의논했었는데, 모두들 안 된

82 韓東明, 〈朝鮮初 書籍出版政策에 관한 一考〉, 《慶熙史學·朴性鳳敎授回甲紀念論叢》, 경희대학교, 1987, 446쪽.

다고 하였다. 그러나 저자의 다른 가게로 미루어 본다면, 이는 과연 유익함이 있을 것이다. 배움에 나아가는 사람들 중에는 책이 없어 읽지를 못하는 사람이 틀림없이 많을 것이다. 내 생각에도 서점을 설립하는 것이 좋다고 여겨진다. 다만 예전에는 없었던 일이라 시행해야 할지 안 해야 할지 모르겠다.[83]

三公이 아뢰었다. "서점을 설립하는 일은 명목이 글을 숭상하는 것 같아 좋기는 하지만, 우리나라의 풍속에 일찍이 없었던 일입니다. 또한 만일 과부 집에서 더러 서책을 팔 것이 있다고 해도 사사로이 매매하지, 서점에 내놓지는 않을 것 같습니다. 서책을 갖춰 놓지 않고 서점만 설치한다면, 법이 어떻게 시행될 수 있겠습니까?…"[84]

서점을 설립하여 서책을 유통시키자는 어득강의 제안에 대해, 중종은 기본적으로 찬의를 표하면서도 "전에 없었던 일이라서 실행해야 할지 안 해야 할지 모르겠다"고 하였으며, 三公도 역시 "우리나라의 풍속에 일찍이 없었던 일"이라고 반대하였다. 이는 조선에서 서적이 상품으로 유통되지 않고 있는 16세기 현실을 보여주고 있다. 그렇다면 '상업발달'이 이루어지는 조선후기인 18세기에 이르러서도, 상품으로 간주된 서책인 방각본 출판이 일본보다 활발하지 못하였던 현상을 어떻게 볼 것인가. 이러한 문제제기에 대해, 金東旭의 다음과 같은 설명은 示唆해 주는 바가 매우 크다.

이렇게 小說 坊刻本의 출현이 中國이나 日本의 그것보다 뒤늦은 것은 이러한 小說을 읽을 줄 아는 讀書 階級이 形成이 緩慢하였다는 증거이다. 즉 中人階級이라고 하더라도 수가 한정되어 있고, 兩班의 婦女子는 보다 寫本에 의지하였고, 胥吏 · 軍官을 中心으로 한 보다 低級한 讀書階級의 形成이 뒤늦었다

83 《朝鮮中宗實錄》, 24年 5月 己未.

84 《朝鮮中宗實錄》, 24年 5月 庚申.

> 는 증거이다. 日本 江戶時代에 있어서의 板本小說 〈讀本〉·〈黃表紙〉 등의 需要源이었던 〈町人階級〉과 같이 우리나라에 있어서의 商人들의 富의 蓄積은 현저하지 못하였다.[85]

한국사에서 조선후기의 '상업발달'과 일본사에서 江戶時代의 '상업발달'이 곧잘 거론되나, 18세기 兩國 '상업발달'의 質과 量 자체에 차이가 있지 않았을까라는 의문을 품어 볼 수 있을 것이다. 이 문제는 社會經濟史 분야에서 본격적인 比較研究가 있어야만 해답을 얻을 수 있을 것이지만, 당시 출판인쇄문화의 양상도 상업발달의 전개 양상에 따라 兩國 사이에 차이가 있었을 것으로 추측된다. 그리고 당시 일본의 인구가 조선의 인구보다 많았을 뿐 아니라, 漢文이 아닌 일본어로 된 책을 읽을 수 있는 독서인구 비율도 자연히 한층 높았을 것이다. 더욱이 해양을 통해서만이 외국과 교역할 수 있는 섬나라의 일본인들은 '해양활동을 통한 외국 이야기'에 대해, 동시대의 조선인들보다 더 큰 흥미를 느꼈을 것이다.

日本에 전해진 최부 《표해록》은 영조45년(1769)에 유학자인 淸田君錦에 의해 '당토행정기'라는 書名으로 日譯되었으며, 26년 후에는 '통속표해록'으로 改題되었다. 경도대학도서관에 《당토행정기》와 《통속표해록》이 收藏되어 있고, 국립중앙도서관에도 두 책이 收藏되어 있는데, 내용상으로는 차이가 없지만 목차의 배열은 4본 모두 제각각 조금씩 달랐다. '당토행정기'보다는 改題된 '통속표해록'이 《표해록》 譯本의 이름으로 더 적절하므로 앞으로 학계에서 이 책을 호칭할 때는 《통속표해록》으로 통일시켜 불러야 할 것이다.

---

85 金東旭, 〈坊刻本에 대하여〉, 《東方學志》 11輯, 1970, 108-109쪽.

《통속표해록》의 譯者인 淸田君錦은 중국에 관한 지식을 일본인에게 쉽게 전달하기 위한 목적에서 原書를 축약하여 번역하였다. 조선에서 일부 '識字層'의 사람들만 漢文으로 쓰인 《표해록》을 읽던 시기에, 일본의 서민들은 18세기 후반부터 일본어로 번역된 《통속표해록》은 읽을 수 있었다. 조선에서도 19세기 후반에 언해본 《표힋록》의 필사본이 있었지만, 이 책의 諺解 및 筆寫 시기는 고종10년(1873) 이후임에 틀림없다. 이 필사본 《표힋록》이 일찍이 刊印本으로 간행되어 널리 유통되었으리라는 것을 증명할 수 있는 자료는 없다.

《통속표해록》의 역자 淸田君錦은 번역상에서 결코 적지 않은 오류를 저질렀으며, 譯者를 확인할 수 없는 언해본 《표힋록》에도 오류는 있다. 한편 淸田君錦은 논평인 〈考〉 속에서 자신의 博識을 과시하였으나, 또한 국수주의적인 자세를 여지없이 드러내기도 하였다. 18세기 일본인들이 조선통신사에게 詩文을 얻기 위해 극진한 접대를 베풀었다는 일화 등은 잘 알려져 있지만, 다른 한편 일부 국수주의적인 지식인을 중심으로 뚜렷한 조선멸시의 思潮가 꾸준히 이어지고 있었다는 사실도 주목할 만하다.

《통속표해록》은 처음부터 상업적 이익을 목적으로 한 '書肆'에 의해 출판되었으므로, 조선의 이른바 '坊刻本'에 해당된다. 최부 《표해록》은 18세기에 일본에서 방각본의 형태로 출판이 되었으나, 조선에서는 19세기에 이르러서도 방각본 《표힋록》이 출현하지 못하였다. 방각본이란 출판인쇄의 분야에서 상업화가 진전되어 가는 주요 지표일 것이다. 언해본 《표힋록》이 국립중앙도서관에 조잡한 필사본의 형태로 한 책이 남아 있을 뿐, 조선에서는 19세기까지도 방각본 《표힋록》이 출현하지 못하였다.

이는 양국의 출판인쇄의 문화전통이 다른 데에서 기인한다고 볼 수도 있을 것이다. 또는 당시 양국 사이에는 전체 인구가 차이가 났음은 물론,

독서 가능한 인구의 비율도 달랐을 것이라는 점에 착안할 수도 있을 것이다. 또한 바다를 통하지 않고서는 외국과 교역을 할 수 없는 일본인이 조선인보다 해양활동에 대한 관심이 높았을 것이라는 점을 꼽을 수도 있을 것이다. 그러나 궁극적으로는 金東旭이 일찍이 암시하였듯이 18세기 兩國에서 이루어진 상업발달의 수준과 방각본 출판을 연관시켜 보는 시각으로, 앞으로 심도 있는 出版印刷文化史의 비교연구가 이루어져야 하리라고 생각한다.

3부

崔溥 漂海錄의 歷史學的 研究

6장 明代 朝鮮 漂流民의 送還節次와 情報傳達
— 崔溥 漂海錄을 중심으로

14세기에 明朝의 수립과 더불어 나타난 對外的 閉鎖性은 국가가 海洋을 통제하는 海禁政策의 강화로 뚜렷하게 드러나게 되었다. 海禁政策은 동아시아 여러 국가 상호 간의 민간교역을 저해하고 海上活動에 종사하는 사람들에게는 일종의 억압으로 작용하였지만, 중국 중심의 册封朝貢體制를 보완하고 강화시켜 주는 역할을 수행하였다. 그렇지만 상품경제의 발전에 따라 민간의 國際交易은 '海禁'을 뚫고 密貿易의 형태로 확대되어 갔고, 활발한 海上活動에 따라 자연히 海難事故도 증가해 가기 마련이었다.[1] 표류민이란 海洋에서 활동하던 사람이 海難事故로 원래 목표로 삼았던 목적지가 아닌 異域에 漂着한 사람을 일컫는다. 보다 정확하게 말한다면 海難事故로 표류하였다가 목숨을 잃지 않고 다행스럽게 生還한 사람을 가리키는 말일 것이다.

조선시대에 海洋에서 사고로 표류하게 된 조선인이 中國・琉球・日本・東南아시아 등지에 漂着하였다가, 후일 조선으로 생환하여 '漂流記'를 남긴

1 壇上寬, 〈明初の海禁と朝貢—明朝專制支配の理解寄せて〉, 《明淸時代史の基本問題》, 汲古書院, 1997 ; 〈明代海禁概念の成立とその背景〉, 《東洋史研究》 63卷 3號, 2004 참조.

예는 결코 적지 않다. 대표적인 것으로는 崔溥의 《漂海錄》, 李志恒의 《漂舟錄》, 張漢喆의 《漂海錄》, 李邦翼의 《漂海歌》, 文淳得의 《漂海錄》, 崔斗燦의 《乘槎錄》 등을 들 수 있다.[2] 이들 '표류기' 가운데 표류인들이 도착한 나라가 중국인 경우는 崔溥 《漂海錄》을 제외하면, 李志恒의 《漂舟錄》과 崔斗燦의 《乘槎錄》이 있다. 그렇지만 이 두 기록은 崔溥 《漂海錄》보다 훨씬 후대인 18세기와 19세기의 '표류기'이다. 따라서 표착 지역이 중국이면서도 시기가 15세기에 해당하는 '표류기'는 崔溥 《漂海錄》이 거의 유일한 것이라고 볼 수 있다. 물론 15세기에 바다에서 표류로 인해 중국에 표착한 사람이 최부만이 아니겠지만, 최부를 제외한 다른 사람들은 자신이 직접 자세한 기록을 남기지 못하였거나 또는 그 기록이 제대로 보존되지 못하였다.

弘治元年 (성종19년, 1488) 에 최부 일행 43명을 태우고 제주를 출발하여 전라도 海南으로 향하던 배가 표류하여 중국 절강성 해안에 표착한 사고가 발생하였다. 중국의 표류민송환제도는 淸代 乾隆年間에 확립되지만, 그 이전부터 동아시아 여러 나라 사이에는 표류민을 서로 송환시켜 주는 慣行이 있었으므로,[3] 최부 일행은 항주—북경—요동을 거쳐 조선으로 송환되었다. 최부가 성종의 명에 의해 자신이 겪은 일을 8일 만에 황급히 작성하여 올린 보고서가 《漂海錄》이다.[4] 《漂海錄》에는 15세기의 江南과 大運河에

---

2 崔康賢, 《韓國紀行文學研究》, 一志社, 1982, 55-70쪽.

3 春名徹, 〈漂流民の世界〉, 《越境するネットワーク》, 海のアジア 5, 岩波書店, 2001, 154쪽.

4 《漂海錄》 卷3. 최부는 《漂海錄》의 말미에서 "臣이 두루 둘러본 일은 천재일우의 기회였지만, 喪中에 있는 몸이라서 감히 유람하듯 구경하거나 빼어난 경치를 찾지 못하였고, 단지 陪吏 4인으로 하여금 날마다 標榜을 보고 묻도록 했으나, 하나를 건지면 만 가지를 흘린 셈이니 그 대략만을 기록하였을 따름입니다"로 끝맺고

관한 記述도 소중하지만,[5] 최부 일행이 중국에 상륙하고 나서 처음 왜구로 조작 또는 오인되었다가 몇 단계의 조사를 거쳐 마침내 조선인임이 밝혀져 조선으로 송환되는 과정에 대한 기록도 중요하다. 그러므로 이 기록을 통해 明代中期에 朝鮮 漂流民을 송환하는 시스템을 파악할 수 있을 뿐 아니라, 15세기 情報의 傳達에 관한 실정도 생생하게 알아낼 수가 있다.

최부 일행이 浙江省 台州府 해안에 상륙한 날이 홍치원년 윤정월 17일이고 압록강을 건너 義州로 입국한 날이 같은 해 6월 4일이므로, 중국 땅에 머문 날은 모두 136일이다. 臨海縣 해안에 상륙한 최부 일행은 처음 桃渚所에서 조사를 받고 나서 健跳所—寧波—紹興을 거쳐 省都인 杭州에 송치된다. 이후 大運河로 蘇州를 경유 北上해서 北京에 도착하였고, 북경 체류를 끝낸 다음에 山海關과 遼東을 거쳐 귀국하였다. 최부 일행이 중국 땅에 머문 136일 중 초기 25일간을 절강성에 머물렀으며, 漂流民으로서 3단계에 걸쳐 조사를 받은 지역도 바로 절강이었다. 최부 《표해록》을 통해 漂流民에 대한 절강 행정 당국의 調査·審問과 북경을 거쳐 귀국길에 오르게 되는 송환 단계를 파악하고, 아울러 명대중기의 정보전달 시스템에 대해서도 살펴보고자 한다.

있다. 陪吏가 중국에서 틈틈이 작성해 둔 메모가 《漂海錄》을 쓸 때 긴요한 자료가 되었음을 알 수 있다, 또 중국의 특정 지방에 대한 개괄적인 설명 같은 것은 최부가 귀국 후 《漂海錄》을 쓰면서 다른 자료를 보고 삽입해 넣었을 것으로 추측된다.

5 范金民, 〈朝鮮人眼中的中國運河風情—以崔溥 漂海錄 爲中心〉, 京都大學大學院 文學研究科 編, 《人文知の新たな總合に向けて》, 第二回報告書 '歷史篇', 2004. 范金民은 《표해록》에 대해 "대운하의 풍광을 묘사한 글로서 최부만큼 이렇게 상세하고 체계 있게 쓴 글은, 최부의 시대는 물론 심지어 明代를 통틀어도 찾을 수 없다"고 평가하였다.

1. 漂流民에 대한 調査와 送還

漂流民 최부 일행에 대한 조사는 크게 3단계에 걸쳐 이루어졌다. 최부 일행은 윤1월 17일 상륙한 이틀 후 桃渚所에 도착하자마자 바로 조사를 받기 시작하였다. 도저소에 도착하기 전날 이들을 붙잡으러 온 海門衛千戶 許淸이나, 뒤이어 군사를 거느리고 달려 온 桃渚所千戶 陳華가 노상에서 심문을 하였지만, 이것은 정식 조사라기보다도 간단한 人情審問에 속하는 것이었다.

도저소에 도착한 날 저녁부터 千戶 陳華가 獅子寨의 첫 보고에 기초하여 일행에 대한 심문을 시작하였다. 陳華는 "倭船 14척이 어제 그곳 바다에 함께 정박한 것을 뚜렷이 보았고, 내가 守寨官의 보고에 따라 이미 上司大人에게 보고를 올렸다. 너희 배 13척은 어디에 두었는가?"라든지, "너희는 倭人으로 이곳에 상륙하여 약탈하는 것은 무슨 이유인가?"라고 심문하였다. 최부는 왜인과는 말이 다르고 衣冠도 다르다는 주장을 하며, 官印·馬牌·官帶·文書 등을 보이면서 조선인이라는 것을 증명하려 애썼다. 그렇지만 "왜인의 도적질은 귀신 같다. 변장하여 조선 사람과 같이 위장하고 있는지 모른다"든지, 또한 "印信 등의 물건은 왜구가 조선인의 것을 얻었는지도 모르는 것이 아닌가?"라고 反問을 당하는 실정이었다. 이를 보면 최부의 배가 표착한 곳을 관할하는 獅子寨의 軍兵들이 14척의 倭寇가 침입하였다고 상부에 허위보고를 올렸음이 분명하다.[6]

이틀 후인 21일에 도저소로 급거 파견된 把總官 劉澤에 의해, 최부 일행에 대한 본격적인 조사가 시작되었다. 최부표류안건 조사에서 가장 시급한 것은 먼저 이들의 신분을 분명하게 밝히는 것이었다. 把總松門等處備倭指揮同知 유택은 최부 일행을 앞으로 나오게 한 뒤 "너희들은 사사로이 변경을

---

6 《漂海錄》卷1, 閏正月 19日.

넘어왔으니, 본래 軍法으로 처단해야 하지만 혹 불쌍히 여길 만한 사정이 있을까 싶어 아직 죽이지 않은 것이다. 우리 나라를 침범한 일이 있는지 여부를 사실대로 공술하라" 하고 일단 겁을 준 후, 거짓 없이 공술서를 쓰게 하였다. 그리고 공술서에 기초하여 최부의 관직, 거주하는 지방, 무기 소지 여부, 배 척 수 등의 주요 사항을 묻고 나서는 소지 물품을 점검하고, 이어 조선의 國情에 대한 일반적인 질문을 하였다. 그러고 나서 "너희 나라는 일본, 유구, 고려와 서로 통교하는가?"라고 질문하여, 고려와 조선이 한 나라라는 것을 모르고 있음을 드러내었다. 뿐만 아니라 조선이 명에 조공을 하는지 어떤 법과 연호를 사용하는지도 모르고 있음을 볼 때, 당시 절강 지방의 下級 武官은 조선의 使節이 끊임없이 왕래하는 遼東地方의 武官과는 달리 조선에 대한 지식이 아주 빈약하였음을 엿볼 수 있다.[7]

파총관은 최부 일행이 활과 칼 하나씩 이외에 특별한 다른 무기가 없고, 또 그들의 言語 · 衣冠 · 行動을 세밀히 관찰해 볼 때 海賊 같지는 않다는 판단을 이미 내리고 있었다.[8] 그런데 파총관은 최부에게 어제의 공술서 가운데 下山에서 해적을 만난 일과 仙巖에서 구타를 당한 일 등을 삭제하고 한 장을 다시 쓰도록 하였다. 유택의 부하 薛旻이 탁자 옆에 섰다가 말하기를, "이 글은 上司에게 보고하여 황제에게 전달되는 것이니 간결해야만 합니다. 그러므로 우리 영감께서 번거로운 것은 지워버리고 간략히 해서 당신에게 고쳐 쓰게 한 것이니 의심하지 마십시오"라고 하였다. 최부가 "공술서는 바른 대로 써야 하니 글자가 비록 많다 해도 무슨 문제이겠습니까?"라고 하며, 해적을 만났던 일을 지운 것에 대해 마땅치 않은 태도를 드러내자,

---

7 《漂海錄》 卷1, 閏正月 21日.
8 《漂海錄》 卷1, 閏正月 19日.

설민은 "만약 당신이 전일에 진술한 공술서를 보신다면 황제께서 반드시 '도적이 횡행하는구나'라고 여기시어 邊將에게 죄를 돌릴 터이니 작은 일이 아닙니다"라고 설명하였다. 備倭指揮 유택은 결국 문책이 두려워서 부하 설민을 시켜 최부에게 공술서를 고쳐 쓰도록 종용했음을 확인할 수 있다.[9]

절강성 해안 지방의 한 衛所에서 유택의 조사에 의해 작성된 이 보고서가 이후 최부표류안건에 대한 가장 기초적인 자료가 되어, 上級과 次上級의 행정기관에서 조사의 근거로 활용되며 마지막에는 황제에게까지 전달되게 된다. 그러므로 도저소에서 2일간 이루어진 이 조사가 곧 漂流民 조사의 제1단계로 볼 수 있을 것이다.[10] 도저소에서 조사를 받은 최부 일행은 일단 왜구의 혐의를 벗고, 寧波를 거쳐 2월 4일에 紹興으로 송치되었다.

최부 일행은 소흥에서 제2단계 조사를 받게 되었다. 總督備倭署都指揮僉事 黃宗, 巡視海島副使 吳文元, 布政司分守右參議 陳潭이 합동으로 최부의 성명과 주소, 관직과 표류된 까닭, 겁략을 한 사실, 휴대한 무기 등을 심문하였다. 최부가 사실대로 남김없이 진술하자, 세 使相은 어찌하여 공술서가 전과 다른지를 묻고는 앞서 도저소에서 진술했던 내용과 똑같이 베껴 쓰도록 요구하였다. 뿐만 아니라 후일 杭州에 도착하여 鎭守太監·綉衣·三司의 大人이 심문하거나, 북경에 이르러 兵部와 禮部에서 심문이 있을 때도 반드시 같은 내용을 진술해야만 한다고 요구하였다.[11]

결국 이들 관원이 가장 신경을 쓰는 것은 파총관 유택이 올린 보고와 최부의 진술이 일치하지 않는 부분이었다. 앞으로 항주에 가거나 북경에 가더라

---

9 《漂海錄》卷1, 閏正月 22日.

10 桃渚所는 海門衛의 桃渚所千戶 약칭이다. 《漂海錄》卷1, 2月 11日의 杭州府 발송 公文 속에는 '桃渚千戶所'라고 되어 있다.

11 《漂海錄》卷1, 2月 4日.

도 동일한 진술을 하도록 요구하는 모습을 통해, 이들은 不實調査에 따른 문책에 커다란 관심을 기울이고 있었다는 것을 알 수가 있다. 이틀 동안 이루어진 제2단계 조사에서 최부는 朝鮮의 歷史·都邑·山川·人物·風俗·祭祀·喪制·戶口·軍制·田賦·服飾 등 다방면에 걸친 질문에 대해 답변을 해야만 했다.

2월 5일에 소흥을 떠난 최부 일행은 이튿날 절강성 省都인 항주에 도착하였다. 최부 일행이 항주에 도착하자 절강성에 주재하는 관리 중에 실질적인 최고 권력자인 鎭守太監 張慶은 다른 관인을 시켜, 대뜸 최부에게 "鄭麟趾·申叔舟·成三問·金浣之·趙惠·李思哲·李邊·李堅은 모두 조선의 인물인데, 이들이 어떤 관직에 있었는가를 일일이 적어 알려 주시오"라고 요구하였다. 최부는 "정인지·신숙주·이사철은 모두 官位가 1품까지 이르렀고, 성삼문은 3품에 이르렀으며, 이변·김완지·조혜·이견은 내가 후배로서 그 사람들의 벼슬 품계를 알지 못합니다"라고 대답하였다.[12] 이 질문은 최부가 과연 조선의 文臣이 틀림없는가를 확인하기 위한 고도의 계산된 심문이었다고 볼 수 있다.

그런데 조선에 出使한 적이 없는 太監 張慶이 어떻게 조선 官人의 이름을 이와 같이 많이 알고 있을까에 대한 의문은 倪謙의 《朝鮮紀事》를 읽는 순간 말끔히 해소되었다. 위에서 열거한 조선 인물들은 예겸의 《朝鮮紀事》에 예외 없이 등장하고 있었다. 즉 일찍이 예겸의 《朝鮮紀事》를 읽었던 장경은 그 책에 기록된 조선 인물들을 제시하면서 최부를 시험하였던 것이다.[13] 그리고 이와 별도로 按察提調學校副使 鄭大人이 武林驛에 와서 최부에게

12 《漂海錄》卷2, 2月 7日.

13 이 책의 3부 8장 〈15世紀 中國人의 朝鮮認識〉을 참고.

조선의 科擧·經書 등에 관해 질문하였다. 이때 이루어진 일련의 조사 결과가 종합되어 나중에 공문으로 북경으로 보고되는 것을 알 수 있다.

최부 일행은 항주에 도착하여 鎭守太監과 布政使·按察使의 심문을 받게 되는데, 이것이 바로 제3단계 조사에 속한다. 이 제3단계 조사는 앞서 이루어진 제1단계와 제2단계의 조사보고서의 내용을 확인하며, 동시에 조선의 國情에 관한 일반적인 질문을 통해 최부 일행이 조선의 漂流民에 틀림없음을 재확인하는 정도였다. 이러한 일련의 조사 과정과 심문 내용을 중심으로 표를 만든다면 아래와 같다.

조사	지점	조사관청 및 관리	조사 내용
1월 21일-22일	桃渚所	把總松門等衛所備倭指揮同知 劉澤	姓名, 官職, 住居, 產物, 詩書, 禮樂, 衣冠
2월 4일-5일	紹興	總督備倭都指揮僉事 黃宗 巡視海島副使 吳文元 布政司分守右參議 陳潭	朝鮮의 歷史, 都邑, 山川, 人物, 風俗, 祭祀, 喪禮, 戶口, 軍制, 田賦, 服飾, 刑制, 地理.
2월 7일-9일	杭州	鎭守太監 張慶	朝鮮의 文臣인 鄭麟趾 申叔舟 成三問의 官職
		按察提調學校副使 鄭大人	朝鮮의 科擧, 經書
		布政使 徐珪 按察使副使 魏福	本國送還 방침 통고

여기서 최부의 표류보다 19년 전에 있었던 金孟廻의 漂流案件을 참고해 볼 필요가 있다. 제주 사람 김배회 일행은 제주에서 貢物을 싣고 漢陽에 운송하는 일을 마치고 돌아가는 귀로에 폭풍으로 인해 표류하다가 13일 만에 절강성에 표착하였다. 成化5년(예종원년, 1469) 11월에 절강성에 표착했던 이들은 이듬해 1월에 조선으로 송환되었다. 김배회표류안건을 소략하게 기록해 놓은 《朝鮮成宗實錄》 내용을 간추려 보면, 김배회가 겪었던 조사와 송환 과정이 최부의 경우와 흡사한 것을 알 수 있다.

김배회 일행은 먼저 절강성의 '小官人'이 있는 곳에서 조사를 받고 나서

'大官人'이 있는 곳으로 압송되었다. 그리고 그 이튿날에는 '老閹'이 있는 곳으로 압송되어 심문을 받은 다음, 다시 '大官人'에게 보내져 8일을 체류하다가 북경으로 송치되었다. 북경에서 5일을 머문 다음에 聖節使가 귀국하는 편을 이용하여 조선으로 귀환하게 되었다.[14] 김배회 일행이 처음 표착한 지점이 절강이라는 것 외에 정확한 지역을 알 수 없지만, 8일을 머문 '老閹'이 있는 곳은 '杭州'일 것 같다. 그리고 '老閹', 즉 '늙은 宦官'이란 절강의 鎭守太監을 가리키는 것이 틀림없어 보인다. 김배회 일행도 북경으로 압송되어 兵部의 조사를 받은 후 禮部를 통해 조선으로 송환되었다. 조선 국왕은 이들을 송환해 준 데 대해 북경에 謝恩使를 파견하여 황제의 은혜에 感謝를 표하였다.

또 이와는 별도로 최부의 표류보다 5년 전 成化19년(성종14년, 1483)에 長沙鎭에 漂着했다가 조선으로 송환된 李暹의 漂流案件은 위의 禮部咨文 속에 언급되어 있지 않지만, 《표해록》 속에는 이섬의 표류에 관한 얘기가 모두 5회에 걸쳐 등장하고 있다. 제주의 旌義縣監 이섬은 遞任되어 漢陽으로 돌아가려고 배를 탔다가, 폭풍으로 표류하여 江蘇 長沙鎭에 漂着하였다. 이섬 일행은 조사를 받은 다음 揚州를 거쳐 북경으로 보내졌고, 요동을 거쳐 조선으로 송환되었다. 이섬의 〈行錄〉 자체는 남아 있지 않으나, 이 〈行錄〉을 토대로 金宗直이 발췌 보고한 내용이 《朝鮮成宗實錄》에 수록되어 있다.[15] 이섬 일행은 掘港寨에 표착하여 百戶 桑愷로부터 초등조사를 받았고, 뒤이어 蘇州로부터 달려온 總兵官 郭鋐의 심문을 받은 다음, 揚州로 송치되어 指揮僉使 劉胤에게서 조선의 服飾과 人物에 대한 질문을 받았다.

이제 최부 일행이 조선으로 송환되는 단계를 종합해 살펴보면, 대체로

14 《朝鮮成宗實錄》, 2年 1月 庚辰, 辛巳, 甲午.
15 《朝鮮成宗實錄》, 14年 8月 壬午.

다음 표와 같이 정리해 볼 수가 있을 것이다.

	일 자	구 간	주도 기관	인솔자	비 고
1	윤1월 23-2월 6일	도저소-항주	海門衛 桃渚所	千戶 許淸	許淸은 健桃所까지 인솔
2	2월 13일-3월 28일	항주-북경	浙江布政使司	指揮 楊旺	
3	4월 24일-5월 16일	북경-광녕	左軍都督府	百戶 張述祖	
4	5월 20일-6월 4일	광녕-의주	遼東都指揮使司	百戶 吳璽	吳璽는 遼陽부터 인솔

결국 최부 일행의 조선 송환은 지역별로 도저소—항주, 항주—북경, 북경—광녕, 광녕—의주의 4區間으로 나눌 수 있을 것이다. 최부 일행이 가장 오래 머문 곳은 북경으로서, 총 30일간이나 된다. 이는 황제가 내려 준 賞을 받아야 했고 賞을 下賜받은 데 대한 謝恩도 해야 했으며, 또 兵部와 禮部에서 귀국에 필요한 마지막 절차를 밟아야 했고, 몸이 아파 이틀간 앓아눕기도 했기 때문이었다. 북경 다음으로 오래 머문 곳이 바로 절강성의 항주였으며, 최부 일행은 여기서 7일을 머물렀다.

2. 漂流民에 관한 公文의 分析

최부표류안건은 항주에서 鎭守太監의 지휘로 조사를 마친 다음, 浙江 三司는 북경의 兵部에 보고하여 일행을 조선으로 송환시켜주는 절차를 밟게 되었다. 그런데 표류민에 대한 조사 및 송환 과정은 국가의 관료조직에 의해 수행된다. 관료조직은 결국 文書行政에 의해 움직이므로, 조사와 송환에 관한 사실을 가장 잘 알려주는 것이 바로 公文이다. 《표해록》에는 모두 3건의 공문이 실려 있다. 첫 번째 공문은 杭州府에서 최부 일행을 북경으로 보내기 위해 연도의 각 府·縣·驛에 통보한 것이다. 두 번째 공문은 최부 일행이 북경에 도착한 다음 兵部에서 협조를 구하며 禮部로 보낸 것이다.

세 번째 공문은 최부 일행이 북경을 떠나 귀국길에 오를 즈음 左軍都督府가 인솔 지휘책임이 있는 어느 總兵官에게 내린 공문이다. 이 3건의 공문은 明代의 文書行政에 대한 아주 좋은 例示가 되기도 한다. 이들 공문을 세밀히 분석해 보면, 조선 표류민에 대한 조사와 송환에 대해서뿐만 아니라, 明代 文書行政의 實像에 접근할 수 있을 것이다.

그런데 문제는 지금까지 최부 《표해록》을 한글로 번역해 놓은 어떤 譯本에서도 이들 공문이 이해될 수 있을 정도의 문장으로 번역되어 있지 않다는 점이다. 최부 《표해록》의 한글 번역은 현재 5종 정도가 나와 있지만,[16] 이들 공문을 제대로 번역해 놓은 譯本을 하나도 찾아 낼 수가 없는 형편이다. 이는 중국학자 葛振家가 《漂海錄》 原文에 標點을 하고 註釋을 한 《崔溥 漂海錄 評注》에서도 마찬가지로서, 標點과 註釋을 살펴보면 공문의 내용을 제대로 파악하고 있다고 간주하기가 어렵다.[17] 사실 일반 漢文史料보다 文書史料를 읽고 번역하기가 훨씬 까다롭고 어려운 것이 사실이다. 최부 《표해록》에 수록된 公文을 번역하는 데에는 다음과 같은 難點이 따른다.

첫째, 공문의 용어가 생소하며, 이를 解讀하기 위해서는 별도의 훈련이 필요하다.

둘째, 인용문이 重層的으로 되어 있어, 標點 작업 자체가 매우 어렵다.

셋째, 공문에 생략된 부분이 있는 데다, 또 筆寫할 때 생략한 부분도 있다.

---

16 김찬순, 〈표해록〉, 《기행문집(1)》, 조선문학예술총동맹출판사, 1964 ; 李載浩, 〈漂海錄〉, 《국역 연행록선집》, 민족문화추진회, 1976 ; 崔基弘, 《漂海錄》, 三和印刷株式會社, 1979 ; 崔周容, 《漂海錄》, 極東精版社, 1984 ; 서인범 · 주성지, 《표해록》, 한길사, 2004.

17 葛振家, 《崔溥 漂海錄 評注》, 線裝書局, 2002. 이 책은 葛振家 點注, 《漂海錄—中國行紀》(中國社會科學文獻出版社, 1992) 의 改訂版이다.

원래 아무 標點이 없는 原文을 구조적으로 철저히 해부하여 標點과 解說을 덧붙임으로써, 공문을 讀解하는 데 도움이 되고자 한다. 먼저 공문 3건 가운데 가장 중요한 첫 번째의 항주부 공문은 다음과 같다.

> 杭州府〈爲海洋聲息事〉.
> 奉浙江等處承宣布政使司箚付(A)抄蒙欽差鎭守浙江司設監太監張慶·巡按浙江監察御史暢亨會案前事.(B);"據總督浙江備倭署都指揮僉事黃宗·巡視海道浙江按察司副使吳文元呈, 幷定海·昌國等衛及台州府等衙門各狀申報,(C)'弘治元年閏正月十七日, 瞭見海門衛桃渚千戶所牛頭外洋有船, 使入獅子寨'(D)等因. 爲照, 係干海洋船隻重事, 就經倂行摠督·巡海·分守·分巡官員, '督令把摠幷所屬沿海軍衛巡司出海等官, 部領軍船哨究操守隄備'(E). 續據署都指揮僉事黃宗等呈, 備桃渚千戶所申,(F)'該千·百戶柳春等, 帶領旗軍, 前去臨海縣二十都, 與同當地火甲, 獲住人船, 押送到所審問, 語言難辨', 據寫姓名·來歷·緣由, 抄單呈報前來(G), 會同巡按浙江監察御史暢亨議, 看得單內開, 審夷人崔溥, 雖據供寫, '朝鮮國人, 往濟州等處海島, 爲暴風所逆, 得到 天子大國之界'等情. 但恐夷人多詐, 眞僞難測, 況無開報所泊船內, 曾否點撿有何器械幷別項行李等件, 俱合勘審.(H) 又經行, 據摠督備倭署都指揮僉事黃宗·巡視海道副使吳文元·分守右參議陳潭·分巡副使楊峻呈,(I)'該把摠松門等衛所備倭指揮同知劉澤呈送夷人四十三人, 會同審, 據一人寫名云云, 再三會審無異, 隨將印信·馬牌·枋錄·文籍·冠帽·衣包等件, 點看明白, 給與崔溥等收領, 及將所獲夷船, 拖閣上塢外, 備由連人幷刀一把·弓一張解送到職.'(J)會同浙江都布按三司掌印都指揮僉事崔徧·左布政使徐圭·副使魏福, 覆審相同. 緣係遭風外夷人船事理, 擬合通行除外, 仰抄領人案回司.(K)"
> 照依會案內事理, 卽將崔溥等, 本司給批, 差委指揮僉事楊旺, 管送赴京. 及行所屬驛遞, 應付差去官員廩給·站船·幷伴送軍餘及崔溥等口粮·紅船·脚力. 合行前路官司, 一體應付. 其發去刀一把·弓一張, 轉發官庫收貯, 取庫收繳報. 仍仰徑自會 奏施行, 先具抄案依准, 各另呈來.(L)[18](표점과 기호는 필자)

(A) 이 공문은 杭州府가 앞으로 최부 일행이 거쳐 갈 府·縣·驛에 발송하는 형식의 공문이나, 내용상으로는 상급인 浙江布政使司의 공문을 사실상 그대로 옮겨 놓은 것이다.

(B) 浙江布政使司의 공문은 또한 杭州에 주재하는 浙江 鎭守太監 張慶과 巡按御史 暢亨이 함께 논의 결정한 지침을 받들어 시행하고 있으므로, 이 공문은 기본적으로 내용의 대부분이 浙江布政使司가 아닌 鎭守太監 張慶과 巡按御史 暢亨의 입장에서 구성되어 있다.

(C) 鎭守太監 張慶과 巡按御史 暢亨의 지침은 紹興에 주재한 總督浙江備倭署都指揮僉事 黃宗과 巡視海道浙江按察司副使 吳文元의 보고에 근거해서 내린 판단이다.

(D) 黃宗의 1차 보고는 沿海의 定海衛·昌國衛 등과 台州府의 각 衙門에서 올라온 보고서를 인용하고 첨부한 것으로, 이는 해양 상황에 대한 현지의 첫 諜報이다.

(E) 黃宗의 1차 보고를 받은 浙江 鎭守太監 張慶이 다시 黃宗 등에게 구체적인 대처 방안을 하달하였다.

(F) 黃宗에게서 온 2차 보고는 최부 일행이 송치된 海門衛 桃渚千戶所의 보고서를 첨부하였다.

(G) 黃宗의 2차 보고 주요 내용은 桃渚千戶所가 이미 배와 사람을 억류하고 심문한 내용을 抄單으로 보낸다는 것이다.

(H) 鎭守太監 張慶이 巡按御史 暢亨과 회동하여 黃宗의 2차 보고에 첨부된 抄單을 살펴보니, 최부가 공술한 내용 일부만 인용되어 있을 뿐 선박 안에 무기 등이 없었는지에 대한 언급이 없어 조사가 더 필요함을 밝히고

18 《漂海錄》 卷2, 2月 11日.

있다.

(I) 黃宗의 3차 보고이며 이 공문이 발송될 때에는 이미 최부 일행이 黃宗이 있는 紹興으로 송치되어 왔으므로, 하급 기관의 문서가 첨부되지 않고 보고서가 작성되었다.

(J) 黃宗의 3차 보고 내용은 최부 일행에 대해 직접 심문해 본 결과 桃渚千戶所의 첫 심문 결과와 다를 것이 없으므로, 배는 억류시키고 칼 한 자루와 활 한 장은 鎭守太監에게 보낸다는 것이다. '據一人寫名云云'에서 '云云'이란 최부 일행의 身上 記錄이 옮겨 쓰는 과정에서 대폭 생략되었음을 알려준다.

(K) 鎭守太監 張慶이 浙江 三司 관원과 覆審을 했으나 결과는 마찬가지였으며, 폭풍을 만난 外夷의 일이므로 응당 돌려 보내주어야 하고, 총병관 황종에게 인원수령건에 대한 사본을 베끼고 布政使司로 보내라는 내용이다.

(L) 이 단락은 鎭守太監 張慶의 지시를 받은 浙江布政使司가 취한 조치와 아울러 하급기관에 지시하고 있는 내용이다. 이 다음 마지막에는 杭州府가 장차 최부 일행이 지나갈 府·州·縣에 당부하는 말이 있었을 것 같은데, 최부가 이를 생략하고 기록하지 않은 듯하다.

첫 번째 공문을 번역하면 다음과 같이 될 것이다.

항주부 : 〈海洋 상황에 관한 건〉

浙江等處承宣布政使司의 箚付를 받았는데 내용은 이하와 같습니다. 欽差鎭守浙江司設監太監 張慶과 巡按浙江監察御史 暢亨의 前事에 대한 공동 議案을 받들었는데, "揔督浙江備倭署都指揮僉事 黃宗, 巡視海道浙江按察司副使 吳文元의 呈文과 아울러 定海衛, 昌國衛 등 및 台州府 등 衙門이 각기 올린 보고서는 '弘治元年 윤정월 17일에 海門衛 桃渚千戶所의 牛頭山 앞 바다에 배가 있는 것을 멀리서 보고 獅子寨로 들어오도록 하였다'는 내용이었다.

해양 선박에 관한 중대한 일이므로 곧 (나 鎭守太監 張慶은) 總督 · 巡海 · 分守 · 分巡의 관원에게 아울러 이첩하여 '把總 및 소속 沿海 軍衛의 巡司 · 出海 등 관원을 독려하여 軍船을 거느리고 정찰하며 빈틈없이 방비하라'고 지시하였다. 또 이어서 받은 도저천호소의 보고서가 첨부된 署都指揮僉事 황종 등의 呈文에 '해당 千戶 · 百戶 柳春 등이 旗軍을 거느리고 臨海縣 20都로 가서 그곳 火甲과 함께 사람과 배를 붙잡아 유치하고, 도저소로 압송하여 심문했으나 말을 알아듣기 어려웠다'고 하며, 성명과 내력 및 사유를 쓴 抄單을 보내왔다. (나 鎭守太監 張慶은) 순안절강감찰어사 창형과 회동하여 논의하며 초단을 살펴보니, '夷人 최부를 심문하여 공술에 의거 〈조선 사람으로 제주 등지의 섬에 갔다가 폭풍을 만나 天子가 다스리는 大國 땅에 도착한 것〉'이라는 사정을 써놓았지만, 夷人들은 속임이 많아 사실인지 거짓인지 헤아리기 어렵고, 더구나 정박한 배 안에 무기나 별도의 행장 등을 점검했는지 여부를 보고하지 않았으니 마땅히 모두 실지 조사를 해야 할 것이다. 다시 공문을 보내고 나서 받은 總督備倭署都指揮僉事 黃宗과 巡視海道副使 吳文元 · 分守右參議 陳潭 · 分巡副使 楊竣의 呈文은 '해당 把摠松門等衛所 備倭指揮同知 柳澤이 夷人 43명을 呈文과 함께 보내왔으므로, (黃宗 등 몇 사람이) 회동하여 審査하고 한 사람씩 이름을 써서… 운운하였다. 두세 차례 모여 審査해 보았으나 별 이상이 없었고, 바로 印信 · 馬牌 · 榜錄 · 文籍 · 冠帽 · 衣袍 등 물건을 하나씩 점검해 보아도 분명하였으므로 최부 등에게 내주어 수령하게 하였다. 압류한 夷人의 선박은 船架臺[19]로 끌어다 올려두는 한편 사유서를 갖춘 관련 인원을 칼 한 자루 활 한 장 딸려서 本職[20]에게 보낸다'는 것이었다. 이에 (나 鎭守太監 張慶은) 浙江 都 · 布 · 按 三司의 掌印都指揮僉事 崔徹, 左布政

---

19 해변이나 강변에 선박을 제조하거나 수리하기 위해 만들어 놓은 도크와 같은 재래식 시설.

20 공문서에서 '職'이란 그 문서를 작성한 자가 스스로를 칭하는 용어이다. 여기서 '本職'이란 黃宗의 呈文을 받아 보고 巡按御史 暢亨과 논의하여 지침을 布政使司에 하달한 鎭守太監 張慶을 가리킨다.

使 徐圭, 副使 魏福과 회동하여 覆審해 보아도 앞뒤가 서로 동일하였다. 사연이 풍랑 만난 外夷의 사람과 배에 관한 사항이므로 응당 그대로 실행해야 하는 외에, 人員引受의 건을 抄錄한 다음 布政使司로 보내라"는 내용이었다. 공동議案의 事理에 따라 최부 등은 곧 本司에서 批文으로 指揮僉事 楊旺을 차출하여 북경으로 호송하도록 하였다. 각지의 驛遞에 이첩하여 파견 관원의 廩給·站船과 아울러 호송 軍餘 및 최부 등의 口糧·紅船·脚力을 지급하게 하라. 앞길의 官司에도 이첩하여 모든 것을 제공하게 하라. 보내는 칼 한 자루와 활 한 장은 轉送하여 官庫에 보관하도록 하고, 창고에서 꺼낼 때에는 보관증을 받도록 하라. 직접 上奏하여 시행하도록 하고, 먼저 근거로 삼을 수 있는 抄案을 갖추니 각기 따로 보고하기 바란다.

한편 최부 일행이 북경에 도착한 후에, 兵部에서 禮部로 보낸 咨文의 내용은 아래와 같다.

其崔溥案, 仰浙江布政司差委官指揮僉事楊旺管送, 及行沿途衛所, 量撥官軍, 防護赴京外, 開坐具本. (A) 該本官欽奉 聖旨'該部知道', 欽此欽遵. 抄出送司案候間, 續奉本部送, 據浙江布政司批差指揮楊旺伴送前項夷人前來. (B) 査得成化六年十一月內, 該浙江鎭守等官奏送朝鮮國遭風夷人金盃迴等七名, 本部已經奏准, 量給禦寒衣服及應付脚力口粮還國去. (C) 訖今該前因案呈到部, 看得朝鮮遭風夷人崔溥等四十三名, 雖係海洋哨獲夷人, 已該浙江鎭守·巡按·三司等官會同審驗, 別無姦細情由. 况各夷風波飄蕩, 衣粮缺乏, 揆之朝廷柔遠大體, 相應優恤, 合無行移禮部, 量給替換衣服. (D) 本部應付官崔溥站馬廩給, 餘人脚力口粮, 通與車輛, 裝載行李, 及行該府差官一員伴送, 沿途軍衛, 量撥軍夫防護, 至遼東, 聽鎭·巡等官另差通事人員, 送朝鮮地界, 令其自行回還. (E) 緣係處置遭風外夷歸國, 及奉 欽依'該部知道'事理, 未敢擅便. 弘治元年四月初一日, 太子太保本部尙書余等具題, 次日奉聖旨'是', 欽此欽遵. 擬合通行除外, 合開咨前去, 煩照本部奏奉欽依內事理, 欽遵施行, 須至咨者. (F) [21] (표점과 기호는 필자)

(A) 최부표류안건에 대해 浙江布政司가 취한 여러 조치와 題本을 올린 사실이 요약되어 있으며, 공문의 앞부분은 최부가 옮겨 쓰지 않아 대폭 생략되었다.[22]

(B) 兵部가 황제에게 첫 보고를 하고 난 다음, 浙江布政司에서 파견한 楊旺이 최부 일행을 인솔하여 북경에 도착하였다.

(C) 兵部가 成化6년 조선 표류민 金孟廻 등 7명에게 의복과 식량을 지급하여 조선으로 송환해 준 유사한 前例를 조사해서 언급하였다.

(D) 兵部가 마땅히 예부로 移文을 보내서, 최부 일행에게 갈아입을 의복을 지급해야 하지 않을까 하는 의견을 제시하였다. 원문의 '合無'는 공문서의 결론 부분에서 함부로 專斷하지 않고 완곡하게 자신의 의견을 제시할 때 쓰는 상투적인 표현이다.

(E) 兵部에서는 站馬·車輛과 함께 軍夫를 차출하여 최부 일행의 귀환을 지원하고, 左軍都督府에 이첩하여 관원 한 사람을 차출하여 호송토록 해야 할 것 같다고 의견을 제시하였다.

(F) 황제로부터 '알아서 처리하라'는 명령을 받고 나서, 4월 1일 題本을 올려 재가를 받아 禮部에 咨文을 보내니, 禮部도 해당되는 일을 처리하도록 바란다는 내용이다.

두 번째 공문, 즉 兵部가 禮部에 보내는 공문을 번역하면 아래와 같이 될 것이다.

최부의 案은 浙江布政司가 파견한 위임관인 指揮僉事 楊旺을 시켜 호송케 하

---

21 《漂海錄》卷3, 4月 7日.

22 《漂海錄》卷3, 4月 7日. '其文據浙江三司所報云云. 其末端云'이라고 한 다음, 이 문서가 시작되고 있는 것을 보아 알 수 있다.

고, 연도의 衛所에도 공문을 보내어 적절히 官軍을 差出하여 京師로 호송토록 한 것 외에 낱낱이 열거하여 題本을 갖추어 올렸습니다. 本部官[23]이 삼가 聖旨를 받들었는데 '해당 部에서 알아서 하라'라는 내용이었습니다. 삼가 이를 받들어야 할 것입니다. (浙江에서 보내온) 議案의 抄本을 職方淸理司에 보내고 기다리는 동안 다시 本部의 명을 받고 절강포정사의 批文에 의거 파견된 지휘 楊旺이 前項의 夷人을 호송하여 왔습니다. 조사해 보니 成化6년(예종1년, 1470) 11월 중에 해당 浙江鎭守 등 관원이 아뢰고 송치해 온 조선국의 풍랑 만난 金孟廻 등 7명을 본부에서 상주하여 허락을 받은 다음, 방한복을 적절히 지급해 주고 脚力과 口糧을 제공하여 본국으로 돌아가도록 한 바 있었습니다. 지금 올라 온 상기 議案이 본부에 도착하였는데, 살펴보니 조선의 풍랑 만난 최부 등 43명은 비록 해양에서 정찰 중 체포한 夷人이기는 하지만, 이미 해당 浙江鎭守·巡按·三司 등의 관원이 회동하여 조사해 본 결과, 특별히 姦細한 사유가 없다는 것이었습니다. 하물며 각 夷人은 풍파에 밀려 떠다니느라 의복과 식량이 결핍되어 있는 만큼 조정에서 먼 나라 사람을 회유하는 大義로 헤아려 보더라도 응당 후하게 구휼해야 하니, 마땅히 禮部에 移文[24]을 보내어 갈아입을 옷을 적절히 지급해 주도록 해야 할 일이 아닐까 합니다. 본부에서는 응당 官人 최부에게 站馬와 廩給을, 나머지 사람에게 脚力과 口粮을 지급해 주며 전 구간에 걸쳐 수레를 주어 행장을 싣게 하고, 해당 府[25]에 이첩하여 관원 한 사람을 차출하여 호송토록 하며 沿途의 軍衛에서는 軍夫를 적절히 차출해서 호송토록 하되, 遼東에 이르러서는 鎭守·巡按 등 관원의 지시에 따라 별도로 通事 인원을 차출하여 조선 국경까지 보내주어 그들 스스로 돌아가도록

---

23 本部官이란 兵部尙書를 가리킨다.

24 戰國時代에 移書는 各國 사이, 각국의 官員 사이, 國內의 서로 예속 관계가 없는 官署 사이에 주고받는 일종의 平行문서였다. 漢代에 移書는 동급 기관끼리 주고받는 공문서가 되었고, 三國時代 이후 移文이란 이름으로 불리게 되었다.

25 4월 21일 左軍都督府의 箚付에 의하면 해당 府는 左軍都督府를 가리킨다. 左軍都督府에는 京師의 일부 衛와 지방의 浙江都司, 遼東都司, 山東都司가 포함된다. 《諸司職掌》 卷5, 兵部.

해야 하겠지만, 풍랑 만난 夷人을 귀국시키는 일이고 또 삼가 '해당 部에서 알아서 하라'라는 聖旨의 事理를 받들어 감히 마음대로 할 수 없는 일이기에 弘治元年 4월 1일 太子太保 本部尙書 余[26] 등이 題本[27]을 갖추어 올렸고, 다음날 聖旨를 받았는데 '옳다'라는 내용이었습니다. 삼가 이를 받들어야 할 것입니다. 응당 그대로 실행해야 하는 외에, 咨文을 보내오니 번거롭겠지만 본부에서 상주하여 받은 聖旨의 事理에 따라 삼가 그대로 시행하시기 바랍니다. 자문을 보냄.

다음은 최부 일행을 요동으로 호송할 百戶 張述祖가 최부에게 보여준 左軍都督府의 공문이다.

左軍都督府 〈爲海洋聲息事〉.

該經歷司案呈, "准兵部職方淸吏司手本(A), '奉本部連送, 該本部題, 該本司案呈, 奉本部送於 內府, 抄出鎭守浙江司設監太監張慶題前事, 轉行該府, 差官一員件送, 沿途軍衛, 量撥軍夫防護, 至遼東聽鎭巡等官另差通事人員, 送至朝鮮地界, 令其自行回還.' 緣係處置遭風外夷歸國, 及奉 欽依 〈該部知道〉事理, 未敢擅便, 弘治元年四月初一日, 太子太保本部尙書余子俊等具題, 次日奉 聖旨 〈是〉, 欽此欽遵. (B) 擬合通行. 除外, 仰行該府經歷司呈府, 照依本部奏奉 欽依內事理, 欽遵差委的當官一員件送. 仍行鎭守遼東太監韋朗 · 總兵官緱謙, 并沿途軍衛衙門, 一體欽遵施行.' 連送到司, 合用手本前去." 左軍都督府經歷司呈府, 依文施行, (C) 手本 · 案呈到府. 擬合通行. 除備由連人移咨外, 合箚仰本職, 卽將夷人崔溥等, 用心防護, 件送前

---

26 4월 21일 左軍都督府의 箚付에 의하면 余는 兵部尙書 余子俊을 가리킨다.

27 永樂年間에 출현한 上行文書. 처음에는 京官이 황제에게 긴급한 公事를 보고하는 데 사용되었다. 奏本에 비하여 크기는 조금 작지만 글자는 크게 썼다. 嘉靖 연간에 京城 內外에서 公事는 題本을 사용하게 하였다. 이로부터 京城 내외를 막론하고 官署의 명의로 황제에게 올리는 데에는 점차 題本만을 사용하게 되었다.

去遼東鎭守總兵官緱謙處交割, 另差通事人員伴去人. 毋致踈延不便. 須至箚付者. (D) 28 (표점과 기호는 필자)

(A) 左軍都督府 經歷司의 呈文은 기본적으로 兵部 職方淸吏司의 手本을 그대로 인용하고 있다.

(B) 兵部가 최부 일행을 송환시킬 방법을 황제에게 上奏하여 허락받은 과정이 요약되어 있으며, 여기서 '司'란 兵部의 職方淸吏司를 말한다.

(C) 兵部가 左軍都督府 經歷司에게 위의 결정 사항을 실행에 옮길 수 있도록 左軍都督府에 上申하기를 지시하였다.

(D) 手本과 呈文이 左軍都督府에 도달하자, 최부 일행의 인솔지휘건이 어느 총병관에게 지시되었다.

세 번째 좌군도독부의 공문을 아래와 같이 번역해 보았다.

좌군도독부 : 〈해양 상황에 관한 건〉

經歷司[29]에서 올린 呈文에 "兵部 職方淸吏司의 手本[30]에 의하면 '本部의 명을 받들어 본부의 題本을 함께 발송하고, 본 직방청리사가 올려 보낸 呈文을 本部의 명을 받고 內府로 발송하고, 鎭守浙江司設監太監 張慶의 상기 [illegible]건에 대한 題本의 抄本을 작성하여, 해당 도독부에 이첩하여 관원 한 [illegible]을 차출하여 호송토록 하고, 沿途의 軍衛에서는 軍夫를 적절히 차출[illegible] 호위토록 하되, 遼東에 이르러서는 鎭守 · 巡按 등 관원의 지시를 받[illegible] 通事 인원을 따

---

28 《漂海錄》 卷3, 4月 21日.

29 明代에 五軍都督府 외에 軍衛, 都察院과 通政司, [illegible]司, 按察司, 府 및 都轉運鹽使司 등에 설치하였다. 經歷과 都事 또는 知事[illegible]두었으며 출납과 문서를 관장하였다. 여기서는 左軍都督府의 經歷司를 [illegible]킨다.

30 平行文書의 일종으로, 여기서는 兵部 [illegible]方淸吏司가 左軍都督府 經歷司에 手本을 보냈다.

로 차출하여 조선과의 경계 지점까지 보내주어 그들 스스로 돌아가도록 해야 하는데, 풍랑 만난 外夷를 귀국시키는 일이고 또 삼가 '해당 部에서 알아서 하라'는 聖旨의 事理를 받들어 감히 마음대로 할 수 없는 일이기에, 弘治元年 4월 1일 太子太保 本部尙書 余子俊 등이 題本을 갖추어 올렸고, 다음 날 聖旨를 받았는데 '옳다'라는 내용이었습니다. 삼가 이를 받들어야 할 것입니다. 응당 그대로 실행해야 할 것입니다. 이 외에 해당 도독부의 경력사는 그 도독부에 呈文을 올려 本部에서 上奏하여 받은 聖旨의 事理에 비추어 삼가 적절한 관원 1명을 파견하여 호송하도록 하고, 이어 鎭守遼東太監 韋朗과 總兵官 緱謙 및 沿途의 軍衛 衙門에 이첩하여 그대로 준수하여 시행하도록 하시기 바랍니다" 라는 것으로, 함께 발송한 문서가 본 경력사에 도달하여 手本을 보낸다는 내용이었다. 좌군도독부 경력사에서 본 도독부에 呈文을 올려 문서 내용에 의거하여 시행하라는 手本과 案呈이 본 도독부에 도달되었다. 응당 그대로 실행해야 할 것이다. 사유서를 갖춘 관련 인원을 칼 한 자루 활 한 장 딸려 咨文과 함께 보내는 한편, 箚付를 주어 本職[31]으로 하여금 夷人 최부 등을 성심껏 호송하여 遼東鎭守와 總兵官 緱謙에게 데리고 가 인계하고, 따로 通事 인원을 차출하여 가는 사람들과 동반시켜 소홀히 지연되어 불편한 일이 생기지 않도록 해야 할 것이다. 箚付를 보냄.

이상 3건의 공문을 해부하여 분석함으로써, 명대중기에 표류민을 조사하고 송환하는 文書行政의 一端을 파악할 수가 있었다.

3. 漂流民에 관한 情報의 流通

최부 《표해록》에는 중국 국내에서 일반적으로 정보가 어떤 경로와 속도로

31 《漂海錄》 卷3, 4月 21日. 張述祖가 최부에게 와서 자기를 소개할 때, "나는 좌군도독부 총병 영감의 부름을 받아 당신을 요동으로 호송할 사람입니다"라고 말한 것을 보면, 실제 인솔자는 百戶 장술조이나 인솔지휘의 총책임자는 좌군도독부 총병관이라는 것을 알 수 있다.

전파되는지를 알려주는 대목이 있다. 최부 일행이 滄州 부근의 長蘆遞運所에 정박하였을 때, 최부가 인솔자인 傅榮과 나눈 대화는 다음과 같았다.

> 신은 부영에게 묻기를, "淮河를 지난 뒤부터 兵部 · 刑部 · 吏部 각 官司 관원의 배가 계속 이어지고 끊이지 않는 것은 무슨 까닭입니까?"라고 하였습니다. "지금 天子께서 英名하시어 朝臣들 중 지난날의 잘못된 행위나 작은 과오를 범한 자들도 모두 降職하거나 貶黜시키고 있습니다. 운하에서 錫牌를 차고 돌아가는 사람은 모두 폄직되어 고향으로 내려가는 朝臣들입니다. 전일에 紹興府에서 당신이 어디서 왔는지를 심문했던 총병관 황종도 폄직되어 돌아갔습니다. "朝臣들 중에는 폄직된 사람이 많은데 어찌하여 환관 무리들을 물리치지 않아 마음껏 행세하게 합니까?" "환관들 중에도 죽임을 당하고 강직되고 폄출된 사람 또한 이루 다 헤아릴 수 없습니다. 지금 운하에서 京師로 가는 사람들은 모두 先帝께서 파견하셨던 자들이지만 돌아가면 또한 보전하기 어려울 것입니다. 전일에 만났던 태감 羅公과 聶公도 모두 늦게 돌아갔다는 이유로 奉御의 직으로 폄직되었습니다." "지금 천하가 다시 堯舜 같은 군주를 만나서 元凱[32] 같은 이가 등용되고 四凶[33] 같은 이가 폄출되어 조정은 맑아지고 四海는 편안해졌으니 또한 경하할 일이 아니겠습니까?" "그렇고말고요. 우리 황제께서 멀리하시는 자는 小人과 宦官입니다. 날마다 經筵에 몸소 나아가 꾸준히 閣老學士들과 詩書를 강론하고 政事를 의논해 마지않으십니다. 지난 3월 9일에는 몸소 國子監에 행차하여 先聖에게 釋奠禮를 거행하셨으니 유교를 숭상하고 道學을 존중하는 뜻이 또한 지극합니다." … 밤에 부영이 또 와서 신에게 말하기를, "방금 북경에서 온 사람이 하는 말이 '어느 尙書와 어느 學士가 마주

---

32 元愷라고도 한다. 《左傳》에 의하면 高辛氏의 才子 8인을 八元이라 하고, 高陽氏 才子 8인을 八愷라 하였다고 한다. 후에 元愷는 황제의 輔佐 대신을 칭하는 말로 사용되었다.

33 고대 4대 凶人으로 舜에 복종하지 않은 4개 부족의 수령, 즉 渾敦, 窮奇, 檮杌, 饕餮을 말한다. 一說에는 궁기를 共工, 혼돈을 驩兜, 도철을 三苗, 도올을 鯀으로 보기도 한다.

서서 무슨 대화를 나누었는데, 校尉가 천자께 알리니 천자께서 錦衣衛에 내리어 무슨 말을 했는지 심문하도록 명하셨다'고 합니다. 學士는 몸이 內閣에 있으며 至尊께서 크고 작은 일을 모두 그와 더불어 의논하시는데, 지금 尙書와 서로 마주 서서 말하니 사사로운 청탁이 있었던 것이 아닌가 하여 이를 심문하게 하였던 것입니다"라고 하였습니다.[34]

부영이 최부에게 전해 준 최근 정보는 놀라운 사실을 담고 있었다.

첫째, 지난 2월 4일 紹興에서 최부 일행을 심문하였던 總督備倭署都指揮僉事 黃宗이 이미 貶職되어 고향으로 돌아갔다.
둘째, 최부가 2월 18일 蘇州 滸墅鎮의 鈔關에서 만났던 羅公과 聶公이 모두 奉御의 직으로 폄직당했다.
셋째, 황제는 宦官을 멀리하고 經筵에 나와 內閣大學士들과 詩書를 강론하며 政事를 논의한다.
넷째, 3월 9일에 황제가 國子監에 친히 행차하여 釋奠禮를 행하며 儒敎를 숭상한다는 뜻을 분명히 하였다.
다섯째, 宮內에서 어느 學士와 尙書가 대화하였다는 보고를 받은 황제가 이들을 錦衣衛에 내려 보내 심문하게 하였다.

우선 최부가 만났던 黃宗과 羅公이 폄직당했다는 소식도 놀랍지만, 최근 궁내에서의 내밀한 대화 장면이 목격되어 조사를 받게 된 學士와 尙書의 소식이 알려진 것도 의외의 일이다. 그런데 더욱 놀라운 것은 황제가 3월 9일에 國子監에 몸소 행차했다는 정보가 불과 12일 후인 3월 21일에 滄州 부근에 머물고 있던 부영과 최부에게 전달된 것이다. 이와 같은 정보는 '방

34 《漂海錄》 卷2, 3月 21日.

금 북경에서 온 사람이 한 말'이라고 부영이 말한 대로, 최근 북경을 떠나 대운하로 南下하는 사람들로부터 전해졌다. 대운하를 南北으로 오르내리는 배가 함께 한 곳에서 정박할 때, 정보 교환이 활발하게 이루어지고 있음을 알 수 있다.

浙江 三司는 최부 일행을 항주에서 북경으로 보내며 인솔책임자인 指揮僉事 楊旺에게 공문을 휴대시켰는데, 이 公文은 4월 1일까지 兵部에 도착해야만 하였다.[35] 그런데 이 공문과는 별도로 浙江 鎭守太監 張慶이 직접 황제에게 최부표류사안을 直報하였음을 시사해주는 대목이 《漂海錄》에 실려 있다. 최부 일행이 항주에 머물고 있는 기간에 특별히 친절하게 대해 준 武林驛의 고벽은 2월 8일 최부에게 다음과 같이 말하였다.

> 지금 듣건대 당신들의 일은 사람을 시켜 밤낮으로 달려 북경에 가서 아뢰게 하고 回報를 받은 뒤에야 돌려보낸다고 합니다. 이 城에서 북경에 이르기는 水路가 거의 5천여 리나 되니, 그대는 이곳에 여러 날 머물러야만 할 것입니다.[36]

그런데 나중에 최부 일행이 북경에 도착 후인 4월 3일에 鴻臚寺主簿 李翔[37]이 최부에게 다음과 같이 귀띔해 주었다.

> 浙江 鎭守가 指揮 楊輅를 보내어 당신의 일을 육로로 밤낮으로 달려 보고케 하

35 《漂海錄》卷2, 3月 25日.

36 《漂海錄》卷2, 2月 8日.

37 李翔은 이 일이 있은 직후에 조선에 出使하였다. 《朝鮮成宗實錄》, 19年 4月 戊午. 謝恩使 成健이 馳啓하기를, "신이 遼東에 도착하니, 鎭撫 王憲이 신에게 말하기를, '海上에서 漂流한 당신 나라 사람이 43명인데, 序班 李翔이 勅令을 가지고 와서 근일에 이곳에 도착하였다가 당연히 당신의 나라에 가게 될 것입니다' 하고는, 아울러 李翔이 通書한 것을 보여 주었습니다."

여 3월 12일에 도착하였으므로, 安公이 奏本을 베껴 가지고 갔습니다.[38]

李翔은 최부에게 마침 북경에 와 있던 조선사신 安處良이 이 공문을 베껴 가지고 귀국하였다는 것을 알려주었다.[39] 다행하게도 《朝鮮成宗實錄》에 실려 있는 公文은 總督備倭都指揮僉事 黃宗의 보고를 토대로 浙江 鎭守太監이 황제에게 올린 奏本으로서, 최부 일행의 조사와 송환에 관해 가장 자세한 정보를 담고 있다. 그런데 권위 있는 《국역 조선왕조실록》도 도무지 무슨 말인지 내용을 알아차릴 수 없게 이 공문을 번역해 놓았다. 이는 譯者 자신도 내용을 정확하게 파악하지 못한 채, 무리하게 번역한 결과가 아닌가 한다.

> 欽差總督浙江備倭署都指揮僉使等官臣黃宗等僅[40]題 〈爲海洋聲息事〉. 據把摠松門等處備倭署指揮同知劉澤呈送夷人四十三名到臣, 案照先據定海等衛所各申報, '弘治元年閏正月十七日, 瞭見海門外桃渚千戶牛頭外洋有船, 使人[41] 獅子寨塗次'等因, 已經通行哨備, 及會呈, 準浙江都按二司咨關, 抄欽差蒙[42] 鎭守浙江司設監太監張慶 · 巡按浙江監察御史暢亨案驗, 備仰轉行臣等哨究等因, 行間, 又據桃渚千戶所申, '該六路千戶柳春等帶領旗軍, 前去台州府臨海縣二十都, 與同當地火甲, 獲住人船, 押送到所審問, 語言難辨, 據寫姓名 · 來歷 · 緣由俱申'. 臣等又經行, 準各司咨關, 亦該抄蒙欽差鎭守浙江司設監太監張慶 · 巡按浙江監察御史暢亨會議,

---

38 《漂海錄》 卷2, 4月 3日.

39 安處良이 북경에 온 기록이 《明實錄》에 남아 있다. 《明孝宗實錄》 卷11, 弘治元年 2月 丁巳.

40 '謹'의 誤字일 것이다.

41 '人'이 아닌 '入'이 옳을 것이다.

42 '欽差蒙'이 아닌 '蒙欽差'이라야 語順이 맞을 것이다.

看得單內開, 審夷人崔溥, 雖據供寫, '朝鮮國人, 往濟州等處海島, 爲暴風所逆, 得到大國之界'等情, 緣無開報船內有何器械並別項行李等件. 案行, 臣等並分守分巡官員勘審間, 今據解到, 臣等會同審. 據一人寫, 名, 崔溥, 朝鮮國全羅道羅州人. 成化丁酉中生員第三人, 壬寅中文科乙科第一人, 爲校書館著作, 爲博士, 爲軍資監主簿, 爲成均館典籍, 爲司憲府監察, 爲弘文館副修撰. 丙午中文科重試乙科第一人, 爲弘文館副校理, 爲龍驤衛副司直. 丁未秋九月十七日, 奉國王命爲濟州等處敬差官, 濟州在南海中, 水路千有餘里. 同年十一月十二日渡海, 推刷人丁事未竣, 去閏正月初三日奔父喪, 不候風便, 顚倒出陸, 爲暴風所逆乘. 只有大船一隻, 驚濤巨浪, 載沈載浮, 飢食渴水, 十生九死, 只得捨舟登陸, 得到大國之界, 有官人駈至于此城. 所帶人陪吏四人, 光州牧吏程保·和順縣吏金重·羅州牧吏孫孝子·濟州牧吏李孝枝, 鎭撫安義濟州人, 伴倘李楨京都人, 驛吏崔巨伊山羅州青巖驛人, 奴子二人, 濟州官奴四人, 護送金粟等九人, 船格軍許尙理等二十人, 皆濟州人. 所持印信一顆·馬牌一隻·重試榜錄·冠帶, 及所治文籍俱齎來, 船內櫓楫帆檣因遭風失去, 所帶馬鞍一部及各人衣服俱在, 刀一把·弓一張, 別無鎗箭等物. 據此, 臣等再三會審無異, 隨將印信·馬牌·牓錄·文籍·冠帽·衣包·馬鞍等件, 點看明白, 給與崔溥等收領, 夷船行令把總指揮劉澤拖閣上塢, 將會審過緣由連人, 幷刀一把·弓一張, 解送欽差鎭守浙江司設監太監張慶·巡按浙江監察御史暢亨等覆審轉送赴京. 臣等慮恐夷人詐僞難測, 又通行把總松門等處指揮劉澤等, 督令各該守城·操陸·出海等項官軍嚴加哨究隄備外, 今將夷人姓名並給領過衣包等件數目開坐, 會本順差指揮同知楊畧親齎, 謹俱題計開.[43]

《조선성종실록》에 실려 있는 이 공문은 항주부가 발송한 첫 번째 공문과 내용이 대동소이하나, 최부의 경력을 비롯한 일행의 신분이 모두 적시되어 있다. 대략 다음과 같이 번역될 수 있을 것이다.

43 《朝鮮成宗實錄》, 19年 4月 戊申.

欽差摠督浙江備倭署都指揮僉使 등 官人 臣 黃宗 등은 삼가 〈海洋 상황에 관한 건〉의 題本을 올립니다.

把摠松門等處備倭署指揮同知 劉澤이 夷人 43명을 臣에게 보내며 올린 보고에 의하면, 먼저 定海 등의 衛所가 각기 올린 보고에 의거, "弘治元年 윤정월 17일에 海門 밖의 桃渚千戶所 牛頭山 앞 바다에 배가 있는 것을 멀리서 보고 獅子寨로 들어오게 하여 강제 정박시켰다"는 것이었습니다. 두루 공문을 보내 정찰과 방비를 하도록 하고 공동으로 呈文을 올렸던 바, 浙江의 都指揮使司·按擦使司 2司의 咨關을 받았는데, 欽差鎭守浙江司設監太監 張慶과 巡按浙江監察御史 暢亨이 사안을 검토 후 臣 등에게 轉送하도록 한 첨부문서 抄錄은 정찰하고 조사하라는 내용이었습니다. 문서가 오가는 사이 또 올라온 桃渚千戶所의 보고에 의하면 "해당 六路의 천호 柳春 등이 旗軍을 거느리고 台州府 臨海縣 20都에 가서 그 곳의 火甲과 함께 사람과 배를 잡아 천호소로 압송하여 심문하니, 말을 알아듣기 어려워 글로 쓴 이름과 경력과 까닭을 갖추어 보고한다"는 내용이었습니다, 신 등이 또 공문을 보내는 조치를 취하고 各司 咨關을 받아 보니, 欽差鎭守浙江司設監太監 張慶과 巡按浙江監察御史 暢亨이 회동하여 논의한 바를 抄錄하였는데, 單子 속에 "夷人 崔溥가 진술한 데 의거하면, '朝鮮國 사람으로 濟州 등지의 섬에 갔다가 폭풍을 만나 대국의 경계에 도달하게 되었다'는 것이나, 배 안에 어떤 무기와 다른 짐이 있었는지에 대한 보고가 없다"는 내용이었습니다. 신 등이 分守·分巡 관원과 함께 勘審하는 사이 (최부 일행이) 지금 송치되어 왔기에, 신 등이 회동하여 심사하였습니다. 한 사람 성명이 "최부라는 자는 朝鮮國 全羅道 羅州 사람으로 成化 정유년에 生員試에 제3인으로 합격하였고, 임인년에 文科 乙科 제1인으로 합격하여 校書館著作郎이 되고, 博士가 되고, 軍資監主簿가 되고, 成均館典籍이 되고, 司憲府監察이 되고, 弘文館副修撰이 되었으며, 병오년에 文科重試의 乙科 제1인으로 합격하여 弘文館副校理가 되고, 龍驤衛副司直이 되었으며, 정미년 가을 9월 17일에 國王의 命을 받들어 濟州等處敬差官이 되었는데, 濟州는 南海 바다 가운데 있어 水路로 1천여 리가 됩니다. 같은 해 11월 12일에 바다를 건너 人丁을 推刷하다가 일이 아직 끝나지도 않았는데, 지난 윤정월

초 3일에 父喪을 당하여 가느라고 風便을 기다릴 사이도 없이 서둘러 陸地로 나오다가 暴風을 만나게 되었습니다. 단지 大船 1척만 있어, 거친 파도와 큰 물결에 실려 잠겼다 떴다 하며 굶주린 끝에 구사일생으로 단지 배만 버리고 陸地에 오르게 되어 大國의 경계에 도달하였는데, 官人의 인도함이 있어 이 城에 이르렀습니다. 거느린 사람은 陪吏 4인으로 光州牧吏 程保・和順縣吏 金重・羅州牧吏 孫孝子・濟州牧吏 李孝枝이며, 鎭撫 安義는 제주 사람이고, 伴倘 李楨은 京都 사람이며, 驛吏 崔巨伊山은 나주의 靑巖驛人이며, 奴子 2인과 濟州 官奴 4인과 護送人 金栗 등 9인과 船軍・格軍의 許尙理 등 20인은 모두 제주 사람입니다. 소지하고 있는 것은 印信 1顆, 馬牌 1隻, 重試榜錄・冠帶 및 처리한 文籍을 함께 가지고 왔으며, 船內의 櫓와 상앗대・돛대는 바람을 만나 잃어버렸으나 띠고 있던 바의 말안장 1部와 각 사람들의 衣服이 함께 있으며, 칼 한 자루, 활 한 장에 鎗・箭 등의 물건은 별로 없습니다' 하였습니다." 이에 의거 신 등이 두세 차례 모여 심사하였으나 별 이상이 없었고, 뒤이어 印信・馬牌・牓錄・文籍・冠帽・衣包・馬鞍 등의 물건을 하나씩 점검해 보아도 분명하였으므로 崔溥 등에게 내주어 수령하도록 하고, 夷人의 배는 把摠指揮 劉澤으로 하여금 船渠로 끌어다 놓게 하고, 공동 조사한 調書와 관련 인물들과 칼 한 자루, 활 한 장을 欽差鎭守浙江司設監太監 張慶과 巡按浙江監察御史 暢亨 등에게 보내 覆審을 하고 京師로 轉送할 수 있도록 하였습니다. 신 등은 夷人의 거짓과 속임은 헤아리기 어려우므로 또 두루 공문을 보내서 把摠松門等地指揮 劉澤 등에게 각기 守城・操陸・出海 등 官軍으로 하여금 더욱 엄히 정찰과 방비를 독려하도록 하는 외에, 지금 夷人의 姓名과 지급한 衣包 등 물건의 數目을 열거하겠습니다. 題本에 첨부하여 指揮同知 楊輅를 파견하여 직접 가지고 가서 삼가 올리겠사오니, 題本과 함께 일일이 확인하시기 바랍니다.

그 결과 최부 일행이 아직도 북경에 머물고 있을 무렵인데도 遼陽에 도착한 賀冊封使 안처량은 통사를 먼저 귀국시켜, 최부 일행의 생존 소식을 4월 15일에 조선에 전달할 수 있었다. 이 4월 15일은 예부가 최부에게 賞을 내리

도록 황제에게 奏聞한 후, 정작 최부 일행은 會同館에서 그 결과를 기다리고 있는 시점이었다. 그런데 바로 그 같은 시점에 절강 鎭守太監이 황제에게 올린 공문의 내용을 漢陽에 있는 成宗이 벌써 이를 읽었던 것이다. 정보 전달의 상황을 표로 만들어 보면 아래와 같다.

	公文	聖節使 安處良	崔溥	비고
2/8	진수태감이 발송한 공문을 가지고 楊輅가 항주 출발			
2/13			항주 출발하여 북경을 향함	
3/12	楊輅가 公文 가지고 북경에 도착		(山東省 東昌府에 도달)	공문 북경 도달: 34일
3/20		최부 관련한 奏本을 등사	(北直隷 東光縣을 지남)	
3/22	안처량이 공문 등사본 휴대하여 귀국	북경을 출발하여 귀국 길에 오름	(北直隷 興濟縣을 지남)	
3/28			북경의 옥하관에 도착	최부 北京 도착: 45일
4/1			(兵部尙書 余子俊이 皇帝에게 上奏)	
4/3			안처량이 공문 등사해서 귀국 길에 올랐음을 알게 됨	
4/15	안처량 통사가 공문 등사본 휴대 귀국해 성종에게 보고	요양에 도착하자 통사를 먼저 귀국시켜 최부 일을 보고	북경의 옥하관에 머물고 있음	公文 漢陽 도달 : 杭州-漢陽 69일 北京-漢陽 23일
4/28			북경을 출발하여 귀국 길에 오름	
4/29			朝鮮에서 생환 사실 알고 있음을 董越에게서 들음	董越 소식 전달: 義州부근-玉田縣 : 약 20일
6/4			압록강을 건너 의주로 입국	
6/14			남대문 밖의 靑坡譯에 도착	

최부 일행이 2월 13일에 항주를 출발하여 북경에 도착한 것이 3월 28일이니까 항주—북경 구간에 45일이 걸린 셈이다. 그런데 최부의 출발에 앞서 2월 8일에 절강 진수태감이 먼저 발송시킨 公文은 항주—북경의 같은 구간을 34일 걸려 북경에 도달하여 3월 12일에 皇宮으로 전달되었다. 그리고 북경에 왔던 조선 聖節使 安處良이 이 공문을 등사하여 3월 22일에 북경을 떠났고, 귀국하던 도중 遼陽에 도착하자 通事에게 공문을 휴대시켜 먼저 귀국하게 함으로써 성종에게 최부 생존 사실을 보고한 것이 4월 15일이다. 따라서 최부 생존의 정보를 담은 공문은 항주에서부터 북경에 도달하여 10일을 머문 다음, 조선 국왕에게까지 전해지는 데 모두 69일이 걸린 셈이다. 한편 최부는 2월 18일에 항주를 출발하여 3월 28일에 북경에 도착하였고, 북경에서 30일간 체류한 다음, 귀국 길에 올라 한양에 도착하기까지는 모두 120일이 걸렸다.

바꾸어 표현하자면, 절강 진수태감이 발송한 공문이 황제에게 보고될 때, 최부는 아직 山東 東昌府에 있었고, 조선 국왕에게 전달될 무렵에는 최부가 여전히 북경의 옥하관에 머물고 있었다는 사실이다. 그리고 성절사 안처량이 奏本의 등사본을 가지고 북경을 출발한 지 23일 만에 통사가 먼저 조선에 도착하여, 성종이 이 공문을 읽고 최부의 생존을 확인한 것이다. 더욱이 흥미로운 것은 당시 조선에 出使하였던 董越이 최부가 중국에 생존해 있다는 소식을 전해 듣고 귀환하던 도중, 북경 부근의 玉田縣에서 최부 일행을 만나자 "당신 나라 사람들은 벌써 당신이 살아서 중국에 도착한 것을 알고 있소"[44]라고, 조선에서 최부 생존 사실을 이미 알고 있다는 정보를 다시 최부에게 전달해 주었다는 사실이다. 杭州發의 정보가 북경과 요동을 거쳐

44 《漂海錄》卷3, 4月 29日.

조선의 한양에 도달한 후, 마치 부메랑처럼 북경 부근으로 되돌아와 다시 최부에게 전달되고 있는 것이다.

동월은 성종이 베푸는 전별연을 받고 3월 17일에 한양을 떠났고, 4월 9일에 義州에서 伴送使 許琮이 베푸는 전별연을 받은 다음 압록강을 건넜다.[45] 그런데 안처량이 먼저 귀국시킨 통사가 성종에게 공문 등사본을 바친 일자는 4월 15일이므로, 동월이 이 정보를 들은 것은 아마도 한양으로부터 遼陽 사이의 어느 지점에서, 성절사 또는 통사로부터 정보를 들은 것이 아닌가 하고 여겨진다. 결국 최부는 북경을 떠나 산해관을 향한지 5일째인 4월 29일에 玉田縣을 지나며, 자신의 생환을 이미 조선에서 알고 있다는 사실을 다시 전해 듣게 된 것이다. 결국 2월 8일 항주에서 황제에게 보고한 奏本이 3월 12일에 북경에 도착하였고, 聖節使 안처량이 3월 22일에 이 奏本을 등사하여 조선을 향해 떠나 4월 15일에는 성종이 이를 읽었으며, 이 소식은 다시 4월 29일 明使 동월에 의해 북경을 막 떠나 귀국 길에 오른 최부에게 다시 전달되고 있는 것이다.

최부 《표해록》을 통하여 15세기 중국사회의 여러 면모를 살펴볼 수 있겠으나, 우선 朝鮮 漂流民의 송환 절차와 情報傳達에 초점을 맞추어 보고자 하였다. 浙江省 台州府 臨海縣에 표착한 漂流民 최부 일행은 우선 해안 방어를 담당하고 있는 把總松門等衛所備倭指揮의 기초 조사를 받은 다음, 紹興으로 보내져 왜구방어를 전담하는 관리인 總督備倭都指揮僉事와 巡視海島副使 및 布政司分守右參議의 합동 심문을 받았다. 그리고 항주로 이송되어 鎭守浙江司設監太監과 巡按浙江監察御史 및 三使의 합동 조사를 받고,

---

45 《朝鮮成宗實錄》, 19年 3月 辛巳, 4月 壬寅.

풍랑으로 표류하게 되었다는 사실에 대한 재확인 절차를 거쳤다. 審問 내용은 먼저 최부 일행의 身分 확인을 끝낸 다음, 조선의 역사·문화·제도·풍속·인물 등이 광범위한 내용이 포괄적으로 다루어졌다. 최부 일행에 대한 조사 과정을 살펴본 결과, 우선 把總官(桃渚所)－備倭署都指揮僉事(紹興)－鎭守太監(杭州)의 3등급에 걸친 조사가 이루어졌음을 알 수 있었다.

표류민 처리를 둘러 싼 情報의 傳達과 通信이 어떻게 이루어졌는가를 살펴보면, 우선 지방 행정기구인 浙江 三司를 통해 북경으로 보낸 공문 외에, 鎭守太監이 황제에게 直報하는 통신시스템이 별도로 가동되고 있었다는 것을 실제로 소요된 日數까지 포함하여 분명하게 확인할 수 있었다. 杭州를 출발한 최부가 大運河를 통해 북경까지 45일이 걸린 데 비해, 鎭守太監이 杭州에서 황제에게 직보한 공문은 육로로 34일 만에 도달하였다. 이 공문을 당시 북경에 와 있던 조선사신 安處良이 등사하여 귀국하였는데, 최부가 북경에 도착하기도 전에 북경을 먼저 떠난 안처량의 휴대 공문을 조선성종이 23일 만에 읽었던 것이다. 그리고 또한 당시 조선에 出使하였던 董越이 귀국 도중 최부 생존의 정보를 전해 듣고 귀국하던 도중 북경 부근에서 만난 최부에게, 조선에서는 최부가 중국에 살아있음을 이미 알고 있다는 소식을 다시 전달해 주었다.

杭州에서 조사가 끝난 다음에 浙江布政使司는 指揮를 파견하여 최부 일행을 북경으로 호송시켰다. 결과적으로 최부 일행은 桃渚－杭州, 杭州－北京, 北京－廣寧, 廣寧－義州의 4단계 轉送 방식으로 조선 송환이 이루어졌다. 표류민인 최부의 조선 송환은 15세기 중국과 조선 간에 표류민 송환 절차와 정보전달 시스템을 알려주는 좋은 사례이며, 또한 양국 간에 이루어진 신속한 정보 전달과 중국 국내 정보 유통의 실제 모습을 뚜렷하게 보여주고 있다.

7장 15世紀 朝鮮人이 본 明 '弘治中興'의 兆朕
—弘治元年(1488)의 崔溥 漂海錄을 中心으로

明朝의 제8대 황제로 보통 弘治帝로 불리는 明孝宗의 재위 기간은 18년으로, 이 시기는 明代史에서 '弘治中興' 또는 '弘治新政'이란 말로 곧잘 요약된다. 荒淫으로 얼룩진 생애를 보낸 父皇 明憲宗[46]이 사망하고 明孝宗이 즉위한 해는 成化23년(朝鮮成宗18년, 1487) 8월이다. 명효종이 즉위하자마자 전광석화와 같이 시도한 과감한 숙청은 북경을 왕래하는 조선의 조공사절에게도 즉각 포착되었다. 당시 재위 19년째이었던 朝鮮成宗은 이와 같은 明朝의 동향에 예민하게 반응하며, 북경과 한양을 왕래하는 朝鮮使臣을 통해 정보를 수집하는 데 주력하였다. 이러한 '弘治新政'의 초기의 전개과정은 물론, 몇 년이 지난 이후 개혁의 박력이 쇠퇴해 가는 미세한 변화까지

46 明憲宗은 놀기 좋아하고 진귀한 물건이나 탐하며 道敎를 맹신한 인물로 政事를 매우 태만히 하였으므로, '土木의 變' 이후 한때 위축될 듯하던 宦官政治의 길을 다시 크게 열어 주게 되었다. 그리하여 明憲宗의 成化年間은 '汪太監이 있음을 알 뿐, 天子가 있음을 모른다'고 할 정도로 汪直이라는 한 宦官이 專權을 한 시기로 알려진다. 暴鴻昌은 이 시기를 "조정은 황폐하고 환관과 간신이 어지럽히고 날뛰며, 토지겸병은 더욱 심해지고 사치풍조가 크게 일어나며 國庫는 텅 비어 명초 이래 백여 년간의 축적이 모조리 탕진되었고, 災變마저 빈발하여 사회모순이 격화되기 시작하였다"고 결론 내렸다. 許大齡 · 王天有 主編, 《明朝十六帝》, 紫禁城出版社, 1991, 173쪽.

조선조정에 포착되어 《朝鮮王朝實錄》에 빠짐없이 수록되었다.

그런데 成化23년에 濟州에 敬差官으로 파견되었던 崔溥가 표류로 말미암아 浙江省에 漂着하여 중국 땅에 상륙한 때는 명효종의 즉위 이듬해인 弘治元年(조선 성종19년, 1488) 윤정월 16일이다. 이후 최부는 절강에서 북경으로 호송되고 다시 요동을 거쳐, 6월 4일에 압록강을 건너기까지 모두 136일간 중국에 체류하게 되었다. 최부가 중국 땅에 머물렀던 이 기간은 바로 홍치원년, 즉 명효종이 즉위 첫 해의 6개월째부터 10개월째까지의 기간에 해당한다. 그러므로 이 시기에 명효종이 취한 여러 개혁조치로 말미암아 생성된 사회 분위기는 비록 표류민의 처지였지만 최부에게 예리하게 감지되었다. 최부는 《漂海錄》의 여러 곳에서 '新政'이 표출되고 있는 양상을 언급하였다.

따라서 明代中期에 이른바 '弘治中興'이 시작되는 조짐을 동시대의 조선인들이 어떻게 파악하고 있었던가 하는 문제를 살펴보고자 한다. 이 주제를 다루기 위한 자료는 물론 《朝鮮王朝實錄》을 기본 史料로서 활용하지만, 특히 최부 《표해록》을 깊이 있게 분석함으로써 15세기에 조선이 明朝의 정치개혁을 어느 정도로 신속하고 정확하게 파악하고 있었던가 하는 문제를 밝힐 수 있을 것이다. 明과 朝鮮의 關係史에는 아직 연구의 공백으로 남아 있는 부분이 적지 않다. 최부 《표해록》과 《朝鮮成宗實錄》을 결합시켜 15세기에 조선인이 본 明의 '弘治中興'을 그려냄으로써, 그와 같은 연구의 공백을 조금이라도 채울 수 있게 되기를 기대한다.

1. 15世紀 明 '弘治中興'에 대한 視角

《明史》〈本紀〉에서 史臣은 明孝宗에 대해 이렇게 평가한 바가 있다.

明은 천하를 얻고 16世를 전하게 되었는데, 太祖와 成祖 이외에 기릴 만한 황제는 仁宗·宣宗·孝宗뿐이다. 仁宗·宣宗의 시기는 國勢가 처음 커져갔으므로 紀綱이 바로잡히고 순박함이 남아 있었다. 成化 이래 태평무사라고 칭해졌지만, 安樂함이 쉽게 나태와 안일에 빠지게 하고, 富盛함이 점차 교만과 사치를 부르게 되었다. 孝宗만이 홀로 삼가 節儉하고, 政事에 부지런하고 백성을 사랑하였으며, 안정과 번영을 지키기 위해 진력하여, 이를 통하여 조정의 관원이 청렴하였고, 백성들은 안락하고 만물은 풍족하였다. 《周易》에 "평평하기만 하고 비탈지지 않은 땅은 없으며, 가기만 하고 돌아오지 않는 것은 없으니, 어려운 상황을 만나도 참고 견딜 수 있어야 허물이 없다"[47]고 하였는데, 이 도리를 안 사람은 오직 효종뿐이로다![48]

《明史》〈列傳〉'何喬新等傳贊'에서도 다음과 같은 언급이 있다.

孝宗이 슬기롭고 어진 군주가 된 데에는 까닭이 있다. 검약하고 스스로 근신하며 사람을 골라 일을 맡기는 데 밝았던 것이다. 劉(健) 謝(遷)과 같은 현명한 이들이 정부에 있었고, 王恕·何喬新·彭韶 등이 七卿이 되어 늘 서로 도우며 보필하였다. 조정에는 君子가 많아 거의 (唐의) 開元年間이나 (宋의) 慶曆年間의 盛時에 비길 만하였다. 何喬新과 彭韶는 그 쓰임을 다 하지 못하였으나 朝野에서 人望이 자자하였다. 史書에서는 宋仁宗 때 나라에 嬖幸이 없지는 않았으나 治世의 大體에 누를 끼칠 정도는 아니었고, 조정에 小人이 없지는 않았지만 착한 사람들의 기운을 누르지 못하였으니, 孝宗 초기의 정치가 대략 이와 비슷하였다. 그렇지 않았더라면 憲宗의 말기를 이어 받아 정치를 옆에서 간여하지 못하게 하고 재정에 낭비를 없애며, 나라의 원기를 북돋아 나라 안팎이 평온하였다고 어찌 쉽게 말할 수 있었겠는가?[49]

---

47 《周易》卷2, 泰.

48 《明史》卷15, 本紀 15, 孝宗.

49 《明史》卷183, 列傳 71, 何喬新等傳贊.

清代의 역사가 谷應泰는 《明史記事本末》에서 明孝宗을 다음과 같이 평가하였다.

> 三代로 거슬러 올라가면 成王·康王이 가장 뛰어났다. 시대를 내려오면 漢文帝와 宋仁宗일 것이며, 또 내가 들은 바로는 明의 孝宗이 이에 가까울 것이다. 人主가 강보에 싸여 있을 때는 乳母의 臣, 조금 자라나면 놀이의 臣, 성인이 되면 嬖幸의 臣, 즉위하고 나면 아첨의 臣이 있다. 千金을 지닌 부자의 자식은 성품이 교만해지고, 萬乘의 至尊은 자신의 뜻에 맞기를 구하며 자기 허물을 듣기 싫어하는 것이 당연하다. 漢文帝는 輦을 멈추고 忠言을 들었으니, 張釋之와 馮唐도 모두 한마디 말로 군주를 깨우쳤다. 宋仁宗은 天章閣을 열어 통치에 힘쓰니, 韓琦·范仲淹·富弼·歐陽修가 앞뒤로 조정에 등장하였다. 효종의 시기는 明이 천하를 얻고 백여 년이 지나 海內가 안정되어 戶口는 늘고 戰亂은 없어졌으며 盜賊이 생기지 않으니 和樂하다고 할 수 있었다. 그런데도 孝宗은 깔끔하고 검소하며, 어질고 밝으며, 부지런히 다스리기에 힘쓰고, 잘 보필하는 신하를 두며, 감히 直言할 수 있는 신하를 부르고, 곧고 바른 선비를 구하였다. 嬖幸의 門을 닫고, 珍貴한 물건을 물리치며, 鷹犬을 손에서 놓고, 外戚을 억제하며, 中官을 줄이고, 人事를 공정히 하며, 經筵과 午朝를 시행하고, 백성의 고통을 찾아내어 잘 다스리기 위해 힘썼다.[50]

《明通鑑》을 지은 清代의 夏燮도 명효종에 대해 《明史》의 기사를 인용한 다음, "仁宗과 宣宗 이후 이 이가 바로 中興의 令主라고 할 수 있다"[51]라는 평가를 내린 바가 있다. 역시 清代의 鄭曉는 《皇明通紀述遺》에서 명효종을 다음과 같은 인물로 묘사하였다.

> 황제는 어질고 검소하며, 조심스럽고 英明하며, 마음이 맑고 욕심은 적었으

50 《明史紀事本末》 卷42, 宏治君臣.

51 《明通鑑》 卷40, 孝宗.

며, 백성을 사랑하고 財貨를 아꼈으며, 方士나 宦官이 감히 간여하지 못하게 하였으며, 災難을 당한 사람을 불쌍히 여기고 患難을 슬프게 생각하였다. 도적을 잡아내고 오랑캐를 막으며, 덕이 있는 사람을 높이고 공로가 있는 사람에 보답하며, 쇠퇴를 막아 흥성할 수 있도록 걱정하고 노력하기를 始終 변함이 없었으니, 그 또한 修身·齊家·治國·平天下의 결과이다.[52]

그런데 명효종에 대해 각종 史書의 이러한 讚辭와는 별도로 정작 明代史學界에서는 明孝宗의 역사적 位相을 놓고, 반드시 일치된 시각만 존재하는 것은 아니다. 郭厚安은 《弘治皇帝大傳》에서 弘治年間은 개혁이 실행된 시간도 짧았고 폭도 크지 않았으므로, 소위 '弘治中興'의 빛은 매우 빠르게 사라져버렸고 이후 사회 전체가 고통의 신음 속에 비틀거렸다고 보았다. 즉 당시 상황은 國勢가 계속 쇠퇴해 가는데 그 진행이 완만하여 표면적으로는 升平의 모습을 유지하는 듯했으나, 실제로는 심각한 사회적 위기가 잠복되어 있었다는 것이다. 결국 明孝宗은 聖君도 아니고 暴君도 아닌 평범한 인물로서, 현상유지를 추구한 '太平天子'로 郭厚安은 묘사하였다.[53]

또한 '弘治新政'의 시기에 과연 明朝 政治의 병폐인 宦官의 정치 간여가 과연 사라졌는가에 대한 異見도 있다. 즉 明孝宗은 忠直과 廉潔의 기준으로 환관을 등용하며 환관의 단속을 엄하게 하였을 뿐, 정치 간여를 일절 허용하지 않겠다는 방침은 아니었다. 따라서 明孝宗 시기에 환관의 권세가 조금 줄어들긴 하였으나 정치 간여는 멈추어지지 않았으며, 활동의 범위는 采辦·監工·督軍·鎭守·審獄 등에 걸쳐 매우 활발하게 이루어졌다는 것이다.[54]

52 《皇明通紀述遺》 卷8, 孝宗敬皇帝.

53 郭厚安, 《弘治皇帝大傳》, 遼寧教育出版社, 1994.

54 張宏斌, 〈論弘治時的皇權與內官干政〉, 《渭南師專學報(社會科學版)》, 1999年 第3期.

明太祖와 더불어 成祖도 創業의 군주라고 본다면, 仁宗 · 宣宗 · 孝宗은 守成의 군주라고 할 수 있다. 그러나 仁宗 · 宣宗이 국세가 일취월장하던 太祖 · 成祖 시대의 뒤를 잇고 있는 데 비해, 孝宗은 '土木의 變'으로 국세가 크게 꺾인 英宗과 사회경제적 모순이 한층 깊어진 憲宗 시대의 뒤를 이었다. 그러므로 孝宗의 치적을 仁宗 · 宣宗과 동일 선상에서 단순 비교해서는 안 될 것이다. 孝宗의 업적을 政治史的으로 평가하기 위해서는 무엇보다 그가 처해 있던 시대를 출발점으로 하여, 그가 추진했던 정책과 성과를 분석한 결과를 기초로 해야만 할 것이다.

명효종은 즉위와 더불어 人事의 一新을 통한 政治改革에 발동을 걸었다. 먼저 명효종에 의해 한 무리의 사악한 환관 梁芳 · 王敬 · 韋眷 등이 축출되고, 成化年間에 갖가지 부정부패를 저지르던 李孜省은 下獄되어 獄死하였다. 그리고 明憲宗이 관직을 부여하였던 禪師 · 國師 · 眞人 · 法王 · 囉嘛 등 佛僧과 方士들 무려 1천여 명을 숙청하였다. 물론 명헌종을 荒淫의 길로 인도하였던 內閣大學士 萬安이 축출된 것은 당연하였다. 반면에 비교적 능력 있고 정직한 인사들을 적극적으로 발탁하니, "조정에는 君子가 많아 거의 唐의 開元年間이나 宋의 慶曆年間의 盛時에 비길 만하였다"[55]고 할 정도의 국면이 형성되어 王恕 · 柳大夏 · 徐溥 · 謝遷 · 劉健 · 李東陽 · 馬文升 등 수많은 名臣이 배출되었다.

사실 전반적으로 볼 때 明孝宗은 즉위 후 宦官을 단속하고, 內閣을 존중하며, 言路를 넓히고, 官吏考察制度를 완비하는 등 개혁정치에 힘쓴 것은 사실이다. 경제적으로는 均徭法의 전국적 시행을 통해 雜役을 개혁하였고, 賦稅 減免이나 災民 賑恤뿐 아니라 流民 문제에도 주의하며, 스스로도 節儉

55《明史》卷183, 列傳 71, 何喬新等傳贊.

하는 생활을 하려고 애썼다. 군사적으로는 붕괴되는 衛所制에 대응하여 民壯法을 시행하며 武學法도 궤도에 올려놓았다. 법률적으로는 《問刑條例》와 《大明會典》의 편찬을 통해 刑律과 制度를 정비하였다. 이와 같은 정치 · 경제적 개혁에 발맞추어 弘治年間에는 문화적으로 '前七子'를 중심으로 명대 문학의 '復古運動'이 일어난 시기이기도 하였다.[56]

2. 朝鮮朝廷이 포착한 '弘治新政' 事例

흔히 弘治帝로 불리는 明孝宗이 황제로 등극하였다고 조선에 알려진 것은 성종18년(성화23년, 1487) 9월 27일이다. 한양을 떠난 聖節使 韓僩이 遼東에 이르러 "지난 8월 22일에 황제가 승하하고 태자가 즉위하였으므로, 요동 사람들이 다 白笠을 썼습니다. 또 듣건대, 새 황제는 法令이 嚴明하다 하니, 臣이 가져온 別進獻은 바치지 못하게 될 것 같습니다"라고 급보를 알려 왔다.[57] 이는 비록 단편적이기는 하지만, 明憲宗의 死去로 황태자가 새 황제로 즉위하였다는 사실과 함께, 新皇帝 명효종이 '法令嚴明'의 施政 방침을 펴고 있다는 것을 조선조정에 보고한 첫 정보였다.

중국과 책봉조공관계를 맺고 있는 조선은 10월에 明憲宗의 昇遐를 哀悼하기 위한 進香使로 戶曹判書 李封과 陳慰使로 同知中樞府事 卞宗仁을 북경에 파견하였다.[58] 이와 거의 동시에 명효종의 즉위를 賀禮하기 위한 賀登極使로 右議政 盧思愼과 武靈君 柳子光을 같은 달 또 다시 북경에 보냈다.[59] 賀登極使 盧思愼은 遼東에 도착하였을 때, 알게 된 新皇帝에 관한

---

56 李夢芝, 〈論弘治帝的歷史地位〉, 《史學月刊》, 1997. 2.

57 《朝鮮成宗實錄》, 18年 9月 癸亥. 聖節使 韓僩은 10월에 북경에 도착하여 入朝하였다는 기록이 《明實錄》에 있다. 《明孝宗實錄》 卷5, 成化23年 10月 乙酉.

58 《朝鮮成宗實錄》, 18年 10月 丙子 ; 《明孝宗實錄》 卷7, 成化23年 11月 甲子.

정보를 12월 3일에 성종에게 급히 알려왔다.

> 새 황제의 政令이 매우 嚴峻하여, 늙은 宦官으로 不法을 저지른 자 7, 8명을 南京에 옮기도록 하고 家產을 籍沒했다고 합니다.[60]

그런데 하등극사 노사신에 앞서 명헌종의 탄일을 축하하기 위해 파견되었던 聖節使 韓儹도 귀국하기 이전에 성종에게 다음과 같이 馳啓하였다.

> 太監 谷淸이 家人 李懈를 보내 臣에게 말하기를, "전에 雲南 사람이 先皇帝에게 玉을 바치고 이로 인하여 銀 약간 兩을 하사받았었는데, 지금의 황제가 즉위하자 그 사람을 가두고 鞫問하게 하기를, '너는 어째서 노리개 같은 물건을 외람되게 先帝께 바치고서 御用監의 銀을 많이 얻었는가?' 하였으니, 보물이나 노리개를 좋아하시지 않음이 이와 같습니다. 이번에 가지고 온 別獻 물건은 朝廷에서 알지 못하는 바입니다. 先皇帝께서 저로 하여금 그 出入을 맡게 하였었는데 이제 이미 崩逝하셨고, 저 역시 장차 陵所에 가려고 이미 陛辭하였으므로 奉進하기 어려우니, 마땅히 도로 가지고 가십시오. 다만 銀과 象牙는 先帝께서 欽賜하신 것이어서 마음대로 버려둘 수 없으니, 다음 행차에 별도 單本을 써서 올리도록 하십시오" 하기에, 신이 대답하기를, "太監이 陵所에 간다면 장차 누구를 통해 奉進해야 하겠습니까?"라고 하였습니다.[61]

성절사 한찬은 명효종이 즉위한 다음 別獻 품목을 바치는 일과 관련해서 변화된 중국 조정의 분위기를 성종에게 급히 보고하였다. 보고 속에서 이 사무를 관장해 오던 太監 谷淸이 "장차 陵所에 가려고 陛辭하였다"는 것은

---

59 《朝鮮成宗實錄》, 18年 10月 壬午 ; 《明孝宗實錄》 卷8, 成化23年 12月 甲申.

60 《朝鮮成宗實錄》, 18年 12月 戊辰.

61 《朝鮮成宗實錄》, 18年 12月 戊辰.

나중에 聖節使 蔡壽의 보고 가운데 "前代의 늙은 宦官들은 모조리 先皇의 陵 곁으로 옮겨 가게 하고, 조정의 모든 사무는 모두 어진 사대부에게 맡겼습니다"라는 내용과 상응하고 있는 것을 알 수 있다.[62] 12월 14일의 經筵에서 講을 마친 大司憲 權健이 성종에게 "또 듣건대, 새 天子는 法令이 嚴明하다고 하니, 이제 進賀使 등은 선택하여 보내지 않을 수 없습니다"[63]라고 진언하며, 山海關에서 進香使 李封을 만나고 나서야 뒤늦게 이와 같은 정보를 馳啓한 韓僨을 聲討하기도 하였다. 이듬해 윤정월에 귀환한 진향사 이봉에게 성종이 "새 황제의 정치는 어떠하던가?"라고 물은 데 대해, 이봉은 다음과 같이 대답하였다.

> 정치가 嚴明하고 내외가 淸肅합니다. 그러므로 어떤 이가 글을 올려 萬氏의 族親을 誅殺해야 한다는 말이 있었으며, 또 현 執政大臣의 과실을 지적하는 말도 있다고 합니다. 그 萬氏는 大行皇帝의 사랑을 받았는데, 晩年에 姿色이 쇠하여 총애가 식자 몰래 먼 지방의 미녀를 취해 바침으로써 그 마음을 기쁘게 하고 총애를 굳히고자 하였다고 합니다. 새 황제가 東宮에 있을 때에 또 총애를 얻기 위해 늙은 앵무새 한 쌍을 길러 '황태자는 천만세를 누리소서'라고 말하도록 훈련시켜 태자에게 보냈는데, 태자가 그 앵무새의 말을 듣고는 노하여 말하기를 '이것은 妖物이다'라고 하며 곧 그 목을 자르려고 하였다 합니다. 萬氏가 그 말을 전해 듣고 총애를 얻으려다가 도리어 노여움을 산 것을 알자 스스로 목을 매어 죽었다고 합니다. 그러나 그 상세한 것은 알지 못합니다.[64]

한편 하등극사 노사신과 부사 유자광도 홍치원년 1월에 귀환하였는데, 이번 사행을 한마디로 "조정이 安靜되고 백성은 생활이 나아지며 황제가

---

62 《朝鮮成宗實錄》, 19年 8月 乙卯.

63 《朝鮮成宗實錄》, 18年 12月 己卯.

64 《朝鮮成宗實錄》, 19年 閏正月 戊子.

嚴明하니, 모든 신하가 공경하고 두려워합니다. 신이 전에 書狀官으로 북경에 갔을 적에는 關 밖에 民家가 적었었는데, 지금은 閭井이 조밀합니다" 라고 성종에게 느낀 점을 보고하였다. 그리고는 성종과 노사신 사이에는 아래와 같은 문답이 이루어졌다.

> 임금이 말하기를, "듣건대, 황제가 宦官과 萬氏의 族親을 많이 죄를 주었다고 하는데, 이는 사람들이 죄주기를 청함으로 인하여 그렇게 하였는가?" 하니,
>
> 노사신이 아뢰기를, "듣건대, 어떤 사람이 상소하였기 때문에 죄를 다스렸다고 합니다. 신 등이 떠나 돌아올 때에도 萬氏의 族親이란 자가 죄로써 獄에 나아가는 것을 보았습니다" 하였다.
>
> 임금이 말하기를, "듣건대, 황제의 법령이 嚴明하다고 하는데 정말인가?" 하니,
>
> 노사신이 아뢰기를, "그렇습니다. 황제가 東宮에 있을 때에 항상 말하기를, '중은 도대체 무엇 하는 사람이냐?'고 하였으므로, 사람들이 모두 말하기를, '太子가 황제의 자리에 오르면 중은 반드시 뜻을 얻지 못할 것이다'라고 하였는데, 중과 道士로 벼슬에 제수되었던 자는 과연 모두 파직되었습니다. 先皇帝는 사람을 쓰는 데 있어 사사로운 뜻으로 한 것이 간혹 있었으나, 지금 황제는 銓注와 登用을 하나같이 정당하게 하고 또 성품이 보물이나 노리개 같은 물건을 좋아하지 아니하며, 아무리 바람 불고 눈이 올 때라도 朝會를 폐하지 아니하며, 여러 신하를 대하는 데에는 모두 喪服으로 임하고 오직 하늘을 제사하는 데에만 黃袍를 씁니다. 신 등의 慰宴을 베풀 때에도 음악을 연주하지 아니하고 雜戲를 베풀지 아니하며 勸花를 床 위에 놓고 꽂지 아니하였으니, 대저 선황제의 弊政을 일체 更張하였습니다.[65]

조선의 君臣 간에 이루어진 이 문답의 내용은 '弘治新政'으로 불리는 개혁정치의 알맹이를 고스란히 담고 있다. 이 문답 속에서 하등극사 노사신이

---

65 《朝鮮成宗實錄》, 19年 閏正月 癸巳.

파악한 明孝宗의 개혁은 대략 다음과 같이 정리해 볼 수 있다.

1. 專橫을 일삼던 萬貴妃 일족을 숙청하였다.
2. 法令을 엄격히 적용한다.
3. 僧侶와 道士로 官職을 받았던 사람을 모두 罷職시켰다.
4. 銓注를 통해 人事를 공정하게 한다.
5. 朝會를 폐하지 아니한다.
6. 寶物이나 노리개를 탐하지 않고 節儉을 숭상한다.

이는 모두 명헌종의 재위시절에 만연했던 弊政을 혁파하기 위한 조치의 일환이었으며, 명효종이 즉위 초기에 펼친 이른바 '新政'의 구체적 양상을 조선은 거의 완벽하게 파악하고 있었다고 볼 수 있다.[66]

그런데 최부가 濟州三邑推刷敬差官의 임무를 부여받아 대궐을 하직한 것이 성화23년(1487) 9월 17일이고, 전라도 海南縣 舘頭梁에서 제주로 떠나는 배를 탄 것이 11월 11일이다. 그런데 하등극사 노사신이 명효종의 개혁에 대한 자세한 보고를 올린 홍치원년 윤정월 28일은 최부가 이미 성종의 명을 받고 推刷敬差官으로 제주에 머물고 있을 때였다. 최부는 바로 이 달 30일에 부친상을 연락받고 다음 달 3일에 배를 타고 떠났다가, 폭풍우

66 明孝宗은 明憲宗과는 달리 珍貴한 물건을 전혀 탐하지 않았다는 사실이 조선 기록에도 여러 곳에 언급되어 있다. 弘治6년 聖節使 李誼가 보고한 내용에 "중국 조정의 사람들이 말하기를 '成化帝 때는 탄일에 珊瑚樹를 바쳤는데, 지금 황제는 받지를 않았다. 또 韃子가 바친 眞珠도 받지 않았다'고 합니다"라는 기사가 《朝鮮成宗實錄》 24年 8月 庚寅條에 있다. 弘治15년 正朝使 李秉正의 보고에도 "황제가 珠玉을 보배로 여기지 않으므로 궁중 府庫에 주옥이 텅 비었으며, 이 때문에 시중에서도 또한 주옥을 매매하는 사람이 없었습니다"라는 구절도 《燕山君日記》 8年 3月 丙申條에 나온다.

때문에 배가 표류하여 13일 후에 중국 浙江省 台州府 臨海縣에 상륙하게 되는 것이다. 그러므로 최부는 시간적으로 명효종의 즉위 사실 정도만 겨우 알고 있는 상태에서 제주도로 출장을 갔고, 이듬해 윤정월 3일 제주를 떠나면서 표류하게 되었으므로, 명효종의 '新政'에 대한 정보를 事前에 전혀 認知할 수 없었던 상황이었다.

최부의 일행 43명이 무사히 조선에 귀환한 홍치원년 6월 이후에도 조선 성종은 명의 조정에서 무슨 일이 일어나고 있는지에 대해 주의를 게을리 하지 않았다. 예를 들면 홍치2년 3월 正朝使로 북경에 다녀 온 辛鑄에게 성종이 중국 조정에 무슨 일이 있던가를 물었을 때, 신주는 "황제는 嚴明하며, 臣僚는 恪勤하여 특별히 말씀드릴 일이 없습니다"라고 보고하였다. 그러나 3년이 지난 홍치5년 3월에 북경에 다녀온 正朝使 金自貞은 성종이 "중국은 태평하던가?"라는 물음에 다음과 같은 보고를 하였다.

> 태평하였습니다. 다만 들으니, 황제가 편치 못하다고 하던데, 朝會 때에 바라보니 天顏이 매우 수척하였습니다. 황제가 처음 즉위하였을 적에는 모두 明斷이 있었다고 하였었는데, 지금은 紀綱이 엄하지 않고 날씨도 고르지 못하여 해마다 풍년 들지 않아 백성들이 매우 곤궁하다고 하였습니다. 예전에 조회할 적에는 朝臣들이 각자 位階대로 줄을 서서 감히 사사로운 말을 못하였는데, 지금은 혹 모여 서서 사사로운 말들을 하니, 이로써 기강이 엄하지 못함을 알았습니다.[67]

위의 記事 가운데 주목되는 것은 명효종 즉위 초기에 서릿발 같았던 紀綱이 3년가량이 지난 이 무렵에는 벌써 허물어지기 시작하고 있었으며, 또 그러한 현상이 朝鮮使臣에게도 쉽게 感知가 되었다는 점이다. 그런데 더욱 중요한 것은 '新政'을 추진하는 탄력이 떨어지기 시작하는 始點에 관한 明

---

67 《朝鮮成宗實錄》, 23年 3月 庚辰.

측의 모호한 기록에 비해, 조선 측의 기록에는 이를 분명하게 적시하고 있다는 점이 아닐 수 없다. 다시 말하면 중국에서는 명효종이 政事에 나태해지는 始點을 홍치8년경으로 보고 있으나,[68] 《조선왕조실록》의 이 기사는 3년 전인 홍치5년경에 명효종이 이미 '明斷'을 잃기 시작하였고, 조정의 기강이 전과 달리 흐트러지고 있음을 지적한 것이다.

한편 明孝宗의 건강이 좋지 못한 것 같다는 보고를 들은 성종은 즉각 최근에 북경을 다녀온 적이 있는 재상들에게 이 점을 물었더니, 柳子光·朴崇質·蔡壽·李睦이 대궐에 들어와서 "황제는 원래 마른 편으로 질환이 있는 것은 아니다"라고 확인해 주었다.[69] 홍치5년 명효종은 황태자를 책봉하고 나서 兵部郎中 艾璞[70]을 조선에 파견하여 책봉 내용을 담은 詔書와 勅書를 반포하였다. 明使 애박은 성종조차도 "중국 사신을 상대한 것이 한두 사람이 아니었으나, 이렇게 경거망동하는 자는 내가 본 일이 없다"고 말할 정도로, 이 使行 이후 조선에서 '조급하고 천박한 사람'으로 낙인찍히는 인물이다.[71] 바로 그 애박이 평양에 이르렀을 때 宣慰宴 자리에서 通事에게 말하기를, "崔溥는 잘 있는가?"하고 물어 通事가 "이번에 進賀使를 따라 赴京하였습니다"라고 대답하니, "지난번 漂流하여 왔을 적에 護送한 모든 일은 모두 내가

68 楊國楨·陳支平, 《明史新編》, 傅衣凌 主編, 人民出版社, 1993, 152쪽. 이 책의 저자는 명효종이 正統 이래의 정치적 積弊를 바로잡는 데 철저하지 못하였고 많은 近倖들 이를테면 李廣 같은 사람이 여전히 중용되었으며, 홍치8년(1495) 이후 명효종은 齋醮·煉丹에 열중하고 朝會에 늦으며 章奏의 批答도 제때에 하지 않게 되었다고 서술하였다.

69 《朝鮮成宗實錄》, 23年 3月 庚辰 ; 10月 癸亥. 같은 해 10월에도 謝恩副使 李季南에게 황제의 起居를 물어 '康寧하시다'라는 대답을 들었다.

70 《明史》 卷200, 列傳 88, 伍文定. 《明史》에는 '艾樸'으로 기록되어 있다.

71 《朝鮮成宗實錄》, 23年 5月 丁酉 ; 6月 甲子.

한 것인데, 어찌하여 나를 만나보지 않고 갔는가?" 하고 거들먹거렸다.[72]

그리고 한양에서 文廟 등을 돌아보고 나서 성종이 베푼 餞送宴 자리에서도 또 애박은 "崔溥는 어디에 있습니까? 내가 南方에 있을 적에 최부가 40여 명과 함께 표류하여 海岸에 이른 것을, 내가 조정에 아뢰어 盤纏과 脚力을 주어 本國으로 송환하게 하였습니다. 또 東八站 鳳凰山에 堡壘를 설치한 것도 내가 아뢴 것인데, 그로부터 朝貢하러 왕래하는 자가 다른 근심이 없게 되었습니다. 왕께서는 알고 계시는지요?"하고 자기의 공적을 성종에게 과시하였다.[73] 아마도 애박이 浙江省 杭州에 근무하고 있을 때였다고 짐작이 가지만, 정작 최부는 《표해록》에서 애박이란 인물에 대해 전혀 기록을 남기지 않았다.

이때로부터 다시 2년이 지난 홍치7년에 북경을 다녀 온 聖節使 河淑溥는 성종에게 이렇게 보고하였다.

> 臣도 또한 황제에게 병이 있다고 들었으며, 또 龍顔을 보니 윤택하지가 않았습니다. 그리고 항상 아침 늦게 일어나 정사를 보았는데, 혹 아침 해가 3, 4장대의 높이까지 이르기도 하였습니다. 聖節의 賀日에도 조정의 반열에 차례가 없었으며, 儒生이 혹 士大夫의 반열을 지나 贊唱하기도 하고, 혹 절을 하지 않는 이가 있기도 하여 우리나라 사람이 발로 쿡 차며 절하도록 한 후에 절하기도 하였습니다. 또 어떤 사람이 말하기를, "황제가 后妃의 戚黨을 특별히 대우하여 內藏한 珍寶를 많이 꺼내 한 달에 3, 4차례나 준다"고 하였습니다.[74]

위의 기사를 통해 政事에 임하는 명효종의 자세가 즉위 초기에 비해 크게 흐트러졌음을 쉽게 짐작할 수 있다.

---

72 《朝鮮成宗實錄》, 23年 5月 甲子.

73 《朝鮮成宗實錄》, 23年 5月 戊戌.

74 《朝鮮成宗實錄》, 25年 9月 庚子.

3. 조사과정에서 崔溥가 느낀 '新政' 機微

제주를 떠난 최부 일행이 폭풍우를 만나 9일간의 표류 끝에 먼저 표착한 곳은 浙江 寧波府에 속한 '下山'이라는 작은 섬이었다.[75] 그러나 이곳에서 최부 일행은 海賊을 만나, 얼마 남아 있지 않은 衣糧마저 빼앗긴 채 다시 바다로 내쫓겼다. 최부 일행이 탄 배는 3일간을 더 표류하다가 마침내 浙江 台州府 臨海縣의 牛頭外洋에 이르게 되었다. '牛頭外洋'이란 牛頭山[76] 섬과 서남쪽 육지 사이의 바다를 가리키는 것이다. 여기서 최부 일행은 6척의 배에 나누어 탄 한 무리의 사람들과 만나게 되었다. 최부의 일행이 牛頭山 앞바다에서 만난 이들은 최부가 朝鮮의 朝臣임을 밝혔음에도 불구하고, 시끄럽게 떠들면서 배에 다투어 들어와, 눈에 보이는 것은 비록 보잘것없는 물건일지라도 모두 강탈하는 지경이었다.[77] 생명의 위협을 느끼게 된 일행은 몰래 상륙하여 가까운 마을로 들어갔으나, 오히려 마을 사람들에게 倭寇로 誤認되어 내몰리는 신세가 된 상황을 최부는 이렇게 묘사하였다.

> 臣은 그 말에 따라 從者들을 거느리고 길을 떠나니, 마을 사람들이 몽둥이와 칼을 집어 들고 징과 북을 치기도 하였습니다. 앞길에서 그 징과 북 소리를 들은 사람들이 구름처럼 모여서, 소란스럽게 큰 소리를 지르면서 사방에서 밀려들어 차례로 교대하며 호송하였습니다. 앞마을에서도 뒷마을에서도 다 이와 같이 하였습니다. 50여 리를 지나니 밤이 벌써 깊었습니다.[78]

---

75 三門縣의 地方志辦公室 金賢德 副主編이 '下山'은 행정 구역으로 浙江省 舟山市에 속해 있는 舟山列島의 '岱山' 섬이라는 사실을 최근 확인하였다. '岱山' 섬의 위치는 舟山列島 중에 가장 큰 섬인 舟山島의 바로 북측이다. 《연합뉴스》, 2004년 2월 9일.

76 嘉靖 《浙江通志》 卷11, 地理志 第1之11 : "臨海山, 在縣東北二百四十里, 瀕于海, 舊名牛頭山."

77 《漂海錄》 卷1, 閏正月 17日.

이튿날 새벽녘에 仙巖里를 지나 蒲峯里에 이르자, 비로소 海門衛[79] 千戶 許淸이란 관원과 만나게 되었다. 塘頭寨를 지키던 千戶 許淸은 왜적이 침범했다는 소식을 듣고 이들을 체포하기 위해 軍吏를 거느리고 달려왔던 것이다. 千戶 許淸이 최부에게 말한 첫마디가 "우리 大唐의 法度는 엄격하니, 너희 딴 지방 사람들은 이곳에 오래 머물러 양민들을 어지럽게 해서는 안 되오"라는 것이었다.[80] 이때부터 千戶 許淸이 최부 일행을 몰아가게 되는데, 밤중에 비를 맞으며 내몰림을 당하던 최부 일행은 횃불을 든 군사를 거느리고 달려 온 또 다른 한 관인을 만나게 된다. 이 관인은 桃渚所[81] 千戶 陳華로서, 역시 倭人이 국경을 침범했다는 소식을 듣고 달려 온 것이었다. 두 千戶의 인솔 아래 최부 일행은 도저소에 이르게 되었다. 이 성곽에 이르기 전 7, 8리 앞에서부터 군졸들이 갑옷을 입고 창을 세웠으며, 총통과 방패가 거리를 꽉 메운 상태였다. 도저소에 도착한 다음에야 최부는 자신들이 倭寇로 誤認되고 있음을 알게 되었다. 이름을 알 수 없었던 이가 필담을 통해 다음과 같은 사실을 알려 주었기 때문이었다.

> 예로부터 倭賊이 여러 번 우리의 변경을 침탈하였기 때문에 나라에서는 備倭都指揮와 備倭把摠官을 두어 왜적을 방비하게 했소. 만약 왜적을 잡는다면 모두 먼저 목을 베고 나중에 보고하게 되어 있소. 이번에 당신이 처음 배를 맨 곳은 獅子寨의 관할지인데, 寨를 지키는 관원은 당신을 왜적이라 무고하여 목을 베어 바치고 功을 세우려 했소. 그러므로 먼저 "왜선 14척이 변경을 침범하

78 《漂海錄》 卷1, 閏正月 17日.

79 《籌海圖編》 卷5, 浙江兵防官考, 沿海衛所.

80 《漂海錄》 卷1, 閏正月 18日.

81 《籌海圖編》 卷5, 浙江兵防官考, 沿海衛所. 海門衛의 산하에 新河所 海門前所 健跳所 桃渚所가 편제되어 있다.

여 약탈하였다"고 보고했던 것이오. 군사를 거느리고 가서 당신을 잡아 목을 베려는 참에 당신들이 먼저 배를 버리고 사람이 많은 마을로 들어갔던 까닭에 그들은 꾀를 부리지 못했던 것이오. 내일은 把總官이 와서 당신들을 심문할 것이오. 당신은 자세히 해명하시오. 조금이라도 어긋나는 말이 있으면 죽음을 면치 못할 것이오.[82]

최부 일행은 폭풍우와 死鬪를 벌이며 飢渴에 허덕이던 13일간의 표류도 힘들었지만, 상륙하자마자 이틀 동안 겪었던 고난도 정말 견디기 어려웠는데, 이는 왜구로 조작되거나 오인되었기 때문이었다. 최부 일행이 두 번째로 표착하였던 牛頭山 앞바다에서 만난 6척의 배에 나누어 탄 무리들은 곧 獅子寨[83]를 지키는 軍兵들이었다. 獅子寨의 守寨官은 최부 일행이 왜구가 아니라는 것을 뻔히 짐작하면서도 일단 왜선 14척이 해상에 출현하였다고 허위보고를 먼저 해 놓고, 소탕 명령이 떨어지면 최부 일행을 몰살시켜 증거를 없애버리고 나서 이들을 왜구로 조작할 참이었던 것이다. 만일 최부 일행이 서둘러 상륙하여 마을로 들어가지 않았더라면, 이들에게 죽임을 당한 후 倭寇로 조작되어 처리될 뻔하였다는 것도 미루어 짐작할 수 있다.

여기서 중국인이 주체인 이른바 '後期倭寇'나, 왜구를 소탕할 임무를 지닌 沿海 지방 衛所의 軍兵이나 행동양식에 뚜렷한 차이를 발견하기가 어렵다는 것을 알 수 있다. 결국 이는 명대중기 이후 衛所制度가 軍事警察의 기능을 제대로 수행하지 못하고 있다는 하나의 예증이 될 수가 있다.

도저소로 끌려간 최부 일행이 把總官 劉澤의 심문을 받을 때, 최부가 사실대로 작성한 공술서를 읽은 파총관은 下山에서 해적을 만난 일과 仙巖里에서 구타당한 일 등 몇 대목을 삭제하고 다시 한 장을 새로 쓰도록 요구하였

82 《漂海錄》 卷1, 閏正月 19日.

83 《籌海圖編》 卷5, 浙江兵防官考, 沿海關臺寨烽堠.

다. 공술서를 고치라는 요구에 불만을 표시하는 최부에게, 파총관의 부하 薛旻은 몰래 글을 써 보이면서 다음과 같이 설명하였다.

> 지금 황제께서 새로 즉위해서 法令이 嚴肅하니 만약 당신이 전일에 진술한 공술서를 보신다면, 황제께서는 틀림없이 '도적이 횡행하고 있구나' 하고 여기시고, 邊將에게 죄를 돌릴 터이니 작은 일이 아닙니다. 당신을 위해 헤아린다면 살아서 본국으로 돌아갈 것만을 염두에 두어야지, 일을 만드는 것은 좋지 않습니다.[84]

최부가 도저소를 떠나 寧波를 거쳐 紹興에 도착하여 제2단계 조사를 받을 때도 비슷한 상황이 일어났다. 總督備倭都指揮僉事 黃宗, 巡視海島副使 吳文元 ,布政司分守右參議 陳潭의 합동 심문에 최부가 사실대로 남김없이 진술하자, 세 使相은 어찌하여 진술서가 전과 다른지를 물은 다음, 앞서 도저소에서 진술했던 내용과 똑같이 베껴 쓰도록 요구한 것이다. 뿐만 아니라 후일 杭州에 도착하여 鎭守太監 · 綉衣 · 三司의 大人이 심문하거나, 북경에 이르러 兵部와 禮部에서 심문이 있을 때도 반드시 같은 내용을 진술해야만 한다고 요구하였다.

> 臣의 성명, 살던 고향, 역임한 관직, 표류하게 된 까닭, 상륙하여 약탈한 일이 없었는지의 정상, 가지고 온 무기의 유무 등을 물었습니다. 신은 파총관에게 답하던 말로 답하고 난 뒤 下山에서 해적을 만나고, 仙巖에서 몽둥이를 맞았던 일을 더 보태고, 가져온 행장에 말안장 1벌을 또 첨가하였습니다. 세 使相은 곧 파총관이 보고한 문서를 내어 신에게 보이면서 말하기를, "어째서 공술서의 앞뒤의 상세함과 간략함이 같지 않소?"라고 하였습니다. "파총관이 처음 심문할 적엔 표류하여 정박하게 된 사정만을 답했을 뿐이었고, 오늘 布政三司가 다시

84 《漂海錄》卷1, 閏正月 22日.

심문하시니 해적을 만났던 일 등을 상세히 거론했던 것입니다." 세 사상은 신에게 천천히 말하기를, "공술서에 어긋나는 점이 있으면 당신에게 실로 죄가 되오. 당신은 마땅히 앞서 쓴 말을 베껴 쓰되 한 글자도 加減이 없어야 하오"라고 운운하였습니다. 신은 곧 베껴 썼습니다. 세 사상은 또 신에게 말하기를, "다음 날 당신이 杭州에 도착하면 鎭守太監, 綉衣, 三司大人께서, 북경에 도착하면 兵部와 禮部에서 당신 사정을 다시 물을 것이니 그때에도 또한 이대로 답해야 하오. 조금이라도 서로 어긋나면 절대로 안 되오"라고 하였습니다.[85]

결국 이들 관원들이 가장 신경을 쓰는 것은 파총관 유택이 올린 보고와 최부의 진술이 일치하지 않는 부분이었다. 앞으로 항주에 가거나 북경에 가더라도 동일한 진술을 하도록 요구하는 모습을 통해, 이들은 무엇보다 최근 기강을 세우기 시작한 새 황제의 문책에서 벗어나고자 신경을 곤두세우고 있었다는 것을 알 수가 있다.

소홍을 떠난 최부 일행이 항주에 도착하여 7일을 머무르게 된다. 최부 일행이 머문 武林驛의 사무를 맡아 보는 顧壁이라는 사람은 특별히 최부에게 친절하게 대해 주며, 이것저것 새로운 정보를 알려주면서도 아래와 같이 당부하는 것을 잊지 않았다.

國法이 매우 엄하고 律條가 아주 무거우니, 이방인에게 사정을 누설하면 새 法令에는 軍戶로 충당하게 되어 있습니다. 내가 말한 것을 다른 사람에게 드러내어서는 안 되고 오직 혼자만 알고 있어야 합니다.[86]

기강 확립을 위한 明孝宗의 시책이 驛務를 담당하는 末職에게도 침투되어 있음을 엿볼 수 있다.

---

85 《漂海錄》卷1, 2月 4日.

86 《漂海錄》卷2, 2月 8日.

4. 송환과정에서 崔溥가 들은 '新政' 情報

최부 일행은 楊旺·傅榮·陳萱 등 호송인들과 3척의 배에 나누어 타고 항주를 떠나 북경으로 향했다. 호송책임자인 指揮 楊旺이란 사람은 문맹이었으므로, 최부는 자연히 부책임자격인 千戶 傅榮이란 사람과 많은 대화를 필담으로 나누게 되었다. 시일이 오래 걸리는 旅程에서 두 사람은 어느덧 양국의 정치·제도·문화에 대해 기탄없이 대화할 수 있는 사이가 되었다. 최부 일행이 山東省 泰山이 바라보이는 魯橋閘에 이르렀을 때, 마침 북경으로 돌아가던 劉氏 姓을 가진 太監이 탄환으로 뱃사람을 향해 함부로 쏘아대는 광포한 행동을 목격하고, 부영과 진훤은 최부와 더불어 다음과 같은 대화를 나누었다.

> 진훤이 말하기를, "저 배의 內官이 이같이 못된 짓을 하는 것이오"라고 하였습니다. 부영은 신에게 묻기를, "귀국에도 이런 太監이 있습니까?"라고 하였습니다. "우리나라의 內官들은 궁중에서 청소하는 일과 왕명을 전달하는 일만 맡고 官府의 일은 맡지 않습니다." 부영이 말하기를, "太上皇帝께서 宦官을 신임했던 까닭에 이 같은 宮刑을 받은 사람들이 막중한 권력을 쥐고 近侍가 되어 文·武官들이 모두 이에 빌붙게 되었습니다"라고 하였습니다. 진훤이 말하기를, "醫術과 道敎와 佛敎의 세 가지 가운데 귀국에서는 어떤 것을 중하게 여깁니까?"라고 하였습니다. "우리나라에서는 儒術을 중히 여기고 醫方은 그 다음이며 佛敎는 있지만 좋아하지 않으며 道法은 없습니다." "成化皇帝께서는 도교와 불교의 두 가지 법을 가장 중하게 여겼는데, 지금 新皇帝께서 일절 이를 금지시켰습니다."[87]

우선 이 대화 속에는 조선에는 명과 동일한 宦官制度가 존재하지만, 그

---

87 《漂海錄》卷2, 3月 8日.

운용이 크게 다르다는 점과 明憲宗은 道教와 佛教를 尊崇하였지만 지금의 새 황제는 이를 억제하고 있다는 내용이 주목된다. 일행이 滄州를 지날 무렵 최부는 그동안 궁금하게 여기고 있던 일을 부영에게 질문하며 아래와 같은 문답이 이루어졌다.

> 부영에게 묻기를, "淮河를 지난 뒤부터 兵部·刑部·吏部 각 官司 관원의 배가 계속 이어지고 끊이지 않는 것은 무슨 까닭입니까?"라고 하였습니다. "지금 천자께서 영명하시어, 朝臣들 중 지난날의 잘못된 행위나 작은 과오를 범한 자들도 모두 降職하거나 貶黜시키고 있습니다. 강 위에서 錫牌를 차고 돌아가는 사람은 모두 폄직되어 고향으로 내려가는 朝臣들입니다. 전일에 紹興府에서 당신이 어디서 왔는지를 묻던 總兵官 黃宗도 貶職되어 돌아갔습니다." "朝臣들 중에는 폄직된 사람이 많은데 어찌하여 환관의 무리들을 물리치지 않아 마음껏 행세하게 합니까?" "환관들 중에도 죽임을 당하고 降職되고 貶黜된 사람 또한 이루 다 헤아릴 수 없습니다. 지금 運河로 경사에 가는 사람들은 모두 先帝께서 파견하셨던 자들이지만 돌아가면 또한 보전하기 어려울 것입니다. 전일에 만났던 태감 羅公과 聶公도 모두 늦게 돌아갔다는 이유로 奉御의 직으로 폄직되었습니다." "지금 천하가 다시 堯舜 같은 군주를 만나서 元凱 같은 이가 등용되고 四凶 같은 이가 폄출되어 조정 맑아지고 四海는 편안해졌으니 또한 경하할 일이 아니겠습니까?" "그렇고말고요. 우리 황제께서 멀리하시는 자는 소인과 환관입니다. 날마다 經筵에 몸소 나아가 꾸준히 閣老學士들과 詩書를 강론하고 정사를 의논해 마지않으십니다. 지난 3월 9일에는 몸소 國子監에 행차하여 先聖에게 釋奠禮를 거행하셨으니 유교를 숭상하고 道學을 존중하는 뜻이 또한 지극합니다."[88]

최부와 부영이 나눈 이 대화 속에는 최근에 貶職된 朝臣들이 아주 많으며, 그중에는 紹興에서 최부를 심문하였던 總督備倭都指揮僉事 黃宗도 들어

88 《漂海錄》卷2, 3月 21日.

있다는 것이다. 이 무렵은 최부가 黃宗으로부터 심문을 받고 2월 5일에 紹興을 떠난 지 46일째 되던 날이고, 또한 황종의 보고를 토대로 작성된 공문을 현재 호송책임자 양왕이 휴대하고 있는 중이었다. 이 짧은 기간에 황종이 이미 폄직되어 고향으로 돌아갔다는 정보가 大運河로 북경을 향해 北上 중인 부영에게까지 알려진 것이 놀랍게 느껴진다. 뿐만 아니라 최부는 지난 2월 18일 그때 마침 북경을 향해 가던 도중이던 姓이 羅氏인 어느 太監을 蘇州 滸墅鎮 앞 鈔關에서 만나, 후한 대접을 받았던 일이 있었다.[89] 그런데 바로 그 羅太監도 북경에 늦게 도착했다는 것 때문에 최근 貶職을 당했다는 것이다. 불과 33일 전에 蘇州에서 만났던 羅太監이 북경에 도착한 후 貶職까지 당하였다는 정보가 다시 대운하를 타고 되돌아온 것이다.

그리고 明孝宗은 宦官과 小人을 멀리하며 몸소 經筵에 납시어 꾸준히 內閣大學士들과 政事를 논의하고 있다는 '新政'의 내용이 나타나 있다. 황제가 經筵에 참석한다는 극히 상식적일 것 같은 이 記事도 사실 내력이 있다. 즉 명효종은 바로 이해의 3월에 비로소 첫 經筵을 열기 시작하였던 것이다.[90] 뿐만 아니라 명효종이 3월 9일에 몸소 國子監에 행차하여 孔子에게 釋奠禮를 거행하였다는 정보가 들어 있는데, 최부가 기록한 이 내용은 《明實錄》의 다음과 같은 기사와 정확하게 相應하고 있다.

> 황제는 國子監을 시찰하고 釋奠禮를 행하였다. 彝倫堂에 자리 잡고 講官으로부터 經傳의 수업을 받았다. 祭酒와 司業에게 坐講을 하도록 하였다.[91]

---

89 成化年間에 蘇杭督織太監을 역임한 羅政이 틀림없을 것이다. 《蘇州織造局志》 卷1, 沿革 (江蘇人民出版社, 1959).

90 《明孝宗實錄》 卷11, 弘治元年 3月 丙子.

91 《明孝宗實錄》 卷11, 弘治元年 3月 癸酉.

명효종의 國子監 행차는 그동안 佛教와 道教를 尊崇해 왔던 明憲宗의 시대와 완전히 절연하겠다는 의지의 표현이라고 할 수 있다. 말하자면 앞으로 儒教를 더욱 尊崇하겠다는 의사를 내외에 천명한 儀式이었다. 같은 날 밤에 부영은 최부의 배로 건너 와서 최부와 또 다음과 같은 대화를 나누었다.

> 밤에 부영이 또 와서 신에게 말하기를, "방금 북경에서 온 사람이 하는 말이 '어느 尙書와 어느 學士가 마주서서 무슨 대화를 나누었는데, 校尉가 천자께 알리니 천자께서 錦衣衛에 내리어 무슨 말을 했는지 심문하도록 명하셨다'고 합니다. 학사는 몸이 內閣에 있으며 至尊께서 크고 작은 일을 모두 그와 더불어 의논하시는데, 지금 尙書와 서로 마주 서서 말 하니, 무슨 사사로운 청탁이 있었던 것이 아닌가 하여 이를 심문하게 하였던 것입니다"라고 하였습니다.[92]

內閣學士와 尙書가 궐내에서 사사로운 청탁을 하는 듯한 장면을 목격한 校尉가 이 사실을 황제에게 密告하였다는 이 逸話는 이 시기 중국 조정의 분위기를 가장 잘 드러내 주는 사례를 최부가 적절하게 기록하였다고 할 수 있다. 왜냐하면 명효종은 관리들이 서로 사사로운 청탁을 주고받는 것을 엄금한다는 지시를 약 한 달 전에 내렸다는 기사가 《明實錄》에 다음과 같이 남아 있기 때문이다.

> 조정의 政事에는 모두 成憲이 있으니 지금부터 五府·六部·都察院·通政司·大理寺 등 衙門에서는 힘써 준수하도록 하고, 서로 청탁을 하여 公에 어긋나서는 안 된다. 內官과 外官이 서로 통하면서 감히 메모를 써서 청탁하는 자는 內官의 경우 東廠의 楊鵬에게 넘기고, 外官의 경우 錦衣衛 朱驥에게 송치하여 上奏해서 처리하도록 하라. 만약 눈감아주고 上奏하지 않은 자는 사실이 드러나면 함께 重罪로 다스리도록 하라.[93]

---

92 《漂海錄》卷2, 3月 21日.

이 사건을 통해서도 관리의 기강을 확립시키려는 明孝宗의 엄격한 자세를 엿볼 수 있다. 한편 관료사회도 이 때문에 무척 긴장하고 경직되어 있었으리라는 것을 짐작할 수 있다. 일행이 天津衛를 지날 무렵에 부영은 최부에게 이렇게 말했다.

> 浙江 三司에서 당신들의 표류한 일을 아뢰었는데, 표문은 원래 4월 1일까지가 시한입니다. 내가 표문을 받들고 와서 시한에 맞추지 못할까 하여 이 역에서 驛馬를 타고 먼저 京師로 가겠습니다. 훗날에 兵部 앞에서 만날 때 揖禮를 하여 서로 아는 내색을 해서는 안 되니, 이는 새 천자의 法度가 嚴肅하기 때문입니다.[94]

부영이 공문을 시한에 맞춰 제출하기 위해 서둘러 육로로 京師에 도착했지만, 浙江 三司가 兵部에만 直報를 하고 禮部에는 보고하지 않았던 까닭에, 禮部가 그들을 벌주도록 상주하였다. 그리고 兵部는 또한 指揮 楊旺에게 곤장 20대를 쳤다.[95]

북경에서의 일정을 모두 마친 최부 일행이 山海關을 지나 廣寧에 이르렀을 때, 마침 明孝宗의 聖節을 하례하기 위해 북경을 향해 가던 使臣 蔡壽 일행과 만나게 되었다. 그런데 채수가 후일 북경에 도착한 후,[96] 일행 중 李郁 등이 弓角을 매입했다가 압수당한 사건이 발생하였다. 聖節使 蔡壽가 먼저 通事를 보내 성종에게 보고한 바에 의하면 事件의 경과는 다음과 같다.

> 臣 등이 北京에 있을 때 通事 李郁과 庾思達이 弓角을 사가지고 왔는데, 중국

93 《明孝宗實錄》卷11, 弘治元年 2月 丙辰.
94 《漂海錄》卷2, 3月 25日.
95 《漂海錄》卷3, 4月 1日.
96 《明孝宗實錄》卷15, 弘治元年 6月 壬寅.

> 사람이 이를 보고 校尉에게 알렸습니다. 序班 謝紳이 羅將을 시켜 곧장 李郁 등의 방으로 들어가 弓角 50대를 찾아내서 가져갔습니다. 즉시 궁각의 주인을 체포하여 錦衣衛에 가두었고, 아울러 館夫와 守衛 등도 추궁하였으며 황제에게 상주되었습니다.[97]

이 사건 역시 校尉에게 고발되어 사건이 확대된 경우인데, 보고를 받은 明孝宗은 "朝鮮은 禮義의 나라이라 한집안과 마찬가지인데 피차간의 細人들이 몰래 서로 팔고 사는 것까지 宰相들이 알 수 있는 바가 아니다. 또 조선인에게는 1년에 한 차례씩 弓角 交易을 허용한 例가 있으니 아울러 용서하고 다스리지 말라. 조선의 宰相을 불러 이를 말해 주어야 할 것이다"라고 관대하게 처리하게 하였다.

최부 일행이 귀국 도중인 遼東都司가 위치한 遼陽에 이르렀을 때, 조선어를 잘 구사하는 戒勉이라는 중이 찾아 와서, 최부와 더불어 아래와 같은 대화를 나누었다.

> 우리말에 능통한 戒勉이란 중이 臣에게 말하기를, "小僧은 본디 조선 사람인데, 小僧의 할아버지가 이곳으로 도망온 지 지금 벌써 3대가 되었습니다. 이 지방은 本國의 경계와 가까운 까닭에 왕래하는 본국 사람이 매우 많습니다. 중국 사람은 겁이 많고 용맹스럽지 못하여 도적을 만나면 모두 창을 던지고 도망해 숨어버리며, 또 활을 잘 쏘는 사람도 없어 반드시 본국인으로서 귀화한 사람을 뽑아서 精兵이라 하여 先鋒으로 삼으니, 우리 본국의 한 사람이 중국 사람 열 명, 백 명을 당할 수가 있습니다. 이 지방은 곧 옛날 우리 고구려의 도읍인데 중국에게 빼앗긴 지 천여 년이나 되었습니다. 우리 고구려의 옛 풍속이 아직도 없어지지 않아서 高麗祠를 세워 근본으로 삼고, 공경하게 제사지내기를 게을리 하지 않으니 근본을 잊지 않기 때문입니다. 일찍이 듣건대, '새는 날

---

97 《朝鮮成宗實錄》, 19年 8月 丁未.

아서 고향으로 돌아가고, 여우는 죽을 때 살던 굴로 머리를 돌린다'고 하였으니, 우리들도 본국으로 돌아가서 살고 싶습니다. 다만 본국에서 도리어 우리들을 중국 사람으로 간주하여 중국으로 돌려보내면, 우리들은 반드시 외국으로 도망한 죄를 받아서 목을 잘리게 될 것입니다. 그러므로 마음은 가고 싶지만 발이 머뭇거릴 뿐입니다"라고 하였습니다. 신이 말하기를, "그대는 清淨의 무리이므로 깊은 산속에 있어야 할 것인데 어째서 중의 冠을 쓰고 俗人의 행동을 하면서 閭閻에 드나들고 있는가?"라고 하였습니다. "소승은 산속에 들어간 지 오래됐는데 지금 관리에게 불려온 것입니다." "무슨 일로 부르던가?" "大行皇帝께서 佛法을 존숭하시어 큰 사찰이 천하에 반을 차지하고, 方袍가 編戶보다 많았으며, 중들은 편안히 누워 있고 배부르게 먹으면서 수행하였습니다. 새 황제께서는 東宮으로 있을 때부터 중들을 미워하시더니 帝位에 오르시고는 아주 제거해 버릴 뜻을 가지셨습니다. 지금은 천하에 詔勅을 내려 새로 건설한 庵子는 모두 철거하도록 하고 度牒이 없는 중은 모조리 환속시키라는 명령이 星火보다 급하였습니다. 그런 까닭에 三堂 대감께서 관리로 하여금 저를 불러서 오늘부터는 절을 부수고 머리를 기르도록 하라 운운하셨으니 僧徒는 어디서 이 한 몸 받아줄지를 살피고 있습니다." "이것은 곧 사찰을 철거하여 민가로 만들고, 青銅 佛像을 부수어 구리 그릇으로 만들며, 깎은 머리를 기르게 하여 軍籍에 충당시키시려는 의도이니, 이제야 大聖人의 하는 일이 매우 비범함을 알겠다. 너희들은 일찍이 '황제폐하 만만세'라 축원하였다. 너희의 축원이 이와 같았고 大行皇帝의 불교를 숭상하심이 이와 같았으며 사찰과 중들의 번성이 또 이와 같았으나, 대행황제는 長壽하지 못하고 갑자기 세상을 떠나셨으니 너희가 축원한 수고로움은 어디 있는가?" 말이 채 끝나지도 않았는데 계면은 하직하고 물러갔습니다.[98]

戒勉이 최부를 찾아 온 목적은 明孝宗의 佛教 彈壓에 견디지 못해, 최부를 따라 조선으로 갈 길을 모색하기 위함이었음을 알 수 있다. 이를 통해 明孝宗

98 《漂海錄》卷3, 5月 24日.

이 내린 佛教抑壓政策 가운데는 "새로 건설한 암자는 모두 철거하고 度牒이 없는 중은 모조리 환속시키라"는 매우 구체적인 내용이 들어 있었다는 것을 알 수 있다. 그런데 이 방침도 같은 해 윤정월에 左都御使 馬文升이 명효종에게 제의한 15事 가운데 다음 1條와 相應하고 있다.

> 禮部에 勅旨를 내려 天下 및 兩京의 寺觀과 僧徒의 額數를 조사하여 다시 정원 외 度牒을 발급하지 않아야 하고, 사사로이 지은 寺觀은 즉시 허물도록 해야 합니다. 行童이나 道童으로 나이가 15세 이상인데도 度牒이 없는 자는 비록 古刹에 있다 하더라도 還俗을 명해야 합니다. 눈감아준 자나 僧·道·官 및 住持는 모두 充軍을 시켜야 하며, 해당 관청에서 적발하지 못하면 법을 어긴 것으로 다스려야 합니다.[99]

명효종은 馬文升의 이 건의를 받아들여 佛道抑壓政策을 적극적으로 시행하였던 것이다.

한편 성절사 채수는 8월 24일 북경으로부터 漢陽으로 돌아 와 聞見事件을 보고하기 전에, 성종과의 사이에 다음과 같은 문답이 이루어졌다.

> 聖節使 蔡壽가 북경으로부터 돌아오니, 임금이 宣政殿에 나아가 접견하고 이내 묻기를, "새 天子는 어떠하시던가?" 하니, 채수가 아뢰기를, "황제의 法令이 嚴明하여 중국의 조정 사람들이 모두 聖明하다고 칭송하였습니다. 前代의 늙은 宦官들은 모조리 先皇의 陵 곁으로 옮겨 가게 하고, 조정의 모든 사무는 모두 어진 사대부에게 맡겼습니다"라고 하였다. 임금이 말하기를, "듣건대, 황제가 관직을 가진 중이나 道士들을 모조리 파직시켜 버리려고 하였다던데, 太皇后의 傳教로 정지되었다 하니, 그러하던가?" 하니, 채수가 말하기를, "臣은 듣지 못했습니다. 지난번 董越과 王敞이 중국 조정으로 돌아와 殿下께서 賢主이심

99 《明孝宗實錄》卷10, 弘治元年 閏正月 己巳.

을 크게 칭송하였사오며, 또 許琮을 어진 재상이라고 칭찬하였습니다" 하자, 임금이 말하기를, "황제의 容儀는 어떠하던가?" 하니, 채수가 말하기를, "용의는 매우 단정하였습니다." 그리고는 소매 속에서 聞見事件을 꺼내 바쳤다.[100]

성절사 채수와 성종이 나눈 이 대화에서도 영락없이 明孝宗의 '法令嚴明'이 강조되고 있음을 볼 수 있다. 明孝宗이 '法令嚴明'하다는 사실은 성절사 한찬에 의해 조선에 처음 알려진 이후 성절사 채수의 이 보고에 이르기까지 거의 1년간 끊임없이 지적되어 왔다는 것을 알 수 있다.

明代中期 明孝宗의 시기는 明代政治史에서 흔히 '弘治中興' 또는 '弘治新政'으로 표현된다. '弘治中興'은 오랜 積弊를 제거하기 위해 명효종이 벌인 개혁정치, 즉 '弘治新政'의 결과이다. 명효종의 여러 개혁 조치는 북경을 왕래하는 조선사신을 통해 즉각 조선에 알려졌다. 조선성종은 이와 같은 명효종의 개혁정치에 깊은 관심을 갖고, 북경에 다녀 온 사신들을 통해 새로운 정보를 탐문하는 데 매우 열심이었다. 이와 같은 '新政'의 전개 과정은 주로 관료의 인사이동을 중심으로 《明實錄》에도 기록되어 있다. 그렇지만 단순 사실만을 무미건조하게 적시해 놓은 《明實錄》의 기록과는 달리, 《朝鮮王朝實錄》에는 이웃나라에서 보는 '弘治新政'의 전개 양상이 明朝의 정치적 분위기와 함께 보다 객관적으로 흥미롭게 서술되어 있다.

한편 성종의 명을 받고 敬差官으로 제주에 출장 간 崔溥가 父親喪의 소식을 듣고 배를 타고 육지로 돌아오던 중, 폭풍우로 말미암아 배가 표류하여 浙江省 台州府 臨海縣에 표착한 것이 바로 홍치원년(성종19년, 1488) 윤정월의 일이다. 최부가 漂流民으로 중국에 머문 홍치원년의 136일간은 바

100 《朝鮮成宗實錄》, 19年 8月 乙卯.

로 '弘治中興'의 초기에 해당한다. 중국 땅에 머문 136일간 '新政'이 전개되던 초기 홍치원년의 정치적 · 사회적 분위기를 최부는 《표해록》 속에서 생동감 있게 구체적으로 기록하였다. 예를 들면 최근 紀綱을 확립하려는 황제의 문책을 두려워하는 官人, 紹興에서 최부를 심문했던 總兵官 黃宗과 蘇州에서 만났던 太監 羅政이 각각 貶職 당했다는 정보, 새로 건설한 庵子를 모두 철거하고 度牒이 없는 중을 모두 還俗시키라는 佛敎抑壓의 실제 양상 등이 묘사되어 있다.

사실 명효종이 즉위 초기에 專橫하던 일부 宦官勢力과 萬氏 親族을 숙청한 다음, 佛僧과 道士로서 官職에 나아간 자들을 도태시키고 銓注를 통한 공정한 人事를 시행하며 法令을 엄격하게 집행하고 있다는 상황을 당시 조선조정은 불과 수개월의 時差를 두고 거의 빠짐없이 알고 있었다. 그리고 세부적으로는 날씨가 아무리 나빠도 朝會를 거르지 않으며, 經筵을 빠뜨리지 않고, 宴會에서 음악을 사용하지 않으며, 珍寶를 탐하지 않고 節儉을 숭상한다는 명효종의 개성까지 대부분을 완벽하게 파악하고 있었다. 그런데 이렇게 맹렬한 기세로 추진되던 '新政'은 명효종의 熱情이 식어가면서 어느덧 개혁에 뚜렷한 失速 현상이 나타나게 되었다. 이와 같은 변화의 始點이 《明孝宗實錄》에는 잘 드러나 있지 않으나, 홍치 5년과 7년에 북경에 파견된 조선사신에 의해 세밀히 관찰되어 오히려 《朝鮮成宗實錄》에 기록이 남아 있는 것이다.

8장 15世紀 中國人의 朝鮮認識
—崔溥 漂海錄을 길잡이로 삼아

15세기 중국인의 조선에 대한 인식을 고찰하기 위해서는 주로 동시대의 中國文獻과 朝鮮文獻을 살펴보아야 할 것이다. 중국인의 조선인식이 반영되어 있는 明代 문헌자료는 그 수량이 극히 적고, 반면에 조선인이 중국을 다녀와 남긴 기록 속에 중국인의 조선인식을 살펴볼 수 있는 부분이 오히려 더 많다. 그런데 보통 '燕行錄'으로 통칭되는 조선인의 기록은 무려 4백 종이 넘지만, 그 절대 다수가 16-19세기의 것으로 막상 15세기 '燕行錄' 자료로 꼽을 수 있는 것은 5종 이하에 불과하다. 그러므로 15세기 기록 가운데 崔溥 《漂海錄》은 전형적인 '燕行錄'이라고는 볼 수 없지만 매우 중요한 문헌이 아닐 수 없다. 왜냐하면 崔溥 《漂海錄》을 제외한 나머지 15세기 '燕行錄' 類는 成俔의 《辛丑朝天詩》와 같은 詩文集이 아니면, 분량이 너무 적은 曺偉의 《燕行錄》 등뿐이기 때문이다.

朝鮮成宗 시기의 文臣인 최부(1454-1504)는 濟州에서 推刷敬差官으로 근무하던 중 성종19년(弘治元年, 1488) 부친상을 당하여 급히 돌아오다가, 일행 43명을 태운 배가 풍랑으로 중국의 浙江省 해안에 漂着하게 되었다. 온갖 고초를 겪은 다음 조선인임이 밝혀져 杭州로 이송되었고, 이어 대운하를 거쳐 北京에 이르렀으며 다시 遼東을 경유하여 조선으로 돌아왔

다. 최부가 귀환한 뒤에 성종의 명에 의해 자신의 見聞을 일기체로 엮어 올린 보고서가 《漂海錄》이다. 최부 《표해록》은 단순한 '漂流記'라기보다 중국 상륙 이후의 견문에 중점을 둔 일종의 '中國見聞錄'이다. 당시 조선인이 쉽게 가 볼 수 없었던 중국의 江南 지방에 대한 서술이 특히 조선 朝野의 주목을 끌었다.

南京에 首都를 두었던 明朝가 北京으로 천도한 이후, 조선의 朝貢使節은 요동을 거쳐 북경까지만 육로로 왕래하였기 때문에, 그 이남 지역 특히 경제와 문화가 발달한 長江 남쪽 지방을 견문할 수 있는 기회가 없었다. 그런데 최부는 뜻하지 않았던 표류로 말미암아, 흔히 江南으로 일컬어지는 長江 하류 델타지역을 자세히 견문할 수가 있었다. 뿐만 아니라 항주—북경을 연결하는 당시 중국 교통의 대동맥을 통해 북경에 도착하였다. 이렇게 대운하를 통과한 旅程에 대한 15세기의 기록 중에 최부 《표해록》이 그 정확성과 상세함이 단연코 제일로 꼽히고 있다.[101]

그러므로 최부가 후일 귀환 도중에 廣寧에서 만난 조선의 聖節使 蔡壽가 "우리나라 사람으로서 大江 이남을 직접 본 이가 근자에 없었는데, 그대만이 두루 관람했으니 어찌 행운이 아니겠소"라고 한 말은 바로 이 점을 적절히 지적한 것이다.[102]

그리고 漢陽에 도착한 최부에게 奔喪을 미루고 먼저 보고서를 쓰도록 명한 성종도 사실은 중국의 강남에 가장 관심을 가지고 있었다는 것은 이 보고서의 첫 명칭이 〈中朝聞見日記〉로서,[103] 이는 정작 '표류이야기'보다

---

101 范金民, 〈朝鮮人の眼から見た中國の運河風景—崔溥 漂海錄を中心として〉, 《東アジアにおける國際秩序と交流の歷史的研究》, 2004年 3月.

102 崔溥, 《漂海錄》 卷3, 5月 16日.

103 《朝鮮成宗實錄》, 19年 6月 甲寅 : "前校理崔溥撰進中朝聞見日記."

'중국 견문'이 더욱 중시되었다는 것을 말해주고 있다. 그리고 또한 영조45년(日本 明和 4년, 1769) 일본의 淸田君錦이 京都에서 《표해록》을 日譯하여 출판할 때 書名을 《唐土行程記》로 바꾸게 된 까닭도 표류이야기와 함께, 중국의 江南 및 大運河 주변에 대한 정보가 당시 일본인들에게 흥미를 불러일으켰기 때문일 것이다.[104]

최부 《표해록》에는 최부가 중국에 체류하는 136일 동안 필담을 나눈 중국인의 조선인식이 잘 나타나 있으며, 특히 여기에 등장하는 동시대의 중국인 중에는 조선에 다녀와서 저작을 남기기도 하였다. 이들이 남긴 각종 기록을 최부 《표해록》과 함께 검토해 볼 필요가 있는데, 예를 들면 張寧의 《奉使錄》이라든지 董越의 《朝鮮賦》등이 바로 그러하다. 또한 조선에 出使한 중국사신이 조선인과 詩文으로 和答한 내용을 엮은 각종 '皇華集'도 또한 유용한 자료가 될 수 있을 것이다. 따라서 최부 《표해록》을 날줄〔經〕로 삼고, 張寧 《奉使錄》이나 董越의 《朝鮮賦》 및 각종 '皇華集' 들을 씨줄〔緯〕로 삼아 15세기 중국인들이 가지고 있었던 조선인식의 一端을 살펴보고자 한다.

1. 朝鮮의 文化에 대한 이해

최부 일행이 중국 땅에 상륙한 이후에 만난 중국인들과의 사이에 이루어진 대화와 동시대의 중국인 저작을 통해, 15세기 중국인의 조선인식을 구체적으로 살펴보기로 하겠다. 최부 일행은 조선성종19년 윤정월 17일에 浙江省 台州府 臨海縣의 牛頭山 앞바다의 어느 浦口에 표착하였다. 최부 일행은

104 《通俗漂海錄》卷1, 考:"此書ノ原本ハ朝鮮ノ崔溥ガ撰セシ所ニテ。漂海錄ト號ス。然レモ唐土里程ノ事ヲオモニ記セルニ因テ。今ノ名ニ改ム。"

여섯 척의 배에 나누어 타고 가까이 다가온 무리들에게 신변의 위협을 느껴, 배를 버려두고 몰래 상륙하여 고개를 두 번 넘어 6-7리를 지나니, 한 里社가 나타나고 마을 사람들이 모여들었다. 최부가 조선에서 온 연유를 필담으로 알리자, 용모가 비범한 두 사람은 일행이 최부 앞에 꿇어 있는 것을 보고 말하기를, "귀국이 예의의 나라임을 들은 지 오래였는데 과연 듣던 바와 같구려"라고 하며,[105] 곧 家僮을 불러 미음과 茶酒를 가져다 접대케 하였다. 왜구로 오인되고 있던 최부 일행이 조선인임을 밝히자, 첫 반응이 바로 조선은 '禮儀之邦'이라는 것이었다. 용모가 비범하고 필담을 나눌 수 있는 신분의 사람은 讀書人일 것이다. 이와 같은 궁벽한 漁村의 讀書人조차도 조선은 '禮儀之邦'이라고 알고 있다는 사실이 우선 흥미롭다.

최부가 桃渚所에서 초등조사를 받고 健跳所에 이르렀을 때 張輔라는 한 紳士를 만났다. 최부 일행의 도착을 전해준 장보의 子弟는 "오늘날의 조선은 옛날의 高麗입니다. 箕子의 遺風이 남겨진 곳으로서 우리의 동쪽 울타리가 됩니다. 그 사람은 반드시 禮와 義를 잘 지킬 자일 것입니다"라고 장보에게 보고하였다.[106] 여기서도 역시 조선인은 禮와 義를 잘 지킨다는 일반적인 인식이 드러나고 있다. 장보는 바로 2년 전인 성종17년(成化22, 1486)에 鄕試에 합격하여 擧人의 자격을 갖춘 인물로서,[107] 최부에게 "당신 나라에서도 登科한 사람을 귀하게 여깁니까?"라는 질문을 던짐으로써, 자신이 과거에 합격하였음을 과시하고자 하였다.[108] 그런데 장보는 중국의

---

105 《漂海錄》卷1, 閏正月 17日.

106 崇禎《寧海縣志》卷10, 藝文, 送朝鮮崔校理序.

107 民國,《台州府志》卷24, 選擧, 表4 ; 卷118, 人物 등 참조. 成化22年(1486) 丙午年에 실시한 鄕試에서 장보는 第7等으로 합격하여 擧人이 된 바 있다.

108 《漂海錄》卷1, 閏正月 24日.

地方志에서 그 實在가 확인되는 인물이다. 또한 장보가 최부를 餞送하며 쓴 〈送朝鮮崔校理序〉가 崇禎 《寧海縣志》에 수록되어 있는데,[109] 이는 중국문헌 속에서 최부의 중국 체류를 증명해 주는 유일한 기록으로 아주 중요한 문건이다.

최부 일행이 健跳所에서 만난 중국인 張輔가 조선 聖節使 蔡壽의 '大江 이남을 직접 본 이가 근자에 없었다'는 취지와 거의 같은 내용의 발언을 다음과 같이 하고 있는 점은 매우 흥미롭다.

---

109 崇禎 《寧海縣志》 卷10, 藝文.

朝鮮弘文館副校理崔溥淵淵, 將其王命括戶口于其國之濟州海島, 旣而, 奔父喪, 乘巨舟, 涉海道以還, 爲暴風所逆, 飄泊入我健跳. 守邊堠吏往說之, 告以故, 遂迎其所率吏卒四十三人者, 舘之公所, 將致之藩府, 以達于京師, 而還諸其國. 子弟邦職, 請曰: "今之朝鮮, 昔之高麗, 箕子之遺墟, 我之東藩也. 其人必能守禮持義." 遂往訪之, 見其動靜紆徐, 聲容哀戚, 蓋患難不入于心, 而克持喪禮者, 因加敬焉, 告之曰: "子之此行, 所謂失于東隅收桑榆者乎! 是雖摧帆失楫于風濤之中, 神泣膽落, 自分葬于魚腹, 萬無生理, 抑孰知繇是以覩中國之大觀, 庸非天之意乎? 且朝鮮之陪臣以職事來者, 無歲無之. 然皆自遼東一道以入, 其于輿地廣輪之博, 版籍生齒之蕃, 城池甲兵之利, 聲名文物之美, 古今興亡之跡, 固不得而歷覽也. 子行將上會稽, 涉錢塘, 追延陵, 渡天塹, 歷呂梁之險, 登歌風之臺, 觀泰山之巍峩, 孔林之叢蔚, 以極于皇都之大擧, 朝鮮之以聞見自雄者, 莫先焉, 是亦此行之失收之也. 隋唐之際, 中國之君, 逞其好大喜功之心, 而爲之臣者, 復以率繇漢晋故事濟之, 于是兵連禍結, 數世無寧日, 平壤扶餘銀黃之野, 流血千里, 烟火遼絶, 亦云殆矣. 我太祖高皇帝平定海宇之初, 諸臣亦有以郡縣高麗爲請者, 上念其率先臣屬, 立其君爲朝鮮國王, 保彼東方聖子神孫, 世守家法, 朝鮮之人, 老子長孫, 不識兵革, 鴨綠之水, 駐蹕之山, 益高以淸, 故跡茫茫, 不可致詰者, 大明覆燾之恩也. 子歸故國, 謁而君, 以予言獻之, 臣節益堅, 職貢益修, 永藩垣我東土, 子亦有無窮之譽, 是亦此行之失收之也." 崔再拜曰: "遐僻之人死而生, 幸也. 聞至敎, 大幸也. 海濶天空, 徒勒瞻遡. 倘他年入聘, 風流運會于黃金臺上, 當不爲生客"云. (〈送朝鮮崔校理序〉〔明〕 張輔〔字邦佐, 邑人〕)

또한 조선의 陪臣으로서 職事로 오는 자는 해마다 없는 적이 없지만, 모두 遼東의 한 길로만 들어오게 되니, 드넓은 땅과 수많은 인구와 城池와 甲兵의 날카로움, 聲名과 文物의 아름다움, 고금의 흥망의 자취를 본디 두루 볼 수는 없는 노릇입니다. 그대의 행차에서는 장차 會稽로 가서 錢塘을 넘고, 延陵을 회상하며 長江을 건너고, 呂梁의 험난을 겪고 歌風臺의 유적에 오르고, 높다란 泰山과 빽빽한 孔林을 보고, 皇都의 장관까지 다 볼 것이니, 조선에서 見聞이 넓기로 최고라 하는 자도 그대를 앞서지는 못할 것입니다.[110]

장보가 말한 "조선에서 見聞이 넓기로 최고라 하는 자도 그대를 앞서지는 못할 것"이라는 평가는 참으로 놀랄 만큼 예리한 지적이 아닐 수 없다.

조선은 '禮儀之邦'이라는 이러한 반응은 최부 일행이 蘇州를 막 떠나 錫山驛에 도착했을 때에도 다시 나타난다. 이곳에는 마침 羅氏 姓을 가진 宦官이 대운하로 소주를 지나 북경을 향해 가는 도중 이곳에 먼저 도착하여 정박하고 있었다.[111] 최부가 이름을 기록하지 못하고 姓氏만 '羅'라고 한 이 太監은 아마 蘇杭督織太監을 지낸 羅政이 틀림없어 보인다.[112] 羅太監이 최부를 접견하기 위해 자기 배로 불렀을 때, 배 위에서 예의를 갖추어 최부를 맞은 세 御史는 "당신은 예의를 숭상하는 나라의 좋은 분이므로, 우리들 모두 당신을 존경합니다"라는 말을 하였다.[113] 이를 보면 '조선은 禮儀之邦'이라는 인식이 15세기 중국의 讀書人에게는 보편적이었음을 쉽게 짐작할 수 있다.

세종32년(景泰元年, 1450)에 明 英宗이 몽골 오이라트를 정벌하러 親征

---

110 崇禎《寧海縣志》卷10, 藝文, 送朝鮮崔校理序.

111《漂海錄》卷2, 2月 18日.

112 孫佩,《蘇州織造局制》卷1, 沿革(江蘇人民出版社, 1959).

113《漂海錄》卷2, 2月 18日.

에 나섰다가 土木堡에서 대패 당하고, 황제가 오이라트 에센에게 포로로 잡히는 이른바 '土木의 變'이 발생하였다. 명나라에서는 英宗의 뒤를 이어 景宗이 새 황제로 즉위하면서 出使 慣行이 바뀌어, 조선에 파견하는 사신으로 환관 대신 文學과 經學에 뛰어난 文臣들을 파견하기 시작하였다. 물론 이후에도 환관이 사신으로 나오는 사례가 완전히 두절되지는 않고 계속 이어져 갔다. 그러나 倪謙의 出使가 바로 하나의 전환을 알리는 것은 틀림없었다. 예겸 이전에 조선에 파견되던 明의 使臣은 주로 宦官으로서 그것도 조선 출신 환관이 주류를 이루었으며, 그동안 조선 출신 환관들이 조선에 나와 저지른 수탈과 횡포에 관해서는 이미 널리 알려져 있다. 景宗의 卽位詔書와 勅書를 가지고 온 예겸은 당시 翰林院侍講의 관직에 있었다. 예겸이 조선에서 任元濬의 書齋인 〈尊聞齋〉의 記를 썼는데, 그 가운데 조선의 선비를 아래와 같이 평가하였다.

> 아아! 나라에는 詩書와 禮樂이 사방에 스며들어야 하는데, 조선은 海東에 있어도 점차 넓고 깊게 퍼져 선비와 군자는 모두 학문을 좋아하고, 理와 性을 탐구하여 聖賢의 길에 어긋나지 않도다.[114]

예겸은 조선 체류기간에 예물 받기를 사양하는 등 처신에 아주 조심스러웠는데, 이와 같은 明使의 조심스러운 몸가짐은 세조6년(天順4년, 1460)에 조선에 출사한 예겸의 제자인 장녕도 마찬가지였으며, 장녕은 "내가 조선에 와서 나라의 여러 신하들과 날마다 서로 만나는데, 모두가 端雅하고 禮儀가 있었다"라고 조선의 文臣들을 평가한 바가 있었다.[115] 이러한 경향은 성종7년(成化12년, 1476)에 조선에 온 祈順에게서도 찾을 수 있다. 祈順

---

114 倪謙, 《倪文僖文集》卷14, 尊聞齋記.
115 張寧, 《方洲集》卷13, 奉使錄 下, 皇華集.

은 조선 조정에서 주는 예물을 굳이 사양하고 받지 않았을 뿐 아니라, 돌아갈 때는 "조선은 실로 禮를 아는 나라이다. 小中華라고 일컫는 것이 빈 말이 아니다"라고 찬탄하여 마지않았다.[116] 최부가 귀국하기 위해 북경을 떠나 山海關을 향하던 길에서 만났던 董越은 아마 가장 대표적인 경우가 아닌가 하고 여겨진다. 司憲府 大司憲 李則의 상소문 속에 "金湜과 鄭同의 행차에서는 나라의 저축을 쓸어가듯 하였고, 董越과 王敞의 행차에서는 추호도 범하지 아니하였습니다"라고 하여, 명나라가 파견한 宦官 使臣과 朝官 使臣의 행태를 선명하게 대비시켜 놓았다.[117]

동월과 왕창을 조선에 파견하였던 明孝宗도 북경에 온 聖節使 蔡壽의 通事가 弓角 50대를 샀다가 체포되었다는 보고를 듣고, "朝鮮은 禮義의 나라이라 한집안 일같이 여기거늘 피차간의 細人들이 몰래 서로 팔고 사는 것은 宰相들의 알 바 아니다. 또 조선 사람에게는 1년에 한 차례씩 弓角의 貿易을 허용하는 것이 例가 있으니 아울러 용서하고, 다스리지 말 것이며, 조선의 宰相을 불러 이를 말해야 할 것이다"라는 관대한 지시를 내렸다. 그 가운데 황제도 '朝鮮은 禮義의 나라이라 한집안 일같이 여기거늘'이란 표현을 하고 있는 점이 주목된다.

다음으로 중국인들이 관심을 가지고 묻는 것 중에는 儒學과 佛敎에 대한 질의를 들 수 있을 것이다. 최부 일행이 절강성 해안에서 상륙한 직후 비를 맞으며 고생스럽게 마을 사람에게 내몰릴 때, 자칭 隱士 王乙源이란 사람이 일행을 잠시 머물게 하고는 최부가 어디서 왔는지를 물어 표류된 사연을 말하자, 가엾게 여기며 최부에게는 차를 대접하고 종자들에게는 술을 대접

116 《朝鮮成宗實錄》, 7年 3月 乙丑 ; 18年 10月 戊寅.
117 《朝鮮成宗實錄》, 19年 11月 辛酉.

하였다. 이어서 "당신 나라에도 佛法이 있습니까?"라고 물었던 일이 있었다.[118] 최부가 항주의 武林驛에 머물고 있을 때, 아주 친절한 마음씨를 지닌 역의 관리 顧壁이라는 사람과 가까이 지내게 되었다. 고벽은 보안유지를 당부하며 일이 돌아가는 상황을 이것저것 전해 주기도 하면서, 최부와 많은 대화를 나누었다. 고벽의 얘기에 따르면, 八盤嶺에 古刹이 하나 있는데 이름이 '高麗寺'이고 宋代에 高麗使臣이 와서 세운 절이라는 것이었다.

사실 '고려사'란 이름은 속칭일 뿐 이 절의 원래 이름은 惠因寺로서 宋代에 高麗使臣이 와서 세운 절은 아니고, 五代十國 시대인 10세기에 吳越國의 국왕 錢鏐가 창건한 절이었다. 다만 北宋시대인 11세기에 고려의 大覺國師 義天이 求法을 위해 중국에 왔을 때, 이 절에 한동안 머문 적이 있었다. 의천은 혜인사의 淨源 法師로부터 華嚴敎義를 전수 받는 과정에, 華嚴과 天台의 조화 가능성을 끈기 있게 모색하였던 것으로 알려져 있다. 확신을 얻은 의천은 上天竺寺의 從諫 스님을 찾아 天台敎觀을 전수 받은 다음 귀국하여 고려 천태종을 개창하였던 것이다. 의천은 귀국한 후에 고려국왕의 명의로 '靑紙金書'의 화엄경 170권을 혜인사에 보내는 등, 이 절에 대한 재정적인 지원을 아끼지 않음으로써 淨源法師의 師恩에 보답하였다. 혜인사는 경내에 따로 高麗王祠를 지어 이에 화답하였으며, 이 때문에 이후 이 절은 高麗寺라는 별칭으로 더 잘 알려지게 되었다.[119]

최부 일행이 山東의 泰山을 멀리 바라보며 魯橋驛을 지날 무렵에 인솔자 중의 한 사람인 陳萱은 "醫術 · 道敎 · 佛敎의 세 가지 가운데 귀국에서는 어떤 것을 중하게 여깁니까?"라고 물었다. 최부의 대답은 두말할 필요도

118 《漂海錄》 卷1, 閏正月 18日.

119 鮑志成, 《高麗寺與高麗王子》, 杭州大學出版社, 1998(第2版). 이 절은 원래 이름이 '惠因寺'이지만, 또한 '慧因寺'로 표기되기도 하였다.

없이 "우리나라에서는 儒術을 중히 여기고 醫方은 그 다음이며 佛敎는 있지만 좋아하지 않으며 道法은 없습니다"라는 것이었다.[120]

중국인들은 조선의 각종 제도에 대해서도 흥미 있게 캐물었다. 그 가운데서도 禮制에 대하여 특히 관심이 높았는데, 구체적으로는 조선이 喪禮를 치를 때 《朱子家禮》를 따르는가의 여부였다. 최부 일행이 桃渚所에 도착한 다음, 盧夫容이란 사람이 최부에게 "수레는 바퀴가 같고 글은 文字가 같은데, 유독 당신들의 말소리가 중국과 같지 않으니 무슨 까닭이오?" "당신은 奔喪을 할 때 朱文公의 《家禮》를 따르오?"라고 질문하였다.[121] 북경에서 병부에 출도했을 때, 兵部郎中의 질문이 또한 "당신 나라에서는 初喪을 치를 적에 朱文公의 《家禮》를 씁니까?"였다.

최부가 항주에 머물고 있을 때 按察提調學校副使 鄭大人이란 사람은 "당신 나라의 과거제도는 어떠하오?" "어떻게 선비를 시험 봅니까?" 등 질문을 하였고, 錫山驛에서 만난 御史는 "당신 나라의 예절에는 몇 조목이 있으며, 형벌에는 어떤 조목이 있습니까?" "당신 나라는 어떤 正朔을 사용하며, 어떤 연호를 사용합니까?" "금년은 무슨 연호입니까?" "얼마 되지 않았는데 어떻게 알고 있습니까?" "당신 나라의 冠服도 중국과 같습니까?" 등 과거·학교·법률·복식제도 등에 관심을 보였다.[122] 조선의 과거제도에 대한 관심은 일찍이 세종32년(景泰1년, 1450)에 조선에 출사하였던 倪謙과 司馬恂도 文廟를 배알한 후에 明倫堂에 들러 茶禮를 행할 때, "본국의 과거제도가 어떠합니까?"라고 물은 일도 있었다.[123]

---

120 《漂海錄》 卷2, 3月 8日.

121 《漂海錄》 卷1, 閏正月 19日.

122 《漂海錄》 卷2, 2月 17日.

123 《朝鮮世宗實錄》, 32年 1月 戊申.

최부가 蘇州 滸墅鎭의 鈔關에서 만난 御史도 "당신 나라에서는 어떤 經書를 높이고 있습니까?" "당신 나라에도 학교가 있습니까?" "옛날의 어떤 聖賢을 숭상합니까?" "당신 나라에서는 喪禮를 몇 해나 행합니까?"라고 관심을 나타내었다.[124] "당신 나라는 예절에 몇 조목이 있으며, 형벌에 몇 조목이 있습니까?"를 등을 물었다.[125] 최부가 북경의 玉河館에 체류하고 있던 어느 날, 國子監生 楊汝霖 · 王演 · 陳道 등이 黑頭巾을 쓰고 靑衿 團領[126]을 입고 와서 말하기를, "당신 나라의 學徒들도 이 옷을 입습니까?" "당신 나라에서도 經書만을 전공하는 사람이 있습니까?"라는 질문을 하였다.[127]

중국의 독서인이 개인적으로 최부에게 보이는 관심은 詩를 지을 줄 아는가, 또는 詩 한 首를 지어 줄 수 없는가 하는 것이었다. 최부가 桃渚所에 도착한 다음에 앞서 인용한 盧夫容이란 자가 "당신은 詩를 지을 줄 아오?"라는 질문을 했을 때, 최부는 이렇게 대답하였다.

> 詩詞는 곧 경박한 사람이 風月을 농하는 것으로 道學을 배운 돈독한 군자가 할 짓은 아니오. 나는 格物 · 致知 · 誠意 · 正心을 공부하였지 詩詞를 배우는 일에는 마음을 쓰지 않았소. 먼저 詩를 지어 부르는 사람이 있으면 화답 정도는 하지 않을 수 없을 뿐이오.[128]

조선의 초기 士林派답게 최부는 作詩에 대해 적극적이지 않았으나, 실제로 중국 체류기간에 최부는 요청을 받고 시를 짓거나 또는 감사의 표시로

---

124 《漂海錄》 卷2, 2月 18日.

125 《漂海錄》 卷2, 2月 18日.

126 청색 깃의 옷이란 뜻으로 학생이 입는 의복을 말한다. 先秦 시기에 학생만이 입는 복장으로 받아들여졌는데 후에는 儒生을 상징하게 되었다.

127 《漂海錄》 卷3, 4月 8日.

128 《漂海錄》 卷1, 閏正月 19日.

자진해서 시를 지은 경우도 더러 있었다.

嘉興에서는 西水驛의 驛丞 何榮이 자신이 지은 시에 대해 최부가 화답을 해 주자, 乾雞와 八帶魚 등을 가져와 특별대우를 해 준 일도 있었다.[129] 蘇州에 이르렀을 때 王과 宋의 姓을 가진 按察御史가 禮賓館에서 최부를 대접하고는 "당신은 詩를 잘 짓습니까?"라고 作詩 능력에 대해 질문하였다.[130] 최부 일행이 북경에 이르러 兵部에 출두하여 尙書 余子俊 및 何左侍郎과 阮右侍郎에게 인사를 올린 다음, 郎中 2인과 主事官 4인이 있는 또 다른 청사에 가니 兵部郎中은 최부에게 표류에 대한 일을 더 이상 묻지를 않고, 뜰 안의 홰나무 그늘을 가리키며 詩題를 삼고는 絶句를 짓도록 하고 또 '渡海'로써 詩題를 삼아 唐律을 짓도록 하였다.[131]

최부 일행이 항주에 머물고 있을 때 給事中 張寧을 따라 조선에 다녀온 적이 있다는 陳梁과 張寧의 생질인 王玠를 만났다. 王玠가 최부에게 "景泰 연간에 우리나라 給事中 벼슬을 한 張寧이 귀국에 사신으로 가서 〈却金亭詩〉를 지어 《皇華集》에 실렸다는데 알고 있소?"라고 하였다. 최부가 즉각 장녕이 지은 〈登漢江樓詩〉[132]를 몇 구절 읊어 보이며,

"햇빛은 靑雀[133]배를 흔들고, 그림자 떨어지는 白鷗의 모래톱, 저 멀리 바라보

---

129 《漂海錄》 卷2, 2月 15日.

130 《漂海錄》 卷2, 2月 17日.

131 《漂海錄》 卷3, 3月 29日.

132 《朝鮮世祖實錄》, 6年 3月 5日 壬午. 明使 張寧이 한강을 유람한 뒤 〈登漢江樓詩〉 10首를 지었다고 한다. 詩의 원문은 다음과 같다. "東國有高樓, 樓前漢水流, 光搖靑雀舫, 影落白鷗洲. 望遠天疑盡, 陵虛地欲浮, 入窓風月好, 下榻重淹留." 《朝鮮成宗實錄》, 21年 8月 28日 戊申.

133 백로와 비슷한 큰 새로서 풍파를 잘 견뎌 내므로 뱃머리에 이 새의 그림을 그려 넣는 습속이 있었다. 배를 일컫는 말로 쓰기도 한다.

니 하늘은 끝이 없고 공중으로 솟구쳐 땅이 문득 뜨려 하네"라고 한 글귀는 더욱 칭송이 자자합니다

라고 대답하였다. 그 사람은 기쁜 빛을 얼굴에 나타내며 또 말하기를, "장급사는 벼슬을 그만두고 집에 있는데 집이 嘉興府의 海鹽縣에 있으므로 이곳과의 거리가 100리입니다. 張公이 이곳 항주성에 도착하여 조선의 文士가 바다로 표류하여 왔다는 소식을 듣고는, 조선 사정을 묻고자 여러 날 머물러 기다리다가 하루 전에 돌아갔습니다"라고 하였다.[134]

북경을 출발한 최부 일행이 어양역을 떠나 玉田縣을 지나서 산해관을 향해 길을 가던 도중, 앞에서 마주 오는 명나라 官人 두 사람을 만나게 되었다. 바로 조선에 사신으로 갔다가 돌아오는 翰林學士 董越과 給事中 王敞이었다. 말에서 내린 최부가 두 사람 앞으로 불려가서 자신은 표류되었다가 조선으로 돌아가는 중이라고 밝히니, 동월은 "당신 나라의 사람들이 그대가 살아서 중국에 도착한 것을 이미 알고 있다"고 일러 주었다. 최부가 감사하며 揖을 하고 물러 나와 그 사람들이 누구인지를 물어 본 후에야 동월과 왕창이란 이름을 비로소 알게 되었다.[135]

동월은 작년에 등극한 弘治帝의 즉위를 알리기 위해 성종19년(弘治元年, 1488) 1월에 조선에 파견되었다. 홍치제가 동궁으로 있을 때 東宮侍講으로 뽑혔으며, 홍치제가 즉위하자 右春坊庶子로 승진되었다. 조선에 출사할 때 그의 나이가 58세였으며, 후에 관직이 太常少卿과 南京工部尙書까지 이르렀다. 그런데 정작 동월이 유명하게 된 것은 조선에 사신으로 다녀온

134 《漂海錄》 卷2, 2月 8日 ; 《方洲集》, 卷13, 奉使錄 下, 皇華集, 登漢江樓十首.
135 《朝鮮成宗實錄》, 19年 1月 . 賀登極使로 북경에 다녀온 盧思愼은 성종에게 "이번에 나오는 上使(董越)는 詩를 잘 짓고 副使(王敞)는 經學에 정통하다"라고 미리 이들 明使에 대한 정보를 전하였다.

후에, 使行으로 갔던 조선에서 견문한 내용을 《朝鮮賦》[136]라는 책으로 펴내었기 때문이었다. 동월이 지은 《朝鮮賦》와 龔雲岡의 《使朝鮮錄》은 北京의 書店과 廣寧 등지에서 팔리고 있어, 조선의 풍토와 문화가 이 책들을 통해 중국에 流布되었다는 기록도 있다.[137] 《朝鮮賦》가 조선에 전래되어 온 것은 성종23년 6월로서 盧公弼이 復命하며 국왕에게 바치자, 성종은 "이 賦는 우리나라의 일이 자세히 기록되어 있으니, 속히 인쇄하여 바치도록 하라"라고 명하였다.[138] 후일 조선에서는 이 책을 아주 중시하여 《新增東國輿地勝覽》을 편찬할 때 수록하기도 하였다.[139] 《朝鮮賦》는 그 注와 더불어 내용이 충실하고 정확하며 문장도 유려하여 조선과 명에서도 널리 읽혔다.

《조선부》에는 15세기 중국인의 눈으로 본 조선의 모습이 잘 그려져 있다. 고려시대에 開京을 다녀간 徐兢의 《高麗圖景》이 고려의 정치 · 사회 · 문화를 살피는 데 귀중한 자료가 된 것과 같이, 동월의 《조선부》는 朝鮮前期를 연구하는 데 빠뜨릴 수 없는 자료이다. 다만 아쉬운 점은 韻律에 맞춘 賦의 문체로 서술이 되어 있어, 주제에 대한 상세하고 구체적인 묘사보다 문학적인 표현에 치우친 점이다. 따라서 본문이 너무 짧으므로, 이를 보완하기 위해 긴 注를 달아야 했다. 동월은 조선에 체류한 시일이 약 한 달가량

---

136 《新增東國輿地勝覽》에 수록된 《朝鮮賦》는 1969년에 민족문화추진회에서 '고전국역총서'를 간행할 때, 成樂薰에 의해 번역된 바가 있다. 그 후 1995년에 尹浩鎭이 다시 번역하여 도서출판 까치를 통해 단행본으로 출간하였다. 曺永祿의 다음 논문도 참고가 된다. 〈董越의 朝鮮賦에 대하여〉, 《近世 동아시아 三國의 國際交流와 文化》, 지식산업사, 2002.

137 魚叔權, 《稗官雜記》 卷3.

138 《朝鮮成宗實錄》, 23年 6月 壬戌.

139 《新增東國輿地勝覽》 第1卷, 京都 上.

에, 漢陽에 머문 날은 열흘 정도에 지나지 않았다. 비록 체류하는 동안 接伴使가 제공한 《風俗帖》과 같은 자료를 활용한 듯한 흔적도 있지만, 동월은 당시 조선의 정치 · 경제 · 제도 · 지리 · 언어 · 민속 · 건축 · 생활 등을 관찰하고 꼼꼼하게 기록하였음은 《朝鮮賦》의 첫머리에 나오는 다음과 같은 말을 보아 짐작할 수 있다.

> 내가 조선에 使行하여 그 땅을 다닌 것이 한 달 조금 넘어서는 동안, 무릇 山川 · 風俗 · 人情 · 物態에 관해 낮에 두루 둘러보고 물어보아 얻은 것을, 밤이 되면 종이쪽지에 기록하여 상자에 보관하였다.[140]

《故事撮要》의 〈大明紀年〉은 연도 별로 조선과 明朝 사이의 주요 사건이 짧은 문장으로 기록되어 있다. 그런데 弘治元年에는 다음과 같은 이 두 가지 일만을 기록해 놓았다.

> 황제가 翰林院侍講 董越과 工科右給事中 王敞을 보내 登極詔書를 반포하며 勅書를 내렸고, 幣帛 · 文錦을 하사하였다.
>
> 濟州推刷敬差官 최부가 父親喪으로 급히 돌아오다가 표류하여 절강 태주부에 도착하였다. 禮部가 제본으로 상주하고 관리를 동반시켜 돌려보냈다.[141]

그런데 명나라의 동월과 조선의 최부는 성종19년(홍치원년, 1488) 상대국에 가서 見聞한 내용을 귀국한 후 각자 자기의 황제 弘治帝와 국왕 成宗에게 보고서를 만들어 제출한 것이 《조선부》와 《표해록》이다. 그런데 15세기의 중요한 기록 《조선부》와 《표해록》을 남긴 두 사람이 귀국하는 도중,

---

140 董越, 《朝鮮賦》.

141 《故事撮要》 上卷, 大明紀年, 弘治元年 戊申.

북경 부근의 길에서 우연히 만나 잠시나마 대화를 나눈 것은 참으로 奇緣이라고 하지 않을 수 없다.

끝으로 한 가지 빠뜨릴 수 없는 것은 조선인들이 북경에 오면 책을 구입하는 데 아주 열심이라는 특징을 당시의 중국인은 이렇게 표현하였다.

> 조선국 사람들은 책을 가장 좋아 한다. 무릇 사신이 입공할 때는 5-60인으로 제한한다. 舊典이든 新書이든 稗官小說이든 그 나라에 없는 것을 날마다 시중에 나가 책이름을 써 가지고 만나는 사람마다 물어 비싼 값을 아까워하지 않고 사서 돌아가므로, 그 나라에는 거꾸로 異書와 藏本이 있다.[142]

조선사신이 중국에 오면 특히 書册 구입에 열중한다는 《韻石齋筆談》의 서술은 15세기 조선 문화의 한 일면을 명료하게 묘사해 주고 있는 것 같다.

2. 朝鮮의 歷史에 대한 인식

명나라 사신이 조선에 출사할 때는 대체로 箕子에 대한 높은 관심을 표명하였다. 장녕이 사신으로 조선에 출사하였을 때, 평양을 지나며 箕子廟에 참배하는 것으로 箕子에 대한 관심을 드러내었다.[143] 張寧에게는 《方洲集》이라는 文集이 있는데, 이 속에는 그의 〈皇華集〉과 〈奉使錄〉도 포함되어 있다. 〈奉使錄 上〉에는 세조6년(天順4년, 1460) 조선 출사 당시 황제에게 보고한 여러 文件이 수록되어 있는데, 그중 〈遊鳳凰山記〉에는 鳳凰山이 "또 옛 고려 때의 城堡였다고 하고, 또 唐太宗이 東征할 때 여기 주둔했다고도 전해진다"라는 언급도 있다.[144]

---

142 〈朝鮮人好書〉, 《韻石齋筆談》.

143 《方洲集》 卷13, 奉使錄 下, 皇華集.

사실 장녕보다 10년 전에 조선에 出使하였던 예겸도 成三問에게 "옛날에 기자를 조선에 봉하였다는데, 도읍한 곳은 어디였습니까?"[145]하고 관심을 보이다가, 결국 귀로에 평양을 지나며 箕子廟와 箕子墓에 참배한 일도 있었다.[146] 성종7년에 조선에 온 祈順도 賦를 지은 것을 보면,[147] 역시 빠뜨리지 않고 箕子廟를 참배하였음을 알 수 있다.

최부 일행이 紹興과 杭州를 거쳐 蘇州에 이르렀을 때, 姓氏가 王과 宋인 按察御史가 禮賓館에서 최부를 대접하고는 "箕子가 조선에 봉해졌는데 지금도 후손이 있습니까? 또한 사당과 무덤에 제사를 지내는 일이 끊어지지 않고 있습니까?"라는 질문을 하였다.[148] 중국에서 孔子의 후손이 자자손손 이어지고 있는 것을 연상하고 이와 같은 질문을 했을 것이라고 생각된다. 후술할 《朝鮮賦》에서 董越은 箕子廟에 대해 다음과 같이 읊었다.

> 동쪽에는 기자의 사당이 있는데, 禮에 맞게 나무 神主를 두었다. 그곳에 쓰기를 '朝鮮後代始祖'라고 하였다. 대개 檀君을 높이는 것은 그 나라를 세우고 땅을 연 사람이기 때문이니, 마땅히 箕子로 그 대를 잇고 왕통을 전하였다고 여긴 것이다.[149]

이렇게 조선의 역사를 箕子와 연관시키는 것은 결국 "조선은 箕子가 봉함을 받은 나라이다"[150]라든지, "고려는 본래 箕子가 봉해진 땅이다"[151]라는

---

144 《方洲集》 卷13, 奉使錄 上, 遊鳳凰山記.
145 《朝鮮世宗實錄》, 32年 1月 戊午.
146 倪謙, 《紀錄彙編》 卷65, 朝鮮紀事.
147 《新增東國輿地勝覽》 51卷, 平安道, 平壤府, 祠廟.
148 《漂海錄》 卷2, 2月 17日.
149 董越, 《朝鮮賦》.
150 《明史》, 列傳 208, 外國 1, 朝鮮.

전통적 인식을 되풀이하는 것이다. 이는 결국 조선 문화의 源流를 중국의 箕子에게서 찾음으로써, 中華意識을 재확인하는 것이라고 볼 수 있다.

한편 최부가 蘇州의 姑蘇驛에서 만난 두 按察御使는 조선에 관해 여러 가지 궁금한 점을 묻는 가운데 "당신 나라에는 무슨 長技가 있어 능히 隋나라와 唐나라의 군대를 물리칠 수 있었습니까?"하는 질문을 하여, 고구려에 대한 궁금증을 물었다. 최부는 신이 나서 이렇게 대답하였다. "智謀 있는 신하와 용맹 있는 장수가 군사를 부리는 데 방법이 있으므로, 병졸된 사람들은 모두가 윗사람을 친애하고 長上을 위해 죽었습니다. 그런 까닭으로 고구려는 한 작은 나라로서도 오히려 천하의 백만 군사를 두 번이나 물리쳤던 것입니다. 지금은 신라·백제·고구려를 합쳐 한 나라가 되었으니, 물산은 많고 땅은 크며 재물은 넉넉하고 군사는 강성하며, 충성스럽고 지모 있는 선비들은 헤아릴 수 없을 정도로 많습니다"라고 조선이 고구려의 정통성도 잇고 있음을 강조하였다.[152]

최부가 산동의 임청을 지날 무렵에도 장사 일로 이곳에 먼저 와 있던 요동 상인들이 이곳에 조선 사람이 왔다는 말을 듣고는 일행을 찾아온 적이 있었다. "우리 遼東城은 귀국과 접했으므로 情義가 한집안과 같습니다. 오늘 다행히 객지에서 만나게 되었으므로 감히 약소한 물품을 가져와서 예를 차리는 것입니다"라고 하였다. 최부가 말하기를, "貴地는 곧 옛날 고구려의 故都입니다. 고구려가 지금은 우리 조선의 땅이 되었으니, 땅의 연혁은 비록 시대에 따라 다르지만 실은 한 나라와 같습니다. 지금 내가 거의 죽을 뻔하다가 만리 밖에서 표류 정박하여 사방을 돌아보아도 서로 아는 사람이

151 《元史》, 列傳 95, 外夷 1, 高麗.

152 《漂海錄》卷2, 2月 17日.

없었는데, 족하를 만나게 되고 또 후한 은혜를 받았으니, 한집안 골육의 친족을 본 듯합니다"라고 하였다.

요양은 명나라가 요동을 經略하기 위한 前進基地인 遼東都指揮使司가 위치한 곳이다. 요양으로 가려면 遼河를 건너가야 한다. 흔히 요하의 서쪽 지역을 遼西라고 부르고, 동쪽 지역을 遼東이라고 부른다. 그러나 이 경우의 요동은 가장 넓게 잡은 遼東의 개념이고, 가장 좁게는 그냥 요양을 요동으로 지칭하는 경우도 많다.

요양에 도착한 이튿날 우리말을 할 줄 아는 戒勉이라는 중이 최부를 찾아와서 다음과 같은 말을 하였다. "小僧은 본래 조선 사람인데 소승의 할아버지가 이곳으로 도망해 온지 벌써 3대가 되었습니다. 이 지방은 땅이 본국의 경계에 가까우므로 본국 사람이 와서 거주하는 자가 매우 많습니다. … 이 지방은 곧 옛날 우리 고구려의 도읍인데, 중국에게 빼앗겨 속한 지가 천여 년이나 되었습니다. 우리 고구려가 끼친 풍속이 아직 사라지지 않았고, 高麗祠를 세워 근본으로 삼고 공경하여 제사지내기를 게을리 하지 않으니 근본을 잊지 않기 때문입니다." 明나라에서 孝宗이 즉위하며 불교 탄압을 시작하자, 戒勉은 최부를 따라서 조선으로 돌아가 버리고 싶었던 듯하다.

최부도 "요동은 곧 옛날 우리 고구려의 도읍이었는데, 唐高宗에게 멸망을 당하여 중원中原에 속하였다가 五代시대에는 渤海 大氏의 소유가 되었더니, 후일 遼 · 金 · 胡元의 병탄한 바가 되었습니다. 성안에는 … 八座로부터 高麗市 사이에는 민가가 번창하다고 할 수 있으니, 강남에 비한다면 嘉興府와 서로 겨룰 만하였습니다"라고 서술하였다. 최부 일행은 요양성 서쪽의 在城驛에 이르러 6박을 하며, 이 땅에 남아 있는 高麗祠니 高麗市니 '高麗'의 이름이 붙은 지명을 통해 고구려의 殘影을 확인하였다.

요양을 떠나는 길가에서 최부는 女眞人의 兀良哈館을 지나 朝鮮館이

있는 것을 보았다. 북경을 왕래하는 조선사신이 머무는 館舍일 터인데, 앞에 편액을 세워 '畏天保國'이란 네 글자를 써 놓았다고 최부는 기록하였다. 글자 그대로 해석한다면 "하늘을 두려워하며 나라를 보전하다"로 일단 해석할 수 있겠다. 그러나 조선 사신이 드나드는 관사에 세워진 편액이므로 이 '天'은 그냥 '하늘'이 아니라 '天朝', 즉 명나라를 가리키는 것이 아니겠는가. 그러므로 이는 "명나라를 두려워하며 요동으로 진출할 생각을 말고 나라를 잘 지키도록 하라"고, 은연중에 조선에 주는 암시일 것 같다.

15세기 중국인이 조선의 역사에 대해 어떠한 인식을 지니고 있었는가를 살펴보았지만, 주로 기자와 고구려에 대한 관심이 높은 것을 알 수 있었다. 기자에 대한 관심은 역시 중화의식의 발로라고 생각되고, 고구려에 대한 관심은 수·당제국과 겨루었던 역사적 사실과 함께 명과 조선의 교류가 주로 고구려의 故土인 요동을 통해 이루어지기 때문이라고 생각되었다. 삼국 가운데 신라와 백제에 관한 언급은 찾기가 어려웠으며, 고려에 대해서도 언급된 바가 극히 드물었다. 최부가 건도소에서 만났던 장보의 자제는 '오늘날의 조선은 옛날의 고려'라고 올바르게 알고 있었으나, 처음 도저소에서 최부를 심문한 把摠官 劉澤은 '너희 나라는 일본·유구·고려와 서로 통교하는가?'라는 엉뚱한 질문을 하기도 하였다.

3. 朝鮮의 人物에 대한 관심

최부가 절강성의 항주에 도착하자 새벽에 鎭守太監 張慶이 官人을 시켜 묻기를, "鄭麟趾·申叔舟·成三問·金浣之·趙惠·李思哲·李邊·李堅은 모두 조선의 인물인데, 이들이 어떤 관직에 있었는가를 일일이 적어 알려 주시오"라고 하였다. 최부는 "정인지·신숙주·이사철은 모두 官位가 1품까지 이르렀고, 성삼문은 3품에 이르렀으며, 이변·김완지·조혜·

이견은 내가 후배로서 그 사람들의 벼슬 품계를 알지 못합니다"라고 대답하였다. 鄭麟趾 · 申叔舟 · 成三問은 名臣으로 이름이 높지만, 조선에 出使한 일이 없는 절강 진수태감 張慶이 어떻게 최부도 잘 알지 못하는 金浣之 · 趙惠 · 李思哲 · 李邊 · 李堅 등 세종시대에 활약한 조선인물을 이와 같이 알고 있는지 놀라지 않을 수 없다.

그런데 이렇게 不可思議하게 느껴지던 의문은 예겸의 《朝鮮紀事》를 분석하는 과정에서 깨끗하게 해소되었다. 위에서 거명된 인물들은 세종32년 예겸이 조선에 출사하였을 때 만났던 사람들로서, 예겸의 《朝鮮紀事》에 모두 기록되어 있었던 것이다. 이름 및 관직과 함께 당시의 역할을 《朝鮮紀事》로부터 몇 가지만 발췌하여 보면 아래와 같다.

> **윤정월 戊申(3일)** 왕이 都承旨 李思哲과 禮曹參判 李邊을 보내 皮襖 · 胡帽 · 衣服을 보내 왔다.
>
> **윤정월 庚戌(5일)** 吏曹判書 李堅이 이미 와서 문안하며 小宴을 베풀었고, 鄭工曹(工曹判書 鄭麟趾)의 詩를 전달하였으며, 承知副知院事 申叔舟 · 成三問이 詩로 응답하여 주었다.
>
> **윤정월 丙辰(11일)** 刑曹判書 趙惠가 와서 문안하고 小宴을 베풀었다.
>
> **윤정월 丁巳(12일)** 오후에 다시 … 刑曹判書 趙惠 工曹判書 鄭麟趾가 와서 연회를 베풀었다.
>
> **윤정월 戊午(13일)** 右副承旨 金浣之와 工曹參判 李思任이 와서 문안하고 小宴을 베풀었다.[153]

이들 8명의 조선관인 가운데 가장 오래 생존하였던 정인지도 이미 10년 전인 성종9년(成化14年, 1478)에 작고하였음으로,[154] 진수태감 장경이 명

---

153 倪謙, 《紀錄彙編》 卷65, 朝鮮紀事.

나라에 사신으로 파견되어 온 이들을 북경에서 만났을 가능성도 전혀 없다. 이를 보면 진수태감 장경은 예겸의 《朝鮮紀事》를 읽었음이 틀림없으며, 또한 최부가 정말 조선의 官人인지를 알아보는 수단으로 《朝鮮紀事》에 나오는 이들의 人名을 제시하였다고 보아야 할 것이다.

최부가 嘉興府 西水驛에 머물 때, 驛丞 何榮이 말하기를 "우리 조정의 郎中 祁順[155]과 行人 張謹[156]이 일찍이 조선에 사신으로 가서 《皇華集》을 지었습니다.[157] 조선 사람들이 시를 지어 화답했는데 徐居正이 맨 첫줄에 있었습니다. 그의 시에, '영명한 황제가 三韓의 일을 묻는다면, 문물과 의관은 上國과 같다고 하오'라 한 구절이 있었습니다. 지금 족하를 뵈니, 진실로 천년 동안에 한 번 만나게 되는 좋은 기회인데, 저를 내치지 않으시고 다시 화답하는 시를 받는 은혜까지 받게 되었습니다." 이어서 묻기를 "서거정은 지금 무슨 벼슬을 합니까?"라고 하였다. "議政府 左贊成입니다." 하영이 말하기를, "서거정은 문장가로서 해동의 인물입니다"라고 하였다. 그런데 일개 驛丞 정도의 미관말직에 있는 사람이 《皇華集》을 읽었고 조선의 서거정이란 인물을 알고 있었으며, 최부와 詩를 지어 주고받았다는 사실도 또한 놀라운 일이 아닐 수 없다. 何榮은 비록 西水驛의 驛丞이라는 미관말직이었지만 적어도 文學에는 상당한 소양을 갖춘 인물이었을 것으로 보인다.

서거정은 조선전기의 대표적인 文臣이며 學者요 詩人이었다. 1460년에

---

154 《朝鮮成宗實錄》, 9年 11月 癸未.

155 祈順은 廣東 東莞 출생으로, 字는 致和이고 號는 巽川이다. 天順 연간에 進士가 되었고 戶部郎을 역임했다. 成宗7年(1476) 朝鮮에 사신으로 왔다.

156 《朝鮮成宗實錄》, 7年 2月 己卯. 《朝鮮成宗實錄》에는 모두 '張瑾'으로 표기되어 있으나, 明의 기록에는 '張謹'으로 되어 있다.

157 《朝鮮成宗實錄》, 7年 1月 壬申 ; 2月 己卯 ; 2月 甲申.

吏曹參議로 명나라에 謝恩使로 다녀와서 大司憲에 올랐으며, 《經國大典》《東國通鑑》《東國輿地勝覽》 편찬에 참여하였고 문집으로는 《四佳集》이 있다. 성종7년에 祈順이 正使로, 張瑾을 副使로 하는 明使 일행이 오자 朝鮮에서는 徐居正을 遠接使로 보내어 맞이하게 하였다. 서거정과 기순이 서로 詩로 和答할 때, 기순은 마침내 "宰相이 시를 지음이 매우 빠르고 정교하여 내가 따를 수 없습니다"라고 고백하지 않을 수가 없었다.[158] "公과 같은 재주는 중국에서 찾아도 두세 사람에 불과할 뿐이다"라고 경탄하였다.[159] 실제로 명나라에서 서거정의 명성은 중국의 "文士들이 최부를 만난 이는 반드시 서거정의 안부를 물었다"고 할 정도였는데, 徐居正은 최부가 귀국한 바로 그해 12월 69세로 病死하였다.[160]

최부 일행이 廣陵驛에 도착할 무렵 楊旺이 傅榮을 시켜 최부에게 말하기를 "당신 나라의 韓老老란 분이 우리나라에 들어온 것을 아시오?"라고 하자, 최부가 말하기를 "韓氏가 대국에 들어갔다는 말만 들었을 뿐입니다"라고 하였다. 양왕이 말하기를 "바로 이 한씨가 귀국의 婦人으로서 우리나라에 들어와서 大行皇帝[161]의 유모가 되었소. 지금은 이미 작고하여 天壽寺에 무덤을 만들었소"라고 하였습니다. 부영이 말하기를 "이 指揮가 바로 한씨의 장례를 감독한 분인 까닭에 물어 보신 것이오"라고 하였다.[162] 《조선성종실록》에서 史臣이 이와 관련하여 논평한 바 있다.

---

158 《朝鮮成宗實錄》, 7年 2月 庚寅.

159 《朝鮮成宗實錄》, 19年 12月 癸丑.

160 《朝鮮成宗實錄》, 19年 12月 癸丑.

161 大行이란 황제가 승하한 뒤 諡號를 올리기 전의 칭호로 여기서는 明憲宗 成化帝를 지칭한다.

162 《漂海錄》 卷2, 2月 22日.

《조선성종실록》의 史臣은 다음과 같이 논했다.

> 韓致禮는 韓確의 아들이며, 한확의 누이는 중국 조정에 뽑혀 들어가 宣宗皇帝의 後宮이 되고, 阿保의 功으로 成化皇帝에게 총애를 받았다. 宦官 鄭同과 더불어 서로 결탁하여, 황제를 권하여 자주 정동을 本國에 심부름시켜, 勅旨로 옷·노리개·음식 등의 물건을 올리게 하고, 자질구레한 것까지 다 갖추어 혹독하게 거둬들여 백성의 큰 병폐가 되었다. 또 勅令으로 韓氏의 족친을 해마다 聖節使로 충당하여 入朝하게 하므로, 한치례 및 그의 형 韓致仁·韓致義, 사촌들인 韓致亨·韓忠仁, 조카인 韓僩·韓儹·韓健이 서로 번갈아 赴京하였다. 그리하여 金帶와 犀帶를 띠는 것이 모두 황제의 칙지에서 나왔으며, 金銀·彩段의 賞賜가 다함이 없어, 한씨의 一族은 정동으로 인하여 앉아서 富貴를 얻고 害를 나라에 끼침이 이루 말할 수 없었다.[163]

韓老老는 左議政 韓確의 누이로서 이름은 桂蘭이었는데, 태종17년에 永樂帝의 후궁으로 殉葬을 당한 언니를 이어 세종10년에 宣德帝의 후궁으로 뽑혀갔다. 이후 成化帝를 양육한 韓桂蘭은 74세 되던 해인 成化19년(1427) 에 작고하였는데, 明 皇室에서의 오랜 생활로 궁실 내부의 사정에 밝아 嬪妾 사이에서 '老老'라 불렸다. 한편 明朝에서는 勅書를 내려 聖節使는 반드시 韓氏의 族親으로 파견할 것을 명하였기 때문에 여러 韓氏들이 중국에 다녀오게 되었는데, 韓致亨의 경우 官職 除授와 賞賜가 지나치다는 비판이 제기되는 등 많은 말썽이 일었다.[164]

조선에 관해 중국인이 남긴 기록보다, 중국 다녀온 조선인이 남긴 기록이 월등히 풍부한 것은 두말할 나위가 없다. 그런데 보통 '燕行錄'으로 통칭되

163 《朝鮮成宗實錄》, 10年 7月 戊午.

164 《朝鮮成宗實錄》, 12年 12月 丙寅 ; 18年 7月 癸丑.

는 조선인의 기록은 무려 4백 종이 넘지만, 사실 그 절대 다수가 16-19세기의 것이다. 15세기 '燕行錄' 가운데 崔溥 《漂海錄》을 제외한 나머지 2-3종은 모두 詩文集의 형식이기 때문에, 비록 전형적인 '燕行錄'은 아니지만 崔溥 《漂海錄》은 당시 중국인의 조선 인식을 고찰할 수 있는 희귀 문헌이 아닐 수 없다. 따라서 이 연구에서는 일단 朝鮮成宗 시기의 文臣인 최부(1454-1504)가 중국 절강성에 표착한 다음 조선으로 송환되기까지 136일간의 견문을 기록한 《표해록》을 연구의 길잡이로 삼았다.

崔溥 《漂海錄》에는 최부가 중국 체류기간에 만난 동시대 중국인의 조선 인식이 잘 드러나 있을 뿐만 아니라, 《표해록》에 등장하는 중국인물 중에는 조선에 다녀오고 나서 저작을 남긴 사람도 있다. 예를 들면 《奉使錄》을 쓴 張寧이라든지 《朝鮮賦》를 지은 董越 등이 바로 그러하다. 이들 文集과 더불어 중국사신이 조선인과 和答한 詩文을 모은 각종 《皇華集》도 또한 유용한 자료가 될 수 있을 것이다. 그리하여 崔溥 《漂海錄》을 날줄〔經〕으로 삼고, 張寧 《奉使錄》이나 董越의 《朝鮮賦》 및 각종 《皇華集》 등을 씨줄[緯]로 삼아 15세기 중국인들이 가지고 있었던 조선인식의 一端을 살펴보았다.

15세기의 중국 官民은 대체로 조선이 '禮儀之邦'이라는 인식을 지니고 있었다. 최부 개인에게는 作詩 능력의 여부를 알고 싶어 하며 그의 詩作을 얻으려고 하는 사람이 적지 않았다. 그리고 중국인들은 조선의 禮制에 대해 많은 관심을 표명하였는데, 특히 喪禮에서 《朱子家禮》를 준수하고 있는지를 궁금해 하였다. 그리고 중국과 마찬가지로 儒學과 佛教가 성행하는지, 儒學에서는 어떤 經書를 尊崇하는지를 질문하였다. 또한 학교 · 과거제도가 존재하는지에 대해서도 관심을 표시하였다.

조선의 역사에 대해서는 箕子에 대한 관심을 많이 표명하였고, 될 수 있으면 기자묘를 참배하려고 하였으며, 기자의 자손이 있는지를 궁금해 하였다.

이는 조선의 문명은 기자로부터 시작한다는 中華意識의 소산이라고 볼 수 있다. 삼국시대의 신라나 백제에 관한 언급은 찾기 어려웠으나, 고구려의 强盛함에 대한 관심을 드러낸 경우가 있었다. 조선과 명과의 교류가 주로 고구려 고토인 요동을 경유하여 이루어지는 점도 작용하였을 것으로 보인다. 고려에 대해서는 의외로 언급된 바가 적었으며, 심지어 조선이 고려를 계승한 나라라는 것도 모른 채, 조선이 '고려'와도 통교를 하는지를 묻는 하급 무관도 있었다.

최부는 중국인과 筆談으로 의사소통을 할 수밖에 없었으므로, 자연히 그 대상은 문자를 아는 讀書人에 국한될 수밖에 없었다. 다른 한편 최부가 漂民으로 조선으로 송환되는 신분이었으므로, 상대한 사람들이 주로 官人이었다는 한계성도 또한 피할 수 없다. 최부가 만난 중국인들이 가장 많이 거명된 동시대의 조선인물은 단연코 徐居正이었다. 서거정이 지닌 여러 면모 가운데 역시 뛰어난 詩人으로서 서거정의 認知度와 尊敬度가 가장 높았다고 할 수 있는데, 이는 당시 양국 간의 外交에서 文學, 특히 詩文이 차지하는 비중이 매우 높았기 때문이기도 할 것이다.

4부

崔溥 漂海錄의 研究紀行

— 최부의 발자취를 따라

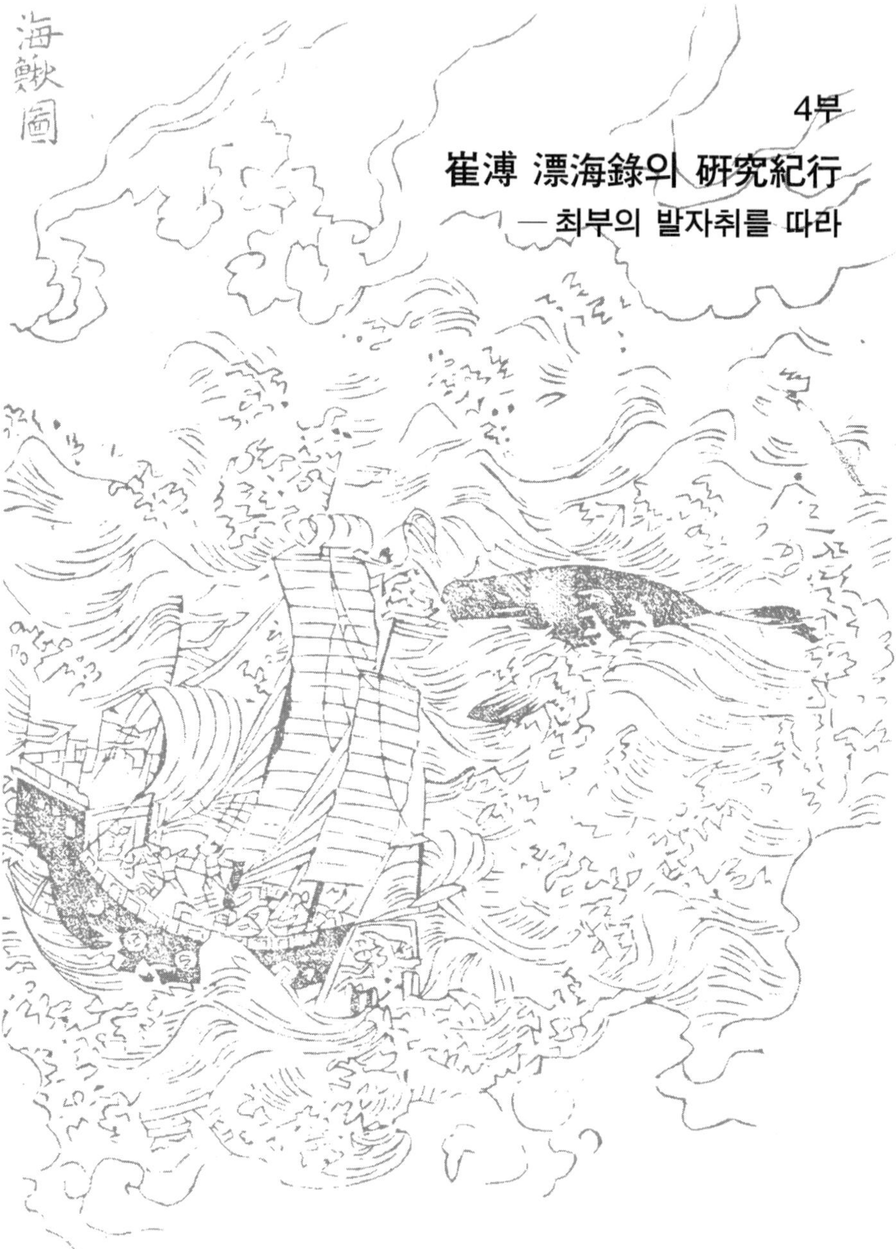

1. 한국인은 왜 최부(崔溥)를 모르는가?
—한국인보다 일본인이 더 많이 읽었던 최부 표해록

오랫동안 꿈꾸어 오던 《표해록》 답사의 기회는 갑작스럽게 찾아왔다. 필자는 뜻밖에 명지대학의 《표해록》 답사팀에 합류하게 되었다.[1] 상해(上海) 행 비행기에 몸을 실은 우리 일행 4명은 상해에 도착하면 바로 국내선 비행기를 갈아타고 영파(寧波)로 떠날 예정이었다. 그러나 상해에 도착한 우리는 예약해 둔 영파(寧波) 행 비행기가 몇 시간 연발하게 될 것이라는 소식을 듣고서는, 아예 교통수단을 자동차로 바꾸어 저녁 무렵에 영파에 도착하였다. 다음날 아침 일찍 서둘러 영파를 출발한 우리는 이번 여행에서 가장 고달팠던 절강성(浙江省)의 해안지방 답사를 시작하였다.

절강성은 중국에서 규모가 큰 성(省)에 속하는 편이 아니나, 면적이나 인구가 남한과 거의 같다. 영파를 떠나 자동차로 세 시간가량 달리자 풍요로워 보이는 비옥한 평야지대가 끝나고, 눈앞에는 구릉지대가 펼쳐지기 시작하였다. 특히 삼문현(三門縣)에 들어서자 구릉이 첩첩이 이어지고 농촌의 풍경도 확연히 달라졌다. 빈곤해 보이는 농촌 마을에는 점심을 먹을 수 있는 마땅한 식당도 찾기가 어려웠다. 같은 절강성의 농촌끼리도 이렇게 큰 차이

---

1 明知大學 유영구 이사장의 지원으로 이루어진 이번 《표해록》 답사는 관동대의 박태근 교수와 중앙일보 나영운 차장 그리고 KBS의 김규태 PD와 함께 필자가 일행으로 참가하였다. 1997년 5월 17일에 서울을 출발한 필자는 上海로부터 답사를 시작하여, 13일간의 답사를 마치고 5월 29일에 瀋陽을 경유하여 서울로 돌아왔다.

가 나다니… 자욱한 먼지를 일으키며 달리는 자동차 속에서 마냥 흔들리면서도, 머릿속은 조선시대의 역사인물 최부의 발자취를 찾으려는 생각으로 가득 찼다.

최부는 누구인가?

지금으로부터 515년 전, 조선 성종 때의 문신(文臣)인 최부는 왕명을 받고 제주도로 출장을 나갔다가, 고향에 계신 부친이 별세하였다는 소식을 듣게 된다. 서둘러 문서인계를 마친 최부는 제주목사가 마련해 준 배를 타고 해남으로 향하였으나, 거센 폭풍우를 만나 일행 43명을 태운 배가 추자도 앞바다에서 표류하게 되었다. 죽음과 맞서 싸운 13일간의 표류 끝에 최부 일행을 태운 배가 표착(漂着)한 곳은 중국 절강성(浙江省)의 어느 해안지방이었다. 상륙하자마자 처음에는 왜구(倭寇)로 오인 받아 엄청난 고초를 겪었으나, 곧 조선인임이 밝혀져 우선 항주(杭州)로 이송되었다.

항주에서 최종적인 조사를 받은 최부는 본국으로 송환되기 위해 대운하를 통하여 북경(北京)으로 이송되었고, 며칠을 머문 북경에서는 명나라 황제로부터 뜻밖의 상(賞)까지 받게 된다. 이후 최부 일행은 요동(遼東)을 경유하여 제주를 떠난 지 148일 만에 전원 무사히 귀국하였다. 당시 조선 사신들이 가보기 어려웠던 북경 이남, 특히 장강(長江) 남쪽지방을 자세히 견문한 최부에게 성종은 분상(奔喪)을 미루고 먼저 보고서부터 제출하도록 명하였다. 최부가 왕명(王命)에 따라 일기 형식으로 지어 바친 보고서가 바로 《표해록》이다.

근대 이전에 중국을 여행한 외국인이 남긴 기행기 중에 마르코 폴로의 《동방견문록(東方見聞錄)》이 가장 유명하다. 13세기에 중국에 온 베니스 상인의 아들 마르코 폴로는 17년이나 체류하였으므로 견문은 매우 넓었으나, 역사 · 철학 · 문학 · 예술 등 중국문화의 핵심에 대한 이해는 아무래

도 한계를 지닐 수밖에 없었다. 그러나 중국문화에 정통한 조선의 지식인 최부는 해박한 역사 · 지리 · 문학에 관한 지식을 바탕으로 하여, 5개월 남짓 중국에 머문 기록인 《표해록》을 통해 15세기의 중국사회를 날카롭게 묘사하였다.

그렇지만 《동방견문록》과 《표해록》이 각각 남긴 영향력은 판이하였다. 중국에 대한 정보에 굶주려 있던 유럽인들은 그 내용을 믿을 수 없어 하면서도 《동방견문록》의 매력에 끌려 들어갔다. 이미 중국문화에 친숙한 조선의 경우에는, 일부 양반들만 한문으로 쓰인 《표해록》에 얼마간의 관심을 가지고 있을 따름이었다. 19세기의 한글 필사본(筆寫本) 《표히록》도 국립중앙도서관에 남아 있으나, 역시 널리 유포되었다는 흔적을 찾아보기는 어렵다.

그런데 이 《표해록》이 일본으로 흘러 들어간 이후, 일본인들이 보인 반응은 달랐다. 놀랍게도 일찍이 1769년에 유학자 청전군금(淸田君錦) 이 비록 완역(完譯) 은 아니지만 《표해록》을 일본어로 번역하고, 약간의 비판적 논평을 달아 '당토행정기(唐土行程記)'라는 이름으로 출판하였다. '당토(唐土)'란 당시 일본인들이 중국을 가리키는 말이었다. 《당토행정기》는 얼마 후 《통속표해록(通俗漂海錄)》로 개제되어 일본에서 더욱 널리 읽혀졌다. 지리적으로 중국과 교류하기가 조선보다 불리한 일본은, 중국에 관한 지식과 정보에 보다 민감하게 반응하였다.

아마도 19세기에는 조선인보다 일본인들이 《표해록》을 더 많이 읽지 않았을까 생각된다. 그렇게 추정할 수 있는 까닭은 첫째, 조선의 《표해록》은 주로 최씨 문중(門中) 에서 최부의 문집(文集) 을 간행할 때, 《금남집(錦南集)》속에 함께 수록한 데 비해, 일본의 《통속표해록》은 처음부터 영리(營利) 를 목적으로 하는 출판사에서 출판되었다. 둘째, 《표해록》은 원문

인 한문 그대로 문집에 수록되었으나, 일본어로 번역된 《통속표해록》은 원본에 없는 41개의 작은 소제목을 달았으며, 가지가지의 삽화를 그려 넣어 대중의 흥미를 돋우었다. 셋째, 당시 인구가 조선보다 많았던 일본은 평이하게 일본어로 번역된 《통속표해록》을 읽을 수 있는 독서인구도 많았을 것이다. 특히 해양을 통해 유구(琉球) 나 필리핀 그리고 남중국과의 교류가 많은 일본인들로서는 표류이야기에 한층 흥미진진함을 느꼈을 것이다.

소설가 이병주(李炳注) 도 일찍이 자신이 《표해록》을 처음으로 읽게 된 것은 일본에서 일역판(日譯版) 을 통해서였다고 술회한 바가 있다. 그리고는 덧붙였다. "영국의 소설 《로빈손 크루소의 표류기》는 우리의 독자들에게 널리 보급되어 있다. 그런데 그 문학의 질에 있어서, 곁들여 역사적인 기록성에 있어서 최부의 《표해록》은 이에 우월했으면 했지 결단코 손색이 없다. 그런데도 일반 독자에게 알려져 있지 못한다는 것은 유감스럽기 한량이 없다."[2]

20세기 후반에 들어 이 《표해록》에 대해 제일 먼저 학문적인 관심을 보인 사람은 놀랍게도 메스킬이란 미국학자였다. 한국이나 일본이 아닌 미국에서 한문으로 된 최부 《표해록》에 대한 첫 연구성과가 나왔다는 것은 뜻밖의 일이다. 미국학자가 어떤 경로로 최부 《표해록》을 알게 되어 영역에 착수하게 되었을까 하는 궁금증은, 메스킬이 1950년대에 일본유학생이었다는 점을 상기하면 의문의 실마리가 조금씩 풀리게 된다. 메스킬은 일본에서 2년간 유학하고 있을 때, 스승인 미야자키(宮崎市定) 교수에게서 이 최부 《표해록》을 소개받고 알게 되었다고 밝혔다.

그런데 그 무렵 경도대학(京都大學) 의 마끼다(牧田諦亮) 교수도 최부

2 최기홍, 〈머리말〉, 《금남선생 표해록》, 教養社, 1989.

《표해록》에 대해서 관심을 가지고 있었다. 마끼다 교수는 책언(策彦) 의 《입명기(入明記)》를 연구하다가 《표해록》과 만나게 되었던 것이다. 책언(策彦) 은 최부보다 50년가량 뒤늦게 중국에 가서 거의 비슷한 코스를 여행하고 기록을 남긴 일본의 불승(佛僧) 이다. 이렇게 미국과 일본학자가 1950년대에 처음으로 최부의 《표해록》에 대한 학문적인 관심을 보였던 것이다. 1964년에 들어서야 최부와 《표해록》에 관한 첫 연구논문이 한국의 고병익(高柄翊) 교수에 의해 나오게 되었으며, 같은 해 평양에서는 김찬순 씨에 의한 한글 번역본이 간행되었다.

1995년 6월, 북경의 중국사회과학원에서는 조촐한 한 모임이 열렸다. 북경대학의 갈진가(葛振家) 교수와 《표해록》을 번역한 최부의 후손 최기홍 선생이 중심이 되어 그동안 각국에서 이루어진 《표해록》에 관한 연구논문을 모아 중국어로 번역한 《표해록연구》의 출판을 기념하는 학술좌담회였다. 이 모임에는 고령인 일본의 마끼다 교수(前 京都大) 는 물론 미국의 메스킬 교수(前 컬럼비아대) 도 참석하였다. 한국에서는 고병익 교수(前 서울대) 를 비롯하여 김재선 교수(원광대) 와 최래옥 교수(한양대) 그리고 1979년에 《표해록》을 번역한 최기홍 선생 등이 참가하였다. 《표해록》 연구자들의 첫 모임이 서울이 아닌 북경에서 열린 것이다. 대규모의 학술토론회는 아니었지만 《인민일보(人民日報)》와 《광명일보(光明日報)》가 관심을 갖고 이를 보도하였다.[3]

《표해록》은 단순한 표류기(漂流記) 가 아니다. 한 조선의 지식인에 의해 쓰여 진 15세기의 중국견문록이다. 당시 조선의 사신(使臣) 들이 요동(遼

---

3 〈崔溥漂海錄研究 出版〉, 《人民日報》, 1995년 6월 26일 ; 〈崔溥漂海錄研究 出版學術座談會在北京擧行〉, 1995년 6월 27일(海外版). 〈五百年前崔溥撰成 漂海錄, 五百年後首部專題研究問世〉, 《光明日報》, 1995년 6월 24일.

東)을 경유하여 북경까지 겨우 내왕할 수 있었던 데 비해, 최부는 중국에서도 경제와 문화가 가장 발달한 강남(江南) 지방을 자세히 견문하고 기록을 남겼다. 항주로부터 북경까지 1,800km에 달하는 이 시대의 하이웨이인 대운하(大運河)가 완공된 이후, 전 구간을 지나가 본 첫 조선인이기도 하다. 또한 최부는 경황이 없는 가운데서도 조선의 농민을 위하여 중국식 수차(水車)의 제작기술을 배워 온 이용후생(利用厚生) 정신의 소유자였다. 뚜렷한 역사의식과 민족적 긍지를 지니고 있었으며, 해박한 학식을 바탕으로 중국의 사대부들과 당당하게 교유하였다. 무엇보다도 최부는 자신이 신봉하고 있는 유교의 가치관에 철저한 그 시대 조선의 대표적 선비의 한 사람이었다.

《표해록》을 중국에 처음 소개한 북경대학의 갈진가(葛振家) 교수는 최부의 운명과 맞서 싸우는 분투정신, 국가이익을 우선적으로 고려하는 애국정신, 환관(宦官)이 발호하는 중국정치를 질타하는 비판정신에 한껏 매료된 사람이다. 또한 《표해록》이 지닌 학술적 가치를 높이 평가하는 갈진가 교수는 원인(圓仁)의 《입당구법순례행기(入唐求法巡禮行記)》와 마르코 폴로의 《동방견문록》을 함께 묶어 세계 3대 중국기행기로 꼽는 데 주저하지 않는다. 그럼에도 불구하고 오늘의 한국인들이 최부를 모르고 있음을 매우 안타까워한다. 갈진가 교수는 참으로 불가사의하다는 듯이 필자에게 물었다. "한국 사람들은 왜 최부를 모릅니까?"

2. 세 가지 적(敵)과 싸운 13일간의 표류
―풍랑보다 무서운 내부 갈등과 중국 해적

최부가 제주도로 출장 온 지 한 달 반이 지난 어느 날, 고향인 나주(羅州)로부터 상복을 가지고 달려온 종 막금에게서 부친상의 소식을 듣게 되었다. 제주목사를 비롯한 여러 사람들로부터 조문(弔問)을 받아가며, 우선 업무에 관련된 서류를 분류하고 정리하여, 이를 인계하고 보관시켰다. 수정사(水精寺) 지자(智慈) 스님의 배가 관선(官船)보다 오히려 단단하고 빠르다고 하기에 별도포(別刀浦)에 대기시켰다.

최부가 떠나려 할 즈음 전송 나온 사람 중에는 "한라산에 구름이 끼고 비가 내려 날씨가 고르지 못하면 반드시 바람이 일어나니 배를 타서는 안 됩니다"라고 만류하는 사람이 있어, 해가 중천에 솟을 때까지 결정을 내리지 못하였다. 그러나 항해를 책임진 진무(鎭撫) 안의(安義)가 "동풍이 알맞게 부니 떠날 만합니다"라고 우기는 바람에, 다급한 마음의 최부는 전송 나온 사람들에게 작별을 고하고 그만 배를 탔다. 성종19년(1488) 윤정월 3일이었다.

별도포를 떠나 노를 저어 5리쯤 나아가자 바람과 파도가 심상치 않았으나, 뱃사람들 사이에서도 의견이 크게 엇갈렸다. 수덕도(愁德島)를 지나 배를 정박시킬 추자도(楸子島)를 향해 힘껏 노를 저었으나, 오히려 배가 뒤로 흘러 간신히 초란도(草蘭島)에 닻을 내리고 임시로 정박시킬 수 있었다. 그러나 그것도 잠시뿐, 한밤중에 배가 조금씩 바다 쪽으로 밀려나는 것을 느끼고 닻을 올려보니 닻줄이 이미 끊어져 있었다. 배는 비바람과 파도

에 따라 기울어졌다 떠올랐다 하면서 서서히 황해로 밀려들어 갔다. 동북쪽으로 까마득히 먼 곳에 흑산도(黑山島)가 탄환만 한 크기로 보였다. 온 배의 사람들은 절망감에 휩싸였고, 뱃사람들은 노골적으로 최부를 원망하며 어차피 죽기는 마찬가지라고 떠들어대며 윗사람의 지시를 따르려고 하지 않았다.

최부는 먼저 배 안의 인원을 점검하여 보았다. 제주도로 출장을 떠나올 때 전라감사가 딸려 보내준 광주목의 아전 정보(程保) 등 수행원이 6명에다, 진무(鎭撫) 이하 항해와 관련한 제주 사람이 35명, 부친상을 알리러 온 종 막금과 최부 자신을 합치면 모두 43명이었다. 최부는 친상(親喪)을 당한 자식된 도리로서 오래 지체할 수 없어, 서둘러 떠난 점에 대해 모두의 이해를 먼저 구하였다. 그리고는 배가 부서진 것은 아니므로 살아날 희망이 있음을 역설하며 이들을 독려하기 시작하였다.

그러나 극한상황에 직면한 인간 군상(群像)들은 천태만상의 행동양상을 보였다. 병이 들어 꼼짝 못하는 사람, 표류가 시작된 후로는 드러누워 명령에 따르지 않는 사람, 열 번 부르면 한 번 대답하고 마지못해 일하는 척 하는 사람, 낮에는 부지런하다가도 밤에는 게으름 피우는 사람, 밤낮을 가리지 않고 열심히 배를 수리하며 동료들을 격려하는 사람 등으로, 최부는 《표해록》에서 이들을 분류하였다.

비와 바람은 그치지 않았고 산더미 같은 성난 파도는 쉬지 않고 뱃전을 때렸다. 있는 힘을 다해 물을 퍼내어도 배 안의 물은 줄어드는 것 같지 않았다. 온몸이 바닷물에 젖어 추위는 뼈를 깎아내는 듯하였다. 고통을 견디지 못해 목을 매어 자살을 기도하는 자도 있었다. 마침내 막금이 "청컨대 옷을 갈아입으시고 죽음이 이르기를 기다리시도록" 권고하자, 최부도 상관(喪冠)과 상복(喪服)을 갖추어 입고 인장(印章)과 마패(馬牌)를 품 안에 넣은 다음, 하늘에 절절한 축원을 올렸다. 배 안은 온통 울부짖는 소리로 가득

하였다.

하늘의 도움인가. 나흘째 되던 날부터 비가 그치고 풍랑도 조금 약해지기 시작하였다. 그런데 생전 처음 보는 집채만 한 고래가 갑자기 배 가까이 나타나는 바람에 한동안 숨을 죽여야 했다. 풍랑이 잦아들자 이제는 기갈(飢渴)이 일행을 괴롭히기 시작하였다. 식수를 싣고 본선을 따라오던 거룻배는 벌써부터 행방불명되었고, 뱃사람들이 성난 용신(龍神)에게 바친다고 옷과 양식을 다투어 바다에 던져버린 이후라 배에는 마실 물과 쌀이 부족했다. 최부는 개인의 행장을 수색토록 한 결과 귤 50여 개와 술 두 동이를 찾아내었으며, 이를 공동 관리시켜 극도로 입이 마른 사람에게만 조금씩 나누어 마시게 했다. 귤과 술이 모두 동이 나자 자기 오줌을 받아 마시는 사람도 있었으나, 얼마 후에는 오줌마저 나오지 않았다. 때마침 비가 내려주지 않았더라면 모두 탈수증으로 차례로 쓰러지고 말았을 것이다. 일행은 빗물을 받아 마시고서야 겨우 혀를 움직일 수 있게 되었다.

갈매기 떼와 함께 바다가마우지 두어 쌍이 하늘을 나는 것을 보고 육지나 섬이 가까웠음을 예감하던 일행은, 아흐레째가 되던 날 한 작은 섬에 도착하였다. 오래 굶주렸던 일행은 최부의 지시에 따라 시냇물로 조심스럽게 죽을 쑤어 먹고는 기력을 다소 회복하였다. 섬에는 바람을 피할 곳이 없는지라 배를 풀어 다시 떠난 일행은 다음 날 한 큰 섬에 도착하였다. 최부의 배를 보고 두 척의 배가 마주 달려 나왔다. 불안을 느낀 정보(程保) 등은 최부 앞에 꿇어앉아, 상복을 벗고 관복으로 바꾸어 입어 위의(威儀)를 보이도록 권하였으나, 최부는 천리(天理)를 어길 수 없다며 이를 물리쳤다. 요란스럽게 들이닥쳐 중국말로 떠들어대는 사람들과의 필담을 통하여 최부는 조선인임을 밝혔고, 또한 이곳이 절강성(浙江省) 영파부(寧波府) 관할의 하산(下山)이라는 섬이며 이 무리의 우두머리가 임대(林大)라는 사람이

라는 것을 알게 되었다. 일행은 마침내 절강성의 주산열도(舟山列島)에 표착한 것이다.

이들의 인도로 배를 정박시키고 나서 밥을 지어먹은 일행은 피로에 지친 나머지 이내 곯아 떨어졌다. 밤 2경쯤이 되었을까, 임대가 창과 칼을 든 무리 20여 명을 거느리고 횃불을 들고 나타나 일행을 깨웠다. "나는 관음불(觀音佛)이라 네 마음을 환히 꿰뚫어 보고 있다. 네가 금은(金銀)을 갖고 있는 게 틀림없으니 곧 찾아내 보이겠다!" 이들은 해적이었던 것이다. 해적 두목인 임대가 관음불을 자처한 일은 흥미롭다. 왜냐하면 이 섬 부근 보타산(普陀山)이 중국불교 4대 성지(聖地)의 하나로서, 바로 관음도량(觀音道場)으로 유명하기 때문이다. "목숨이 아깝다면 얼른 금은(金銀)을 내놓아라!" 최부 일행은 금은을 갖고 있지 않음을 필사적으로 설명하였으나 아무 소용이 없었다.

해적들은 최부의 옷고름을 칼로 끊고 옷을 벗겨 알몸으로 만든 다음, 손을 뒤로 젖히고 다리를 굽혀 결박하더니 매질을 가하였다. "몸이 문드러지고 뼈가 가루가 될지언정 없는 금은이 나오겠는가"하고 최부가 부르짖었다. 해적들은 최부의 말을 알아듣지 못하자 결박을 풀어주고 글로 쓰게 하였다. 노발대발한 해적 두목은 최부의 머리털을 끌어당겨 도로 묶어 거꾸로 매단 다음, 칼로 목을 내려치는 시늉을 하였다. 일행은 혼비백산하였다. 배 안을 수색하여 일행이 지닌 금은이 없음을 확인한 해적들은 남은 양식과 의복 등을 뺏은 다음, 임시로 만들었던 닻과 노 등을 바다에 던져 넣고 배를 바다 한가운데로 끌어다 놓은 다음 도망쳐 버렸다. 제주도를 떠나기 전에 신사(神祠)에서 제사를 올리지 않은 잘못을 탓하는 뱃사람들의 원성이 최부의 귀에 또 다시 들려오기 시작하였다.

망망대해에서 다시 표류가 시작되어 나흘째 되던 날, 배는 동풍을 타고

봉수대(烽燧臺)가 늘어서 있는 해안으로 밀려갔다. 어항(漁港)에는 6척의 배가 정박하고 있다가 최부의 배를 발견하고 달려 나와 에워쌌다. 복장과 말소리는 영파에서 만났던 해적들과 비슷하였다. 온 배 안에는 다시 팽팽한 긴장감이 감돌았다.

3. 왜구(倭寇)로 오인되어 고초를 겪은 일행 43명
—역경에서 발휘된 조선 선비의 지도력

최부는 필담을 통하여 자신이 조선의 관리(官吏) 임을 밝히고, 이곳이 절강성(浙江省) 태주부(台州府) 임해현(臨海縣)의 우두산(牛頭山) 앞바다인 것을 알아내었다. 이들은 최부 일행이 밥을 지어먹을 수 있도록 샘물이 있는 곳을 가르쳐 주기도 하면서, 가지고 있는 후추가 있으면 두세 냥 달라고 요구하기도 하였다. 이들이 어민(漁民) 인지 아니면 군인(軍人) 인지 또는 해적(海賊) 인지도 분명치 않았다. 여섯 척의 배가 둘러싼 가운데 배 안에서 하룻밤을 지새운 다음 날 아침, 다시 몰려온 이들은 배 안을 이리저리 뒤지며 물건을 빼앗고 자기들을 따라가자고 강요하는 등, 조금씩 거칠어지기 시작하였다. 일행 중에는 배를 버려두고 이들을 따라가자고 주장하는 사람도 있었고, 몇 놈을 쳐 죽여 물리치자고 주장하는 사람도 있었다.

최부는 밥을 지어먹고 시장기를 면한 다음 따라가겠노라고 하며, 일단 시간을 번 다음 몰래 상륙하기로 결단을 내렸다. 이곳이 섬이 아니고 육지인 것은 확실해 보였고, 마침 비가 내려 무리들이 자기들 배의 선창 속으로 들어간 뒤라 망을 보는 사람도 없었다. 일행은 최부의 지휘에 따라 살금살금 배를 빠져나와 숲속으로 내달렸다. 두 고개를 넘어서자 마을이 나타났고, 여기저기서 사람들이 모여들기 시작했다. 최부는 여기서 전원을 모아 놓고, 앞으로 예의바르고 질서 있는 행동을 하며 함께 단결함으로써 위기를 극복하자고 훈시하였고, 일행은 명령대로 따르겠다고 약속하였다.

후에 조사과정에서 알게 된 일이지만, 만일 이때 최부 일행이 몰래 상륙을

감행하지 않았더라면 모두 몰살을 당할 뻔하였다. 최부가 해안에서 만난 사람들은 사실 사자채(獅子寨) 관할 하의 군인들이었다. 이들은 최부 일행이 왜구가 아닌 줄 짐작하면서도, 왜선(倭船) 14척이 앞바다에 출현하였다고 상부에 미리 허위보고를 해놓은 터였다. 일단 병력을 증강시킨 다음, 소탕 명령만 떨어지면 일행을 도륙하여 '전공(戰功)'을 세울 참이었던 것이다. 참으로 일촉즉발의 순간에 최부 일행이 먼저 상륙해 버림으로써 왜구(倭寇)로 조작할 기회를 놓쳐버린 것이다.

마을 사람들이 일행을 에워쌌다. 용모가 비범한 두 사람이 앞으로 나와 필담(筆談)이 시작되고, 최부는 지니고 있던 인신(印信)과 관대(冠帶)와 문서를 내보였다. 최부 앞에 차례대로 꿇어 앉아 있는 일행을 본 두 사람은 "귀국(貴國)이 예의지방(禮義之邦)임을 들은 지는 오래인데 과연 듣던 바와 같구려"라고 감탄하며, 먹을 것을 내어주고 마을 앞 불당에서 쉬도록 하여 주었다. 그러나 잠시 후 나타난 두 사람은 더 좋은 곳으로 보내주겠노라고 하며 일행이 빨리 떠날 것을 재촉하였다. 동네 어귀를 나서자 마을 사람들은 어느새 손에 몽둥이와 칼을 들고 나와 북과 징을 쳐대며 일행을 다음 마을로 몰아갔다.

비가 쏟아지는 가운데 이 마을에서 저 마을로 내몰리면서 밤이 깊어가고, 최부가 발이 불어 터서 걷지 못할 정도가 되어도 마을 사람들은 억지로 팔을 끌어 대었다. 선암리(仙岩里)라는 마을에 도착하자 마을 사람들이 몽둥이를 들고 나와 일행을 후려치기 시작하며, 종자(從者)가 메고 있던 말안장도 빼앗아 갔다. 최부는 몽둥이를 맞고 앞으로 달려 나가다 꼬꾸라졌고, 마침내 소리 내어 울지 않을 수 없었다. 구경하던 마을 사람들은 손으로 목을 베는 시늉을 지어 보였다. 마을 사람들로서는 조선인은 본 적도 없을 뿐더러 이 지방에 나타나는 이방인은 왜구라는 생각을 갖고 있으므로, 최부 일행을

일단 변장한 왜구쯤으로 간주하는 것도 무리는 아니었다.

새벽녘이 되자 비가 조금 그쳤다. 한 마을에 도착할 무렵 군리(軍吏)를 거느린 한 관리가 나타나 노상에서 최부를 간략하게 심문하였다. 당두채(塘頭寨)를 지키던 해문위(海門衛)의 천호(千戶) 허청(許淸)으로서, 왜구가 침범했다는 첩보를 듣고 달려 나온 참이었다. 최부는 지쳐 쓰러져 일어설 수 없을 지경이었으나, 도중에 지체는 허용되지 않았다. 최부가 "이럴 줄 미리 알았더라면 바다에서 죽는 것이 차라리 나았지!"라고 탄식하자, 정보(程保) 이하 수행원들이 마주보고 통곡하였다. 천신만고 끝에 군대가 주둔하고 있는 관방(關防) 같은 곳에 도착하자 하룻밤을 유숙하도록 허락이 되었고, 다음 날 일행은 드디어 도저소(桃渚所)에 도착하게 되었다. 최부 일행은 도저소에 머물며 꼬치꼬치 심문을 받고 나서야 비로소 왜구의 혐의를 벗어나게 되고, 이후 건도소(健跳所)와 영파(寧波)·소흥(紹興)을 거쳐 절강성의 성도(省都)인 항주(杭州)로 이송되게 되는 것이다.

우리가 최부 일행이 상륙했던 해안지방을 답사하는 길도 쉽지 않았다. 자동차를 세우고 지나가는 농민에게 길을 물어도 아예 상대를 해주지 않거나, 간혹 친절한 사람을 만나더라도 사투리를 알아듣기 어려워 필담을 나누어야 하는 경우도 있었다. 확실한 것은 최부가 이름 모를 어느 어촌(漁村)에 상륙한 후 선암리를 거쳐 남쪽의 도저소로 끌려갔으며, 도저소에서 심문을 마친 다음 다시 선암리를 거쳐 북쪽의 건도소로 이송되었다는 점이다. 그런데 오백 년 동안에 이미 바뀌어 버린 지명이 많은 가운데, 신기하게도 선암(仙岩)과 도저(桃渚) 그리고 건도(健跳)의 지명은 그대로 남아 있었다. 우리는 도저와 건도의 중간에 있는 선암으로부터 몇 개의 촌락을 지나 동쪽 해안으로 이르는 길을 답사해보기로 하였다.

우리가 목표로 잡은 곳은 삼문현(三門縣)의 어서향(漁西鄉)에서 가까

운 바닷가. 포장이 안 된 산길을 달리기를 몇 시간, 고개를 넘어서자 순식간에 눈앞에 바다가 펼쳐지고 자그마한 어촌이 나타났다. 마침 썰물 때이라 훤히 드러난 개펄 위에 서너 척의 어선이 정박해 있었고, 배 위의 어부들은 다음 달에 나갈 새우잡이 준비로 그물 손질이 한창이었다. 최부의 일행이 상륙한 어촌을 정확히 알 수는 없으나, 이곳과 같은 분위기의 어촌에 표착하여 상륙을 감행하였을 것이다. 그리고 서쪽의 선암리 방향으로 마을 사람들에 의해 내몰렸던 것이리라.

선암리의 현재 지명은 삼문현(三門縣) 이포진(浬浦鎭) 선암촌(仙岩村). 최부 일행이 모진 고난을 당했던 곳이다. 최부는 선암리를 거쳐 도저소에서 조사를 받은 다음, 건도소로 이송될 때 다시 한 번 선암리를 지나게 된다. 이때 전에 빼앗긴 말안장도 호송군의 도움으로 되찾게 되며, 마을 앞의 불당(佛堂)에서 하룻밤을 유숙하였다. 그런데 마을 앞의 그 불당이 오늘날까지 그대로 남아 있는 것 아닌가! 절의 이름은 천암사(遷巖寺)였다. 비록 여러 차례에 걸쳐 개축되어 모습은 달라졌지만 옛날의 규모를 유지하고 있었다. 절 안 시원한 곳에는 마을 노인들이 모여 마작놀이에 열중하고 있었다. 절의 문 앞에도 무슨 노인협회(老人協會)의 간판이 붙어 있었고, 실제로도 이 절은 마을의 노인정으로 활용되고 있었다.

선암촌을 떠나 다시 고개를 넘어가며 산길을 달리기 세 시간, 날이 어둑해질 무렵에 도저소에 도착하였다. 해발 사오백 미터가 되는 산들이 잇닿아 있는 이 길을, 비가 쏟아지는 가운데 이틀 동안 쉬지 못하고 내몰린 최부의 고통을 짐작하고도 남음이 있었다. 최부의 일행이 나흘 밤을 머물며 심문을 받고 왜구의 혐의를 완전히 벗게 되는 도저소는 놀랍게도 명대(明代)의 성곽이 완벽하게 남아 있었다. 성안에는 벽돌로 지은 고풍스런 민가(民家)가 빽빽하게 들어차 있는 가운데 '척계광(戚繼光) 기념관'이 자리 잡고 있었

다. 척계광은 최부가 다녀간 지 70년 후, 이곳을 대거 침략한 왜구를 섬멸시킨 중국의 명장(名將)이다.

이곳에서 최부는 비왜지휘(備倭指揮) 유택(劉澤)으로부터 철저한 심문을 받게 되고, 조선의 관리임이 확인되고 나서야 비로소 제대로 대접을 받을 수 있게 되었다. 필담을 통해 최부의 학식이 뛰어남을 알게 된 중국인들은 다투어 대화를 나누고 싶어 하며 호의를 베풀기 시작하였다.

4. 말로만 듣던 강남(江南)을 제대로 견문한 조선인
―비로소 확연해진 강남과 강북의 차이

도저소에서 조사를 받은 최부는 영파(寧波)와 소흥(紹興)을 거쳐 항주(杭州)로 이송되었다. 왜구의 혐의가 완전히 벗겨지고 조선의 관리임이 판명되었으므로, 최부는 육로로 이동할 때 가마나 수레를 탈 수 있도록 배려되었다. 성도(省都)인 항주에서 최종적으로 조사를 마무리 짓기 전에, 최부 일행이 소흥에 도착하자 절강성의 영소도(寧紹道)를 관할하는 관원으로부터 또 한 차례의 조사를 받게 되었다. 그러므로 최부 일행은 도저와 소흥 그리고 항주에서 3단계에 걸친 조사를 받은 셈이었다. 항주에 도착한 최부 일행은 한 주일간을 머물며 마지막 조사를 받는 동안, 오랜만에 여유를 되찾아 비로소 목욕도 할 수 있게 되었다.

소흥으로부터 장강에 이르기까지 최부가 지나온 항주(杭州)·소주(蘇州)·상주(常州) 일대는 중국에서 이른바 '강남(江南)'으로 불리는 지역이다. 강남은 곧 장강 하류 남쪽의 델타지대로서, 풍부한 수자원과 온난한 기후 그리고 비옥한 토지로 말미암아 중국에서도 농업생산력이 가장 높은 동시에 상업과 수공업이 발달하였던 지역이다. "소주(蘇州)와 상주(常州)의 곡식이 무르익으면 천하가 풍족해진다(蘇常熟, 天下足)"는 말과 같이, 강남이 중국의 곡창지대로서 등장하게 된 시기는 12세기 남송(南宋) 시대부터였다.

경제와 문화가 가장 발달한 지역으로서의 강남의 우월한 지위는 최부가 이곳을 지나갔던 15세기의 명대(明代)는 물론 19세기의 청대(淸代) 말기

까지 이어진다. 이 시대에 강남을 대표하는 도시가 바로 항주와 소주였다. 명징(明澄)한 풍광까지 갖춘 소주와 항주는 중국인들에게 지상의 낙원으로 간주되어, "하늘에는 천당이 있고 땅에는 소주와 항주가 있네(天有天堂, 地有蘇杭)"라는 말로 인구(人口)에 회자(膾炙)되었다. 13세기에 중국에 와서 이곳을 여행하며 강남의 번영에 크게 놀랐던 마르코 폴로가, 항주를 '하늘의 도시'로, 소주를 '땅의 도시'로 잘못 옮긴 것도 무리는 아니었다.

우리 속담에 "친구 따라 강남 가다"든지, "강남 갔던 제비 춘삼월에 돌아오면…"의 '강남'은 바로 이곳을 가리키는 말이다. 홍부전에 나오는 "삼월 삼일이 닥쳐오니 소상강의 떼 기러기는 가노라 하직하고, 강남서 나온 제비 왔노라 하고 나타날 제…"라든지, 경판(京板) 춘향전의 "절승한 경개는 남원 광한루 경치를 따를 길 없삽기로 팔도에 유명하와 소강남(小江南)이라 하나이다"의 '강남'도 물론 이곳 장강 하류 델타지대를 지칭하는 말이다. 중국의 시인묵객(詩人墨客)들이 자주 쓰는 표현을 빌어다 조선인들도 강남을 동경하는 표현을 상투적으로 썼던 것이다.

그렇지만 15, 6세기에 실제로 강남을 둘러본 조선인은 거의 없었다고 해도 지나친 말이 아니다. 항주에 수도를 두고 있던 남송시대만 하더라도 고려(高麗)와 바다를 통한 교류가 빈번하게 이루어졌으나, 몽고족이 중국을 정복하여 원조(元朝)를 수립한 이후 사정이 달라졌던 것이다. 원대(元代) 이후 수도가 북경에 두어지게 되었고, 특히 명청(明淸) 시대에는 조공(朝貢) 무역을 제외한 자유무역이 허용되지 않았다. 따라서 조선인들은 육로로 요동(遼東)을 경유하여 북경만을 왕래하였을 뿐, 황해를 통해 강남과 교류할 수가 없었던 까닭이다.

그런데 최부는 뜻하지 아니한 표류로 말미암아 강남을 제대로 견문할 기회를 얻었던 것이다. 최부가 도저소를 떠나 첫 기착지인 건도소(健跳所)

에 이르렀을 때 만난 장보(張輔)라는 한 신사(紳士)도 최부가 비록 불행한 일을 당했지만 앞으로 송환될 것이기 때문에, 귀국하면 "조선에서 견문이 넓기로 최고라고 하는 사람도 그대를 앞서지는 못할 것"이라고 바로 이 점을 지적하였다. 나중에 광녕(廣寧)을 지날 때 만난 조선사신도 최부에게 마치 자신이 강남을 가 보기라도 한 듯이 술술 얘기한 다음, "우리나라 사람으로서 장강 이남을 친히 본 이가 근자에 없었는데 당신만이 이와 같이 두루 관람하였으니 어찌 다행한 일이 아니겠소?"라고 말했다. 강남에 대한 지식은 지니고 있지만 직접 견문한 조선인이 아무도 없다는 사실을 인식하고 있는 동시대인의 적확(的確)한 코멘트가 아니겠는가.

최부는 15세기의 강남을 세밀하게 관찰하였다. 특히 장강 이남을 이북과 대비시켜 자세하게 기록함으로써 강남 사회의 특수성을 선명하게 드러내었다. 최부의 관찰 범위는 물산 · 산업 · 화폐 · 주택 · 음식 · 복식 · 풍속 · 산천 · 교통 · 무기 등에 두루 미쳤다. 최부는 《표해록》에서 인심과 풍속에 대해 이렇게 비교하고 있다. "강남은 화순(和順)하여 형제나 당형제 또는 재종형제까지 한 집 안에 같이 살았다. 남녀노소를 막론하고 모두 평상이나 의자에 걸터앉아 일을 하였다. 강북은 인심이 강한(强悍)하여 산동(山東) 이북에 이르면 한집안에서도 싸움 소리가 끊이지 않았으며, 겁탈하는 도적이 사람을 죽이는 일도 있었다. 산해관(山海關) 동쪽은 사람들의 성품과 행실이 특히 사나워서 오랑캐의 기풍이 많았다."

소흥을 출발한 우리는 항주를 향해 달렸다. 창 밖으로 끝없이 펼쳐지는 논밭에는 수확을 앞둔 밀이 한창 무르익고 있었다. 5월 말에 밀을 수확하면 곧 바로 모내기를 하고, 9월에 추수를 하고 난 다음, 또 한 차례 벼를 심어 11월 말에 다시 가을걷이를 한다. 강남에서는 3모작이 가능한 것이다. 고속도로 연변에는 벽돌로 단단하게 지은 2층 3층짜리 농촌 가옥이 띄엄띄엄

들어서 있어, 한눈에도 강남 농촌의 부유함을 알아 볼 수 있었다.

항주로 들어서는 전당강(錢塘江)의 다리를 건너며 우리는 맞은편 숲속에 웅장하게 솟아있는 육화탑(六和塔)을, 당시 최부가 바라보았던 것처럼 멀리서 조망(眺望)할 수 있었다. 항주의 성곽은 모두 철거된 지가 오래이므로, 최부가 본 '무림지문(武林之門)'이라는 현판이 붙어 있었다는 북문(北門)도 물론 남아 있지 않았다. 우리는 고려사지(高麗寺址)를 찾아보기로 하였다. 최부가 항주의 무림역(武林驛)에 머물고 있을 때, 아주 착한 마음씨를 지닌 역의 관리 고벽(顧壁)이라는 사람과 사귀게 되었다. 고벽은 보안유지를 당부하며 일이 돌아가는 상황을 이것저것 전해 주기도 하면서, 최부와 많은 대화를 나누었다. 고벽의 얘기에 따르면, 팔반령(八般嶺)에 고찰(古刹)이 하나 있는데 이름이 고려사(高麗寺)이고, 송대(宋代)에 고려사신(高麗使臣)이 와서 세운 절이라는 것이다.

사실 고려사란 이름은 속칭일 뿐, 이 절의 원래 이름은 혜인사(惠因寺)이다. 오대십국(五代十國) 시대인 10세기에 오월국(吳越國)의 국왕 전류(錢鏐)가 창건한 절이다. 북송(北宋) 시대인 11세기에 고려의 대각국사 의천(大覺國師 義天)이 구법(求法)을 위해 중국에 왔을 때, 이 절에 한동안 머문 적이 있었다. 의천은 정원(淨源) 법사로부터 화엄교의(華嚴敎義)를 전수 받는 과정에, 화엄(華嚴)과 천태(天台)의 조화 가능성을 끈기 있게 모색하였다. 확신을 얻은 의천은 상천축사(上天竺寺)의 종간(從諫) 스님을 찾아 천태교관(天台敎觀)을 전수 받은 다음 귀국하여 고려 천태종을 개창하였던 것이다.

의천은 귀국한 후에 고려국왕의 명의로 '청지금서(靑紙金書)'의 화엄경 170권을 혜인사에 보내는 등, 재정적인 지원을 아끼지 않음으로써 정원(淨源) 법사의 사은(師恩)에 보답하였다. 혜인사는 경내에 따로 고려왕사(高

麗王祠)를 지어 이에 화답하였으며, 이후 이 절은 고려사라는 별칭으로 더 잘 알려지게 되었다. 18세기에 청조(淸朝)의 건륭제(乾隆帝)가 항주에 왔을 때, 이 절에 들러 '법운사(法雲寺)'란 새로운 절 이름을 하사하였다. 고려사는 성쇠(盛衰)를 거듭하며 19세기 중반까지도 남아 있었으나, 태평천국(太平天國)의 동란 때 불타버리고 말았다.

1930년대에는 상해임시정부의 요인들을 중심으로 고려사의 재건을 위한 모금활동이 한때 전개되기도 하였던 것으로 알려져 있다. 1950년대까지도 남은 건물에 몇몇 승려들이 기거하며 절의 명맥을 유지하여 왔으나, 1958년 대약진운동(大躍進運動)이 시작되면서 절을 지키고 있던 마지막 비구니(比丘尼)가 떠났다고 한다. 이곳 땅의 일부는 아직도 항주불교협회의 소속이다. 1995년 항주대학 한국학연구소에서는 포지성(鮑志成) 선생의 《고려사와 고려왕자(高麗寺與高麗王子)》를 펴내었다. 깊은 관심을 가지고 이 연구를 지원해 준 사회과학원의 김준엽(金俊燁) 이사장이 이 책의 제자(題字)를 썼다.

그런데 고려사가 남아 있지 않다는 사실을 우리는 이미 알고 있었다. 빼어난 경치로 이름난 서호(西湖)를 끼고 돌아서 서남쪽의 소기만(筲箕灣)에 이르자, 야트막한 산들이 3면을 둘러싸고 있는 가운데에 새로 지은 빌라풍의 호텔이 하나 나타났다. 이름은 항주화가산장(杭州花家山莊), 이 일대가 바로 고려사 절터였다. 이 일대에는 고려사의 유적(遺蹟)으로 보이는 주춧돌과 비석 조각 그리고 우물이 남아 있었다. 최근에는 호텔 공사 중에 문관(文官)의 석상(石像)이 하나 발굴되었는데, 아마도 송대(宋代)에 항주의 지부(知府)를 지낸 소동파(蘇東坡)의 석상이 아닐까 추측되고 있었다. 최근 항주시정부(杭州市政府)는 일본인이 토지사용권을 갖고 있는 이 호텔을 다시 되사서 고려사(高麗寺)를 복원하려고 계획하였으나, 땅을 사

들일 수 없게 되자 이 호텔 옆에 부지를 확보하여 대대적인 고려사 복원공사를 진행하고 있다고 한다.

항주를 떠난 우리는 가흥(嘉興)을 지나가며 최부가 보았다는 삼탑(三塔)을 찾아보았으나, 운하 옆의 세 탑은 벌써 사라지고 없고, 오직 초석만이 덩그러니 남아 있을 따름이었다. 소주(蘇州)에 들어서자 우리는 배를 빌려 타고 북문으로부터 한산사(寒山寺)에 이르기까지 선유(船遊)를 즐겼다. 이 뱃길은 정확하게 최부가 지나갔던 길, 다만 운하의 물이 너무 탁하고 더러워 '물의 도시(水鄕)'의 정취를 만끽하기 어려웠다. 한산사를 지나가며 최부는 조선의 지식인답게 당(唐)나라 시인 장계(張繼)의 〈풍교야박(楓橋夜泊)〉이란 유명한 시를 머리에 떠올렸다. 우아한 아치형의 돌다리인 풍교(楓橋)는 예나 다름없는 모습이건만, 다리 양쪽에는 기념품 가게가 빼곡하게 들어차 있고 손님을 부르는 호객 소리만 요란하였다.

장강을 건너기 위해 진강(鎭江)을 향해 달리는 차 속에서 창 밖의 산천을 바라보며, 우리가 장강 하류의 델타지대를 차츰 벗어나고 있다는 것을 확실히 느낄 수 있었다. 강남은 오늘날의 중국에서도 경제적으로 또는 문화적으로 여전히 핵심적인 위치를 차지하고 있다. 과거의 전통시대에 강남을 대표하는 도시가 항주와 소주였다고 한다면, 현대의 산업사회에서 강남을 이끄는 도시는 어디일까? 19세기부터 급성장하여 이제 세계적인 대도시로 탈바꿈하기 시작한 상해(上海)를 꼽지 않을 수 없을 것이다.

5. 대운하(大運河)의 개착 과정을 탐문하고 기록을 남긴 최부 —대운하의 전 구간을 지나가 본 첫 조선인

장강을 남에서 북으로 건너기 위해 진강(鎭江) 나루터에 도착한 우리는, 줄을 지어 늘어서 있는 화물차 행렬을 보고 덜컥 걱정스러운 마음부터 들었다. 진강(鎭江)과 과주(瓜州)를 오가는 페리보트는 사람과 차량을 한꺼번에 싣고 다니는 배, 도대체 얼마를 기다려야 할지를 몰랐기 때문이었다. 그러나 다행스럽게도 화물차와 승용차는 대기하는 줄이 달랐고, 비교적 수가 적은 승용차는 금방 승선할 수가 있었다. 몇 겹으로 줄을 지어 백 미터도 넘게 늘어서서 기다리는 화물차 운전기사들의 표정 속에 짜증스러워하거나 초조해 하는 기색을 찾아볼 수 없었다. 중국 백성들의 체념인지, 아니면 여유인지…

배가 과주 나루터에 닿은 다음, 자동차를 내려 한 시간가량 달려 양주(揚州)에 도착하였다. 양주는 양자강과 대운하가 만나는 교통의 요지에 위치해 있으므로 예부터 상업도시로서 번성하였지만, 최부는 여기서 숙박하지 않고 배를 타고 그냥 지나갔으므로 양주에 대한 자세한 언급을 하지 못했다. 그런데 우리는 양주의 안내원으로부터 귀가 번쩍 뜨이는 얘기를 듣게 되었다. 그것은 최근에 고우시(高郵市)에서 명대(明代)의 역참(驛站)을 하나 복원시켜 놓았다는 것이다. 순간적으로 최부가 하룻밤을 묵고 간 역참일 가능성이 높다는 생각이 들었다.

역참이란 공문을 신속하게 전달하고 왕래하는 관리를 숙박시키며, 물자를 전송하고 죄인을 압송시키기도 하는 다목적의 기능을 가진 교통통신기관이었다. 광대한 영토를 황제가 지배하는 중앙집권국가의 혈맥이자 신경

조직인 셈이다. 15세기의 중국에는 1,291개의 역참이 북경을 중심으로 일곱 간선과 각 지선으로 나뉘어 전국에 뻗어 있었다. 최부 일행도 결국은 이러한 네트워크를 통하여 절강성으로부터 북경까지, 다시 요동을 거쳐 의주에 이르기까지 중국 관원의 호송을 받았던 것이다.

우리는 회안(淮安)으로 가는 도중에, 예정에는 없었던 고우(高郵)에 들르기로 하였다. 양주로부터 고우에 이르는 자동차 길은 곧 대운하의 제방이었다. 대운하의 동쪽 제방 위를 시원스럽게 달리는 차안에서, 기대감에 부푼 우리는 가벼운 설렘마저 느꼈다. 자랑스럽게 길을 가르쳐 주는 시민들의 안내대로 찾아가 보니, 역참은 바로 대운하의 동쪽 제방 너머에 자리 잡고 있었다. 그렇다! 우성역(盂城驛)이었다. 최부가 하룻밤을 묵고 간 역참인 것이다. 하마터면 그냥 지나칠 뻔했던 곳이 아닌가? 최부는 《표해록》에서 "밤 2경에 우성역에 이르렀는데, 역은 고우주성(高郵州城)의 남쪽 3리에 있었다"라고 정확하게 기록하고 있다.

우성역은 지금까지 중국에서 발견된 몇몇 역참의 유적 가운데 비교적 보존이 잘되고 규모가 가장 큰 역참이라는 것이다. 뒤늦게 유적의 가치를 깨달은 고우시가 그동안 민가로 쓰이고 있던 부분을 사들여 1995년에 복원시켜 놓은 것이다. 복원된 것은 역의 중심 부분 10% 정도일 뿐, 40%는 여전히 민가로 쓰이고 있고 나머지는 완전히 훼손되고 말았다. 중국의 유일한 우역박물관(郵驛博物館)이기도 한 복원된 우성역에는 정청(正廳)과 빈객을 접대하는 주절당(駐節堂), 역승(驛丞)의 주택과 역졸(驛卒)의 숙소, 그리고 마신사(馬神祠)와 고루(鼓樓), 주방과 감옥 등이 두루 갖추어져 있었다.

우성역의 규모가 이렇게 컸던 까닭은 남북교통의 대동맥인 대운하의 연변에 위치해 있기 때문이었다. 대운하의 가장 중요한 기능 가운데 하나가

바로 남량북운(南糧北運), 즉 주로 강남에서 생산된 식량을 북경과 요동으로 수송하는 조운(漕運)이었다. 이러한 조운을 총괄하는 최고책임자인 조운총독(漕運總督)은 회안(淮安)에 자리 잡고 있었다. 고우를 떠나 회안에 도착하여 보니 조운총독부원(漕運總督部院)은 문루(門樓)만 쓸쓸하게 남아 있을 뿐, 그 옛날 조운총독의 막강한 권력(權力)과 영화(榮華)를 엿볼 수 있는 자취는 찾아볼 길이 없었다.

서주(徐州)가 가까워지자 우리는 여량홍(呂梁洪)을 답사해 보기로 하였다. 여량홍은 대운하의 전 구간 중에서도 물이 아주 세차게 흐르고 암석이 많이 솟아 있어 가장 험난한 코스에 속하였다. 그런데 뭇 수부(水夫)들을 애먹이던 여량홍은 이미 사라지고 없었다. 최부가 언급한 방촌역(房村驛)은 방촌진(房村鎭)이라는 지명으로 남아있으나, 여량산(呂梁山) 아래의 여량홍은 물길이 바뀌어짐에 따라 논밭으로 변해 버린 지 오래였다. 그야말로 '상전벽해(桑田碧海)' 느낌을 받지 않을 수 없었다. 아니 물이 밭으로 바뀌었으니 '벽해상전(碧海桑田)'이라고나 해야 할까.

그리고 여량산은 국공내전(國共內戰)의 3대 전역 가운데 하나인, 1948년 회해전역(淮海戰役)에서 전사한 공산군 장병의 묘역이 되어 있었다. 여량홍의 개착 공사는 최부가 지나간 이후에도 계속되었던 듯, 57년 후에 세워진 〈소착여량홍기(疏鑿呂梁洪記)〉라는 비석을 여량산 산정(山頂)에서 우연히 찾아낸 우리는 탄식을 금할 수 없었다. 이 귀중한 비석이 어이없게도 여량산 정상에 우뚝 세워져 있는 전몰장병기념비를 둘러싸고 있는 담장 속에 끼어 방치되고 있었기 때문이었다. 강소(江蘇)·안휘(安徽)·하남(河南)·산동(山東)의 4개 성이 만나는 교통의 요충에 위치하고 있는 서주는 예부터 '병가(兵家)가 반드시 쟁취해야 할 땅(兵家必爭之地)'이라던가.

최부가 매우 화려하다고 감탄했던 운룡산(雲龍山) 석불사(石佛寺)는 지금은 서주의 중심 지역인 운룡공원 속에 있었다. 사실 서주에서 우리의 가장 주된 관심은 석불사도 아니고, 황루(黃樓)도 아니었다. 그것은 오직 유성진(劉城鎭)의 황가갑(黃家閘)에 있었다는 '미산만익비(眉山萬翼碑)'를 찾아보는 일이었다. 최부는 황가갑을 지날 때 비석이 있음을 발견하고, 호송책임자에게 한 번 가 볼 수 있도록 요청하였지만 처음에는 간단히 거절당하였다. 강청(强請)을 드린 끝에 겨우 허락을 받은 최부는 비문(碑文)을 읽으며 꼼꼼하게 기록하였는데, 이 비문이 《표해록》에 그대로 실려 있다.

그러나 대운하를 연구한 어떤 논문에도 이 '미산만익비'의 존재가 언급되어 있지 않다. 뿐만 아니라 《명실록(明實錄)》을 비롯한 어떤 사서(史書)에도 나와 있지 않다. 오직 《표해록》에만 그 비문이 실려 있는 수수께끼의 비석인 것이다. 우리는 '미산만익비'를 찾아 헤매고 다녔지만, 끝내 찾을 길이 없었다. 왜냐하면 '미산만익비'가 있었다는 마을은 '유성진(劉城鎭)'이 아니라 '유성진(留城鎭)'이었는데, 이 마을은 이미 오래 전에 완전히 수몰(水沒)되었기 때문이었다. 산동성(山東省)과 사이에 경계를 이루는 미산호(微山湖)가 크게 확장됨으로써 마을 전체가 모조리 물 속으로 가라앉고 만 것이다.

최부가 기록한 비문에 따르면, 〈미산만익비〉는 최부가 이곳을 지나기 30년 전인 1458년에 세워졌다. 이곳에 갑문(閘門)을 추가로 설치하여 통행에 불편을 제거한 것을 기념하기 위해 이 비석을 세운 것이다. 그런데 이 비문 속에는 북경에 이르는 기존의 대운하 코스를 단축시키기 위해 15세기 초에 다시 개통시킨 회통하(會通河)의 개착과정이 상세하게 설명되어 있다. 참으로 대운하 연구에 귀중한 자료가 아닐 수 없다.

귀국한 다음 문헌을 통해 다시 조사해 보니, 최부가 이곳을 지나간 바로 다음 해에 황하의 제방이 터져 이 일대가 커다란 피해를 입었음을 확인할 수 있었다. '미산만익비'는 겨우 30년간 존재하였다가 최부가 이곳을 지나간 다음 해에 사라져 버린 것이다. 따라서 중국문헌에도 기록이 남기가 어려웠던 것이다. 조선 선비 최부의 투철한 기록정신이 한껏 돋보이는 동시에, 어느 사이에 기록을 경시하게 된 오늘날 우리들의 문화풍토가 못내 부끄럽게만 생각되었다.

대운하는 원래 수양제(隋煬帝)가 자연하천을 충분히 이용하여 7세기 초에 완공시킨 것이다. 주로 조세로서 징수한 대량의 미량(米糧)을 북방으로 수송하는 데 활용되었다. 정치 중심과 경제 중심을 수로(水路)로 연결시켜 주게 되었던 것이다. 그런데 13세기에 원조(元朝)가 수도를 북경에 두게 되자, 기존의 대운하 코스가 너무 우회하는 코스가 되어 매우 불편하게 되었다. 이에 서주와 북경 간의 회통하(會通河)를 새로 개착함으로써 강남과 북경의 거리를 크게 단축시켰던 것이다.

그러나 기대되었던 회통하는 수심이 너무 얕아 제대로 이용되지 못하다가, 15세기 초에 명조(明朝)의 영락제가 이를 다시 굴착케 하여 재개통시키게 되었던 것이다. 오늘날 볼 수 있는 항주—북경 간의 경항대운하(京杭大運河)의 원형이 이때 완성된 것이다. 이로부터 77년이 지난 후에 최부는 이 회통하를 지나가며 '미산만익비'의 비문을 옮겨 적었으며, 계속 대운하를 따라 배를 타고 북경에 이르렀다. 그렇다! 최부는 대운하의 전 구간을 지나가 본 첫 조선인이기도 한 것이다.

6. 수차(水車) 제작법을 기록해 온 이용후생(利用厚生)의 정신 —성리학자의 또 다른 한 면모

서주를 떠난 최부는 패현(沛縣)을 지나게 되었다. 중국의 역사와 지리에 정통한 최부가 패현이 곧 한(漢) 나라를 세운 유방(劉邦)의 고향임을 모를 리는 없었다. 최부 일행은 유방이 대풍(大風)을 노래하였다는 가풍대(歌風臺)를 구경하였다. 지금은 가풍대 자리에 신축한 패현박물관(沛縣博物館)이 들어서 있고, 문루에는 '가풍대(歌風臺)'란 커다란 글씨를 새겨 놓았다. 한대(漢代)의 가풍비(歌風碑)는 상반(上半) 만이 남아 박물관 옥상에 전시되어 있었다.

항주로부터 북경까지 최부 일행을 호송하는 사람들은 11, 2명 정도이고, 각 구간마다 현지의 호송인들이 별도로 배치되어 있었다. 호송인들과 최부 일행은 3척의 배에 나누어 타고 북경으로 향했다. 호송책임자인 지휘(指揮) 양왕(楊旺)이란 사람은 문맹이었으므로, 최부는 부책임자인 천호(千戶) 부영(傅榮)이란 사람과 자연히 많은 대화를 필담으로 나누게 되었다. 두 사람은 어느덧 양국의 정치 · 제도 · 문화에 대해 기탄없이 의견을 나누는 사이가 되었다. 일행을 태운 배가 제녕(濟寧) · 임청(臨淸) · 덕주(德州) · 창주(滄州)를 지나 천진(天津)에 가까워질 무렵, 최부는 소흥(紹興)을 지날 때 눈여겨보아 두었던 중국식 수차(水車) 얘기를 슬그머니 끄집어내었다.

수차(水車)란 무엇인가? 낮은 곳을 흐르고 있는 하천의 물을 높은 지대의 논밭으로 끌어올리는 관개용 기구이다. 동력(動力)을 사용할 줄 모르던

시대에 주로 인력(人力)으로 물을 길어 올리던 일종의 양수기(揚水機)로서, 보통 두세 명이 함께 올라서서 발로 밟는 것과 손으로 밀어 돌리는 것이 있었다. 최부가 신기한 느낌으로 보았던 것은 바로 발로 밟는 수차였다. 소흥(紹興) 부근을 지날 무렵에 목도하였던 중국식 수차에 관한 궁금증을 가슴에 담고 있다가, 한 달도 더 지난 다음에 부영과 꽤 가까워지고 나서야 비로소 "수차를 만드는 방법을 배우고 싶습니다"라고 말을 꺼내었던 것이다.

부영은 수차의 제작방법은 목공이 알고 있지 자신은 잘 모른다고 대답하였으나, 최부는 물러서지 않고 계속 졸랐다. "우리나라는 논이 많은데 가뭄을 자주 만나게 됩니다. 만약 이를 배워서 우리 농민들에게 가르친다면 농사일에 도움이 될 것입니다. 즉 족하의 한마디 수고가 우리 조선 사람들에게는 천만세에 걸친 무궁한 이익이 되는 것입니다. 제작방법을 깊이 생각해 보시고 모르는 점이 있으면 수부(水夫)들에라도 물어서 확실하게 가르쳐 주시기를 바랍니다." 마침내 부영은 한참을 궁리한 끝에 최부에게 수차의 제작과 운용에 대해 대략 설명하여 주었다. 부영이 설명해 준 수차는 최부가 목격하였던 발로 밟는 수차가 아니라 손으로 돌리는 수차였다. 최부는 이에 개의치 않고 각 부분에 따라 사용되는 목재의 종류까지 따져 물어 가며 꼼꼼하게 메모해 두었다.

수차는 종류가 많다. 중국의 수차는 그 기능에 따라 괄차(刮車)·번차(翻車)·통차(筒車)·고전통차(高轉筒車) 등이 있는데, 일명 용골차(龍骨車)로 불리는 번차(飜車)가 가장 널리 쓰였다. 조선에서는 번차(飜車)를 '당수차(唐水車)'로, 일본에서 쓰고 있던 수전수차(水轉水車)를 '왜수차(倭水車)'로 나누어 부르기도 하였다. 일본에 수차가 전래된 것은 일본학자에 의하면 수양제(隋煬帝) 대업6년(610)에 당시 삼국시대의 한반도를 거쳐갔다고 한다. 그런데 정작 한국의 문헌에는 공민왕11년(1362)에 백문보

(白文寶)가 수차의 제작과 보급을 주장한 《고려사》의 기록이 처음이다. 최부 이전에 늦게 잡아도 고려말부터 수차의 제작과 보급을 주장한 사람들이 있었음을 알 수 있다.

조선태종도 수차의 제작과 보급에 관심을 가졌으나 뚜렷한 성과를 거두지 못하였다. 그 후 세종11년(1429) 통신사(通信使)로 일본에 다녀온 박서생(朴瑞生)이 일본에도 수차가 관개용으로 쓰이고 있다고 보고하자, 이에 자극을 받은 세종은 수차 제작에 대해 강한 집념을 보이게 된다. 이후 왜수차와 당수차의 설계도를 각 도에 보내 주고 제작을 독려하였으나, 물을 퍼 올리는 것이 문제가 아니라 퍼 올린 물이 금방 새어 버린다는 토질상의 문제점이 드러났다. 세종은 "받들어 행하는 관리가 모두 마음을 쓰지 않고 자갈모래땅에 설치하여 쓰지 못하게 되니 심히 부당하다. 위로는 중국으로부터 아래로는 왜국까지 모두 수차의 이익을 받는데 우리나라에서만 행하지 못한다는 말인가!"라고 하며 수긍하지 않았다. 그러나 몇 차례의 시험에서도 제작된 수차의 효능이 뚜렷하지 않은 데다 관(官)에 시달린 백성들의 원망마저 커지자, 마침내 인력으로 움직이는 수차의 제작과 보급을 부득이 중단하지 않을 수 없었다.

세종을 이어 즉위한 문종은 수차관개(水車灌漑)보다는 천방관개(川防灌漑)에 더 관심을 기울이게 되었고, 이 흐름이 이후 16세기의 천방관개(川防灌漑)의 개발로 나타나게 된다. 그러나 그렇다고 해서 수차의 제작과 보급에 대한 열의가 완전히 사라진 것은 아니었다. 바로 성종 때에 최부가 세종 이후 꺼져가던 수차 제작에 대한 관심을 다시 일깨워 주었던 것이다. 《조선왕조실록》을 보면 후일 최부가 귀국한 다음 성종은 전라도 관찰사에게, "최부가 중국에서 수차 제도를 보고 왔다고 하니, 정교한 목공으로 하여금 최부의 지휘를 받아 수차를 만들어 올려 보내라"고 명하였다. 최부는 약

한 달가량 걸려 수차 만드는 방법을 지휘한 다음, 제작한 수차를 이 해 8월에 왕에게 바쳤다. 그러나 최부가 제작한 수차가 널리 보급되어 제대로 활용되지는 못한 것 같다. 그 후 연산군2년(1496)에 충청도에 큰 가뭄이 들었을 때에도, 연산군이 최부에게 그곳에 가서 수차를 만들어 쓰도록 명한 적이 있지만, 그다지 좋은 성과를 얻지는 못했던 것처럼 보인다. 왜냐하면 연산군8년(1502)에 승지(承旨) 장순손(張順孫)이 "김익경(金益慶)이 만든 수차는 제도가 정교하여 힘은 적게 들고 공은 많으니, 여러 도(道)에 알려 견본대로 만들어 쓰게 하소서"라고 왕에게 아뢰고 있는 것을 보아 짐작할 수 있다. 이때에 연산군은 "수차는 만들기가 쉽지 않으니 민간에서는 아마 만들어 쓰지 못할 듯하다. 또한 가뭄이 크게 들면 수차가 무슨 소용이 있으며, 비가 제때에 오면 비록 수차가 없더라도 무슨 피해가 있겠는가? 그러나 우선 가까운 경기·황해·강원도 등지에서 시험해 보도록 하라"라고 말하며 시큰둥한 반응을 보이고 있다.

명종원년(1546)에 시독관(侍讀官) 윤인서(尹仁恕)가 경연(經筵)에서, "제주 사람이 표류 끝에 유구국(琉球國)까지 갔다가 송환되어 돌아오면서 중국에 이르렀을 때, 복건도(福建道)에서 수차 제도를 보고 익혀 왔다고 하는데, 지금 만약 그대로 만든다면 물을 퍼 올리기에 매우 편리할 것입니다. 호조(戶曹)로 하여금 이를 제작하여 각 도에 내려 보내 백성들에게 가르쳐 주게 하는 것이 어떻겠습니까?"라고 건의하고 있다. 명종은 제주 사람 박손(朴孫)에게 장인(匠人)과 함께 수차를 만들어 보도록 하였다. 그러나 이때에도 수차의 제작이 성공적이지 못하였고 따라서 농민들에게 보급되지 않았음은, 104년이 지난 효종원년(1650)에 효종이 장인을 직접 불러 궁중에서 수차를 제작하게 한 다음, 이를 비국(備局)에 내주며 이렇게 탄식하고 있는 것을 보아도 알 수 있다. "과거 연경(燕京)과 심양(瀋陽)으

로 통하는 길을 가다가 논농사에 쓰이는 기구를 자세히 관찰하였는데, 관개용(灌漑用)으로는 수차가 제일이었다. 그런데 우리나라는 이 방법을 전혀 모르는 나머지 바로 옆에 콸콸 흐르는 물이 있어도 지세가 조금 높기만 하면 그저 말라죽어 가는 것만 바라볼 뿐 어찌할 줄을 모르니 정말 개탄할 일이다. 농업은 바로 국가의 대본(大本)인데, 그 도구를 또 이렇듯 이용할 줄을 모르니 참으로 걱정스럽다."

효종 이후에도 이러한 움직임은 지속되어 숙종 때에 권탁(權倬)이 설계한 수차를 각 도에 보내 시험한 일이 있고, 영조 때에는 효종이 제작했던 유형의 수차를 만들어 삼남(三南)에 보냈으나, 얼마 지난 후에 향민들이 계속 제작할 능력이 없어 효과를 발휘하지 못하였다. 정조 때에 이르러 이우형(李宇炯)이 명나라 서광계(徐光啓)의《농정전서(農政全書)》에 의거하여 용미차(龍尾車)를 만들 것을 건의하였다. 용미차란 곧 서양식의 수차로서 용골차보다 인력(人力)이 덜 들었다. 천주교선교사 이탈리아인 웅삼발(熊三拔, Sabbatino de Ursis)이《태서수법(泰西水法)》을 저술하여 서양의 수리공정(水利工程)과 기계를 소개하는 가운데 용미차를 설명하였는데, 서광계가《농정전서》속에 이를 수록하였던 것이다. 그러나 실학(實學)이 성행하던 정조대에 이르러서도 이 용미차의 제작과 보급은 제대로 이루어지지 못 하였다.

중국과 일본에서도 널리 사용되고 있는 수차를, 같은 농업국인 조선에서는 수없이 그 제작과 보급에 실패하였다. 공민왕11년(1362)부터 시작하여 조선의 역대 국왕이 수차 제작에 많은 관심을 기울였지만, 조선의 농업에 수차는 끝내 도입되지 못하였다. 이는 조선 사회의 특성에 대하여 많은 것을 생각하게 해준다. 일찍이 이광린(李光麟) 교수는 수차의 제작비용이 많이 들고 제작기술이 모자라는 사회적 조건과 함께, 물을 많이 필요로 하는 북중

국의 황토지대와 한국 · 일본은 자연적 조건이 달랐다고 지적하였다. 그러나 황토지대인 북중국보다 오히려 남중국에서 수차가 더 보편적으로 활용된 점과, 일본에서도 수차가 널리 이용된 점을 살펴볼 때 '자연적 조건'은 설득력이 약하다. 이태진(李泰鎭) 교수는 개별 농가가 제작을 감당하기 어려운 재정상의 문제점과 함께, 문종 대 이후부터 시도된 천방(川防), 즉 보(洑)의 보급 때문에 상대적으로 수차가 보급되기 어려웠다고 논하였다. 이태진 교수에 의하면, 천방 개발의 본격적인 전개는 최부가 수차를 만들었던 해인 성종19년 이후부터라는데, 그렇다면 공민왕11년(1362)부터 성종19년(1488)까지 126년 동안에 조선에서 수차의 제작과 보급이 이루어지지 못하였던 까닭이 궁금해진다. 그것도 역대의 국왕 가운데서도 가장 오랜 기간인 5년간 수차의 제작과 보급에 매달렸던 세종조차 결국 손을 들고 말았던 근본 원인은 무엇일까? 대만(臺灣)의 장존무(張存武) 교수는 수차 기술이 조선에 전파되지 못한 원인을 다음과 같이 들었다. 즉 조선은 사족사회(士族社會)로서 공허한 성리학(性理學)이 성행하는 풍토에다 생산 실무에 대한 관심이 적었고, 백성들의 게으르고 보수적인 자세와 함께 극도로 궁핍한 재력, 지방관의 임기가 너무 짧아 일을 추진하기가 어려웠으며 그리고 전통적인 제언관개(堤堰灌漑) 등도 원인이 되었다고 논하였다. 사실 장존무 교수의 견해도 모두 사료(史料)에 의거하고 있음을 감안할 때, 한국사연구자들은 조선시대의 '농업생산력의 발달'만을 강조할 것이 아니라, 수차 제작과 보급이 그토록 이루어지지 못한 원인을 보다 설득력 있게 제시해야 할 것이다.

세종이 집념을 가지고 애쓰다가 끝내 중지하고 말았던 수차의 보급을, 성종 대에 이르러 최부가 다시 그 제작의 불씨를 되살려 내었다. 최부가 제작한 수차가 비록 성공적으로 사용되고 보급된 흔적은 찾아보기 어렵지

만, 성리학을 신봉한 선비인 최부는 수차의 제작기술을 조선에 도입하려고 적극적으로 애썼던 것만은 확실하다. 그렇다. 최부는 사서오경(四書五經) 만을 읽는 사람이 아니라, 후대의 실학자(實學者) 와 같은 이용후생(利用厚生) 의 정신도 지니고 있었다. 수차에 관한 이러저러한 생각을 하는 동안에 우리가 탄 자동차는 어느덧 천진(天津) 시내로 접어들고 있었다.

7. 북경(北京)에서 본 황제권력의 단면
—감기와 스트레스로 인한 옥하관(玉河館)에서의 병치레

천진(天津)을 떠나 북경(北京)에 도착한 우리는 이틀간 머물 호텔인 수도대주점(首都大酒店)부터 찾았다. 굳이 이 호텔을 택한 이유는 이곳이 바로 최부가 북경에 도착하여 25일간을 머물렀던 옥하관(玉河館)의 옛터라고 알고 있었기 때문이었다. 전문동대가(前門東大街)의 북쪽에 위치한 이 호텔의 서쪽과 북쪽에도 길이 나 있는데, 서쪽의 길은 도로 중앙에 녹지대를 만들어 놓아 제법 운치가 있었다. 이 도로가 곧 옛날의 옥하를 복개해서 만든 길이었다. 그런데 막상 역사지리학(歷史地理學)을 전공하는 북경대학 이효총(李孝聰) 교수를 만나 그가 과거에 조사하였던 자료와 대조를 해 본 결과, 옥하관의 정확한 위치가 이 호텔이 아님을 알게 되었다. 이 호텔의 서쪽 길 건너편에는 공안국(公安局) 건물이 들어서 있고, 그 건물의 북쪽 골목길 건너편에도 공안국 경비대가 있는데, 이 경비대 자리가 바로 옥하관의 옛터임을 확인하게 된 것이다. 그러니까 호텔의 서북쪽 모퉁이에서 옥하길을 대각선으로 건넌 곳이었으며, 바로 그 가로지르는 길에 옥하교가 걸려 있었다는 것도 알 수 있었다. 그 위치라야만 최부가 말한 "옥하관 문을 나와 동쪽 거리를 돌아보니 다리가 있고, 다리 양쪽 가에는 문을 세워 '옥하교'라는 편액을 붙여 놓았습니다"라는 서술과 방향이 맞아 떨어졌다.

사실 옥하관이란 이름은 별칭일 뿐, 정식 명칭은 사이회동관(四夷會同館)이다. 명청시대에 중국 주변의 국가나 민족이 조공사절을 보내 북경에 도착하면, 일행이 일정한 기간을 머무르며 숙식을 하는 곳으로 예부(禮部)

의 관할을 받는다. 정통6년(1441)에 회동관을 남관(南館)과 북관(北館)으로 나누어 조선 · 일본 · 안남 · 오이라트 등을 남관에서 접대하고, 북관에서는 여진(女眞) · 회회(回回) · 서번(西蕃) 등을 접대하였다. 이 회동관 남관이 옥하의 남쪽에 있으므로 옥하관으로 불렀던 것이다. 북경의 옥하관에 도착한 최부는 이곳에 머무르며 병부(兵部), 예부(禮部) 그리고 궁성(宮城)에 들어가기도 하였지만, 한편 몸져누워서 이틀 동안 꼼짝 못하고 치료를 받아야 하기도 하였다.

최부는 옥하관에 도착한 다음 날 인솔책임자인 양왕의 인도를 받아 병부(兵部)에 출두한다. 병부에서는 시랑(侍郞)과 상서(尙書)에게 인사한 다음 실무를 관장하는 낭중(郎中)에게 인도되었는데, 낭중은 최부에게 대뜸 뜰 가운데 있는 홰나무 그늘을 가리키며 절구(絶句)를 짓도록 하고, 또 '도해(渡海)'라는 시제(詩題)로 당률(唐律)을 짓도록 하였다. 학식 있는 조선의 관인(官人) 인지를 고상한 방법으로 테스트해 본 것이리라. 다른 낭중은 지도를 벽에 걸어놓고 최부가 표류해 온 해로(海路)를 물으며, 지나온 길에 유구(琉球)를 보았는지를 물었다. 그리고는 조선에서도 《주자가례(朱子家禮)》를 시행하는지, 국왕이 글을 좋아하는지 등 내정(內政)에 대해서도 간단히 물어보았다.

저녁에 옥하관으로 돌아온 최부는 조선의 하책봉사(賀册封使) 안처량(安處良) 일행 24인이 이곳에 40여 일이나 머물다가, 최부가 도착하기 6일 전에 조선을 향해 떠났다는 말을 듣고서는, 자신이 살아 있다는 소식을 고향에 일찍 전할 수 있는 기회를 놓쳤다고 크게 낙담을 했다. 그런데 사흘 후에 만난 조선어 통사(通事)인 이상(李翔)은 안처량이 이미 최부의 일을 자세히 알고 나서 떠났다고 알려 주었다. 최부는 자신이 북경에 도착한 날이 3월 28일이므로 의아해 하자, 절강진수(浙江鎭守)가 별도로 파견한 지휘

(指揮) 한 사람이 밤낮으로 달려서 북경에 도착한 날이 3월 12일이었다고 알려주었다. 그러니까 3월 22일에 떠난 안처량은 최부 일행이 살아 있으며 북경으로 호송되어 오는 중이라는 사실을 전해 듣고 떠날 수 있었던 것이다. 절강진수(浙江鎭守)란 진수태감(鎭守太監)을 가리킨다. 명대에는 황제가 환관(宦官)을 각지에 파견하여 특별한 임무를 맡기는 경우가 있었다. 지방행정기관과 별도로 파견 나가있는 환관이 황제에게 직보(直報)하는 시스템이 여기에 드러나고 있는 점이 흥미롭다. 최부가 북경에 도착한 날보다 16일이나 앞서 항주(杭州)의 환관이 보낸 정보보고(情報報告)가 황제에게 전달되고 있는 것을 알 수 있다.

최부 일행의 표류안사건은 병부와 예부에 모두 관계되는 사안이나, 원래 절강에서 중앙에 보고할 때 병부에만 보고하고, 예부에는 보고를 하지 않았던 듯하다. 최부 일행을 조선으로 귀환시키는 일은 역시 외교를 담당하는 예부의 소관이 된다. 이 보고를 하지 않은 문제로 예부는 절강의 관계자들을 문책하도록 황제에게 상주하였고, 병부는 그동안 최부 일행을 인솔하느라 수고했던 지휘(指揮) 양왕(楊旺)에게 곤장 20대를 쳤다. 병부가 최부의 건(件)으로 자문(咨文)을 예부에 보냄으로써 이제 예부가 주동이 되어 최부 일행의 송환 절차를 밟게 되었다. 출입이 자유롭지 못한 옥하관에서 소일하며, 하루빨리 출발할 수 있기를 기다리던 최부에게 예부에서 나온 사람이 최부를 호출하여 갔다. 예부상서와 시랑의 명을 받은 주사(主事)가 "내일 아침에 입조하게 되는데 황제께서 의복을 상(賞)으로 내릴 것이니 길복(吉服)으로 갈아입어야 합니다. 일이 끝나면 바로 돌아가게 될 것입니다"라고 통보하였다. 최부는 상복 외에 다른 길복이 없다, 친상을 당하여 길복을 입는 것은 예(禮)에 맞지 않다, 그렇다고 해서 상복 차림으로 입조하는 것도 의(義)에 불가함이 있다, 그러니 예제를 참작하여 지시를 바꾸어

주도록 요청하였다. 예부의 관원들이 한참 의논한 후에 내린 결론은, 내일 아침 상 받을 때는 전례(典禮)의 절차가 없으므로 종리(從吏)로 대신 받게 할 수 있지만, 모레 사례할 때는 최부가 황제에게 절을 해야 하니 참석하지 않을 수 없다는 것이었다.

4월 19일 최부의 부하인 정보(程保) 등이 대궐 뜰에 들어가서 상을 받아 돌아왔다. 옥하관으로 몇 번 찾아온 일이 있는 홍려시(鴻臚寺) 주부(主簿)인 이상(李翔)이 정보에게, "당신의 상관에게 알려서 내일 아침에 길복 차림으로 와서 황제의 은혜를 사례하도록 하시오"라고 통고하였다. 최부는 문지기 한 명과 함께 이상의 집으로 찾아가서 자신의 의사를 다시 알렸다. "친상(親喪)은 진실로 정성을 다해야 하는데 만약 화려한 옷을 입는다면 효(孝)가 아닙니다. 나 또한 사람의 자식인데 가벼이 상복을 벗어 불효(不孝)에 몸을 둘 수 있겠습니까?" 이상은 오늘 이미 예부상서와 의논이 끝났다는 것, 친상(親喪)보다 황제의 은혜에 감사하는 일이 더 중요하다는 것을 들어, 상으로 받은 의복을 입고 오도록 못을 박았다. 다음 날 아침 일찍 옥하관에 온 이상은 "친상을 당하여 비단 옷을 입고 사모(紗帽)를 쓰는 것이 마음이 편치 않음"을 다시 호소하는 최부에게 이렇게 말하였다. "당신이 빈소(殯所) 곁에 있다면 당신의 아버지가 중하지만, 지금은 이곳에 있으니 황제가 계심을 생각할 따름입니다. 황제의 은혜가 있는데도 가서 사례하지 않는다면 인신(人臣)의 예를 잃게 되는 것입니다. 그러므로 우리 중국의 예제에는 재상이 친상을 당했을 적에 황제께서 사람을 시켜 부의(賻儀)를 보내면, 비록 초상 중이라도 반드시 길복을 갖추어 입고 대궐로 달려 들어가 배사(拜謝)하고 나서 다시 상복으로 갈아입게 됩니다. 무릇 황제의 은혜는 사례하지 않을 수 없으며, 사례한다면 대궐 안에서 해야 하고, 대궐 안에는 상복 차림으로 들어갈 수는 없습니다." 최부는 상을 받을 때 대신 받았던

것처럼, 사은할 때도 대신할 수 있지 않겠는가고 매달려 보았지만, 이미 황제에게 상주(上奏) 되어 있다고 하여 간단히 거절되었다.

일행이 장안문(長安門) 앞에 이르자 이상은 몸소 최부의 상관(喪冠)을 벗기고 사모(紗帽)를 씌우며, 잠깐 길복을 입고 들어가서 사례하고 나와서는 상복을 입으면 된다고 하며, 융통성이 없는 최부를 은근히 나무랐다. 부득이 길복으로 갈아입은 최부 일행은 오문(午門)을 통해 궁궐로 들어갔다. 필자는 1989년부터 북경에 여러 차례 온 일이 있었고, 오문(午門)을 통해 자금성도 여러 번 드나들었다. 그때마다 오문 앞에 서서 자금성을 바라보는 느낌은, 광화문이나 돈화문 앞에서 경복궁이나 창덕궁을 바라보는 것과는 그 느낌이 너무 다르다는 생각을 늘 하곤 하였다. 사람 키의 몇 배 높이가 되는 자금성의 검붉은 담을 쳐다보며, 어둡고 무거우며 숨 막히는 절대권력의 음습함을 느끼게 된다. 이러한 차이는 결국 명청시대 황제권력과 조선왕조 왕권의 스케일과 존재양상이 달랐기 때문일 것이다. 먼동이 트기도 전에 이끌려 나온 최부는 '군대의 위용이 엄정하였다'고 썼다. 대궐 뜰 안으로 들어간 최부는 조관(朝官)의 반열에, 다른 일행은 국자감(國子監) 감생(監生) 뒤에 나란히 서서, 황제에게 다섯 번 절하고 세 번 머리를 조아리는 것으로 사례(謝禮)의 의식은 간단하게 끝이 났다. 오문을 나선 일행은 단문(端門)을 거쳐 승천문(昇天門)을 나왔는데, 승천문은 곧 오늘날의 천안문(天安門)이다. 최부는 "승천문은 곧 대명문(大明門) 안에 있었다"고 썼는데, 명대의 대명문은 오늘날의 천안문광장에 위치하였을 터이지만 물론 남아 있지 않았다.

다음 날인 21일에 좌군도독부(左軍都督府) 소속의 백호(百戶) 장술조(張述祖)가 옥하관으로 최부를 찾아 와서, 자신이 바로 일행을 요동으로 호송할 책임자라고 자기소개를 하며, 2-3일 내에 떠날 수 있게 될 것임을

알려주었다. 그런데 이튿날에 최부가 병으로 그만 자리에 눕고 말았다. 이달 초 5일부터 머리가 조금씩 아프다가 17일에 조금 나아지더니 이날 22일에는 갑자기 가슴이 아파 왔다. "가슴과 배가 서로 뒤틀리고 손발이 마비되며 찬 기운이 몸에 퍼지더니 숨이 차서 헐떡거렸다." 옥하관의 보고를 받은 예부는 즉각 태의원(太醫院)에 연락하여 의사 주민(朱旻)을 보내왔다. 진맥을 마친 주민은 "본래 칠정(七情)이 손상된 데다 감기가 겹쳐 생긴 병"으로 진단하고, 태의원으로 가서 가감칠기탕(加減七氣湯)을 지어 와 손수 달여 마시게 하였으나, 최부는 밤중에 이를 모두 토해 버렸다. 다음날 새벽에 다시 온 주민이 최부를 진맥하고 나서는 회생할 가망이 있다고 하며, 인삼양위탕(人蔘養胃湯)을 달여 먹였더니 과연 병이 낫기 시작하였다. 아마도 감기와 겹친 강한 스트레스가 병의 원인이 된 것이 아닐까. 손상되었다는 칠정(七情)이란 희(喜)·노(怒)·애(哀)·구(懼)·애(愛)·오(惡)·욕(欲)의 일곱 가지 감정이 아니던가. 북경에 도착하여 송환을 위한 마지막 절차를 모두 마쳤다는 안도감과 함께, 이유야 어떻든 친상에 길복을 입었다는 불효(不孝)의 죄책감이 예(禮)에 집착하는 조선의 선비에게 견디기 어려운 스트레스를 주었으리라.

8. 산해관(山海關) 안팎에서 만난 반가운 조선사신
—조선을 다녀오는 명나라 사신 동월(董越)과의 조우(遭遇)

일행을 요동까지 인솔할 책임자인 장술조가 최부의 병이 완전히 낫지 않았으니 24일 출발 예정을 늦추어 26일에 떠나는 것이 좋겠다고 했지만, 최부는 "조금 나았으니 수레 위에 누워서 갈 수가 있다"고 고집하여 예정대로 떠나게 된다. 산해관(山海關)을 향하여 북경을 출발한 일행이 며칠 후 어양역(漁陽驛)에 이르렀을 때, 북경을 향해 오고 있던 조선의 사은사(謝恩使) 일행을 만나게 되었다. 조선의 사은사는 지중추부사(知中樞府事)인 성건(成建)이었다. 성건 일행은 조선을 떠나 요동의 동팔참(東八站)에 이르렀을 때, 마침 북경을 다녀오던 사은사 안처량을 만나 최부 일행의 소식을 들어 알고 있던 터이었다. 최부 일행은 사은사 성건 일행으로부터 따뜻한 접대를 받고 고국의 소식도 듣게 되었다. 성건은 최부 일행을 인솔하는 백호(百戶)를 불러 치하를 하며, 모자와 부채 등을 선물로 주기도 하였다.

사은사란 조선이 명나라 황제에게 감사할 일이 있을 때에 보내는 비정기사절(非定期使節) 중의 하나이다. 정기사절(定期使節)로는 원래 '일년삼사(一年三使)'였는데, 신년(新年)을 하례하는 정조사(正朝使), 황제의 생일을 축하하는 성절사(聖節使), 황태자의 생일을 축하하는 천추사(千秋使)가 있었다. 후에 중종26년(1531)부터 동지(冬至)를 하례하기 위한 동지사(冬至使)를 포함시켜 '일년사사(一年四使)'가 되었다. 비정기사절에는 각종 보고나 해명할 일이 있을 때는 주문사(奏聞使)나 계품사(計稟使), 조선의 요청이 받아들여졌거나 황제에게 감사할 일이 있을 때는

사은사(謝恩使), 새로운 황제의 등극이나 황태자 책봉 등을 경하하기 위한 사신을 진하사(進賀使), 황제나 황후의 상사(喪事)가 있을 때는 진위사(陳慰使)와 진향사(進香使)를 보내 위로하고 조문하였다. 이 밖에도 각종 명목의 비정기사행이 많았으나, 그중에서 사은사가 파견되는 횟수가 가장 빈번하였다. 최부가 어양역에서 만난 성건이 바로 사은사였으며, 황제의 은혜에 대해 사례하기 위한 목적으로 파견된 것이었다.

어양역을 떠나 옥전현(玉田縣)을 지나서 길을 가던 최부는 앞에서 마주 오는 두 명나라 관인(官人)을 만나게 되었다. 바로 조선에 사신으로 갔다가 돌아오는 한림학사(翰林學士) 동월(董越)과 급사중(給事中) 왕창(王敞)이었다. 말에서 내린 최부가 두 사람 앞으로 불려가 자신은 표류되었다가 조선으로 돌아가는 중이라고 밝히니, 동월은 "당신 나라의 사람들이 그대가 살아서 중국에 도착한 것을 이미 알고 있다"고 일러 주었다. 최부가 감사하며 읍(揖)을 하고 물러 나와 그 사람들이 누구인지를 물어 본 후에야 동월과 왕창이란 이름을 알게 되었다. 동월은 작년에 등극한 홍치제(弘治帝)의 즉위를 알리기 위해 성종19년(弘治元年, 1488) 1월에 조선에 파견되었다. 홍치제가 동궁으로 있을 때 동궁시강(東宮侍講)으로 뽑혔으며, 홍치제가 즉위하자 춘방우서자(春坊右庶子)로 승진되었다. 조선에 출사할 때 그의 나이가 58세였으며, 후에 관직이 태상소경(太常少卿)과 남경공부상서(南京工部尙書)까지 이르렀다. 그런데 정작 동월이 유명하게 된 것은 조선에 사신으로 다녀온 후에, 사행(使行)으로 갔던 조선에서 견문한 내용을 《조선부(朝鮮賦)》라는 책으로 펴내었기 때문이다.

《조선부》에는 15세기 중국인의 눈으로 본 조선의 모습이 담겨져 있다. 고려시대에 개경(開京)을 다녀간 서긍(徐兢)의 《고려도경(高麗圖景)》이 고려의 정치·사회·문화를 살피는 데 귀중한 자료가 된 것과 같이, 동월

의 《조선부》는 조선전기를 연구하는 데 빠뜨릴 수 없는 자료이다. 다만 아쉬운 점은 운율(韻律)에 맞춘 '부(賦)'의 문체로 서술이 되어 있어, 알맹이 주제에 대한 상세하고 구체적인 묘사보다 문학적인 표현에 치우친 점이다. 동월은 조선에 체류한 시일이 약 한 달가량에, 한양(漢陽)에 머문 날은 열흘 정도에 지나지 않았다. 비록 체류하는 동안 접반사(接伴使)가 제공한 《풍속첩(風俗帖)》과 같은 자료를 활용한 듯한 흔적도 있지만, 동월은 당시 조선의 정치 · 경제 · 제도 · 지리 · 언어 · 민속 · 건축 · 생활 등 다양한 분야에 걸쳐 서술하였다. 곧 《조선부》를 짓게 될 동월과 《표해록》을 쓰게 될 최부가 각각 귀국하는 도중에 만나, 잠시나마 인사를 나눈 것을 어찌 기연(奇緣)이라고 하지 않을 수 있으랴!

우리는 북경을 떠나 요녕성(遼寧省)의 금주(錦州)를 향해 출발하며, 도중에 산해관(山海關)을 찾아보기로 하였다. 최부 일행은 동월과 엇갈린 후 1주일쯤 지나 산해관(山海關)에 도착하였다. '천하제일관(天下第一關)'이란 현판과 같이 산해관은 정말 천연의 요새에 위치한 관문(關門)이었다. 구불구불 산허리를 타고 내려오던 만리장성(萬里長城)이 발해만(渤海灣)의 바다와 만나는 지점에 이 웅장한 산해관이 버티고 있는 것이다. 과거에 관외(關外)에서 기병(騎兵)으로 이 관문(關門)을 돌파해 들어온다는 것은 지극히 어려운 일이었으리라. 최부가 "망부대(望夫臺)는 곧 진(秦)나라가 장성(長城)을 쌓을 때 맹강녀(孟姜女)가 남편을 찾았던 곳이라"고 썼던 망부대는 바닷가에 있었다. 맹강녀의 석상(石像)이 쓸쓸하게 슬픈 전설을 얘기해 주는 듯하였다. 서둘러 산해관을 떠난 우리는 도중에 영원성(寧遠城)을 그냥 지나치기가 아까워, 일정에는 잡혀 있지 않았지만 잠깐 들르기로 하였다. 명말(明末)에 장군 원숭환(袁崇煥)이 후금(後金) 누르하치의 군대를 격퇴시켰던 '영원고성(寧遠古城)'의 성곽은 잘 보존되

어 있었다. 패전을 모르고 승승장구하던 누르하치는, 이 전투에서 원숭환에게 크게 패퇴하고 부상까지 당하여 결국 다음 해 죽음에 이르게 된다. 명말(明末)에 세워진 조대수(祖大壽)의 석방(石坊)이 화려하였지만, 이는 물론 최부가 지나갈 때에는 세워지지도 않았던 것이다.

금주(錦州)에서 1박한 우리는 북녕시(北寧市)를 찾아 북상(北上)하였다. 북녕(北寧)은 곧 명대의 광녕(廣寧)으로서, 요동의 군정(軍政)을 총괄하는 가장 핵심적인 정치·군사적 거점이다. 이보다 동쪽의 요양(遼陽)은 요동도사(遼東都司)가 위치한 곳으로 도지휘사(都指揮使)가 지휘하는 전진기지(前進基地)일 뿐, 광녕에는 진수태감(鎭守太監)을 위시하여 총병관(總兵官)과 도어사(都御史) 등의 보다 상급 관인(官人)이 주재하는 곳이다. 성곽은 문화대혁명 시기에 철거되어 남아 있지 않았으며, 성(城)의 중앙에는 고루(鼓樓)와 함께 이성량(李成梁)의 패방(牌坊)이 남아 있었다. 이성량은 명말에 수십 년간 요동의 총병관으로 활약한 군벌로서, 그의 아들 이여송(李如松)은 임진왜란 때 명군(明軍)을 이끌고 조선에 참전하였으므로 우리에게 더 잘 알려져 있다. 이성량의 패방은 최부가 지나갈 당시에 아직 세워지지 않았겠지만, 큰북을 매달아 놓고 시간을 알리는 고루(鼓樓)는 아마도 그때에도 있었을 것이다.

최부는 이곳 광녕역에서 북경을 향해 오는 조선의 성절사를 만났다. 성절사(聖節使)란 황제의 생일을 경하하기 위해 보내는 사절인데, 이 해 조선의 성절사는 참판(參判) 채수(蔡壽)였다. 따뜻한 위로의 말을 최부에게 건네고 난 다음, 채수는 그동안 최부가 견문했던 내용을 무척 궁금해 하였다. 광녕에 주재하고 있는 명나라의 관리들—진수태감(鎭守太監) 위낭(韋朗), 도어사(都御史) 서관(徐鑵), 도사대인(都司大人) 호충(胡忠), 총병관(總兵官) 구겸(緱謙), 참장(參將) 최승(崔勝) 등도 서로 의논하여,

최부 일행을 따뜻하게 맞아주고 의복·모자·가죽신 등의 선물을 종자들에게까지 인심 좋게 두루 나누어 주었다. 그러면서 사람을 시켜 최부에게 전하기를, "본국에 돌아가면 오늘 받은 물건을 모두 국왕에게 아뢰어야 합니다"고 당부하는 것을 잊지 않았다.

9. 요동(遼東) 땅에 아스라이 남아 있는 고구려의 잔영(殘影) —고구려에 대한 최부의 역사인식

광녕을 떠난 최부 일행은 요양을 향해 출발하였다. 요양은 명나라가 요동을 경략(經略) 하기 위한 전진기지(前進基地) 인 요동도지휘사사(遼東都指揮使司) 가 위치한 곳이다. 요양으로 가려면 요하(遼河) 를 건너가야 한다. 흔히 요하의 서쪽 지역을 요서(遼西) 라고 부르고, 동쪽 지역을 요동(遼東) 이라고 부른다. 그러나 그것은 가장 넓게 잡은 요동의 개념이고, 가장 좁게는 그냥 요양(遼陽) 을 요동으로 지칭하는 경우도 많다. 최부는 배를 타고 요하를 건널 때, "한 관인(官人) 이 강 언덕의 작은 청사에 앉아서 왕래하는 행인들을 살피고 있었다"고 적었다. 우리는 자동차로 긴 교량을 달려 요하를 지났는데, 강폭은 넓었으나 우기(雨期) 가 아니어서 그런지 강물은 메말라 있었다. 최부 일행은 요양성 서쪽의 재성역(在城驛) 에 이르러 6박을 하게 된다.

요양에 도착한 이튿날 우리말을 할 줄 아는 계면(戒勉) 이라는 중이 최부를 찾아와서 다음과 같은 말을 하였다. "소승(小僧) 은 본래 조선 사람으로 소승의 할아버지가 이곳으로 도망해 온 지 벌써 3세대가 되었습니다. 이 지방은 땅이 본국의 경계에 가까우므로 본국 사람이 와서 거주하는 자가 매우 많습니다. 중국 사람은 겁이 많고 용맹이 없으므로 만일 도적을 만나게 되면 모두 창을 던지고 도망해 숨어버립니다. 또 활을 잘 쏘는 사람도 없으므로 반드시 본국 사람으로서 귀화한 사람을 뽑아 정병(精兵) 으로 인정하여 선봉을 삼게 되니, 우리 본국의 한 사람이 중국 사람 열 명 백 명을 당할 수 있습니다. 이 지방은 곧 옛날 우리 고구려의 도읍인데, 중국에게 빼앗겨

속한 지가 천여 년이나 되었습니다. 우리 고구려가 끼친 풍속이 아직 사라지지 않았고, 고려사(高麗祠)를 세워 근본으로 삼고 공경하여 제사지내기를 게을리 하지 않으니 근본을 잊지 않기 때문입니다. 일찍이 듣건대, '새는 날아서 고향으로 돌아가고, 여우는 죽을 때 살던 굴로 머리를 돌린다'고 하였으니, 우리도 본국으로 돌아가 살고 싶습니다. 다만 본국에서 우리를 중국 사람으로 인정하여 중국으로 되돌려 보내게 되면, 우리는 반드시 외국으로 도망한 죄를 받아 목을 잘리게 될 것 같습니다. 그러므로 마음은 가고 싶지만 발이 머뭇거릴 뿐입니다."

계면이 최부를 찾아 온 목적은 일행을 따라 조선으로 귀환할 방법이 없을까 하고 탐색하는 데 있었던 것 같다. 지금 황제가 즉위하기 전의 성화제(成化帝)는 불교를 존숭하고 장려하였지만, 홍치제(弘治帝)는 즉위하고 나서부터 대대적인 불교배척정책을 시행하며, 새로 지은 절과 암자는 모두 철거하고 도첩(度牒)이 없는 중은 찾아내어 속인(俗人)으로 만들도록 명하였다. 이 무렵에 계면도 요양으로 호출을 받아, "절을 부수고 두발(頭髮)을 기르도록 하라"는 지시를 받은 터이었던 것이다. 불교에 대해 호감을 갖고 있지 않은 유학자인 최부가 홍치제의 불교탄압을 높이 칭송하며, 계면을 냉담하게 대하자 슬그머니 자리를 뜨고 말았다. 그런데 계면이 비교한 중국 사람과 조선 사람의 차이는 참으로 묘미가 있으며, 고구려에 대한 역사적인 인식도 흥미로운 점이 있다. 최부도 "요동은 곧 옛날 우리 고구려의 도읍이었는데, 당고종(唐高宗)에게 멸망을 당하여 중원(中原)에 속하였다가 오대(五代) 시대에는 발해(渤海) 대씨(大氏)의 소유가 되었더니, 후일 요(遼)·금(金)·호원(胡元)의 병탄한 바가 되었던 것입니다. 성안에는… 팔좌(八座)로부터 고려시(高麗市) 사이에는 민가가 번창하다고 할 수 있으니, 강남에 비한다면 가흥부(嘉興府)와 서로 겨룰 만하였습니다"라고

서술하였다.

이보다 먼저 2월 17일 최부가 소주(蘇州)의 고소역(姑蘇驛)에 머물고 있었을 때, 두 사람의 중국관리가 찾아 와서 담소를 나누며 조선에 관해 궁금한 점을 여러 가지 물었다. 그 가운데 "당신 나라에는 무슨 장기(長技)가 있어 능히 수(隋) 나라와 당(唐) 나라의 군대를 물리칠 수 있었습니까?" 하는 질문이 있었다. 최부는 신이 나서 이렇게 대답하였다. "지모 있는 신하와 용맹 있는 장수가 군사를 부리는 데 적절하였고, 병졸은 모두 윗사람을 어버이처럼 따르고 그를 위해 죽었습니다. 그런 까닭에 고구려는 작은 나라인데도 오히려 천하의 백만 대군을 두 번이나 물리쳤던 것입니다. 지금은 신라 · 백제 · 고구려를 합쳐 한 나라가 되었으니, 물산은 많고 땅은 크며 재물은 넉넉하고 군사는 강성하며, 충성스럽고 지모 있는 선비들은 헤아릴 수 없을 정도로 많습니다." 조선이 고구려의 정통성도 잇고 있음을 강조하며, 조선의 실정을 다소 과장하여 자랑한 적도 있었다.

그리고 3월 14일에 최부가 산동(山東)의 임청(臨淸)을 지날 무렵에도 장사 일로 이곳에 먼저 와 있던 요동 상인들이, 이곳에 조선 사람들이 왔다는 말을 듣고는 일행을 찾아온 일이 있었다. "우리 요동성은 귀국과 이웃하고 있어 의가 한집안과 같습니다. 오늘 다행히 객지에서 서로 만나게 되었으니 감히 약소한 물품이지만 예(禮)를 차립니다"라고 반가움을 표하며, 청주 3병 · 엿 1쟁반 · 두부 1쟁반 · 떡 1쟁반으로 일행을 접대하였다. 그때에도 최부는 "귀지(貴地)는 곧 옛날 고구려의 도읍이었습니다. 고구려가 지금은 우리 조선의 땅이니, 땅의 연혁은 비록 시대에 따라 다르지만 실상은 한 나라와 같습니다"라고 대답하였다. 요동 사람들이 조선에 대해 특별한 친밀감을 가지고 있음을 알 수 있고, 역사에 밝은 최부는 요동이 옛 고구려 땅이었음을 은근히 강조하였다.

《지봉유설(芝峰類說)》에는 "중국으로 가는 길에 고려촌(高麗村) 고려포(高麗鋪)가 있고, 또 요양관(遼陽館)에는 고려정(高麗井)이라는 우물이 있다"는 기록도 있다. 우리는 최부가 기록한 고려사(高麗祠)니 고려시(高麗市)의 흔적을 요양에서 찾을 수 있을까 하고, 요양박물관(遼陽博物館)에 가 보았지만 결과는 신통치 않았다. 아마도 최부가 지났던 당시에도 단지 이름만 남아 있었을 가능성이 높다. 필자는 서울의 일정 때문에 더 이상 답사를 계속하지 못하고 일행과 헤어져 심양(瀋陽)으로 가서 귀국길에 올랐다. 요양을 떠나는 길가에서 최부는 여진인(女眞人)의 올량합관(兀良哈館)을 지나 조선관(朝鮮館)이 있는 것을 보았다고 하였다. 북경을 왕래하는 조선 사신이 머무는 관사(館舍)일 터인데, 앞에 푯말을 세워 '외천보국(畏天保國)'이란 네 글자를 써 놓았다고 최부는 기록하였다. 글자 그대로 해석한다면 "하늘을 두려워하며 나라를 보전하다"로 일단 해석할 수 있겠다. 그러나 조선 사신이 드나드는 곳에 세워진 푯말이므로 이 '천(天)'은 그냥 '하늘'이 아니라 '천조(天朝)', 즉 명나라를 가리키는 것이 아니겠는가? 그러므로 이는 "명나라를 두려워할 줄 알아서, 조선을 잘 지키도록 하라"는, 조선에 주는 메시지임에 틀림없을 것 같다. 최부 일행은 석하아(石河兒)를 지나 고려동(高麗洞)이란 곳으로 들어 와 대석문령(大石門嶺)과 소석문령(小石門嶺)을 지났는데, 두 령(嶺) 사이에 왕 도독(王都督)의 무덤이 있었다고 썼다. 또 한 차례 '고려(高麗)'가 붙은 지명이 등장하고 있다. 왕 도독의 이름까지는 알 수가 없으나 세종(世宗) 연간에 요동에서 활약한 명나라 총병관 왕구아(王狗兒)가 아닐까 하고 추측된다.

분수령(分水嶺)을 넘고 팔도하(八渡河)를 건넌 최부 일행은 6월 4일 구연성(九連城)에 이르렀다. 이제 압록강만 건너면 조선의 땅 의주(義州)이다. 압록강을 건너니 목사(牧使)가 보낸 군관이 최부 일행을 영접하며

위로해 주었다. 일행은 밤 3경에 말을 달려서 의주성으로 들어갔다. 의주에 대한 인상을 최부는 "성은 규모가 작은 데다가 퇴락하였으며, 성안의 마을도 쇠락하였으니 정말 한스러운 일이었습니다"라고 적었다. 중국의 강남과 강북을 126일간 두루 살펴보고, 산해관을 지나 요서(遼西)와 요동(遼東)을 거쳐 귀환한 최부의 눈에 비친 의주의 모습은 초라하기 짝이 없었다.

10. 충(忠)과 효(孝)를 둘러싼 최부의 갈등
—끝내 사화(士禍)에 희생되고 만 비극적 운명

의주를 떠나 한양에 도착한 최부는 남대문 밖의 청파역(靑坡驛)에 머무르게 되었다. 성종은 성급하게도 상중(喪中)의 최부에게 표류일기를 써서 제출하도록 명하였다. 성종으로서는 최부가 표류하게 된 과정과 중국 강남의 실정이 몹시 궁금했을 것이다. 5년 전에 제주 정의현감(旌義縣監) 이섬(李暹)이 최부와 마찬가지로 배가 표류하여 명나라 양주(揚州)에 도착, 역시 북경을 거쳐 귀환한 일이 있었다. 성종은 그때에도 이섬에게 표류기를 작성케 한 전례가 있었다. 하루빨리 나주(羅州)의 본가로 달려가서 복상(服喪)을 해야 하는 최부는 마음이 다급했겠지만, 임금의 명령을 거역할 수도 없는 노릇이었다. 효(孝)와 충(忠) 가운데 어느 것을 우선시켜야 하는가 하는 갈등이 있었지만, 선택권은 최부에게 주어지지 않았다. 그동안 네 명의 수행원, 즉 광주목(光州牧)의 아전 정보(程保)·화순현(和順縣)의 아전 김중(金重)·승사랑(承仕郎) 이정(李楨)·나주(羅州)의 수배리(隨陪吏) 손효자(孫孝子)가 틈틈이 기록해 놓은 자료가 있었다. 이 자료를 토대로 8일 만에 보고서를 완성하여 성종에게 바쳤다. 이 보고서를 읽은 성종은 "만리 밖을 떠돌다가 무사히 살아 돌아온 사연이 참으로 구슬프구나!"라고 소감을 말했다.

성종에게서 쌀과 면포 50필을 하사받은 최부는 서둘러 나주로 떠났다. 그런데 성종은 최부가 떠난 이틀 후에 전라감사에게 최부의 지도를 받아 수차(水車)를 만들어 올리라는 명령을 내린다. 최부의 지도에 의해 목공이

제작한 수차는 약 40일 지난 후에 한양으로 보내어졌다. 최부는 부친상(父親喪) 초기에 《표해록》도 쓰고 수차 제작도 직접 지휘를 한 셈이다. 그리고 바로 다음 해에는 모친상(母親喪)을 당하게 되어, 내리 4년간 복상(服喪)을 하였다.

성종22년(1491)에 성종은 탈상(脫喪)한 최부에게 승의랑 사헌부 지평(持平)의 관직을 제수하였다. 그런데 임명을 받고 한 달이 지나도 사간원(司諫院)에서 서경(署經)을 하여 주지 않았다. '서경(署經)'이란 그러한 직책을 맡는 데 아무런 하자가 없다는 일종의 동의서이다. 성종이 사간원에 그 까닭을 물으니, 정언(正言) 조형(趙珩)은 서면으로 이렇게 아뢰었다. "최부가 일찍이 부친상을 당하여 제주에서 나오다가 중국에 표박(漂泊)하여 많은 시와 글을 지었는데, 그것들은 모두 자신이 살아날 길을 얻기 위한 것이었습니다. 그것까지는 좋은데 그가 본국으로 돌아와서 비록 일기를 지어 올리라는 왕명이 있어도, 마땅히 글을 올려 슬픔을 말하고 바로 빈소로 돌아가야 했는데도 여러 날을 서울에서 묵으면서 태연히 일기를 쓰고 거의 애통한 마음 없이 명교(名教)에 대하여 부끄러운 일이 있었기에, 이 때문에 서경을 해주지 못하였습니다." 성종은 사간원의 처사를 꾸짖었다. "나는 최부가 겪었던 어려움과 중국에서 견문한 것을 알고 싶어 일기로 지어 올리라고 명하였다. 최부는 어쩔 수 없이 나의 명령을 받들어야 했기 때문에 그렇게 된 것이 아닌가? 사간원에서 어찌 이것을 들고 나오는가!"

그러나 사간원은 물러서지 않았다. 며칠이 지난 후에 정언(正言) 이계맹(李繼孟)이 다시 글을 올렸다. "최부는 초상 중에 예에 벗어나는 일이 있었습니다. 비록 왕명이 있었다고 할지라도 어떻게 머물러 조용히 찬술을 할 수 있었겠습니까? 거기에다 조신(朝臣)들이 찾아가면 영접하지 않음이 없었고 자기가 겪었던 일들과 보았던 바를 말하였는데, 마치 애통한 마음이

없는 것 같아서 인륜의 가르침에 죄를 얻음이 컸으니, 어찌 이런 사람에게 지평의 자리를 줄 수 있겠습니까?" 최부의 행위에 대한 사간원의 비난은 왕명이 있었다고 하더라도 보고서의 작성을 늦추고 복상(服喪)부터 했어야 한다는 점과, 찾아온 조신들을 영접하여 자기가 겪은 일을 떠들어댔다는 것이다. 이는 다시 충효(忠孝)의 문제와 연결되는 듯 하다. 왕명(王命)에 따르는 것은 충(忠)에 속하는 일이고, 복상(服喪)을 우선시키는 것은 당연히 효(孝)에 속한다. 그런데 아이러니컬한 것은 최부가 정작 명나라에서는 충효(忠孝)의 우선을 따질 때, 한결같이 효(孝)를 앞세웠다는 점이다.

명나라에 체류하는 동안 시종일관 상복과 상건을 벗지 않으려 하였고, 황제에게 사은하기 위해 궁성에 들어 갈 때에도 길복을 갈아입지 않으려고 마지막 순간까지도 실랑이를 벌였다. 궁성에 들어가야 하는 하루 전날 밤에는 홍려시(鴻臚寺) 주부(主簿)인 이상(李翔)의 집에까지 찾아가서 효(孝)에 어긋나는 처신은 할 수 없다고 사정하기도 하였던 것이다. 최부가 처음 절강의 도저소에서 천호(千戶) 설민(薛旻)의 심문을 받을 때에도, 설민은 "신하된 사람은 나라만을 위하고 자기 집은 잊어야 하오. 당신은 왕사(王事)로 인해 표류하여 이곳에 도착하였으니, 마땅히 효(孝)를 옮겨 충(忠)을 하여야 할 것인데 어찌 갑자기 집을 생각하오?"라고 말하자, 최부는 "충신은 효자의 가문에서 구하게 되니, 어머니에게 효도를 다하지 않고서 임금에게 충성을 다한 사람은 있지 않소"라고 대답하였던 일도 있었다. 그런데 막상 청파역에 도착하고 성종이 보고서를 먼저 써내기를 명하자, 부친의 빈소에 먼저 가야겠다고 청원을 올리지 못하였던 것이다. 《표해록》의 다른 곳에서도 모순되는 듯한 부분을 간혹 찾아 낼 수 있지만, 이러한 대목이야말로 최부의 인간미를 보여주는 것이 아닐까?

성종은 사간원의 주장에 대해, "일기를 찬진(撰進)한 것은 슬픔을 잊은

것이 아니다. 다만 조신을 영접하였다는 말은 내가 알지를 못했다. 이제 그대들이 이것으로 불가하다 하니 다른 곳으로 옮기겠다"라고 절충하는 방식으로 해결을 시도하였다. 성종은 최부를 사헌부 지평에서 해임시킨 다음 탑전(榻前)으로 불러다가 위로하며 옷 한 벌을 하사하고, 명나라에 파견하는 사절의 서장관(書狀官)으로 임명하였다. 이리하여 최부는 명나라에서 귀환한 지 4년여 만에 이번에는 사신의 일행으로 다시 북경에 가게 되었다. 최부가 이 사행에 관한 기록을 남기지 못한 것은 참으로 안타까운 일이다. 보다 알찬 견문기가 될 수 있었을 텐데… 최부가 명나라의 사행에서 돌아오자 성종은 세자(世子) 시강원(侍講院)의 문학(文學)을 제수하였다가, 곧 이어 홍문관(弘文館)의 교리(校理)로 임명하였다. 최부에 대한 성종의 신임은 두터웠던 것이다.

그런데 이번에는 사헌부에서 이의를 달고 나왔다. 사헌부 지평 이종준(李宗准)이 "즉시 집상(執喪)을 하러 고향으로 가지 않고 여러 날을 서울에서 머물렀으니 그 마음 씀을 가히 알 만합니다. 하오니 경연관으로 합당하지 않습니다"라고 상계(上啓)하였다. 성종은 물론 이를 물리쳤다. 이 일로 인하여 최부가 여러 해 곤욕을 치르는 것을 보고, 홍문관의 관원들이 나서서 최부를 옹호하는 상소를 올렸다. 이렇게 되자 사헌부는 자기들에 대한 도전으로 간주한 듯, 사헌부 대사헌 이세좌가 성종에게 "마땅히 예에 따라 분상을 하여야 하며, 비록 일기를 지어 올리라는 명이 있더라도 일을 마친 후에 겪었던 일을 모두 기록하여 올려도 늦지 아니한데, 바로 기뻐하듯이 농한회사(弄翰繪詞)로 그 재주를 팔았으며 친구들과 만나서는 아무렇지도 않게 예기를 나누어 대절(大節)은 이미 이지러졌으니 나머지는 보지 않아도 족히 짐작이 됩니다"라는 비난의 강도가 한층 높아진 글을 올렸다. 군주의 잘못을 간해야 하는 홍문관에서 동료의 일을 아뢰어 청하니 더욱 부당하다

고 하며, 홍문관의 수창자(首唱者)를 가려내어 국문(鞫問)해야 한다고 하여 사태를 확대시켰다.

최부 개인의 행위가 예(禮)에 벗어나는가 아니면 참작할 만한 정상이 인정되는가 하는 문제를 넘어서, 동료를 두둔하고 나선 홍문관의 처사가 정당한가 아니면 문책 대상인가 하는 문제가 새로 대두된 것이다. 최부를 옹호하다가 조금 난처한 지경에 빠진 성종은 여러 대신들이 이 문제를 의논하여 보도록 일단 공을 넘겼다. 홍문관의 뜻을 이해하면서도 결론적으로는 사헌부의 의견에 동조한 윤필상과 노사신을 필두로 하여, 많은 관원들이 홍문관의 '사의(私意)'를 의심하며 잘못을 지적하고 나섰다. 이렇게 되자 성종은 "최부에 대하여 옳고 그른 것을 대신들이 다시 의논하여 올리라"고 논난의 초점을 홍문관으로부터 최부에게로 방향을 틀어버렸다. 최부의 행위를 비판하는 여러 사람들이 들고일어났고, 최부의 처지를 이해하는 사람들도 나서서 토론이 전개되었다. 지리한 공방 끝에 성종24년(1493) 성종은 마침내 최부를 승문원(承文院) 교리로 임명하여 자리를 바꾸어 주었다. 그러나 1년이 지난 성종25년 5월에 최부는 홍문관 교리로 되돌아왔으며, 8월에는 부응교(副應敎)로 승진되어 예문관(藝文館) 응교를 겸직하게 되었다. 예문관 응교는 대제학(大提學)이 되기 위해서는 반드시 거쳐야 하는 관직으로 인식되고 있었다. 최부가 비판의 화살이 빗발치는 가운데서도 성종의 두터운 신임을 받고 있었음을 알 수 있다.

그런데 성종이 재위 25년 만에 38세의 젊은 나이로 죽고 19세 된 아들 연산군(燕山君)이 즉위하자, 최부는 바다의 폭풍보다 몇 배나 더 무서운 정치적 폭풍에 휘말리게 되어 비극적인 최후를 맞게 된다. 김일손(金馹孫)이 자기 스승인 김종직(金宗直)의 〈조의제문(弔義帝文)〉을 사초(史草)에 올려놓은 사실이 발단이 되어, 유명한 무오사화(戊午士禍)가 일어나게

되었다. 이미 죽은 지 6년이 지난 김종직은 부관참시(剖棺斬屍)의 형벌을 받게 되고, 그의 문인들을 주축으로 하는 사림파(士林派)가 훈구파(勳舊派)로부터 대대적인 탄압을 받게 되었다. 김종직의 문인인 최부는 함경도 단천(端川)으로 귀양가게 되었다. '화불단행(禍不單行)'이라고 했던가, 더 큰 비극은 6년 후에 갑자사화(甲子士禍)와 더불어 찾아왔다. 갑자사화는 연산군이 자기 생모인 윤비(尹妃)의 사사(賜死)에 관련된 관원들을 처형한 사화(士禍)였으나, 무오사화 때 화를 당한 사람들의 죄가 재론되어 다시 중형을 내리게 된 것이다. 최부는 연산군10년(1504) 10월 24일에 참형(斬刑)에 처해지고, 그 머리는 다음 날 백관(百官) 앞에 효시(梟示)되었다. 이때 최부의 나이는 51세였다.

사관(史官)은 《실록》에서 최부에 대해 이렇게 썼다. "최부는 공정·청렴·정직하고 경사(經史)에 널리 통하였으며, 문사(文詞)에 능하였다. 간관(諫官)이 되어서는 아는 것은 말하지 않은 것이 없었고, 회피하는 일이 없었다 … 이에 죽음에 이르니 조야(朝野)가 모두 애석해 하였다." 불과 2년 후에 중종반정(中宗反正)이 일어났으며, 최부는 복권(復權)이 되어 통정대부승정원도승지(通政大夫承政院都承旨)로 추증(追贈)되었다.

부록

표해록 중국 지명과 중국 문헌자료

寧波府

下山 (閏1-12)

台州府

臨海縣 自縣治至省城五百七十七里至京師五千七百七十八里此驛程也. ▪ 清康熙22年《臨海縣志》卷1 輿地 疆域

牛頭外洋 牛頭山在縣東二百八十里東北連寧海. ▪ 清康熙22年《臨海縣志》卷1 輿地 疆域 (閏1-16)

(二嶺)

(一里社)

西里堂 仙巖莊 十九都, 仙巖, 西里. ▪ 民國, 23年《臨海縣志》卷4 疆域 坊鄉

(50餘里) (閏1-17)

(一高阜)

(一大嶺)

(20餘里)

(大橋)

(二嶺)

仙岩里 仙巖在縣東一百二十里. ▪ 清康熙22年《臨海縣志》卷1 輿地 山川 巖

蒲峯里

(5里)

塘頭寨

(一長堤)

(10餘里)

(二嶺)

(30餘里)

(一大嶺)

(一川邊)

(3·4里)

桃知所(批驗所)

前所城在縣三十都海門衛東中隔椒江水面十里城高二丈三尺周廻三里六

十九步垛口三百二十個明洪武二十八年建. ▪ 清康熙22年《臨海縣志》卷2 建置 城郭

桃渚所城

安性寺 (閏1-18)

(一嶺)

(20餘里)

海門衛桃渚所

桃渚城在縣三十三都海門衛東北五十里城高二丈一尺周廻二里七十步明正統八年建東南至前所四十里北至健跳一百里西至府城一百二十里四面枕山一面瀕海. ▪ 清康熙22年《臨海縣志》卷1 輿地 山川 巖(閏1-19)

山場嶺 **山場嶺**在縣東九十里. ▪ 民國23年《臨海縣志》卷3 彊域 西北支 嶺

(三大川)

烏頭嶺

鑑溪 烏頭嶺下. ▪ 《漂海錄》

塘頭寨

蒲峯里

仙岩里 **仙巖**在縣東一百二十里. ▪ 清康熙22年《臨海縣志》卷1 輿地 山川 巖

仙巖莊 十九都, 仙巖. ▪ 民國23年《臨海縣志》卷4 彊域 坊鄉(閏1-23)

穿岩里 曉過穿岩里, 里西有山, 戴石壁屹立穹窿, 有大竇洞望如虹, 門里之得名以此. ▪ 《漂海錄》

田嶺

海浦

寧海縣

健跳所 **健跳所城**南一百三十里高二丈三尺圍三里一十七步門二西曰登明北曰崇武. 以上六城皆洪武二十年信國公湯和建. ▪ 明崇禎5年《寧海縣志》卷1 輿地志 城郭

健跳千戶所東南一百三十里鳳凰山麓洪武丁卯信國公湯和開設初隷台州衛千戶尙膺築城創建後隷海門衛正統間都指揮王謙重建廨宇. ▪ 明崇禎5年《寧海縣志》卷2 建置志 武衛(閏1-24)

越溪巡檢司

越谿巡司城東二十里高一丈八尺圍二百四十丈門一. ▪ 明崇禎5年《寧海縣志》卷1 輿地志 城郭

越谿巡簡司東二十里洪武三年巡簡劉煥章賫印開設己卯裁革永樂元年復

設正統十三年藩臯會奏縣丞劉昌築城. ▪ 明崇禎5年《寧海縣志》卷1 輿地志 武衛
▪ 明會典 卷113 兵部8 關津1 設置巡檢司 計天下巡檢司 浙江 台州府 寧海縣(閏1-25)

越溪鋪

西洋嶺

許家山　**許家山**縣南四里. ▪ 清光緒28年《寧海縣志》卷2 地理 敍山

市奧鋪　東路白嶠鋪離城十里舊名**市奧**. ▪ 明崇禎5年《寧海縣志》卷2 建置 舖遞

白嶠嶺　**白嶠嶺**東五里. ▪ 明崇禎5年《寧海縣志》卷1 輿地志 山

進士坊　**進士坊**治西二百步. ▪ 明崇禎5年《寧海縣志》卷2 建置志 坊巷

白嶠驛　**驛**在縣治之中. ▪《漂海錄》

白嶠驛西一百六十步舊在治東百步名迎恩元至正二十三年徙易今名洪武元年開設歲久傾損張弘宜重建. ▪ 明崇禎5年《寧海縣志》卷2 建置志 公署

桐山鋪　**桐山鋪**二十里. ▪ 明崇禎5年《寧海縣志》卷2 建置志 舖遞

梅林鋪　**梅林鋪**在縣北二十五里. ▪《赤城志》卷18 軍防門 諸縣鋪兵 寧海

梅林鋪三十里. ▪ 明崇禎5年《寧海縣志》卷2 建置志 舖遞

江淹嶺

缸窯鋪　**缸窯鋪**四十里. ▪ 明崇禎5年《寧海縣志》卷2 建置志 舖遞

海口鋪　**海口鋪**在縣北五十里. ▪《赤城志》卷18 軍防門 諸縣鋪兵 寧海

海口鋪五十里. ▪ 明崇禎5年《寧海縣志》卷2 建置志 舖遞

(桐山鋪→海口鋪：有三大川二大橋)

寧波府

奉化縣

西店驛　**西店驛**縣南七十里.(洪武)二十一年設驛丞屬奉化縣. ▪ 成化4年《寧波郡志》卷5 廨宇考 奉化縣

西店驛奉化縣志縣南六十里. ▪《浙江通志》卷88 驛傳上 奉化縣

明**西店驛**縣南六十里接台州寧海縣境明洪武中信國公湯和巡海過此因連山驛與白嶠驛相距一百三十里迎送爲難二十年增置樓門三間中門一座前廳三間後堂三間名淸意軒廊房各三間驛丞衙在正廳右. ▪ 清光緒34年《奉化縣志》卷2 建置上 公署(閏1-26)

𡐓墟鋪　**𡐓墟鋪**州南五十里. ▪《延祐四明志》卷8 遞鋪 奉化州

𡐓墟鋪縣南六十里. ▪ 成化4年《寧波郡志》卷5 廨宇考 奉化縣

𡐓墟鋪六十里至此爲奉化縣界. ▪ 明崇禎5年《寧海縣志》卷2 建置志 舖遞

柵墟鋪州南五十里〔…嘉靖志縣南六十里〕. ▪ 清光緒34年《奉化縣志》卷2 建置上 公署

	柵墟鋪縣南六十里. ・清光緖34年《奉化縣志》卷10 兵制
泝開嶺	
山隍鋪	**山隍鋪**州南四十五里. ・《延祐四明志》卷8 遞鋪 奉化州
	山隍鋪縣南五十里. ・成化4年《寧波郡志》卷5 廨宇考 奉化縣
	山隍鋪州南四十五里〔…嘉靖志縣南五十里〕. ・清光緖34年《奉化縣志》卷2 建置上 公署
	山隍鋪縣南四十里. ・清光緖34年《奉化縣志》卷10 兵制
大嶺	
方門鋪	**方門鋪**州南三十五里. ・《延祐四明志》卷8 遞鋪 奉化州
	方門鋪縣東南四十里. ・成化4年《寧波郡志》卷5 廨宇考 奉化縣
	方門鋪州南三十五里〔…嘉靖志縣南四十里〕. ・清 光緖 34年《奉化縣志》卷2 建置上 公署
	方門鋪縣南三十里. ・清光緖34年《奉化縣志》卷10 兵制
雙溪鋪	**雙溪鋪**州南二十五里. ・《延祐四明志》卷8 遞鋪 奉化州
	雙溪鋪縣東南三十里. ・成化4年《寧波郡志》卷5 廨宇考 奉化縣
	雙溪鋪北至縣鋪二十五里〔…嘉靖志縣南三十里〕. ・清光緖34年《奉化縣志》卷2 建置上 公署
	雙溪鋪縣南二十里. ・清光緖34年《奉化縣志》卷10 兵制
雙溪	**雙溪**在州南二十五里. ・《延祐四明志》卷7 山川攷 奉化州
尙田鋪	**尙田鋪**州東南十五里. ・《延祐四明志》卷8 遞鋪 奉化州
	尙田鋪縣東南二十里. ・成化4年《寧波郡志》卷5 廨宇考 奉化縣
	尙田鋪州東南十五里〔…嘉靖志縣東二十里〕. ・清光緖34年《奉化縣志》卷2 建置上 公署
	尙田鋪縣南一十里. ・清光緖34年《奉化縣志》卷10 兵制
連山驛	縣距**驛**東二里. ・《漂海錄》
	連山驛縣東五里. ・成化4年《寧波郡志》卷5 廨宇考 奉化縣
	連山驛奉化縣志縣東三百步. ・《浙江通志》卷88 驛傳上 奉化縣(閏1-28)
(大川)	
虛白觀	**虛白觀**州東北四里. ・《延祐四明志》卷18 道攷 奉化州
	虛白觀縣東北四里. ・嘉靖39年 寧波府志 卷18 寺觀 奉化縣
金鐘鋪	**金鐘鋪**州東北一十五里. ・《延祐四明志》卷8 遞鋪 奉化州
	金鐘鋪縣東北一十里. ・成化4年《寧波郡志》卷5 廨宇考 奉化縣
	金鐘鋪縣北一十里. ・清光緖34年《奉化縣志》卷2 建置上 公署
	金鐘鋪縣北一十里. ・清光緖34年《奉化縣志》卷10 兵制
南渡鋪	**南渡鋪**州東北二十五里. ・《延祐四明志》卷8 遞鋪 奉化州

南渡鋪奉化縣南渡頭至縣下二十五里. ▪《寶慶四明志》卷14《奉化縣志》卷1 敍縣 橋梁

南渡鋪縣東二十里. ▪成化4年《寧波郡志》卷5 廨宇考 奉化縣

宋**南渡鋪**北至北渡鋪二十五里元曰廣濟鋪州東北二十五里. ▪清光緖34年《奉化縣志》卷2 建置上 公署

南渡鋪縣北二十里. ▪清光緖34年《奉化縣志》卷10 兵制

廣濟橋

橋跨大川, 橋上架屋, 橋長可二十餘步. 橋所在之地, 卽寧波府界, 舊爲**明**州時所建也. ▪《漂海錄》

廣濟橋縣北二十五里. ▪《寶慶四明志》卷14《奉化縣志》卷1 敍縣 橋梁

廣濟橋縣治西南. ▪成化4年《寧波郡志》卷4 閭里考 鄞縣

南渡橋成化四明郡志縣東北二十里, 又名**廣濟橋**. ▪《浙江通志》卷35 關梁3 奉化縣

(行至三里有大橋)

進士里

(行至十餘里又有大橋)

橋上亦架屋, 與廣濟橋同而差小, 忘其名. 橋之南有文秀鄉. ▪《漂海錄》

常浦橋

常浦橋縣北三十五里. ▪《寶慶四明志》卷14《奉化縣志》卷1 橋梁

常浦鋪縣東北四十里. ▪成化4年《寧波郡志》卷5 廨宇考 奉化縣

常浦鋪州東北四十五里…以上本路鄞縣路. ▪清光緖34年《奉化縣志》卷2 建置上 公署

北渡江

北渡鋪北至鄞縣櫟社鋪二十五里 ▪清光緖34年《奉化縣志》卷2 建置上 公署

鄞**縣**

寧波府城

南門

尙書橋 — **尙書橋**成化四明郡志縣治西南. ▪《浙江通志》卷35 關梁3 寧波府 鄞縣附郭

尙書橋縣治西南. ▪嘉靖 39年《寧波府志》卷5 山川

惠政橋 — **惠政橋**縣東三里. ▪清光緖34年《奉化縣志》卷3 建置下 橋

社稷壇 — **社稷壇**縣北一里. ▪清光緖34年《奉化縣志》卷12 壇廟上 壇

北門

過大得橋 — **橋**有三虹門. ▪《漂海錄》(閏1-29)

新淸橋

進士鄕

宋石將軍祠堂

廟大如官府, 立旌表之門. ▪《漂海錄》

石將軍廟縣西九里望春橋外. ▪ 成化4年《寧波郡志》卷6 祀典考
石將軍廟舊《浙江通志》在府西九里望春橋. ▪《浙江通志》卷220 祠祀四 鄞縣

茶亭

景安鋪 **景安鋪**鄞縣淸道鄕地名馬鋪至西渡鋪連江十十五里. ▪《寶慶四明志》卷3 郡志 卷3 驛鋪
景安鋪淸道鄕至慈溪西渡鋪連江一十五里. ▪《寶慶四明志》卷12 鄞縣志 卷1 驛鋪
景安鋪縣西二十里. ▪ 成化4年《寧波郡志》卷5 廨宇考 鄞縣

繼錦鄕

兪氏貞節門

慈谿縣

西鎭橋 西鎭橋縣治西南一里. ▪ 成化4年《寧波郡志》卷4 閭里考 慈谿縣

(二大橋)

西壩廳 壩之兩岸築堤以石, 斷流爲堰, 使與外江不得相通, 兩傍設機械, 以竹綯爲纜, 輓舟而過. ▪《漂海錄》

西璵鄕 **西嶼鄕**縣東南. ▪《寶慶四明志》卷17 慈溪縣志 卷2 敍賦 鄕村
西嶼鄕縣東南. ▪ 成化4年《寧波郡志》卷4 閭里考 慈谿縣

新堰 **堰**舊爲刹子港顔公堰, 後塞港, 廢堰爲田, 導水東滙, 至于廣利橋之南. 置此壩, 外捍江湖, 輓濟官船, 謂之新堰, 槩與西壩同. ▪《漂海錄》

新橋 **新橋**縣西南二十八里. ▪ 嘉靖39年《寧波府志》卷5 山川 慈谿縣

開禧橋 **開禧橋**舊名夾田在縣東南三里. ▪《寶慶四明志》卷16 慈溪縣志 卷1 敍縣 橋梁

姚平處士墓

慈溪縣城

經元門

鍾英門

都堂里門

都憲橋 **都憲橋**縣治南. ▪ 成化4年《寧波郡志》卷4 閭里考 慈谿縣
驄馬橋明一統志在縣治南…明天順二年…更名**都憲橋**. ▪《浙江通志》卷35 關梁三 慈谿縣
都憲橋縣東南四十五里. ▪ 嘉靖39年《寧波府志》卷5 山川 慈谿縣

進士門

德星橋 **德星橋**縣治西南一里. ▪ 成化4年《寧波郡志》卷4 閭里考 慈谿縣
德星橋成化四明郡志縣治西南一里. ▪《浙江通志》卷35 關梁3 慈谿縣

寶峯門

臨淸亭	
姚江	**姚江**在餘姚縣治南. ▪ 《明一統志》卷45 紹興府 山川
車廄驛	**車廐驛**府城西六十里慈谿縣之石基鄉. ▪ 成化4年《寧波郡志》卷5 廨宇考
	車廐驛嘉靖寧波府志在縣西南四十里. ▪ 《浙江通志》卷88 驛傳上 慈谿縣(2-1)

紹興府

餘姚縣

五靈廟	**五靈廟**在縣東二里. ▪ 《會稽志》卷6 祠廟 餘姚縣
驛前鋪	
姚江驛	**姚江驛**紹興府志在東門外大江北岸. ▪ 《浙江通志》卷89 驛傳下 餘姚縣
江橋	**江橋**在府城內西北. ▪ 《明一統志》卷45 紹興府 關梁
	江橋在城東北. ▪ 《會稽志》卷11 橋梁 府城
	江橋在府東北二里許. ▪ 萬曆15年《紹興府志》卷8 山川志5
餘姚縣城	
聯錦鄉	
曹墅橋	橋三虹門. ▪ 《漂海錄》
	▪ (餘姚縣)曹墅橋鋪三十里牌鋪入上虞界是爲南官道
登科門	
張氏光明堂	
下新壩	
(大橋)	
中壩	

上虞縣

上虞江	**上虞江**嘉泰會稽志在縣西二十八里. ▪ 《浙江通志》卷15 山川 上虞縣(2-2)
(二大橋)	
黃浦橋	東黃浦橋在縣東二里, 西黃浦橋在縣西二里. ▪ 《會稽志》卷10 水 上虞縣
華渡橋	▪ 《浙江通志》卷89 驛傳下 上虞縣
	華渡鋪 ▪ 萬曆15年《紹興府志》卷3 署廨志 上虞縣
蔡墓鋪	▪ 《浙江通志》卷89 驛傳下 上虞縣
	蔡墓舖. ▪ 萬曆15年《紹興府志》卷3 署廨志 上虞縣

	蔡墓在上虞縣西十里. ▪《會稽志》卷6 冢墓
大板橋	**大板橋**在王郈東. ▪清光緖25年《餘姚縣志》卷1 彊域 橋渡附
青雲門	
新橋鋪	▪《浙江通志》卷89 驛傳下 上虞縣
	新橋舖. ▪萬曆15年《紹興府志》卷3 署廨志 上虞縣
曹娥驛	**曹娥驛**上虞縣志舊去縣西三十里. ▪《浙江通志》卷89 驛傳下 上虞縣
(壩)	
梁湖巡檢司	
	百官驛上虞縣志在縣百官市南, 明建隨革, 今爲**梁湖巡檢司**. ▪《浙江通志》卷89 驛傳下 上虞縣

會稽縣

曹娥江	**曹娥江**在府城東南七十里. ▪《明一統志》卷45 紹興府 山川
	曹娥江在府城東九十二里. ▪萬曆15年《紹興府志》卷7 山川志4
	曹娥江嘉泰會稽志在縣東南七十里. ▪《浙江通志》卷15 山川 紹興府 會稽縣
(壩)	
(步西2里)	
東關驛	**東關驛**紹興府志在縣東九十里. ▪《浙江通志》卷89 驛傳下 會稽縣
(復乘船)	
文昌橋	
東關鋪	
景靈橋	
黃家堰鋪	**黃家堰**巡檢司城紹興府志在府城東北八十里, 會稽山虞之界. ▪《浙江通志》卷24 城池下 紹興府
瓜山鋪	
陶家堰鋪	**陶家堰**在縣東四十里. ▪《會稽志》卷4 堰 會稽縣
茅洋鋪	**茅洋堰**在縣東三十里. ▪《會稽志》卷4 堰 會稽縣(2-3)

山陰縣

鑑水	郡志**鑑水**環其前臥龍擁其後稽山出其東秦望直其南. ▪《明一通志》卷45 紹興府
紹興府城	
昌安鋪	昌安堂在山陰縣東北十里昌安門外. ▪《大清一統志》卷226 紹興府 隄堰

紹興府城

光相橋　山陰縣志在縣北三里許. ▪《浙江通志》卷36 關梁四 紹興府

經魁門

聯桂門

祐聖觀　**佑聖觀**府城內佑聖觀在臥龍山東麓. ▪萬曆15年《紹興府志》卷22 祠祀

會水則碑　府城內. 河岸側有則水牌.

迎恩橋

蓬萊驛　**蓬萊驛**紹興府志在迎恩門外. ▪《浙江通志》卷89 驛傳 紹興府(2-4)

鑑水

韻田鋪

嚴氏貞節門)

高橋鋪　**高橋**山陰縣志去縣西北二十五里運河塘上橋 ▪《浙江通志》卷36 關梁 紹興府4
衝要七鋪府前鋪…**高橋** ▪《浙江通志》卷89 驛傳下 山陰縣 鋪舍

梅津橋

融光橋

柯橋鋪　**柯橋**嘉泰會稽志在縣西北三十里 ▪《浙江通志》卷36 關梁 紹興府4
衝要七鋪府前鋪…**柯橋**. ▪《浙江通志》卷89 驛傳下 山陰縣 鋪舍
山陰縣有…**柯橋驛**在縣西二十五里. ▪宋 施宿 等 撰《會稽志》卷4 館驛 諸縣

院社橋

白塔鋪　衝要七鋪府前鋪……**白塔**. ▪《浙江通志》卷89 驛傳下 山陰縣 鋪舍

淸江橋

錢淸驛　山陰縣有…**錢淸驛**在縣西北五十里. ▪宋 施宿 等 撰《會稽志》卷4 館驛 諸縣

鹽倉館

白鶴鋪　蕭山縣儀門之東…**白鶴**舖抵山陰界 ▪萬曆15年《紹興府志》卷3 署廨志
大營九里迎龍橋八里**白鶴**舖九里北錢清鎭 ▪《欽定南巡盛典》卷80 程塗

錢淸鋪　衝要七鋪府前鋪…**錢淸** ▪《浙江通志》卷89 驛傳下 山陰縣 鋪舍

蕭山縣

新林鋪　蕭山縣儀門之東……**新林**舖白鶴舖抵山陰界 ▪萬曆15年《紹興府志》卷3 署廨志

西興驛　**西興驛**紹興府志在西興鎭運河南岸唐之莊亭也. ▪《浙江通志》卷89 驛傳下 蕭山縣
西興縣驛在蕭山縣西興場運河之南岸 ▪《大淸一統志》卷226 紹興府 關隘(2-5)

杭州府

錢塘縣

(乘車而行可十餘里)

浙江	江流曲折傍山, 又有反濤之勢, 故謂之**浙江**, 浙一作淛. 江闊可八九里, 江長西南直抵福建路, 東北通海. ▪《漂海錄》 蕭山縣**浙江**在縣西二十五里. ▪宋 施宿 等 撰《會稽志》卷10 水
錢塘江	華信所築捍潮之塘, 自團魚嘴至范村, 約三十里, 又至富陽縣, 共六十餘里. 石築尙完固如新. 故又謂江爲**錢塘江**也. ▪《漂海錄》 **錢塘江**在郡城東南本名浙江 ▪萬曆7年《杭州府志》卷20 山川2

(復乘舡而渡)

延聖寺	**延聖寺**在候潮門外 ▪明 吳之鯨 撰《武林梵志》卷2 城外南山分脈
浙江驛	浙江驛在縣南十里. ▪嘉靖《浙江通志》卷14 建置志2 錢塘縣 **浙江驛**在錢塘縣南十里瀕江龍山閘左 ▪《大淸一統志》卷217 杭州府二 關隘 **浙江驛**錢塘縣志在縣南十里瀕江龍山閘左 ▪《浙江通志》卷88 驛傳上 驛傳官制 錢塘縣
杭州城南門	
	南城一門曰鳳山. ▪萬曆《杭州府志》卷33 城池
文魁門	
靈順宮	**靈順宮**在西南隅 ▪元 袁桷 撰《延祐四明志》卷18 釋道攷 象山縣 在城道觀
肅憲門	
澄淸門	
南察院	巡按察院在鳳山門北……一名**南察院** ▪萬曆7年《杭州府志》卷37 公署1
祐聖殿	
土地廟	
芝松坊鋪	
武林驛	**武林驛**在府東北. ▪嘉靖《浙江通志》卷14 建置志2 **武林驛**成化杭州府志在府治東四里 ▪《浙江通志》卷88 驛傳上 驛傳官制 杭州府(2-6)
水亭公館	
解元門	
眞敎寺	**眞敎寺**在文錦坊南 ▪《西湖游覽志》卷18 明 田汝成撰 南山分脈城內勝蹟 佛刹 **眞敎寺**萬曆錢塘縣志在西文錦坊南 ▪《浙江通志》卷226 寺觀1 杭州府
登瀛洲門	
雲鳳門	

觀光門
進士坊
貢院　**貢院**在觀橋東 ▪ 萬曆7年《杭州府志》卷38 公署2
亨衢門
千勝廟　千勝將軍廟仁和縣志在新橋 ▪ 《浙江通志》卷217 祠祀1 杭州府
晏公廟　**晏公廟**在武林門北夾城巷內 ▪ 萬曆7年《杭州府志》卷47 祠廟

杭州城北門(武林門)

吳山驛(吳山鋪)

吳山驛在武林門外. ▪ 嘉靖《浙江通志》卷14 建置志2
吳山驛在武林門外 ▪ 《西湖游覽志》卷23 明 田汝成撰 北山分脈城外勝蹟官署

(三大橋 · 四門)

天妃宮　德勝壩**天妃宮**碑記嘉靖仁和縣志浙江按察司副使吳文元撰 ▪ 《浙江通志》卷255 碑碣1 杭州府

德勝壩**河**　**德勝**壩在城東北五里夾城巷內 ▪ 《浙江通志》卷53 水利 杭州府 仁和縣2下

溥濟橋(華光寺)

爲橋凡一十有七曰普濟(上有華光廟) ▪ 萬曆7年《杭州府志》卷45 橋梁

江漲橋(江漲鋪)

江漲橋在歸錦橋北 ▪ 《西湖游覽志》卷22 明 田汝成撰 北山分脈城外 勝蹟
江漲橋西湖游覽志在歸錦橋北 ▪ 《浙江通志》卷33 關梁1 仁和縣城外 關梁
杭州府……上塘河之水俱匯於府北六里之**江漲橋** ▪ 《浙江通志》卷82 漕運下 運河

香積寺　**香積寺**在府城北八里瓜山涇之南 ▪ 《明一統志》卷38 明 李賢等撰 杭州府 寺觀
香積寺在江漲橋北 ▪ 萬曆7年《杭州府志》卷98 寺觀2

通示橋　(2-13)

嘉興府

海寧縣

崇德縣

石門縣

謝村河(30여里)

鴻麗河

十二里洋
堅濟橋

普安橋　**普安**萬曆錢塘志作轉運新橋 **·民國《杭州府志》(集成) 卷7 橋梁**

大尹廟

塘西鎭

丞沈河

夸塘橋

萬壽橋

福祿壽橋

福德橋

普濟橋

彭和橋

恩榮門

大德新橋　**大德新橋**在縣西南四里 **·光緖5年《石門縣志》卷2 建置**

三里橋

山川壇　風雪雷雨山川壇. 洪武十五年趙令觀改建于南門運河東. **·康熙《石門縣志》**

浯**溪橋**　**語溪橋**在縣南東岸三百步 **·光緖5年《石門縣志》卷2 建置**

崇德縣

崇德河

終橋稅課局

稅課局在縣東北一百五十步 **·光緖5年《石門縣志》卷2 建置**

永安橋　**永安橋**在縣治東北二百步 **·光緖5年《石門縣志》卷2 建置**

養濟院　**養濟院**在社稷壇西. **·嘉靖《浙江通志》卷14 建置志2 桐鄕縣**

養濟院在縣東北三百步. **·嘉靖《浙江通志》卷14 建置志2 崇德縣**

養濟院在縣治東北參百步. **·康熙《石門縣志》卷1**

朔義門

皀林驛　皀**林驛**舊屬桐鄕, 今徙縣南. **·嘉靖《浙江通志》卷14 建置志2 崇德縣**

皀**林驛**…嘉靖十二年巡按御史張景以驛去府治不一站長安驛偏迂乃度中置於縣初在永安橋東後知縣喩沖徙南門外. **·光緖5年《石門縣志》卷2 建置**

皀**林驛**在石門縣南門外…巡按御史張景奏改以驛去府治不一站長安驛偏迂乃度中置於縣. **·光緖《嘉興府志》卷28 郵傳(2-14)**

秀水縣 · 嘉興縣

三塔灣　三**塔灣**在縣西南五里三塔寺西 **·崇禎《嘉興縣志》卷5 建置 古蹟**

三塔鋪　三**塔**舖在縣西八里 **·民國14年《秀水縣志》卷2 建置 驛遞**

龍淵

龍王廟　順濟**龍王廟**在郡西通越門外三里舊志在嘉興縣西五里今屬秀水縣永樂鄉三十一都去縣四里景德禪寺之右三塔灣之左. ▪ 光緒《嘉興府志》卷10 壇廟7

嘉禾遞運所

嘉禾遞運所在西水驛西南. ▪ 崇禎《嘉興縣志》卷3 建置 郵置

嘉禾遞運所鄰於驛. ▪ 嘉靖《浙江通志》卷14 建置志2 嘉興府

嘉禾遞運所(弘治)嘉興府志西水驛西南元嘉禾馬驛址也. ▪ 四庫全書本《浙江通志》卷88 驛傳上 驛傳官制 嘉興府

西麗橋西百步許爲**嘉禾遞運所**. ▪ 萬曆《嘉興府志》卷2 公署 府治

嘉禾遞運所在西麗橋西百步許(吳志云西水驛西南) ▪ 光緒《嘉興府志》卷28 郵傳

嘉禾遞運所屬府在驛西. ▪ 民國14年《秀水縣志》卷2 建置

趙氏貞節門

社稷壇　**社稷壇**在通越門外二里 ▪ 萬曆28年《嘉興府志》卷3 壇宇1

社稷壇在阜成門外五福鄉西都北 ▪ 崇禎《嘉興縣志》卷6 祠廟

香珠橋

西水驛　**西水驛**在阜成門外西麗坊. ▪ 崇禎《嘉興縣志》卷3 建置 郵置

西水驛在通越門外. ▪ 嘉靖《浙江通志》卷14 建置志2 嘉興府

西水驛在府城西門外(大清一統志案明析屬秀水袁志云阜成門外西麗坊) ▪ 光緒《嘉興府志》卷28 郵傳

西水驛屬府在通越門外縣西南三里 ▪ 民國14年《秀水縣志》卷2 建置

(一大橋)

嘉興府(古携李城)

杉青閘　杉青閘巡檢司在縣東北五里. ▪ 嘉靖 《浙江通志》卷14 建置志2 秀水縣

杉青閘巡檢司在縣東望吳門外五里(以上秀水縣) ▪ 光緒 嘉興府志(集成) 卷7 公署2

安洋門

雲程門

丹兵橋

永福橋

松青巡檢司

蘇州府

吳江縣

平望驛	**平望驛**舊在本鎭去縣南四十五里 ▪ 乾隆《吳江縣志》卷9 驛遞(2-15) **平望水馬驛**…在本鎭去縣南四十五里. ▪ 光緒9年《蘇州府志》卷23 公署3
平望河	
迎恩門	
安德橋	**安德橋**在平望鎭. ▪ 弘治元年《吳江志》卷5 橋塘
大石橋	
長老鋪	**長老鋪**在平望鎭去縣治南四十三里 ▪ 弘治元年《吳江志》卷4 官宇 (吳江縣急遞鋪) **長老鋪**在府南八十五里縣南四十三里平望鎭. ▪ 光緒9年《蘇州府志》卷23 公署3
野湖	
鴛鴦湖	
吳江湖	
石塘	
大浦橋	
徹浦橋	**徹浦急遞鋪**在府南五十五里吳江縣南十三里. ▪《姑蘇志》卷26 驛遞 **徹浦鋪**在石塘上去縣治東南十三里 ▪ 弘治元年《吳江志》卷4 官宇
九里石塘	
太湖壩	
龍王廟	龍神廟在縣治東北東嶽廟西 ▪ 乾隆《吳江縣志》卷7 壇廟祠
太湖廟	**太湖廟**舊在江南醋坊橋. ▪ 乾隆《吳江縣志》卷7 壇廟祠
祝聖門	
駐節門	
松陵驛	**松陵驛**在江南儒學之左. ▪ 弘治元年《吳江志》卷4 官宇 **松陵驛**…在學宮之左. ▪ 乾隆《吳江縣志》卷9 急遞鋪
恩榮門	
會元門	
都室造士門	
進士門	
譽髦門	
儒學	
大明橋	**大明橋**在儒學西跨運河. ▪ 弘治元年《吳江志》卷5 橋塘
登科門	
吳江縣	
三里橋	**三里橋**在北門外倉場左. ▪ 弘治元年《吳江志》卷5 橋塘

迎恩菴

吳縣

尹山湖　**尹山湖**在縣東南尾入黃天蕩. ▪隆慶《長洲縣志》卷10 水部 城外運河
尹山湖在府東二十五里. ▪光緖9年《蘇州府志》卷8 水

尹山鋪　**尹山**鋪在花涇港北. ▪隆慶《長洲縣志》卷5 鋪舍
尹山急遞鋪在府南二十五里長洲縣三十一都. ▪《姑蘇志》卷26 驛遞
(元和縣急遞鋪) **尹山鋪**在府南二十五里. ▪光緖9年《蘇州府志》卷23 公署3

尹山橋

寶帶橋　**寶帶橋**去郡城十五里跨澹臺湖. ▪隆慶《長洲縣志》卷12 橋梁
長洲縣(城外) **寶帶橋**去郡東南十五里. ▪康熙《蘇州府志》卷8 橋梁

儋臺湖　**澹臺湖**在縣南西界太湖. ▪隆慶《長洲縣志》卷10 水部 城外運河

(蘇州城東-南-西)

姑蘇驛　姑蘇驛……最後爲百花洲傍胥門故址, 築臺亦名姑蘇. ▪嘉靖《吳邑志》卷4 境內公署下
姑蘇水馬驛在吳縣胥門外 ▪光緖9年《蘇州府志》卷23 公署3(2-16)

閶門　府城……其西曰閶門 ▪光緖9年《蘇州府志》卷4 城池

通波亭(高麗亭)
通波新館在閶門外, 舊名高麗亭元豐七年詔築. ▪崇禎《吳縣志》卷17 驛館

接官亭　接官亭在閶門外直西大街上前瞰運河. ▪嘉靖《吳邑志》卷12 城外河渠
接官亭……其在府治吳縣閶門外普安橋西者曰皇華亭 ▪光緖9年《蘇州府志》卷23 公署3

楓橋(射瀆河)
楓橋閶門西七里. ▪隆慶《長洲縣志》卷12 橋梁
楓橋閶門外七里. ▪康熙《蘇州府志》卷8 橋梁
楓橋急遞鋪在府西十里吳縣十一都官塘路. ▪《姑蘇志》卷26 驛遞
(吳縣急遞鋪) 楓橋鋪在府西十里閶門外 ▪光緖9年《蘇州府志》卷23 公署3(2-17)

長洲縣

射瀆鋪　射瀆鋪在楓橋北. ▪隆慶《長洲縣志》卷5 鋪舍
射瀆急遞鋪在府西二十里長洲縣一都. ▪《姑蘇志》卷26 驛遞
(長洲縣急遞鋪) 射瀆鋪在府西北二十里 ▪光緖9年《蘇州府志》卷23 公署3

趙王涇橋

滸墅鎭
鈔關
普圓橋
普恩橋 普思橋在滸墅. • 隆慶《長洲縣志》卷12 橋梁
滸墅鋪 滸墅鋪在本鎭上. • 隆慶《長洲縣志》卷5 舖舍
滸墅急遞鋪在府西北三十里長洲縣二都. • 《姑蘇志》卷26 驛遞
(長洲縣急遞鋪)滸墅鋪在府西北三十里 • 光緖9年《蘇州府志》卷23 公署3
吳家店
張公鋪 張公舖在靑土橋西
張公急遞鋪在府西北四十里長洲縣六都. • 《姑蘇志》卷26 驛遞
(長洲縣急遞鋪)張公鋪在府西北四十里 • 光緖9年《蘇州府志》卷23 公署3
不平得勝橋

常州府

無錫縣

通兵橋 通吳橋一名水門橋在縣東通吳門外通驛道. • 正德《常州府志續集》卷4 橋梁 武進
通吳橋一名望亭橋……無錫長洲分界 • 光緖7年《無錫金匱縣志》卷5 橋梁
望高巡檢司
望亭巡檢司在縣南五十里. • 正德《常州府志續集》卷6 官寺 無錫
望亭巡檢司在縣南五十里新安鄕望亭鎭. • 弘治《重修無錫縣志》卷5 公署 諸司廨舍
望亭巡檢司在縣南五十里. • 康熙34年《常州府志》卷12 公署
馬墓鋪 急遞舖凡九處…馬墓…相去皆十里 • 康熙34年《常州府志》卷12 公署 無錫縣
純安橋
錫山驛 錫山驛在南門外. • 正德《常州府志續集》卷1 地理 無錫縣(2-18)
建渡橋
無錫縣治 無錫縣治在大市橋西. • 正德《常州府志續集》卷6 官寺
建虹橋
都憲門
少司寇第
億豐橋
進士坊

錫山 錫山在縣西五里. ▪ **成化《重修毗陵志》卷17 山川 山 無錫**

錫山去縣西七里 ▪ **康熙34年《常州府志》卷4 山川 無 錫**

十里鋪

高橋巡檢司

高橋在西北十里五瀉河口. ▪ **正德《常州府志續集》卷4 橋梁 無錫**

高橋巡檢司在縣西北十五里萬安鄉五瀉河口. ▪ **正德《常州府志續集》卷6 官寺 無錫**

高橋巡檢司在縣西北十里. ▪ **弘治《重修無錫縣志》卷5 公署 諸司廨舍**

高橋巡檢司在縣西北十里. ▪ **康熙34年《常州府志》卷12 公署**

藩葑鋪 潘葑橋在縣北十八里跨運河. ▪ **正德《常州府志續集》卷4 橋梁 無錫**

急遞鋪凡九處……**潘**葑……相去皆十里 ▪ **康熙34年《常州府志》卷12 公署 無錫縣**

洛社鋪 **洛社橋**在縣西北三十里跨運河. ▪ **正德《常州府志續集》卷4 橋梁 無錫**

急遞鋪凡九處……**洛社**……相去皆十里 ▪ **康熙34年《常州府志》卷12 公署 無錫縣**

石瀆橋 **石瀆橋**跨石瀆 ▪ **光緒7年《無錫金匱縣志》卷5 橋梁**

武進縣

橫林鎭鋪

橫林橋 **橫林橋**在武進縣東四十里 ▪ **正德8年《常州府志續集》卷1 地理**

戚墅鋪 **戚墅堰橋**在武進縣東三十里 ▪ **正德8年《常州府志續集》卷1 地理**

興明橋

劍井 小井一名**劒井**, 在縣東十五里. ▪ **成化《重修毗陵志》卷19 山川三 井**

ㄅ鴈鋪

大橋

采菱橋(進士牌樓)

(大虹橋三)

常州府城

東水關(入城)

水門四曰**東水關**. ▪ **康熙34年《常州府志》卷5 彊域**

毗陵驛 **毗陵驛**(天順五年)改建於朝京門內. ▪ **康熙34年《常州府志》卷12 公署**

西水關 水門四…曰**西水關**. ▪ **康熙34年《常州府志》卷5 彊域**

遞運所 **遞運所**在朝京門外一里. 洪武初置奔牛鎭西. 天順六年王愷徙今地, 卽毗陵驛舊址也. ▪ **萬曆《常州府志》卷2 常州府武進縣境圖說**

	遞運所在西門外. ▪正德《常州府志續集》卷6 官寺 武進
	遞運所…在朝京門內. ▪康熙34年《常州府志》卷12 公署
沛河橋	
牛犇大壩	犇**牛**壩在縣西三十里犇牛鎭. ▪正德《常州府志續集》卷6 官寺 武進(2-19)
長店鋪	急遞鋪 … 存一十六鋪. … **張店**. ▪正德《常州府志續集》卷6 官寺 武進

鎭江府

丹陽縣

呂城鎭巡檢司	
	呂城鎭巡檢司在呂城驛東洪武元年建九年移置鎭東運河之濱. ▪乾隆15年《鎭江府志》卷16 公署
	呂城鎭在縣東四十里. ▪光緒11年《重修丹陽縣志》卷4 鄕都 鎭
泰定橋	**泰定橋**在縣東四十里呂城鎭跨漕河. ▪光緒11年《重修丹陽縣志》卷4 城郭
呂城驛	**呂城驛**在呂城鎭. ▪乾隆15年《鎭江府志》卷16 公署
呂城壩	
呂城閘	
呂城鋪	
淸徽觀	**淸徵觀**在呂城鎭 ▪乾隆15年《鎭江府志》卷20 寺觀
靑龍橋	**靑龍橋**在呂城鎭 ▪光緖11年《重修丹陽縣志》卷4 城郭
唐家溝	
柵口鋪	**柵口**鋪縣東南二十五里 ▪光緖11年《重修丹陽縣志》卷4 鄕都
陸朝鋪	
慈雲寺	**慈雲寺**在陵口鎭漕渠西 ▪乾隆15年《鎭江府志》卷20 寺觀
	慈雲寺縣東二十里陵口鎭 ▪光緖11年《重修丹陽縣志》卷11 寺觀
聖墅鋪	**聖墅**鋪縣東南十五里 ▪光緖11年《重修丹陽縣志》卷4 鄕都
七星橋	**七里橋**在縣東南七里漕渠珥瀆口 ▪乾隆15年《鎭江府志》卷18 津梁 丹陽縣
長樂鋪	
定善院	
惠政橋	**惠政橋**在雲陽橋右 ▪乾隆15年《鎭江府志》卷18 津梁 丹陽縣
雲陽驛	**雲陽驛**初在城內臨河後…遷南門外 ▪乾隆15年《鎭江府志》卷16 公署
雲陽橋	**雲陽橋**在縣東漕渠上 ▪乾隆15年《鎭江府志》卷18 津梁 丹陽縣

承恩門

鬼神壇

寧眞觀

新橋 **新橋**在便民倉側漕渠上 ▪乾隆15年《鎭江府志》卷18 津梁

新河橋 **新河橋**在北水關外九曲河岸口 ▪光緒11年《重修丹陽縣志》

丹陽縣

新廟

廣福橋

七星廟

栢岡廟

丹徒縣

減水閘 **減水閘**在程公下壩之東下閘之西上爲石橋. ▪光緒5年《丹徒縣志》卷4 輿地9 關津

萬景湖

新豐鎭

鎭江府新門 (2-20)

南水關 甎城…城門…水關二曰**南水關**曰北水關. ▪乾隆15年《鎭江府志》卷4 城隍

專城河 甎城…洪武元年指揮宋禮請於朝甃以甎石. ▪乾隆15年《鎭江府志》卷4 城隍

鎭江府城

新壩

京口驛 **京口驛**原設于京口閘內臨河 ▪乾隆15年《鎭江府志》卷16 公署

京口閘 **京口閘**在京口港距江一里許. ▪萬曆初刊本《丹徒縣志》卷1 河渠

京口閘在城西北京口港口 ▪乾隆15年《鎭江府志》卷18 津梁

京口閘…在城西北距江一里許. ▪光緒5年《丹徒縣志》卷4 關津

通津遞運所

通津遞運所在京口閘東. ▪萬曆初刊本《丹徒縣志》卷2 設官

通津遞運所 ▪光緒5年《丹徒縣志》卷20 武備 驛傳(2-21)

水府神祠

楊子江 **楊子江**在郡城東南四十五里. ▪雍正11年《揚州府志》卷7 山川 川

西津渡 **西津渡**去縣九里北與瓜洲對岸. ▪萬曆初刊本《丹徒縣志》卷1 河渠

西津渡去府治九里北與瓜洲對岸 ▪乾隆15年《鎭江府志》卷18 津梁

馬頭石堤 瓜洲**馬頭**舖. ▪光緒7年《江都縣志》卷3 彊域 舖舍

揚州府

江都縣

江淮勝概樓	
	江淮勝概樓在瓜洲鎭明正統十三年侍郎周忱建. ▪光緖7年重刊本《江都縣志》卷16 古蹟
瓜洲鎭	**瓜洲鎭**舖. ▪康熙《江都縣志》卷3 舖遞
	瓜洲鎭…鎭在城南四十里 ▪雍正11年《揚州府志》卷6 都里 江都縣
是禮河(鎭上河)	
攀桂門	
南京甎廠	
祈求雨澤祠	
七錢鋪	
花家園鋪	**花家鎭**舖. ▪康熙《江都縣志》卷3 舖遞
魚井鋪	
衿城澤	
楊子鋪	**揚子橋**舖. ▪康熙《江都縣志》卷3 舖遞
	城南接界…**楊子橋**舖 ▪光緖7年重刊本《江都縣志》卷3 彊域 舖舍
楊子橋	**楊子橋**在城南十五里 ▪雍正11年《揚州府志》卷8 河渠 江都縣
淸凉鋪[1]	在城南與鎭江界者曰**淸凉**舖. ▪康熙《江都縣志》卷3 舖遞
	城南接界…**淸**淙舖 ▪光緖7年重刊本《江都縣志》卷3 彊域 舖舍

甘泉縣

廣陵驛	**廣陵驛**在南門外 ▪雍正11年《揚州府志》卷13 公署
	古邗溝自**廣陵驛**十里至灣頭 ▪光緖7年《甘泉縣志》卷2 山川
	邵伯驛至本府**廣陵驛**四十五里 ▪《名臣經濟錄》卷51 工部都水下漕河圖志敍(2-22)
楊州府城	
鎭淮樓	**鎭淮樓**在城南門上 ▪光緖7年《甘泉縣志》卷10 古蹟
夏國公神道廟	

---

1 在城南與鎭江界者曰淸凉舖 揚子橋舖 皂角林舖 花家鎭舖 瓜洲鎭舖 凡五共四十五里. ▪康熙《江都縣志》卷3 舖遞

觀音堂	
懷遠將軍蘭公塋	
晏公廟	**晏公廟**在小東門內粉粧巷口 ▪ 雍正11年《揚州府志》卷14 祠祀 甘泉縣
黃巾壩	
北來寺	
竹西亭鋪[2]	在城北與高郵界者曰**竹西亭**舖. ▪ 康熙《江都縣志》卷3 舖遞
	竹西亭舖 ▪ 光緒7年《甘泉縣志》卷2 彊域 舖
	城北接高郵界八十里凡八舖…**竹西亭**舖. ▪ 光緒7年重刊本《江都縣志》卷3 彊域 舖舍
收釘廳	
楊子灣巡檢司	
灣頭關荒廟	
	灣頭鎭舖. ▪ 康熙《江都縣志》卷3 舖遞
	灣頭鎭舖. ▪ 光緒7年《甘泉縣志》卷2 彊域 舖
	灣頭五里至高廟 ▪ 光緒7年《甘泉縣志》卷2 山川
	城北接高郵界八十里凡八舖…**灣頭鎭**舖. ▪ 光緒7年重刊本《江都縣志》卷3 彊域 舖舍
鳳凰橋墩	**鳳凰橋**在城北三十五里 ▪ 雍正11年《揚州府志》卷8 河渠 甘泉縣
淮子河鋪	**淮子河**舖. ▪ 康熙《江都縣志》卷3 舖遞
	淮子河舖 ▪ 光緒7年《甘泉縣志》卷2 彊域 舖
	城北接高郵界八十里凡八舖…**淮子河**舖. ▪ 光緒7年重刊本《江都縣志》卷3 彊域 舖舍
河泊八塔鋪	
	八塔舖. ▪ 康熙《江都縣志》卷3 舖遞
	八塔舖 ▪ 光緒7年《甘泉縣志》卷2 彊域 舖
	城北接高郵界八十里凡八舖…**八塔**舖. ▪ 光緒7年重刊本《江都縣志》卷3 彊域 舖舍
第伍淺鋪	
稅課局	
四里鋪	四舖. ▪ 康熙《江都縣志》卷3 舖遞
	城南接鎭江…界四十五里…凡六舖…四里舖. ▪ 光緒7年重刊本《江都縣志》卷3 彊域 舖舍

2 在城北與高郵界者曰竹西亭舖 灣頭鎭舖 淮子河舖 八塔舖 四舖 腰舖 馬家渡舖 三溝舖 凡八共八十里. ▪ 康熙《江都縣志》卷3 舖遞

邵伯寶公寺

迎恩門

邵伯驛 邵伯驛縣北四十五里. ▪ 萬曆《揚州府志》卷2 公署 江都縣

邵伯驛在本鎮官河東岸. ▪ 康熙《江都縣志》卷2 公署

邵伯驛在縣北四十五里本鎮官河東岸 ▪ 雍正11年《揚州府志》卷13 公署

邵伯驛十里至三溝 ▪ 光緒7年《甘泉縣志》卷2 山川

盂城驛至揚州府**邵伯驛**六十五里 ▪《名臣經濟錄》卷51 工部都水下漕河圖志敍

邵伯太湖 邵伯湖北四十五里. ▪ 萬曆《揚州府志》卷6 河渠 府治江都 湖

邵伯湖在府城北四十五里. ▪ 雍正11年《揚州府志》卷8 河渠

邵伯遞運所

(2-23)

邵伯湖新塘

邵伯湖在府城北四十五里 ▪ 雍正11年《揚州府志》卷8 河渠 甘泉縣

邵伯巡檢司

巡檢司五**邵伯鎭**在縣北四十五里. ▪ 康熙《江都縣志》卷2 公署

邵伯鎭巡檢司在本鎭 ▪ 雍正11年《揚州府志》卷13 公署

邵伯鎭 邵伯鎭縣北四十五里. ▪ 萬曆《揚州府志》卷2 公署 江都縣

邵伯鎭…鎭在城北四十里 ▪ 雍正11年《揚州府志》卷6 都里 甘泉縣

馬家渡鋪 **馬家渡**鋪. ▪ 康熙《江都縣志》卷3 鋪遞

馬家鋪 ▪ 光緒7年《甘泉縣志》卷2 彊域 鋪

城北接高郵界八十里凡八鋪…**馬家**鋪. ▪ 光緒7年重刊本《江都縣志》卷3 彊域 鋪舍

三溝鋪 **三溝**鋪. ▪ 康熙《江都縣志》卷3 鋪遞

三溝鋪. ▪ 光緒7年《甘泉縣志》卷2 彊域 鋪

三溝十里至腰鋪 ▪ 光緒7年《甘泉縣志》卷2 山川

城北接高郵界八十里凡八鋪…**三溝**鋪. ▪ 光緒7年重刊本《江都縣志》卷3 彊域 鋪舍

腰鋪 **腰**鋪. ▪ 康熙《江都縣志》卷3 鋪遞

腰鋪在縣治東北五十里 ▪ 光緒7年《甘泉縣志》卷4 軍政

腰鋪十五里至露筋廟 ▪ 光緒7年《甘泉縣志》卷2 山川

城北接高郵界八十里凡八鋪…**腰**鋪. ▪ 光緒7年重刊本《江都縣志》卷3 彊域 鋪舍

露筋列女祠

露筋祠舊在江都高郵交界今分入甘泉境內 ▪ 道光25年《高郵州志》卷1 建置

貞女祠在邵伯鎭北岸俗曰**露筋廟**乃正德間巡鹽御史劉澄甫重建…〔萬曆江都縣志〕. ▪ 清光緒7年《增修甘泉縣志》卷9 祠祀下

露筋鋪

高郵州

王琴鋪	州治前…曰**王琴鋪**達甘泉界 ▪ 道光25年《高郵州志》卷1 彊域 鋪舍
八里鋪	州治前…曰王**八里鋪**…達甘泉界 ▪ 道光25年《高郵州志》卷1 彊域 鋪舍
新開湖	**新開湖**在州治西北三里. ▪ 萬曆《揚州府志》卷6 河渠下 高郵州 湖
	新開湖在州治西北三里. ▪ 隆慶《高郵州志》卷2 山川 湖
	新開湖在州西北三里東南俱通運河. ▪ 雍正11年《揚州府志》卷8 河渠 高郵州
盂城驛	驛在高郵州城南三里 ▪ 《漂海錄》
	盂城驛在南門外 ▪ 雍正11年《揚州府志》卷13 公署 高郵州
	界首驛至本州**盂城驛**六十里 ▪ 《名臣經濟錄》卷51 工部都水下漕河圖志敍(2-24)
西河塘	
樊將軍廟	
前總鋪	州治前曰**總鋪**…達甘泉界 ▪ 道光25年《高郵州志》卷1 彊域 鋪舍
塘頭鋪	州治前…曰**塘頭鋪**…達寶應界 ▪ 道光25年《高郵州志》卷1 彊域 鋪舍
巡檢司	張家溝巡檢司在州北三十里. ▪ 萬曆《揚州府志》卷2 公署 高郵州
	張家溝巡檢司在州治北三十里. 正統二年建. ▪ 隆慶《高郵州志》卷1 建置 公署
張家鋪	州治前…曰**張家溝鋪**…達寶應界 ▪ 道光25年《高郵州志》卷1 彊域 鋪舍
井亭鋪	州治前…曰**井亭鋪**…達寶應界 ▪ 道光25年《高郵州志》卷1 彊域 鋪舍
塘灣鋪	州治前…曰**塘灣鋪**…達寶應界 ▪ 道光25年《高郵州志》卷1 彊域 鋪舍
界首驛	**界首驛**在城北六十里 ▪ 雍正11年《揚州府志》卷13 公署 高郵州
	安平驛至高郵州**界首驛**六十里 ▪ 《名臣經濟錄》卷51 工部都水下漕河圖志敍
界首遞運所	
	遞運所城北六十里. ▪ 萬曆《揚州府志》卷2 公署 高郵州
	界首遞運所在城北六十里官河之西. ▪ 隆慶《高郵州志》卷1 建置 公署
	界首遞運所在城北六十里官河西 ▪ 雍正11年《揚州府志》卷13 公署 高郵州

寶應縣

子嬰淺	**子**嬰**淺**在縣治南六十里由界首往北至扛橋鎭. ▪ 雍正11年《揚州府志》卷8 河渠 寶應縣
	(南)六十里爲**子**嬰鋪 ▪ 民國21年鉛印本《寶應縣志》卷8 武備 驛遞
界首大湖	灑火湖縣治西南四十里入氾光湖. ▪ 萬曆《揚州府志》卷6 河渠下 寶應縣
巡檢司	**槐樓巡檢司**在縣南二十里. ▪ 嘉靖《寶應縣志略》卷1 地理
	槐樓巡檢司在縣南二十里. ▪ 萬曆《揚州府志》卷2 公署 寶應縣
	槐樓巡檢司在縣南二十里槐樓鎭. ▪ 隆慶《寶應縣志》卷3 公署

槐角樓	**槐樓**巡檢司在縣南三十里. • 雍正11年《揚州府志》卷13 公署 寶應縣
	槐樓淺在縣南二十里自朱馬灣北至龍王廟. • 雍正11年《揚州府志》卷8 河渠 寶應縣
范水鋪	(南) 四十里爲**氾水**鋪 • 民國21年鉛印本《寶應縣志》卷8 武備 驛遞
	氾水淺在縣南四十里由扛橋東北至新鎭. • 雍正11年《揚州府志》卷8 河渠 寶應縣(2-25)
范光大湖	**氾光湖**縣治西南十五里. • 萬曆《揚州府志》卷6 河渠下 寶應縣
	氾光湖在縣西南十五里 • 民國21年鉛印本《寶應縣志》卷3 山川
寶應大湖	淸水湖縣治城南東西長十二里南北闊十八里西南連氾光湖東會運河. • 萬曆《揚州府志》卷6 河渠下 寶應縣
安平驛	**安平驛**在縣北門外. • 嘉靖《寶應縣志略》卷1 地理
	安平驛在縣治北門外. • 隆慶《寶應縣志》卷3 公署
	安平驛在北門外. • 雍正11年《揚州府志》卷13 公署 寶應縣
	淮陰驛至寶應縣**安平驛**八十里 • 《名臣經濟錄》卷51 工部都水下漕河圖志敍
白馬大湖	白馬湖在縣治北十五里. • 隆慶《寶應縣志》卷2 山川
	白馬湖縣治北十五里. • 萬曆《揚州府志》卷6 河渠下 寶應縣
	白馬湖在縣北十五里…東會運河. • 雍正11年《揚州府志》卷6 河渠 寶應縣
白馬鋪	北十里爲**白馬**鋪 • 民國21年鉛印本《寶應縣志》卷8 武備 驛遞
	白馬淺在縣北十里由五里鋪北至越潭. • 雍正11年《揚州府志》卷8 河渠 寶應縣
黃浦鋪	(北) 二十里爲**黃浦**鋪 • 民國21年鉛印本《寶應縣志》卷8 武備 驛遞
	黃浦淺在縣北二十里由越潭北至山陽界. • 雍正11年《揚州府志》卷8 河渠 寶應縣

淮安府

山陽縣

平河橋	**平河橋**城南四十里 • 咸豐2年《淮安府志》卷5 山陽縣
里涇河鎭店	
	涇河在蜆허莊距城東四十里 • 民國21年鉛印本《寶應縣志》卷3 山川
十里亭鋪	南路**十里亭**鋪治南十五里 • 咸豐2年《淮安府志》卷11 公署 鋪遞
淮陰驛	舊址在郡城里雲門外官河西岸 • 正德《淮安府志》卷6 규제 公署
	淮陰驛郡舊志在西門外運河西岸 • 咸豐2年《淮安府志》卷11 公署
	淸口驛至淮安府**淮陰驛**六十里 • 《名臣經濟錄》卷51 工部都水下漕河圖志敍(2-26)

淮安府
南渡門
金龍四大王廟
大王廟郡城外西南隅金龍四大王 ▪ 咸豐2年《淮安府志》卷26 壇廟
浮橋亭
龍興塔
鐘樓殿
雷神店
西湖河嘴
老和尙塔
鈔廳
板閘 **板閘**去治西北一十里. ▪ 萬曆《淮安府志》卷3 建置 廨舍 山陽縣
板閘城西北十里. ▪ 咸豐2年《淮安府志》卷5 山陽縣
移風閘 **移風閘**去治西北二十里. ▪ 萬曆《淮安府志》卷3 建置 廨舍 山陽縣
移風閘舊志云城西北二十里 ▪ 咸豐2年《淮安府志》卷5 山陽縣
鳳翥門
工部廠
淸江閘 **淸江閘**去治西北三十里. ▪ 萬曆《淮安府志》卷3 建置 廨舍 山陽縣
淸江閘城西北三十里 ▪ 咸豐2年《淮安府志》卷5 山陽縣
騰蛟起鳳門
淸江輻輳門
淸江閘
常盈倉門 **常盈倉**在淸江浦. ▪ 萬曆《淮安府志》卷3 建置 廨舍
天妃廟 **天妃宮**在城內西南隅之萬柳池 ▪ 咸豐2年《淮安府志》卷26 壇廟
東嶽仁聖宮
靈慈宮
平江恭襄侯廟
漕運府
總廠東街
總廠西街
福興閘 **福興閘**去治西北四十里. ▪ 萬曆《淮安府志》卷3 建置 廨舍 山陽縣
福興閘在淸江閘西五里 ▪ 咸豐2年《淮安府志》卷5 山陽縣

玄帝祠	
佑聖祠	
新藏閘	**福興閘**又二十里曰新莊閘 ▪ 咸豐2年《淮安府志》卷5 山陽縣
淮河(黃河)	
東河	

清河縣

淸口驛	**淸口驛**舊在治東五里. ▪ 萬曆《淮安府志》卷3 建置 廨舍 淸河縣 **淸口驛**在治東五里 ▪ 光緖2年《淸河縣志》卷3 建置 桃源驛至淸河縣**淸口驛**六十里 ▪ 《名臣經濟錄》卷51 工部都水下漕河圖志敍
淸河縣	(2-27)

桃源縣

淸河口	
三汊淺鋪	三汊鋪去治東南三十里. ▪ 萬曆《淮安府志》卷3 建置 廨舍 桃源縣 三汊鎭巡檢司去治三十里. ▪ 萬曆《淮安府志》卷3 建置 廨舍 桃源縣 三汊鎭治東三十里. ▪ 咸豐2年《淮安府志》卷5 城池 桃源縣
白洋河	白洋河鋪去治西五十里. ▪ 萬曆《淮安府志》卷3 建置 廨舍 桃源縣 **白洋河**治西六十里. ▪ 咸豐2年《淮安府志》卷4 山川 桃源縣(2-28)
張思忠淺	張泗冲鋪去治東一十里. ▪ 萬曆《淮安府志》卷3 建置 廨舍 桃源縣 **張泗**冲鎭治東十里. ▪ 咸豐2年《淮安府志》卷5 城池 桃源縣
白廟淺	
桃源驛	**桃源驛**去治北半里. ▪ 萬曆《淮安府志》卷3 建置 廨舍 桃源縣 **桃源水馬驛**西南二里. ▪ 萬曆《桃源縣志》(日本) 卷上 古城驛至本縣**桃源驛**六十里 ▪ 《名臣經濟錄》卷51 工部都水下漕河圖志敍
龍溝河	
崔鎭	**崔鎭**治西北三十里 ▪ 咸豐2年《淮安府志》卷5 桃源縣
古城驛	**古城驛**去治西北六十里. ▪ 萬曆《淮安府志》卷3 建置 廨舍 桃源縣 **古城驛**在古城 ▪ 咸豐2年《淮安府志》卷11 公署 鍾吾驛至桃源縣**古城驛**六十里 ▪ 《名臣經濟錄》卷51 工部都水下漕河圖志敍 (2-29)

宿遷縣

武家溝	**武家溝淺**舍一所. ▪ 萬曆《宿遷縣志》卷2 建置 倉舖
白洋河	**白洋河**中火舖. ▪ 萬曆《宿遷縣志》卷2 建置 倉舖
	白洋河鎭去治西南四十里. ▪ 萬曆《宿遷縣志》卷2 建置 鄉隅
陸家墩	**陸家墩**舖去治南二十里. ▪ 萬曆《宿遷縣志》卷2 建置 倉舖
	陸家墩淺. ▪ 萬曆《宿遷縣志》卷2 建置 倉舖
	陸家墩鋪去治南二十里. ▪ 萬曆《淮安府志》卷3 建置 廨舍 宿遷縣
小河口	**小河口淺**舍一所. ▪ 萬曆《宿遷縣志》卷2 建置 倉舖
	小河鋪去治南十里. ▪ 萬曆《淮安府志》卷3 建置 廨舍 宿遷縣
鍾吾驛	**鍾吾驛**舊在舊縣西南. ▪ 萬曆《宿遷縣志》卷2 建置 縣署
	鍾吾驛去治西南一里. ▪ 萬曆《淮安府志》卷3 建置 廨舍 宿遷縣
	鍾吾驛在縣城南 ▪ 清同治15年《宿遷縣志》卷14 兵防
	宜河驛至宿遷縣**鍾吾驛**六十里 ▪《名臣經濟錄》卷51 工部都水下漕河圖志敍

邳**州**

遞運所	邳州遞運所去治東南九十里. ▪ 萬曆《淮安府志》卷3 建置 廨舍 邳州
皂**河**	皂**河淺**舍三所. ▪ 萬曆《宿遷縣志》卷2 建置 倉舖
青墩	
沙方	
直河驛	**直河驛**去治東南六十里. ▪ 萬曆《淮安府志》卷3 建置 廨舍 邳州
	直河驛在治東南六十里. ▪ 光緖21年重刻本《邳州志》卷3 建置
	下邳驛至本州**宜河驛**六十里. ▪《名臣經濟錄》卷51 工部都水下漕河圖志敍 (2-30)
龍江	
匙頭灣	**匙頭灣** ▪ 光緖21年重刻本《邳州志》卷4 山川
合沂	
下邳**驛**	**下**邳**驛**在治西南泗水之北. ▪ 萬曆《淮安府志》卷3 建置 廨舍 邳州
	下邳**驛**在治西南泗水北 ▪ 光緖21年重刻本《邳州志》卷3 建置
	新安驛至本州下邳驛六十里 ▪《名臣經濟錄》卷51 工部都水下漕河圖志敍
邳**州城**	
(一**津**)	
白浪口	
乾溝兒	**乾溝口**入泗〔口在舊城西二十里〕. ▪ 光緖21年重刻本《邳州志》卷4 山川
新安遞運所	

新安驛　**新安驛**去治北六十里. ▪萬曆《淮安府志》卷3 建置 廨舍 邳州

新安驛在治北六十里 ▪光緖21年重刻本《邳州志》卷3 建置

房村驛至邳州**新安驛**六十里 ▪《名臣經濟錄》卷51 工部都水下漕河圖志敍(3-1)

徐州府

馬家淺

雙溝　四集**雙溝**房村黃鍾胡山 ▪嘉靖《徐州志》卷1 府治 集

豐・沛・蕭・碭四縣夫廠

房村集　四集雙溝**房村**黃鍾胡山 ▪嘉靖《徐州志》卷1 府治 集

金龍顯聖靈廟

呂梁小洪　**呂梁洪**城東南五十餘里. ▪順治《徐州志》卷1 山川

呂梁洪州城東南五十里. 上下二洪. ▪順治《徐州志》卷2 漕政

尼陀寺

房村驛　**房村驛**在城東南五十里 ▪嘉靖《徐州志》卷6 人事 州治 驛

彭城驛至本州**房村驛**六十里 ▪《名臣經濟錄》卷51 工部都水下漕河圖志敍

呂梁大洪

靑山　鳳凰山而北爲**靑山**. ▪嘉靖《徐州志》卷4 地理

龍神祠　呂梁洪神廟二…一在下洪舊稱**龍神**. ▪嘉靖《徐州志》卷8 人事 祀典

形勝樓

工部分司　徐州洪**工部分司**在洪東岸. ▪嘉靖《徐州志》卷7 人事 漕政

王家橋

李家橋　十里至黃鐘集有**李家**溝〔…有**橋**〕三十里爲呂梁洪. ▪嘉靖《徐州志》卷4 地理

老聃廟

水首廟　(3-2)

九女塚

子方山　(城) 東南二里爲**子房山** ▪嘉靖《徐州志》卷4 地理 山川

雲龍山　城南二里曰**雲龍山**. ▪嘉靖《徐州志》卷4 地理 山川

蝗蟲集　狼豕溝十里至**黃鐘集**有李家溝. ▪嘉靖《徐州志》卷4 地理 山川

蝗虫寺在縣西南十五里. ▪嘉靖《徐州志》卷9 人事 寺觀

夫廠

廣運倉　**廣運倉**在城南三里東臨泗水. ▪嘉靖《徐州志》卷7 人事 漕政

國儲門

火星廟　**火星廟**在南門外. ▪嘉靖《徐州志》卷8 人事 祀典

彭城驛　徐州府城在**驛**西北二三里. ▪《漂海錄》

彭城驛在城外河東岸 ▪嘉靖《徐州志》卷6 人事 州治 驛

夾溝驛至本州彭城驛九十里 ▪《名臣經濟錄》卷51 工部都水下漕河圖志敍

夫廠

百步洪　**百步洪**城東南. ▪順治《徐州志》卷1 山川

百步洪 ▪嘉靖《徐州志》卷4 地理

𦨴船石

工部分司清風堂

(3-3)

遞運所　**遞運所**在河東岸 ▪嘉靖《徐州志》卷6 人事 州治

大浮橋

搭應夫倉

蕭縣水次倉　(3-4)

沛縣

九里山　城北五里曰**九里山**. ▪嘉靖《徐州志》卷4 地理 山川

九里溝淺. ▪嘉靖《徐州志》卷7 人事 漕政

洞山

秦梁洪鋪　**秦梁洪淺**. ▪嘉靖《徐州志》卷7 人事 漕政

茶城店

梁山寺

境山市鎭　**境山**距城四十里西臨泗水有**鎭**有閘有寺. ▪嘉靖《徐州志》卷4 地理

境山鎭閘在境山. ▪嘉靖《徐州志》卷7 人事 漕政

集殿

白廟兒鋪　**白廟兒淺** ▪嘉靖《徐州志》卷7 人事 漕政

夾溝淺　**夾溝淺** ▪嘉靖《徐州志》卷7 人事 漕政

夾溝驛　**夾溝驛**在城北九十里 ▪嘉靖《徐州志》卷6 人事 州治 驛

泗亭驛至徐州**夾溝驛**七十五里 ▪《名臣經濟錄》卷51 工部都水下漕河圖志敍

黃家閘　**黃家閘**在州治北六十里. ▪嘉靖《徐州志》卷7 人事 漕政

義井

黃家鋪	徐州地方一十五淺…**黃家淺** ▪嘉靖《徐州志》卷7 人事 漕政
候村鋪	徐州地方一十五淺…侯村淺 ▪嘉靖《徐州志》卷7 人事 漕政
李家中鋪	徐州地方一十五淺…**李家淺** ▪嘉靖《徐州志》卷7 人事 漕政
新興閘	**新興閘**在縣治南五十里. ▪嘉靖《沛縣志》卷2 建置 公署
	新興閘在沛縣治南五十八里. ▪嘉靖《徐州志》卷7 人事 漕政
新興寺	**新興寺**在縣東三十里. ▪嘉靖《徐州志》卷9 人事 寺觀
劉城鎭	徐州地方一十五淺…**留城**上淺·留城中淺·留城下淺. ▪嘉靖《徐州志》卷7 人事 漕政
謝溝閘	謝溝閘在縣治南四十里. ▪嘉靖《沛縣志》卷2 建置 公署
	謝溝閘在沛縣治南四十里. ▪嘉靖《徐州志》卷7 人事 漕政(3-5)
沽頭下閘	**沽頭下閘**縣治東南三十里. ▪嘉靖《沛縣志》卷2 建置 公署
	沽頭下閘在中閘南八里. ▪嘉靖《徐州志》卷7 人事 漕政
	沽頭有上沽頭渡**下沽頭**渡十里至謝溝以達于州境. ▪嘉靖《徐州志》卷4 地理
沽頭中閘	**沽頭中閘**在縣治東南二十里. ▪嘉靖《沛縣志》卷2 建置 公署
	沽頭中閘在上閘南七里. ▪嘉靖《徐州志》卷7 人事 漕政
社學	聖水社學在縣治南一里許. ▪嘉靖《沛縣志》卷2 建置 公署
沽頭上閘	**沽頭上閘**縣治東南十五里. ▪嘉靖《沛縣志》卷2 建置 公署
	沽頭上閘在沛縣治南二十里. ▪嘉靖《徐州志》卷7 人事 漕政
刀陽湖	昭陽湖…徐州舊志湖在縣東八里齊乘謂之山陽湖俗名刁**陽湖**. ▪民國9年《沛縣志》卷4 河防 湖澤
金溝兒淺	**金溝口閘**在縣治東南八里許. ▪嘉靖《沛縣志》卷2 建置 公署
	金溝口閘. ▪嘉靖《徐州志》卷6 人事 沛縣
	金溝口渡五里爲沽頭. ▪嘉靖《徐州志》卷4 地理
泡河	**泡河**…至本縣飛雲閘橋入漕河. ▪嘉靖《徐州志》卷7 人事 漕政
飛雲閘	**飛雲橋閘**在縣治東南泡河口. ▪嘉靖《沛縣志》卷2 建置 公署
	泡河…至本縣**飛雲閘**橋入漕河. ▪嘉靖《徐州志》卷7 人事 漕政
歌風臺	縣東泗水之許有泗水亭…亭北有**歌風臺**. ▪嘉靖《徐州志》卷4 地理
圯橋	
泗亭驛	**泗亭驛**在縣治東南 ▪嘉靖《徐州志》卷6 人事 州治 沛縣
	泗亭驛明極衝隆慶以前驛在南關辛家巷之東臨泡水. ▪民國9年《沛縣志》卷5 建置
	沙河驛至沛縣**泗亭驛**六十里 ▪《名臣經濟錄》卷51 工部都水下漕河圖志敍
水母神廟	**水母廟**舊志在縣治南面臨泡水 ▪民國9年《沛縣志》卷6 古蹟(3-6)
廟道口	**廟道口閘**在縣治北三十里. ▪嘉靖《沛縣志》卷2 建置 公署

	沛縣地方一十九淺…**廟道口**淺. ▪ 嘉靖《徐州志》卷7 人事 漕政
	胡陵城二十里爲廟道口〔有閘〕. ▪ 嘉靖《徐州志》卷4 地理
湖陵城閘	**湖陵城閘**在縣治北六十里. ▪ 嘉靖《沛縣志》卷2 建置 公署
	湖陵城閘. ▪ 嘉靖《徐州志》卷6 人事 沛縣
	沛縣地方一十九淺…**湖陵城**淺. ▪ 嘉靖《徐州志》卷7 人事 漕政
	沙河渡二十里爲**胡陵城**〔見兵防按一統志云在魚臺縣東六十里蓋連境地也有閘〕. ▪ 嘉靖《徐州志》卷4 地理

兗**州府**

魚臺縣

兗州府

沙河驛	魯橋驛至兗州府**沙河驛**六十五里 ▪ 《名臣經濟錄》卷51 工部都水下漕河圖志敍
	由沛縣**泗亭水驛**而北九十里爲河橋水驛, 卽故穀亭所建也. 府境原設**沙河**·魯橋二水驛, 嘉靖四十午年奏准併爲河橋一驛移於適中穀亭鎭, 北至濟寧南至沛縣俱九十里. 又將沙河遞運所亦隨前驛歸併爲穀亭遞運所. 隆慶五年新挑運河已成復將驛遞改設南陽地方. 又將濟寧·穀亭遞運所裁革舊編水夫分配各處水驛. 故今河橋一驛乃魯橋沙河及穀亭遞運所併而爲一也. ▪ 萬曆24年刻本《兗州府志》卷18 驛傳
孟陽泊閘	**孟陽泊閘**在魚臺縣東. ▪ 嘉靖《山東通志》卷14 橋梁 兗州府
八里灣閘	**八里灣閘**在魚臺縣東. ▪ 嘉靖《山東通志》卷14 橋梁 兗州府
上淺鋪	
下淺鋪	
河西集場	
穀亭閘	**谷亭閘**在魚臺縣東. ▪ 嘉靖《山東通志》卷14 橋梁 兗州府
玉皇廟	
南陽閘	**南陽閘**在魚臺縣東, 宣德七年平江伯陳宣作板閘, 今改名石閘. ▪ 嘉靖《山東通志》卷14 橋梁 兗州府
	漕河閘十有二〔**南陽**北十二里曰棗林閘〕. ▪ 萬曆24年刻本《兗州府志》卷19 河渠(3-7)

濟寧州

棗林閘	**棗林閘**在濟寧南六十里. ▪ 嘉靖《山東通志》卷14 橋梁 兗州府
	棗林閘北至魯橋閘六里. ▪ 萬曆元年刻本《兗州府志》卷20 漕河 濟寧州

	南陽北十二里曰**棗林閘**又北六里爲魯橋閘 **・萬曆24年刻本《兗州府志》卷19 河渠**
魯橋驛	**魯橋驛**東南六十里. **・萬曆元年刻本《兗州府志》卷22 公署 濟寧州**
	南城驛至本州**魯橋驛**五十五里 **・《名臣經濟錄》卷51 工部都水下漕河圖志敍**
魯橋閘	**魯橋閘**在濟寧南六十里. **・嘉靖《山東通志》卷14 橋梁 兗州府**
	魯橋閘北至師家庄閘五里. **・萬曆元年刻本《兗州府志》卷20 漕河 濟寧州**
	又北六里爲**魯橋閘**又北五里爲師家莊閘 **・萬曆24年刻本《兗州府志》卷19 河渠**
通利王廟	
魯津橋	
五樓橋	
師家莊下鋪	
	師家庄閘在濟寧南五十里. **・嘉靖《山東通志》卷14 橋梁 兗州府**
	運河淺鋪…曰**師家莊下淺** **・萬曆24年刻本《兗州府志》卷19 河渠**
	又北五里爲**師家莊閘**又北六里爲仲家淺閘 **・萬曆24年刻本《兗州府志》卷19 河渠**
	師家莊閘北至仲家閘六里. **・萬曆元年刻本《兗州府志》卷20 漕河 濟寧州**
師家莊上鋪	
	運河淺鋪…曰**師家莊上淺** **・萬曆24年刻本《兗州府志》卷19 河渠**
仲家鋪	運河淺鋪…曰**仲家莊淺** **・萬曆24年刻本《兗州府志》卷19 河渠**
仲家淺閘	**仲家淺閘**在濟寧南四十里. **・嘉靖《山東通志》卷14 橋梁 兗州府**
	仲家淺閘北至新閘五里. **・萬曆元年刻本《兗州府志》卷20 漕河 濟寧州**
	又北六里爲**仲家淺閘**又北五里爲新閘 **・萬曆24年刻本《兗州府志》卷19 河渠**
新閘	**新閘**在濟寧東南?十里. **・嘉靖《山東通志》卷14 橋梁 兗州府**
	新閘北至新店閘八里. **・萬曆元年刻本《兗州府志》卷20 漕河 濟寧州**
	又北五里爲**新閘**又北八里爲新店閘 **・萬曆24年刻本《兗州府志》卷19 河渠**
新店閘	**新店閘**在濟寧東南三十里. **・嘉靖《山東通志》卷14 橋梁 兗州府**
	新店閘北至石佛閘十八里. **・萬曆元年刻本《兗州府志》卷20 漕河 濟寧州**
	又北八里爲**新店閘**又北十八里爲石佛閘 **・萬曆24年刻本《兗州府志》卷19 河渠 (3-8)**
石福閘	**石佛閘**在濟寧東南二十里. **・嘉靖《山東通志》卷14 橋梁 兗州府**
	石佛閘北至趙村閘七里. **・萬曆元年刻本《兗州府志》卷20 漕河 濟寧州**
	又北十八里爲**石佛閘**又北七里爲趙村閘 **・萬曆24年刻本《兗州府志》卷19 河渠**
	運河淺鋪…曰**石佛淺** **・萬曆24年刻本《兗州府志》卷19 河渠**
趙村閘	**趙村閘**在濟寧東南二十里. **・嘉靖《山東通志》卷14 橋梁 兗州府**
	趙村閘西北至在城閘六里. **・萬曆元年刻本《兗州府志》卷20 漕河 濟寧州**
	又北七里爲**趙村閘**又西北六里爲在城閘 **・萬曆24年刻本《兗州府志》卷19 河渠**

	運河淺鋪…曰**趙村淺** ▪ **萬曆24年刻本《兗州府志》卷19 河渠**
南城驛	南城水驛在城南門外. ▪ **萬曆元年刻本《兗州府志》卷27 驛傳 濟寧州**
	由河橋水驛而北九十里爲濟寧州**南城水驛**在城南門外 ▪ **萬曆24年刻本《兗州府志》卷18 驛傳**
	開河驛至濟寧州**南城驛**一百十里 ▪ **《名臣經濟錄》卷51 工部都水下漕河圖志敍**
眞武廟	**眞武廟**在東南鄕兩城村中 ▪ **民國16年《濟寧縣志》卷2 法制略**
下新閘	**下新閘**在濟寧南城閘下月河口. ▪ **嘉靖《山東通志》卷14 橋梁 兗州府**
	在城閘在濟寧西, 至天井閘二里. ▪ **嘉靖《山東通志》卷14 橋梁 兗州府**
	在城閘西至天井閘二里. …… 舊名**下閘**. ▪ **萬曆元年刻本《兗州府志》卷20 漕河 濟寧州**
天井閘	**天井閘**在濟寧南門外三里. ▪ **嘉靖《山東通志》卷14 橋梁 兗州府**
	天井閘在州城南外, 西至分水閘三里. ▪ **萬曆元年刻本《兗州府志》卷20 漕河 濟寧州**
	在城閘又西二里爲**天井閘**…又西三里爲分水閘. ▪ **萬曆24年刻本《兗州府志》卷19 河渠**
濟寧州城	
觀蘭亭	
通津橋	**通津橋**在濟寧西門外. ▪ **嘉靖《山東通志》卷14 橋梁 兗州府**
	通津橋西門外. ▪ **民國16年《濟寧縣志》卷1 彊域略**
靈源弘濟王廟	
	(3-9)
分水閘	**分水閘**在濟寧西三里. ▪ **嘉靖《山東通志》卷14 橋梁 兗州府**
	分水閘在州治西三里, 西北至汶上縣開河閘一百五里. ▪ **萬曆元年刻本《兗州府志》卷20 漕河 濟寧州**
	天井閘…又西四里**分水閘** ▪ **萬曆24年刻本《兗州府志》卷19 河渠**
南旺湖	**南旺湖**去縣治西南四十五里. ▪ **萬曆元年刻本《兗州府志》卷20 漕河 汶上縣**
	南旺湖在縣西南四十里運河西岸卽鉅野澤之東畔. ▪ **萬曆24年刻本《兗州府志》卷3 山川 汶上縣**
官堰	所謂**官堰**, 至闞城鋪而絶. 堰中有閘, 相間或八九里或十餘里, 凡十有四. 堰之長, 亦過百餘里 ▪ **《漂海錄》**
馬長坡	
安民	運河淺鋪…曰**安居淺** ▪ **萬曆24年刻本《兗州府志》卷19 河渠**
牢正	
曹井鋪	運河淺鋪…曰**曹井橋淺** ▪ **萬曆24年刻本《兗州府志》卷19 河渠**
	曹井橋在濟寧西十八里. ▪ **嘉靖《山東通志》卷14 橋梁 兗州府**
	曹井橋在城西八里. ▪ **民國16年《濟寧縣志》卷1 彊域略**

鉅野縣

火頭灣　濟寧之**火頭灣**北至嘉祥之大長溝長二十五里. ▪萬曆24年刻本《兗州府志》卷19 河渠

淺舖五…曰**火頭灣淺** ▪萬曆24年刻本《兗州府志》卷19 河渠

白嘴兒　淺舖五…曰**白嘴兒淺** ▪萬曆24年刻本《兗州府志》卷19 河渠

黃沙灣　淺舖五…曰**黃沙灣淺** ▪萬曆24年刻本《兗州府志》卷19 河渠

小長溝　淺舖五曰**小長溝淺** ▪萬曆24年刻本《兗州府志》卷19 河渠

大長滿集

嘉祥縣

大長溝　鉅野之**大長溝**北至汶上之界首長十八里. ▪萬曆24年刻本《兗州府志》卷19 河渠

淺舖四…曰**大長溝淺** ▪萬曆24年刻本《兗州府志》卷19 河渠

十字河　淺舖四…曰**十字河淺** ▪萬曆24年刻本《兗州府志》卷19 河渠

寺前　淺舖四…曰**寺前淺** ▪萬曆24年刻本《兗州府志》卷19 河渠

漕河閘五嘉祥之北爲**寺前**舖閘又北若干里爲南旺上閘. ▪萬曆24年刻本《兗州府志》卷19 河渠

孫村　淺舖四曰**孫家淺** ▪萬曆24年刻本《兗州府志》卷19 河渠

汶上縣

界首鋪　淺舖十有四……曰**界首淺**. ▪萬曆24年刻本《兗州府志》卷19 河渠

積水閘二曰**界首閘**. ▪萬曆24年刻本《兗州府志》卷19 河渠

老坡閘

分水龍王廟

分水龍王廟在縣西南三十里南南旺湖上 ▪萬曆24年刻本《兗州府志》卷24 祠廟 汶上縣

闞城鋪　淺舖十有四…曰闞**城淺** ▪萬曆24年刻本《兗州府志》卷19 河渠

開河驛　**開河水驛**在縣西南三十里. ▪萬曆元年刻本《兗州府志》卷27 驛傳 汶上縣

由南城水驛而北九十里爲汶上縣**開河水驛**在縣西南三十里 ▪萬曆24年刻本《兗州府志》卷18 驛傳

安山驛至汶上縣**開河驛**七十里. ▪《名臣經濟錄》卷51 工部都水下漕河圖志敍(3-10)

開河鎭　淺舖十有四…曰**開河淺**. ▪萬曆24年刻本《兗州府志》卷19 河渠

又北十二里爲**開河閘**…又北若干里爲袁家口閘. ▪萬曆24年刻本《兗州府志》卷19 河渠

劉家口　淺舖十有四…曰**劉家口淺** ▪萬曆24年刻本《兗州府志》卷19 河渠

表家口　淺舖十有四…曰**袁家口淺** ▪萬曆24年刻本《兗州府志》卷19 河渠

又北十二里爲開河閘…又北若干里爲**袁家口閘**. ▪萬曆24年刻本《兗州府志》

卷19 河渠

開渠	
頭山津	
張八口	淺舖十有四…曰**張八老口淺** ▪萬曆24年刻本《兗州府志》卷19 河渠
步家口	淺舖十有四…曰**步家口淺** ▪萬曆24年刻本《兗州府志》卷19 河渠

東平州

靳家口	自汶上之靳**家口**北至壽張之戴家廟?. ▪萬曆24年刻本《兗州府志》卷19 河渠 淺舖十有四曰靳**家口淺**. ▪萬曆24年刻本《兗州府志》卷19 河渠 漕河閘二曰靳**家口**閘在袁家口北七十里. ▪萬曆24年刻本《兗州府志》卷19 河渠
栗家莊	
李家口	淺舖十有七…曰**李家莊淺** ▪萬曆24年刻本《兗州府志》卷19 河渠
劉家莊	淺舖十有七…曰**劉家莊淺** ▪萬曆24年刻本《兗州府志》卷19 河渠
王忠口	淺舖十有七…曰**王仲口淺** ▪萬曆24年刻本《兗州府志》卷19 河渠
馮家莊	淺舖十有七…曰**馮家莊淺** ▪萬曆24年刻本《兗州府志》卷19 河渠
長張口	淺舖十有七…曰**長張口淺** ▪萬曆24年刻本《兗州府志》卷19 河渠
安山閘	漕河閘二…曰**安山閘**在安山驛之左 ▪萬曆24年刻本《兗州府志》卷19 河渠
安山驛	**安山水驛**在州西南十五里. ▪萬曆元年刻本《兗州府志》卷27 驛傳 東平州 由開河水驛而北七十里爲東平州**安山水驛**在州西南十五里 ▪萬曆24年刻本《兗州府志》卷18 驛傳 荊門驛至東平州**安山驛**六十里 ▪《名臣經濟錄》卷51 工部都水下漕河圖志敍(3-11)
堡糧倉	
安山保	淺舖十有七…曰**安山上淺** ▪萬曆24年刻本《兗州府志》卷19 河渠
譯家花	淺舖十有七…曰**譚家莊淺** ▪萬曆24年刻本《兗州府志》卷19 河渠
積水湖口	淺舖十有七…曰**積水湖淺** ▪萬曆24年刻本《兗州府志》卷19 河渠
蘇家莊	淺舖十有七…曰**蘇家莊淺** ▪萬曆24年刻本《兗州府志》卷19 河渠
邢家莊	淺舖十有七…曰**邢家莊淺** ▪萬曆24年刻本《兗州府志》卷19 河渠
沙孤堆	淺舖十有七曰**沙堆淺** ▪萬曆24年刻本《兗州府志》卷19 河渠
戴家廟	淺舖十有七…曰**戴家廟上淺** ▪萬曆24年刻本《兗州府志》卷19 河渠
金線閘遞運所	
	金線閘遞運所原建戴家廟集, 距州治四十里. 嘉靖五年本州知州李昇申兩院改連安山鎭距州, 距州一十二里. ▪萬曆《兗州府志》卷27 驛傳 東平州

金線閘遞運所. ▪萬曆24年刻本《兗州府志》卷18 驛傳

壽張縣

戴家廟　淺鋪五日**戴家廟下淺** ▪萬曆24年刻本《兗州府志》卷19 河渠

戴家廟鋪在縣東南五十里 ▪光緒6年《壽張縣志》卷2 建置 舖舍

劉家口　淺鋪五…日**劉家口淺** ▪萬曆24年刻本《兗州府志》卷19 河渠

劉家口鋪在縣東南四十五里 ▪光緒6年《壽張縣志》卷2 建置 舖舍

戴洋　**大楊屯**鋪在縣東南四十里 ▪光緒6年《壽張縣志》卷2 建置 舖舍

淺鋪五…日**戴洋口淺** ▪萬曆24年刻本《兗州府志》卷19 河渠

張家莊　淺鋪五…日**張家莊淺** ▪萬曆24年刻本《兗州府志》卷19 河渠

張家莊鋪在縣東南三十五里 ▪光緒6年《壽張縣志》卷2 建置 舖舍

沙灣　(壽張至陽穀) 淺鋪八…日**沙灣淺** ▪萬曆24年刻本《兗州府志》卷19 河渠

石隄二道…一自**沙灣**至荊門驛止長一千九百三丈. ▪民國23年鉛印本《東阿縣志》卷3 山水

沙灣鋪在縣東三十里 ▪光緒6年《壽張縣志》卷2 建置 舖舍

自壽張之沙灣北至陽穀至荊門上閘長二十里. ▪萬曆24年刻本《兗州府志》卷19 河渠

感應祠　石隄二道一自**大感應廟**起至沙灣上計長一百六十丈. ▪民國23年鉛印本《東阿縣志》卷3 山水

東阿縣

沙灣淺鋪　(東平至東阿) 淺鋪五…日**沙灣淺** ▪萬曆24年刻本《兗州府志》卷19 河渠

大河神祠　**大河神祠**在縣西南七十里地名沙灣運河北岸壽張縣境. ▪民國23年鉛印本《東阿縣志》卷8 祠祀

安家口鋪　淺鋪八…日**安家口淺** ▪萬曆24年刻本《兗州府志》卷19 河渠

北浮橋　淺鋪八…日**北浮橋淺** ▪萬曆24年刻本《兗州府志》卷19 河渠

掛劍鋪　淺鋪八日**掛劍淺** ▪萬曆24年刻本《兗州府志》卷19 河渠

通汴梁

通濟閘　**通源閘**在縣西南六十里安平鎭. 景泰間…建. ▪萬曆元年刻本《兗州府志》卷20 漕河 東阿縣

通濟閘 ▪民國16年《濟寧縣志》卷1 彊域略

汶河

沙灣巡檢司

兩河口

鍾樓閣

鼓樓閣

雲津門

陽穀縣

荊門驛	**荊門水驛**在縣東五十里. ▪萬曆元年刻本《兗州府志》卷27 驛傳 陽穀縣
	由安山水驛而北七十里爲陽穀縣**荊門水驛**在縣東五十里 ▪萬曆24年刻本《兗州府志》卷18 驛傳
	崇武驛至陽穀縣**荊門驛**八十五里 ▪《名臣經濟錄》卷51 工部都水下漕河圖志敍
平河水鋪	
新添鋪	淺鋪八…曰**新添淺** ▪萬曆24年刻本《兗州府志》卷19 河渠
荊門上閘	**荊門上下二閘**在陽穀縣東北五十里. ▪嘉靖《山東通志》卷14 橋梁 兗州府
	荊門上下閘在縣東五十里. ▪萬曆元年刻本《兗州府志》卷22 公署 陽穀縣
	張秋北十里曰**荊門上閘**又北三里爲荊門下閘 ▪萬曆24年刻本《兗州府志》卷19 河渠
	自東阿之**荊門上閘**北至聊城之官窯口長四十里. ▪萬曆24年刻本《兗州府志》卷19 河渠
	荊門上閘北至荊門下閘三里. ▪萬曆元年刻本《兗州府志》卷20 漕河 陽穀縣
荊門下閘	**荊門下閘**又北十里爲阿城上閘. ▪萬曆24年刻本《兗州府志》卷19 河渠
	荊門下閘北至阿城上閘十里. ▪萬曆元年刻本《兗州府志》卷20 漕河 陽穀縣
灣東鋪	淺鋪十…曰舘**驛灣東岸淺**. ▪萬曆24年刻本《兗州府志》卷19 河渠
張家口鋪	**張家口**鋪在縣東北六十里. ▪萬曆元年刻本《兗州府志》卷22 公署 陽穀縣
	淺鋪十…曰**張家口淺**. ▪萬曆24年刻本《兗州府志》卷19 河渠
七級上閘	**七級上下二閘**在陽穀縣東北六十里. ▪嘉靖《山東通志》卷14 橋梁 兗州府
	七級上下閘在縣東北七十里. ▪萬曆元年刻本《兗州府志》卷22 公署 陽穀縣
	漕河閘六…阿城下閘又北十二里爲**七級上閘**又北三里爲七級下閘. ▪萬曆24年刻本《兗州府志》卷19 河渠
	七級上閘北至七級下閘三里. ▪萬曆元年刻本《兗州府志》卷20 漕河 陽穀縣
七級下閘	漕河閘六…七級上閘又北三里爲**七級下閘**. ▪萬曆24年刻本《兗州府志》卷19 河渠
	七級下閘北至聊城縣周官店閘十二里. ▪萬曆元年刻本《兗州府志》卷20 漕河 陽穀縣
周家店閘	**周家店閘**在府東南三十里. ▪嘉靖《山東通志》卷14 橋梁 東昌府
	周家店閘(聊城縣) 南接陽穀之七級下閘十二里. ▪萬曆《東昌府志》卷14 河渠
阿城上閘	**阿城上下二閘**在陽穀縣東北五十里. ▪嘉靖《山東通志》卷14 橋梁 兗州府

	阿城上下閘在縣東北五十里. ▪ 萬曆元年刻本《兗州府志》卷22 公署 陽穀縣
	阿城上閘又北三里爲阿城下閘 ▪ 萬曆24年刻本《兗州府志》卷19 河渠
	阿城上閘北至阿城下閘三里. ▪ 萬曆元年刻本《兗州府志》卷20 漕河 陽穀縣
阿城下閘	**阿城下閘**又北十二里爲七級上閘 ▪ 萬曆24年刻本《兗州府志》卷19 河渠
	阿城下閘北至七級上閘一十二里. ▪ 萬曆元年刻本《兗州府志》卷20 漕河 陽穀縣
李海務閘	**李海務閘**在府東南二十里. ▪ 嘉靖《山東通志》卷14 橋梁 東昌府
	李海務閘(聊城縣) 南至周家店閘十二里. ▪ 萬曆《東昌府志》卷14 河渠

東昌府

聊城縣

崇武驛	城在**驛**北三四里河岸 ▪ 《漂海錄》
	崇武驛(府治) 城東二里許. ▪ 萬曆《東昌府志》卷3 建置 公署
	自此(荊門水驛) 而北九十里爲東昌**崇武驛**出郡境矣 ▪ 萬曆24年刻本《兗州府志》卷18 驛傳
	由陽穀縣荊門驛而北九十里爲本府**崇武水馬驛**在東門外河西岸. ▪ 萬曆《東昌府志》卷15 驛傳
	淸陽驛至東昌府**崇武驛**七十里 ▪ 《名臣經濟錄》卷51 工部都水下漕河圖志敍(3-12)
通濟橋閘	**通濟橋**在府城東門外會通河上. ▪ 嘉靖《山東通志》卷14 橋梁 東昌府
	通濟橋閘(聊城縣) 南至李海務閘二十里. ▪ 萬曆《東昌府志》卷14 河渠
東岳廟	
進士門	
東昌遞運所	
	遞運所(府治) 城北. ▪ 萬曆《東昌府志》卷3 建置 公署
兌糧廠	
堤口	
稍長閘	(聊城縣) **稍張閘淺**. ▪ 萬曆《東昌府志》卷14 河渠
柳行口	(聊城縣) **柳行口淺**. ▪ 萬曆《東昌府志》卷14 河渠
房家莊	(聊城縣) **房家口淺**. ▪ 萬曆《東昌府志》卷14 河渠
白廟	
雙渡兒	(聊城縣) **雙**隄**淺**. ▪ 萬曆《東昌府志》卷14 河渠
呂家灣	(聊城縣) **呂家灣淺**. ▪ 萬曆《東昌府志》卷14 河渠

堂邑縣 · 博平縣

校堤鋪	(博平縣) **梭隄淺**. **萬曆《東昌府志》卷14 河渠**
洪家口鋪	
梁家口鋪	(堂邑縣) **梁家鄉淺**. **▪ 萬曆《東昌府志》卷14 河渠**
梁家閘	**梁家鄉閘**在堂邑縣, 北至土橋閘十五里. **▪ 嘉靖《山東通志》卷14 橋梁 東昌府** (堂邑縣) **梁家鄉閘**南接聊城之通濟閘三十里. **▪ 萬曆《東昌府志》卷14 河渠**
感應神祠	
表家灣	(博平縣) **袁家灣淺**. **▪ 萬曆《東昌府志》卷14 河渠**
馬家灣	(堂邑縣) **馬家灣淺**. **▪ 萬曆《東昌府志》卷14 河渠**
老堤頭	(博平縣) **老堤頭**鋪. **▪ 萬曆《東昌府志》卷3 建置 舖舍**
中閘口	(堂邑縣) **中閘口淺**. **▪ 萬曆《東昌府志》卷14 河渠**
土橋閘	**土橋閘**在堂邑縣東北, 北至清平戴家灣閘四十八里. **▪ 嘉靖《山東通志》卷14 橋梁 東昌府** (堂邑縣) **土橋閘**至梁家鄉閘十五里. **▪ 萬曆《東昌府志》卷14 河渠**
新開口鋪	(恩縣·夏津縣) **新開口**舖. **▪ 萬曆《東昌府志》卷3 建置 舖舍**
函谷洞	
減水閘	(堂邑縣) **減水閘**土城中. **▪ 萬曆《東昌府志》卷14 河渠**

清平縣

趨家口鋪	(清平縣) **趙家淺**. **▪ 萬曆《東昌府志》卷14 河渠**
清陽驛	**清陽驛**(清平縣) 在魏家灣. **▪ 萬曆《東昌府志》卷3 建置 舖舍** 由崇武水馬驛而北六十里爲清平縣**清陽水驛**在魏家灣. **▪ 萬曆《東昌府志》卷15 驛傳** 清源驛至清平縣**清陽驛**六十里 **▪《名臣經濟錄》卷51 工部都水下漕河圖志敍**
朱家灣	(博平縣) **朱家灣**舖. **▪ 萬曆《東昌府志》卷3 建置 舖舍**
丁家口	(清平縣) **丁家淺**. **▪ 萬曆《東昌府志》卷14 河渠**
十里井	(清平縣) **十里井淺**. **▪ 萬曆《東昌府志》卷14 河渠**
李家口	(清平縣) **李家淺**. **▪ 萬曆《東昌府志》卷14 河渠**
戴家灣閘	新開上閘南接清平之**戴家灣閘**三十里. **▪ 萬曆《東昌府志》卷14 河渠(3-13)**

臨清縣

觀音寺

清泉河

漏浮關	
藥局	惠民**藥局**在東河滸. ▪ 乾隆《臨淸州志》卷3 公署
新開上閘	**新開上閘**在臨淸州城南會通河. ▪ 嘉靖《山東通志》卷14 橋梁 東昌府 (臨淸州) **新開上閘**南接淸平之戴家灣閘三十里. ▪ 萬曆《東昌府志》卷14 河渠
衛河廠	
板下閘	南板閘在臨淸州城南會通河南流. ▪ 嘉靖《山東通志》卷14 橋梁 東昌府 (臨淸州) **南板閘**南至新開上閘五里四十八步. ▪ 萬曆《東昌府志》卷14 河渠
大浮橋	
淸源驛	(臨淸州) **淸源水馬驛**. ▪ 萬曆《東昌府志》卷3 建置 公署 由淸平縣淸陽水驛而北六十里爲臨**淸州淸源水馬驛**在中洲北向. ▪ 萬曆《東昌府志》卷15 驛傳 渡口驛至本州**淸源驛**七十里 ▪ 《名臣經濟錄》卷51 工部都水下漕河圖志敍(3-14)
下津廠	(3-15)

夏津縣

衛河	衛河自臨淸板閘下至德州桑園計長三百五十里. ▪ 《山東通志》卷19 漕運 **衛河**在縣西四十里 ▪ 嘉靖《夏津縣志》上卷 地理
裴家圈鋪	(夏津縣) **裴家圈淺**. ▪ 萬曆《東昌府志》卷14 河渠 淺鋪八…曰**裴家圈**鋪 ▪ 民國23年《夏津縣志新編》卷2 建置 武備
巡檢司	**裴家圈巡檢司**在(夏津)縣治西南四十里. ▪ 萬曆《東昌府志》卷3 建置 公署
孫家	
新開口	(夏津縣) **新開口淺**. ▪ 萬曆《東昌府志》卷14 河渠 淺鋪八…曰**新開口**鋪 ▪ 民國23年《夏津縣志新編》卷2 建置 武備
草廟	(夏津縣) **草廟兒淺**. ▪ 萬曆《東昌府志》卷14 河渠 淺鋪八…曰**草廟**鋪 ▪ 民國23年《夏津縣志新編》卷2 建置 武備
黃家口	
平河口	(夏津縣) **橫河口淺**. ▪ 萬曆《東昌府志》卷14 河渠
渡口驛	(臨淸州) **渡口水驛**. ▪ 萬曆《東昌府志》卷3 建置 公署 由臨淸州淸源水馬驛而北七十里爲**渡口水驛**在州北五十里. ▪ 萬曆《東昌府志》卷15 驛傳 **渡口驛**城西北四十里 ▪ 民國23年《夏津縣志新編》卷2 建置 街市 甲馬營驛至臨淸州**渡口驛**七十里 ▪ 《名臣經濟錄》卷51 工部都水下漕河圖志敍

武城縣

商家道鋪　(武城縣) **商家淺**. ▪ 萬曆《東昌府志》卷14 河渠

甲馬營驛　**甲馬營驛**在甲馬營鎭去縣治東北二十五里 ▪ 嘉靖《夏津縣志》上卷 地理

甲馬營水驛在(武城)縣東北二十五里. ▪ 萬曆《東昌府志》卷3 建置 公署

由臨清州渡口水驛而北七十里爲武城縣**甲馬營水驛**在縣北三十里. ▪ 萬曆《東昌府志》卷15 驛傳

梁家庄驛至武城縣**甲馬營驛**一百十五里 ▪ 《名臣經濟錄》卷51 工部都水下漕河圖志敍(3-16)

鄭家口　**鄭家口**鎭在故城縣西南二十五里 ▪ 《大淸一統志》卷16 河間府2 關隘

河口鋪　淺鋪八……曰**河口**鋪 ▪ 民國 23年《夏津縣志新編》卷2 建置 武備

陳家口鋪

恩縣

白馬河口鋪

(恩縣) **白馬廟淺**. ▪ 萬曆《東昌府志》卷14 河渠

下方遷

無谷寺

河口鋪

梁家莊驛　**梁家莊水驛**在城西南七十里. ▪ 萬曆《德州志》卷2 建置 公署

(德州) **梁家莊水驛**. ▪ 康熙《濟南府志》卷11 公署

安德驛至本州**梁家庄驛**七十里 ▪ 《名臣經濟錄》卷51 工部都水下漕河圖志敍

鍾閣

故城縣 : 河間府

故城縣前　(3-17)

孟家口

兵河口

馬家鋪

四女樹　**四女樹**在恩縣西北五十里 ▪ 《明一統志》卷24 東昌府 古蹟

恩縣衛河之東岸自**四女樹**至武城之白馬廟七十里 ▪ 《行水金鑑》卷170 夫役

文英門

劉皮口鋪　淺鋪三……曰劉皮口 ▪ 《北河紀》卷4 河防紀

得意門

大浮橋

濟南府

德州恩縣

安德驛
安德水驛在西門外迤北. ▪ 萬曆《德州志》卷2 建置 公署
良店驛至本州**安德驛**七十里 ▪《名臣經濟錄》卷51 工部都水下漕河圖志敍
(德州) **安德水驛**. ▪ 康熙《濟南府志》卷11 公署
安德驛丞署水驛在城西馬驛在木州 ▪《山東通志》卷26 公署 郵政 德州

德州城
(3-18)

皮口鋪
坡塘口淺鋪. ▪ 康熙《景州志》卷1 公宇

高家鳳鋪

河間府

吳橋縣

羅家口
羅家口淺鋪. ▪ 康熙《景州志》卷1 公宇
羅家口堤在宿遷縣東南三里 ▪《大淸一統志》卷69 徐州府 堤堰
淺鋪四曰**羅家口** ▪《北河紀》卷4 河防紀

高官廠
淺鋪九…曰**高官廠** ▪《行水金鑑》卷105 運河水

關王廟

良店驛
良店水驛在城西北四十里. ▪ 萬曆《德州志》卷2 建置 公署
(德州) **良店驛**城西北四十里 ▪ 康熙《濟南府志》卷11 公署
連窩驛至德州**良店驛**七十里 ▪《名臣經濟錄》卷51 工部都水下漕河圖志敍
德州**良店驛**三十里至景州安陵巡司 ▪《行水金鑑》卷155 運河水

桑園兒

薄皮口鋪
薄皮口淺鋪. ▪ 康熙《景州志》卷1 公宇
淺鋪四…曰**薄皮口** ▪《北河紀》卷4 河防紀

狼家口鋪
狼家口淺鋪. ▪ 康熙《景州志》卷1 公宇
淺鋪四…曰狼**家口** ▪《北河紀》卷4 河防紀
淺凡四河道北自**狼家口**起南至羅家口淺止長二十四里 ▪《兩河淸彙》卷2 運河

郭家口鋪

舊連窩鋪
德州羅家口起北接東光**連窩淺**止…各六十里) ▪《北河紀》卷5 河臣紀

連窩驛
連窩驛俱在縣東五十里. ▪ 萬曆《河間府志》卷3 宮室 公署
連窩驛在縣治西北四十里連窩鎭運河西岸. ▪ 光緖元年刊本《吳橋縣志》卷4 建置 驛站
新橋驛至吳橋縣**連窩驛**七十里 ▪《名臣經濟錄》卷51 工部都水下漕河圖志敍

吳橋縣**連窩驛**三十里至東光縣 ・《行水金鑑》卷155 運河水

連窩遞運所

連窩遞運所俱在縣東五十里. ・萬曆《河間府志》卷3 宮室 公署

王家口鋪

景州

任家口鋪

東光縣

東光縣 **東光驛**在州治西南. ・嘉靖《河間府志》卷4 宮室 公署 景州

東光縣十里至油坊兒 ・《行水金鑑》卷155 運河水

油房口鋪 **油坊兒**十里至下口 ・《行水金鑑》卷155 運河水

北下口鋪 **下口**二十里至泊頭鎭…又至交河縣新橋驛 ・《行水金鑑》卷155 運河水

南皮縣

北下淺鋪

曹道灣

交河縣

薄頭鎭 **泊頭鎭**在縣東五十里. ・萬曆《交河縣志》卷1 地理 市集

下口二十里至**泊頭鎭** ・《行水金鑑》卷155 運河水

新橋 **新橋驛**在縣城東五十里, 俗名泊頭驛. ・嘉靖《河間府志》卷4 公署 交河縣

新橋驛在縣治東五十里泊頭鎭. ・萬曆《交河縣志》卷2 建置 公署

磚河驛至交河縣**新橋驛**七十里 ・《名臣經濟錄》卷51 工部都水下漕河圖志敍

交河縣**新橋驛**二十里至齊家堰 ・《行水金鑑》卷155 運河水

鎭武廟 眞武廟……一在泊頭鎭西街. ・萬曆《交河縣志》卷2 建置 祠廟

藥王廟 **藥王廟**一在戚家堰河岸. ・萬曆《交河縣志》卷2 建置 祠廟

戚家堰軍屯

齊家堰二十里至薛家窩二十里至馬家口 ・《行水金鑑》卷155 運河水

薛家窩里 齊家堰二十里至**薛家窩**二十里至馬家口 ・《行水金鑑》卷155 運河水(3-20)

三鎭道

馮家口 **馮家口**在縣東北九十里. ・萬曆《交河縣志》卷1 地理 市集

馬家口十五里至滄州磚河驛 ・《行水金鑑》卷155 運河水

楊橋口
磚河南
磚河南口鋪

滄州

磚河驛 磚**河驛**在治南二十里. ▪ 萬曆《滄州志》卷2 公署
磚**河水驛**在州治西南 ▪ 嘉靖《河間府志》卷4 宮室 公署
磚**河水驛**在州治南二十里. ▪ 萬曆《河間府志》卷3 宮室 公署
乾寧驛至滄州磚**河驛**七十里 ▪ 《名臣經濟錄》卷51 工部都水下漕河圖志敍
滄州磚**河驛**十五里至掘地兒 ▪ 《行水金鑑》卷155 運河水

王家圈口
羅家圈口
紅披口
南關鋪
長蘆巡檢司

長蘆巡檢司…在州治西南 ▪ 嘉靖《河間府志》卷4 宮室 公署
掘地兒十五里至滄州**長蘆巡司**四十里至廢興濟縣乾寧驛 ▪ 《行水金鑑》卷155 運河水

鹽運司 **長蘆都轉運鹽使司**在州治西南 ▪ 嘉靖《河間府志》卷4 宮室 公署
遞運所 **長蘆遞運所**在州治西南. ▪ 嘉靖《河間府志》卷4 公室 公署
踵武科門
滄州撥夫廠

撥夫廠 ▪ 乾隆8年刊本《滄州志》卷2 公署

聯芳門
應奎門
司諫門
長蘆遞運所

長蘆遞運所在州治西南 ▪ 《河間府志》卷4 宮室 滄州(3-21)

興濟縣

安都塞口鋪

安都寨淺在縣南, 至王家淺十里. ▪ 嘉靖《興濟縣志》卷上 建置 舖舍
由興濟縣東岸北至天津衛境有淺鋪七曰**安都寨口** ▪ 《北河紀》卷4 河防紀

清水

王家口鋪　　**王家口**鋪在縣西, 至縣北流洪口十里. ▪嘉靖《興濟縣志》卷上 建置 舖舍
由興濟縣東岸北至天津衛境有淺鋪七…曰**王家** ▪《北河紀》卷4 河防紀

乾寧驛　　**乾寧驛**在縣治西瀕衛河. ▪嘉靖《河間府志》卷4 公署 興濟縣
乾寧驛在縣治西瀕衛河. ▪嘉靖《興濟縣志》卷上 建置 舖舍
興濟縣之**乾寧驛**在城西 ▪《北河紀》卷一 河程紀
流河驛至興濟縣**乾寧驛**七十里 ▪《名臣經濟錄》卷51 工部都水下漕河圖志敍
廢興濟縣**乾寧驛**十里至周官兒屯 ▪《行水金鑑》卷155 運河水

左衛鋪

柳巷口鋪　　**柳巷口淺**至李家淺二里. ▪嘉靖《興濟縣志》卷上 建置 舖舍
由興濟縣東岸北至天津衛境有淺鋪七……曰**柳巷口** ▪《北河紀》卷4 河防紀

三聖祠

青縣

盤古廟　　**盤古廟**在縣南十五里 ▪《河間府志》卷3 建置 古蹟 青縣

高土崗

蘆臺故城　　**蘆臺城**在縣境衛河之西南 ▪《河間府志》卷3 建置 古蹟 青縣

鍾樓閣

社稷壇

峭帆亭　　峭**帆亭**在青縣蘆臺城中 ▪《河間府志》卷3 建置 古蹟 青縣

中州集

流河驛　　**流河驛**在縣東北衛河西岸久廢. ▪嘉靖《河間府志》卷4 公署 青縣
流河驛在縣北四十里 ▪《行水金鑑》卷105 運河水
奉新驛至青縣**流河驛**七十里 ▪《名臣經濟錄》卷51 工部都水下漕河圖志敍

流河鋪

夏官屯　　(3-22)

靜海縣

釣臺鋪　　靜海縣城南爲雙塘舖**釣臺**舖 ▪《畿輔通志》卷44 舖司 天津府

南家口鋪

雙塘鋪　　雙塘渡在靜海縣南十五里. ▪《畿輔通志》卷42 ▪津梁天津府
靜海縣城南爲**雙塘**舖釣臺舖 ▪《畿輔通志》卷44 舖司 天津府
周官兒屯四十里至**雙塘兒**十五里至靜海縣奉新驛 ▪《行水金鑑》卷155 運河水

奉新驛 **奉新驛**在縣城外. ▪ 嘉靖《河間府志》卷4 公署 靜海縣

驛在靜海縣治之前 ▪《漂海錄》

奉新驛在縣城外 ▪ 嘉靖《河間府志》卷1 地理 靜海縣

陽青驛至靜海縣**奉新驛**一百里 ▪《名臣經濟錄》卷51 工部都水下漕河圖志敍

靜海縣**奉新驛**二十里至瀆流 ▪《行水金鑑》卷155 運河水

獨流巡檢司

獨流鋪在縣西北十八里 ▪《大清一統志》卷17 天津府 關隘

瀆流二十里至新口 ▪《行水金鑑》卷155 運河水

沙寧鋪

楊青遞運所

楊青遞運所俱去縣一百五十里. ▪ 萬曆《順天府志》卷2 營建 公署 武清縣

楊青驛 **楊青驛**俱去縣一百五十里. ▪ 萬曆《順天府志》卷2 營建 公署 武清縣

原**楊青驛**在縣東南一百五十里舊置驛幷**遞運所**于此嘉靖十九年改置于天津衛今屬河間府靜海縣 ▪《欽定日下舊聞考》卷112 京畿武淸縣 '等謹按柳口鎭沽寨俱屬天津臣'

楊村驛至本縣**陽青驛**八十里 ▪《名臣經濟錄》卷51 工部都水下漕河圖志敍

天津衛運河自**楊青驛**十里至丁字沽 ▪《行水金鑑》卷155 運河水(3-23)

直沽城 **大直沽**在縣南一百里**小直沽**在縣北九十里 ▪ 嘉靖《河間府志》卷1 地理 靜海縣

東南運艘由**直沽**百十里至河西務又百三十里至張家灣 ▪《日下舊聞考》卷110 京畿 通州

天津衛城 **天津衛**…在直隸河間府東北三百里靜海縣小直沽 ▪《行水金鑑》卷143 運河水

天津衛…南至靜海縣七十五里北至楊村驛六十里 ▪《行水金鑑》卷143 運河水

丁字沽 **丁字沽**在小直沽西南 ▪ 嘉靖《河間府志》卷1 地理 靜海縣

丁字沽三汊河十里至尹兒灣 ▪《行水金鑑》卷155 運河水

天津府

武淸縣

海口里 原直沽在縣東南一百二十里……東南四十里名**海口** ▪《欽定日下舊聞考》卷112 京畿 武淸縣

河東巡更所

桃花口 武淸縣城東南爲蔡村舖**桃花口**舖 ▪《畿輔通志》卷44 鋪司 順天府

桃花口十里至滿溝 ▪ 欽定四庫全書行水金鑑 卷155 運河水

由楊村而東南二十里爲**桃花口**又二十里爲丁字沽 ▪《欽定大淸一統志》卷7 順天府四 觀隘

尹兒灣	**尹兒灣**在天津縣東 ▪《欽定大清一統志》卷17 天津府
	尹兒灣十里至桃花口 ▪《行水金鑑》卷155 運河水
蒲溝兒	**滿溝**十里至下老米店 ▪《行水金鑑》卷155 運河水
下老米店	**下老米店**十里至順天府武清縣 ▪《行水金鑑》卷155 運河水
楊村驛	**楊村驛**在縣南五十里 ▪《欽定日下舊聞考》卷112 京畿 武淸縣
	河西驛至本縣**楊村驛**九十里 ▪《名臣經濟錄》卷51 工部都水下漕河圖志敍
	自武淸縣**楊村驛**三十里至南北蔡村 ▪《行水金鑑》卷155 運河水
上老米店	
白河里	
南蔡村	**南蔡村**在縣東南三十里 ▪康熙《武淸縣志》卷3 地理 集市
北蔡村	**北蔡村**在縣東南二十五里 ▪康熙《武淸縣志》卷3 地理 集市
	南**北蔡村**十里至磚廠十里至王家務 ▪《行水金鑑》卷155 運河水
王家務	**王家務**十里至桀村十里至白廟 ▪《行水金鑑》卷155 運河水
杜口	
雙淺	
蒙村	**蒙村**集在縣東北三十里. ▪康熙《武淸縣志》卷3 地理 集市
白廟兒	**白廟**十里至河西務對岸 ▪《行水金鑑》卷155 運河水
河西巡檢司	
	河西巡檢司與驛同城. ▪萬曆《順天府志》卷2 營建 公署 武淸縣
河西驛	武淸縣**河西驛**在縣治東北三十里 ▪《畿輔通志》卷43 驛站舖司
	和合驛至武淸縣河西驛九十里 ▪《名臣經濟錄》卷51 工部都水下漕河圖志敍
要兒渡口	**要兒渡口**. ▪康熙《武淸縣志》卷3 地理 堤岸
下馬頭	
納鈔廳	
天妃廟	
中馬頭	
車榮兒	**車營口堤**. ▪康熙《武淸縣志》卷3 地理 堤岸
上馬頭	
河西務	**河西務**集在縣東北三十里. ▪康熙《武淸縣志》卷3 地理 集市
	武淸曰河西驛在縣東北三十里**河西務** ▪光緖《順天府志》經政志11 驛傳
土門樓	**土門樓**. ▪康熙《武淸縣志》卷3 地理 鄕鎭
葉青店	

王家圷渡口

魯家塢

攀縉口

蕭家林里

通州

漷縣

和合驛 **和合驛**在州城東南三十五里. ▪萬曆 順天府志 卷2 營建 公署 通州
通州曰**和合驛**在州東南三十五里 ▪光緒《順天府志》經政志11 驛傳

漷縣(馬頭巡檢司→崔氏園亭)

火燒屯 **火燒屯**. ▪康熙《武淸縣志》卷3 地理 鄕鎭

公雞店 **公雞店淺**. ▪康熙《通州志》卷3 漕運 設淺

李二寺 **里二泗淺**. ▪康熙《通州志》卷3 漕運 設淺

長店兒 長店運河在城北安德鄕有通衢曰**長店**. ▪康熙《通州志》卷1 封域

大通關 **大通關**在張家灣長店. ▪萬曆《順天府志》卷2 營建 公署 通州

渾河口

土橋巡檢司
土橋巡檢司在張家灣. ▪康熙《通州志》卷2 建置 舊城公署

張家灣 **張家灣**通州城南. ▪萬曆《順天府志》卷1

東嶽廟

東關鋪

潞河水馬驛(通津驛) **潞河水馬驛在舊城東關**. ▪萬曆《順天府志》卷2 營建 公署 通州
有潞河驛在通州故城東關外潞西. ▪光緒《順天府志》經政志11 驛傳

通州舊城

城東門(入)

旌表田拱尙義門

大運中倉門 **大運中倉**在舊城西南內迤西. ▪康熙《通州志》卷3 漕運 倉廒

進士門

舊城西門(出)

通州新城

新城第一鋪

大運西倉門 **大運西倉**在舊城西門外新城之中. ▪康熙《通州志》卷3 漕運 倉廒

玄靈觀

新城西門(出)
永濟寺 **永濟寺**在雙橋. ▪ **康熙《通州志》卷2 建置 寺觀庵堂**
廣惠寺
崇文橋
皇城
崇文門(皇城東南)
會同館(玉河館) 會同館在大興縣東王府街 ▪ **光緒《順天府志》京師志7 衙署**
玉河橋
崇文門(出)
通州新·舊城
潞河驛 有潞河驛在通州故城東關外潞西 ▪ **光緒《順天府志》經政志11 驛傳**

三河縣
白河
火燒屯
照里鋪
煙角集
馬義坡
夏店鋪 **夏店急遞**鋪在縣西至五十里. ▪ **萬曆《順天府志》卷2 營建 公署 三河縣**
柳河屯
夏店驛 舊有驛二東曰公樂西曰**夏店**去縣各二十里 ▪ **光緒《順天府志》經政志11 驛傳**
白浮圖鋪 **白浮圖**鋪在縣西十里. ▪ **萬曆《順天府志》卷2 營建 公署 三河縣**
東關遞運所
三河縣城
南門(入)
進士門
大僕分寺
南門(出)
草橋店
煙屯鋪
石碑店
東嶺鋪
公樂驛 舊有驛二東曰公樂西曰夏店去縣各二十里 ▪ **光緒《順天府志》經政志11 驛傳**

薊州

白澗鋪　**百澗鋪**州西四十里. ▪ 嘉靖《薊州志》卷2 郵驛 鋪舍附

二十里鋪

十里鋪　**十里鋪**州西十里. ▪ 嘉靖《薊州志》卷2 郵驛 鋪舍附

漁陽驛　**驛**在薊州城南五里許 ▪《漂海錄》

城南門外三里有村曰管驛卽明之**漁陽驛**也…最後移驛號於州署之西原 ▪ 民國33年《薊縣志》卷8 故事 驛傳

永濟橋

泰山東岳廟

五里店

八里鋪　**八里鋪**州南十里. ▪ 嘉靖《薊州志》卷2 郵驛 鋪舍附

別山里

玉田縣

石河鋪　**石河**舖縣西四十里. ▪ 萬曆《永平府志》卷6 公廨 玉田縣

枯樹里　**枯樹**舖縣西三十里. ▪ 萬曆《永平府志》卷6 公廨 玉田縣

陽樊驛　**陽樊驛**舊在城西二十里. ▪ 萬曆《永平府志》卷6 公廨 玉田縣

扣諭鋪　**拘榆**舖縣西八里. ▪ 萬曆《永平府志》卷6 公廨 玉田縣

采亭橋(藍水河)

采亭舖縣西二十里. ▪ 萬曆《永平府志》卷6 公廨 玉田縣

玉田縣城

- 藍田門(入)
- 藍田遞運所
- 孝子李茂旌門
- 城東門(興州左屯衛門出)

韓家莊　**韓家**舖縣東八里. ▪ 萬曆《永平府志》卷6 公廨 玉田縣

兩家店　**兩家店**舖縣東二十里. ▪ 萬曆《永平府志》卷6 公廨 玉田縣

豐潤縣

沙流河鋪　**沙流河**舖在縣西四十里. ▪ 萬曆《永平府志》卷6 公廨 豐潤縣

鋪遞九所…**沙流河**城西四十里 ▪ 光緒17年修民國10年鉛印本《豐潤縣志》下 官署

永濟驛

浭水(還鄉河)

還鄉河卽浭水距縣七十里 ▪民國20年《遷安縣志》卷1 山川

登雲門

豐潤縣

城西門(入)

火神廟 **火神廟**在甕城. ▪隆慶《豐潤縣志》卷5 祀典誌 廟宇

武安王廟

騰霄門

繡衣門

城東門(興州前屯衛出)

在城總鋪 **在城總**鋪在縣東. ▪萬曆《永平府志》卷6 公廨 豐潤縣

鋪遞九所**總**鋪在縣治前. ▪光緖17年修民國10年鉛印本《豐潤縣志》卷1 官署

東關遞運所

東關遞運所在縣東. ▪萬曆《永平府志》卷6 公廨 豐潤縣

遞運所大使署在縣東關 ▪光緖17年修民國10年鉛印本《豐潤縣志》下 官署

林城鋪 **垠城**舖縣東十里. ▪萬曆《永平府志》卷6 公廨 豐潤縣

垠城舖城東十五里. ▪光緖17年修民國10年鉛印本《豐潤縣志》卷1 官署

義豐驛 **義**豐**驛**在縣東二十里. ▪萬曆《永平府志》卷6 公廨 豐潤縣

義豐**驛**在縣東二十里. ▪光緖17年修民國10年鉛印本《豐潤縣志》下 官署

鐵城鋪 **鐵城坑**在縣東三十里. ▪萬曆《永平府志》卷6 公廨 豐潤縣

一鐵城坑原設鋪一座鋪兵二名(西接豐潤縣界) ▪光緖24年《灤州志》卷10 建置 營汎鋪遞附

灤州

狼窩鋪 榛子鎭鋪又十里**狼窩**舖. ▪萬曆《永平府志》卷6 公廨 豐潤縣

一狼窩鋪原設鋪一座鋪兵二名 ▪光緖24年《灤州志》卷10 建置 營汎鋪遞附

杏兒峴

榛子鎭 忙牛橋舖又十里**榛子鎭**舖. ▪萬曆《永平府志》卷6 公廨 灤州

一榛子鎭原設鋪一座鋪兵二名 ▪光緖24年《灤州志》卷10 建置 營汎鋪遞附

榛子鎭城西北九十里 ▪光緖24年《灤州志》卷8 封域中 市鎭

忙牛橋店 甸子舖又十里**忙牛橋**舖. ▪萬曆《永平府志》卷6 公廨 灤州

一牻**牛橋**原設鋪一座鋪兵二名 ▪光緖24年《灤州志》卷10 建置 營汎鋪遞附

佃子里鋪 自總舖而西北七十里**甸子**舖. ▪萬曆《永平府志》卷6 公廨 灤州

遷安縣

新店遞運所

新店遞運所遷安縣西六十里. ▪萬曆《永平府志》卷6 公廨 遷安縣

柒家嶺驛	**七家嶺驛**縣南五十里. ▪萬曆《永平府志》卷6 公廨 遷安縣
	七家嶺驛在縣西南四十里許. ▪萬曆《永平府志》卷2 建置 遷安縣
	七家嶺又二十里崖子舖而分東西, 自東十里沙窩舖. ▪萬曆《永平府志》卷6 公廨 遷安縣
沙河	**沙河**距城五十里. ▪叢書《遷安縣志》卷1 彊域 土壤
沙窩	**沙窩**舖又十里色山舖. ▪康熙《永平府志》卷6 公廨 遷安縣
色山	**色山**舖又十里至盧龍赤峯舖. ▪康熙《永平府志》卷6 公廨 遷安縣
	赤峯舖又十里至遷安**色山**舖. ▪萬曆《永平府志》卷6 公廨 遷安縣
赤峯	白佛店舖又十二里安河**赤峯**舖. ▪萬曆《永平府志》卷6 公廨 遷安縣
白佛院	石梯子又十里**白佛店**舖. ▪萬曆《永平府志》卷6 公廨 遷安縣
石梯子	**石梯子**自總舖而西十里. ▪萬曆《永平府志》卷6 公廨 遷安縣

盧龍縣

灤河(7 · 8里)

灤**河**距城三里 ▪民國20年《遷安縣志》卷1 山川

漆河(2里)

迎恩門

世英門

冠英門

尙義門

灤河驛	灤河馬驛城南二里. ▪康熙《永平府志》卷6 城池 公廨

東關遞運所

東關遞運所東二里. ▪康熙《永平府志》卷6 城池 公廨

驢槽河	
國家鋪	國家舖(盧龍縣)東十里. ▪萬曆《永平府志》卷6 公廨 盧龍縣
十八里鋪	(國家舖)又八里**第**二舖. ▪萬曆《永平府志》卷6 公廨 盧龍縣
雙望鋪	(第二舖)又十里**雙望**舖. ▪萬曆《永平府志》卷6 公廨 盧龍縣
	儀院嶺背陰舖又十里至盧龍**雙望**舖. ▪康熙《永平府志》卷6 城池 公廨 撫寧縣

撫寧縣

儀院嶺鋪　蘆峯口鋪又十里**儀院嶺背陰**舖. ▪康熙《永平府志》卷6 城池 公廨 撫寧縣

蘆峯口鋪　綠灣舖又十里**蘆峯口**舖. ▪康熙《永平府志》卷6 城池 公廨 撫寧縣

　蘆峯口驛在縣治東南外. ▪康熙《撫寧縣志》卷3 建置 驛遞

渌湾**鋪**　自總舖而北五里**綠灣**舖. ▪康熙《永平府志》卷6 城池 公廨 撫寧縣

陽河　**陽河**今名洋河縣西里許. ▪康熙《撫寧縣志》卷2 地理 山川

民壯教場門

撫寧縣城

西門(入)

關王廟

撫寧衛　**撫寧衛**在縣治西. ▪清光緒《撫寧縣志》卷4 公署

青雲得路門

縣城東門(出)

興山鋪

背時鋪

榆關店

榆關驛　**榆關馬驛**在縣東四十里. ▪康熙《撫寧縣志》卷3 建置 驛遞

牛山鋪

張古老河　**張果老河**在縣東五十里. ▪康熙《撫寧縣志》卷2 地理 山川

娘子河

石河　**石河**在縣西北十二里. ▪康熙《撫寧縣志》卷2 地理 山川

　石河義州南三十里. ▪康熙《廣寧縣志》卷1 地理 山川

遷安驛　**遷安馬驛**城西門外. ▪《山海關志》卷3 建置 倉庫驛遞

　驛在山海衛城西門外 ▪《漂海錄》

山海衛

調橋

山海衛城

西門(入)

儒學門

步雲門

給事坊

亞元門

靈應廟

東北第一關(山海關)
關東城門(東關樓出)

東關橋

東遼一鋪

鎭遠鋪

前屯衛

中前千戶所

中前千戶所城

高嶺驛 (寧遠衛)**高嶺驛**前屯衛西南三十五里. ▪康熙《錦州府志》卷3 建置 驛舖
高嶺驛前屯衛西南三十五里. ▪康熙《寧遠州志》卷2 建置 驛舖
高嶺驛城(寧遠州城)城西南一百五十里. ▪康熙《錦州府志》卷3 建置 城池

前屯衛

城南門(入)
迎恩門
承恩門
治政門
永安門
衛館
崇禮門(城東門出)

東嶽廟 **東嶽廟**在城東門外. ▪民國9年《錦縣志》卷4 建置下
東嶽廟東關. ▪康熙《錦州府志》卷4 建置 寺廟

沙河驛 (寧遠衛)**沙河驛**前屯衛東北四十三里. ▪康熙《錦州府志》卷3 建置 驛舖
沙河驛前屯衛東北四十三里. ▪康熙《寧遠州志》卷2 建置 驛舖

中後千戶所

張公墓

雙墩鋪

王公墓

前屯衛中後千戶所城

瑞寧門(南門入)
所館
慶春門(東門出)

東關驛　　(寧遠衛) **東關驛**寧遠衛西南六十里. ▪康熙《錦州府志》卷3 建置 驛舖
東關驛寧遠衛西南六十里. ▪康熙《寧遠州志》卷2 建置 驛舖
東關驛城(寧遠州城)城西南六十里. ▪康熙《錦州府志》卷3 建置 城池

寧遠衛

中右千戶所

曲尺河鋪

大沙河

寧遠衛中右千戶所城

南薰門(入)
武安王廟
所館
永和門(出)

小沙河

曹莊驛城　　(寧遠衛) **曹莊驛**寧遠衛西南十三里. ▪康熙《錦州府志》卷3 建置 驛舖
曹莊驛寧遠衛西南十三里. ▪康熙《寧遠州志》卷2 建置 驛舖
曹莊驛城(寧遠州城)城西南十二里. ▪康熙《錦州府志》卷3 建置 城池

寧遠衛城

城南門(入)
迎恩門
進士門
崇敬門
迎恩街
衛館
春和門(城東出)

聖塘溫泉

桑樹鋪　　**雙樹**舖城城東十八里. ▪康熙《寧遠州志》卷2 建置 公署

連山驛　　(錦縣) **連山驛**寧遠衛東北三十二里. ▪康熙《錦州府志》卷3 建置 驛舖

中左千戶所

五里河　　**五里河**城西南八十五里. ▪康熙《錦州府志》卷1 輿志 山川 錦縣

塔山所城(寧遠衛中左千戶所) 廢塔山千戶所在城西南六十里明宣德三年置 ▪民國9年《錦縣志》卷3 建置上

海寧門(入)

進士門
所館
城東門(出)

杏山驛 (錦縣) **杏山驛**錦州城西南六十里. ▪康熙《錦州府志》卷3 建置 驛鋪
杏山在城西南四十里舊有杏山驛 ▪民國9年《錦縣志》卷1 地理
杏山在廣寧左屯衛西南四十里今有杏山驛 ▪《方輿紀要》?

中屯衛

中左千戶所

中屯衛中左千戶所城
靖安門(入)
定遠門(出)

淩河驛 (錦縣) **小淩河**驛錦州城南三十里. ▪康熙《錦州府志》卷3 建置 驛鋪
(十三山站) 五十四里至**小淩河站**. ▪民國9年《錦縣志》卷4 建置下 驛站

左屯衛

廣寧左屯衛在府治西. ▪民國9年《錦縣志》卷3 建置上 古宮殿衙署

中左千戶所

小淩河(驛城東)
小淩河在城西門外 ▪民國9年《錦縣志》卷1 地理上 山水

荊山鋪

左屯衛中左千戶城
海寧門(入)
臨河門(出)

十三山驛 (錦縣) **十三山驛**右屯衛西北三十五里. ▪康熙《錦州府志》卷3 建置 驛鋪
十三站嶺在城東六十九里 ▪民國9年《錦縣志》卷1 地理

山後鋪

楡林鋪

閭陽驛 (錦縣) **閭陽驛**城(廣寧縣城) 城西南五十里. ▪康熙《錦州府志》卷3 建置 城池
閭陽驛廣寧衛南五十里. ▪康熙《錦州府志》卷3 建置 驛鋪
錦縣東北一百十四里有**閭陽驛** ▪民國9年《錦縣志》卷4 建置下

廣寧衛

廣寧前屯衛在崇禮衛北. ▪康熙《寧遠州志》卷2 建置 公署
廣寧衛廣寧路舊阯. ▪康熙《錦州府志》卷2 建置 公署

四塔鋪

二鋪(?)

接官亭

廣寧衛城

迎恩門(城西入)

進士坊

廣寧驛 **廣寧衛在城驛**泰安門西北街. ▪ **康熙《廣寧縣志》卷2 建置 驛舖**

廣寧衛在城驛泰安門西北街. ▪ **康熙《錦州府志》卷3 建置 驛舖**

察院

普慈寺 **普慈寺**城東南隅. ▪ **康熙《廣寧縣志》卷2 建置 驛舖**

泰安門(城東門出)

鍾秀橋

泉水鋪

平甸鋪

潮溝鋪

盤山驛 **盤山驛**廣寧衛東四十五里. ▪ **康熙《錦州府志》卷3 建置 驛舖**

盤山驛城(廣寧縣城)城東南五十里. ▪ **康熙《錦州府志》卷3 建置 城池**

要站鋪

高平驛 **高平驛**廣寧衛東九十五里. ▪ **康熙《錦州府志》卷3 建置 驛舖**

清泉鋪

新河橋

通河橋

通河鋪

沙嶺驛

海州衛

高墩鋪

新關門

大臺

三**官廟** 三**官廟**建北門外里許. ▪ **康熙《鐵嶺縣志》卷上 建置 公廨**

河灣鋪

三汊**河(遼河)**

三汊**河**城東南一百九十里係遼河. ▪ **康熙《錦州府志》卷1 輿地 山川 廣寧縣**

遼河渡

臨河橋

牛家莊驛

石井鋪

沙河在城鋪

沙河鋪三十里至安山站. ▪民國17年《遼陽縣志》卷2 山川 道路

在城驛 驛在海州衛城西門外 ▪《漂海錄》

遞運所

土河鋪

甘泉鋪

關王廟

鞍山驛 **鞍山驛**城西南六十里. ▪民國17年《遼陽縣志》卷3 城池 公廨

沙河鋪…三十里**鞍山驛**舖. ▪康熙《遼陽州志》卷10 驛站 舖遞

沙河鋪三十里至**鞍山站**. ▪民國17年《遼陽縣志》卷2 山川

武安王廟 明**武安王廟**卽西八里莊關帝廟 ▪民國17年《遼陽縣志》卷5 壇廟志5

長店鋪 **長店**舖城城西南五十里. ▪康熙《遼陽州志》卷8 城池

沙河鋪 **沙河**舖…三十里鞍山驛舖. ▪康熙《遼陽州志》卷10 驛站 舖遞

沙河鋪三十里至鞍山站 ▪民國17年《遼陽縣志》卷2 山川

首山鋪 **首山鋪**十五里至沙河鋪 ▪民國17年《遼陽縣志》卷2 山川

遞運所城(八里莊)

八里莊堡城西南八里. ▪康熙《遼陽州志》卷8 城池

接官亭

遼陽在城驛

遼陽在城驛本城西關內. ▪民國17年《遼陽縣志》卷3 城池 公廨

驛城東門

關王廟

遼東城 遼陽城漢唐以來皆謂之**遼東城**. ▪民國17年《遼陽縣志》卷3 城池 公廨

兀良哈館

泰和門 遼東城門六南二左安定右**泰和**. ▪民國17年《遼陽縣志》卷3 城池 公廨

安定門 遼東城門六南二左**安定**右泰和. ▪民國17年《遼陽縣志》卷3 城池 公廨

朝鮮館

石河兒

高麗洞	陸路出城東由鵝房分二支南支由枯榆樹·**高麗村**望寶台**大小石門嶺**至**湯河**沿經**頭關站**金寶灣逾馬蹶嶺循河而東南至**浪子山**再東經二道河**青石嶺**三道嶺至**甛水站**又東越摩天嶺計行百二十里入本溪界**連山關**. ▪ 民國17年《遼陽縣志》卷2 山川
大石門嶺	**大石門嶺**城東南四十五里. ▪ 民國17年《遼陽縣志》卷2 山川 高麗洞 참조.
王都督墓	
小石門嶺	**小石門嶺**城東南五十里在大石門嶺南. ▪ 民國17年《遼陽縣志》卷2 山川 高麗洞 참조.
柳河兒	
湯河兒	**湯河**源出遼融接界之南分水嶺 ▪ 民國17年《遼陽縣志》卷2 山川 高麗洞 참조.
頭巾站	高麗洞 참조.
狼子山	**浪子山**在遼陽河南六十里. ▪《欽定大清一統志》卷38 奉天府 山川 高麗洞 참조. **浪子山**八十里至甛水站. ▪ 民國17年《遼陽縣志》卷2 山川 **浪子山**城東南七十里. ▪ 民國17年《遼陽縣志》卷2 山川
顯得寨里	
顯得嶺	
青石嶺	**青石嶺**城東南八十里. ▪ 民國17年《遼陽縣志》卷2 山川 高麗洞 참조.
甛水河兒	**甛水站城**城西北一百八十里. ▪《欽定盛京通志》卷29 城池 奉天府 鳳凰城界內 歷代城址 **甛水站**五十里至本溪之連山關. ▪ 民國17年《遼陽縣志》卷2 山川
高嶺	
泰子河	**太子河**遼境諸水以太子河流域爲最長 ▪ 民國17年《遼陽縣志》卷2 山川
連山關	**連山關**在都司城東南一百八十里朝鮮入貢之道. ▪《明一統志》卷25 遼東都指揮使司 關梁 甛水站五十里至本溪之**連山關**. ▪ 民國17年《遼陽縣志》卷2 山川 高麗洞 참조.
連山河	
白家莊	
分水嶺	南**分水嶺**城東南一百四十里與鳳城分界. ▪ 民國17年《遼陽縣志》卷2 山川

鳳城縣

通遠堡	**通遠堡**距城九十里. ▪民國《鳳城縣志》卷1 地理 村屯
	通遠堡在鳳凰城西北一百里. ▪《欽定大清一統志》卷39 奉天府2 古蹟
李海屯	
斜哨屯河	
李勝屯	
斜哨大嶺	
八渡河(半塗河)	
	八道河. ▪《鳳凰廳鄉土志》
長嶺兒	
薛里站	**雪里站城**城西北四十里. ▪《欽定盛京通志》卷29 城池 奉天府 鳳凰城界內 歷代城址
白言嶺	
奴哥禿	
奴哥河兒	
奴哥嶺	
干河兒	
鳳凰山	**鳳凰山**城東南十里. ▪民國《鳳城縣志》卷1 地理 山脈
開州城	**開州城**在城南四十里. ▪民國《義縣志》中卷 建置 古蹟
王斌吉塔里	
餘溫者介河兒	
寬得洛谷	
湯山站	**湯山站**城東南五十里. ▪《欽定盛京通志》卷29 城池 奉天府 鳳凰城界內 歷代城址
九連城(婆娑堡)	
	九連城在鳳凰城東近朝鮮界. ▪《欽定大清一統志》卷39 奉天府2 古蹟
楓浦	
吾夜江	
鴨綠江	
難子江	
義州城	

최부 표해록 연구문헌 목록

■ 版本

東洋文庫本, 甲寅字, 中宗後期 추정.

日本 東洋文庫 ·고려대학교도서관 華山文庫(卷1)

陽明文庫本, 木板, 宣祖2年(隆慶3年).

日本 陽明文庫 · 日本 內閣文庫(筆寫本)

金澤文庫本, 木板, 宣祖6年(萬曆元年).

日本 金澤文庫

奎章閣本, 木板, 肅宗2年(康熙15年). 《錦南集》에 수록.

奎章閣(卷2, 3) · 고려대학교도서관(卷2) · 북제주군 애월도서관(卷2)

藏書閣本, 木板, 英祖元年(雍正3年).

藏書閣 · 국립중앙도서관 · 고려대학교도서관 晩松文庫(卷1)

華山文庫本, 高宗33年(光緒18年).

고려대학교도서관 華山文庫 · 고려대학교도서관 晩松文庫(卷3)

연세대학교중앙도서관

■ 影印

《燕行錄選集》. 성균관대학교 대동문화연구원, 1962. 藏書閣本.

《국역 연행록선집》. 이재호 역. 민족문화추진회 고전국역총서, 1976. 藏書閣本.

《표해록》. 한국연구자료총간 4. 경희대학교 전통문화연구소, 1978. 內閣文庫本(日本, 筆寫本).

《漂海錄》. 최기홍 역. 三和印刷株式會社, 1979 ;《금남선생 표해록》. 教養社, 1989 ;《최부 표해록》. 教養社, 1997. 藏書閣本.

《錦南集》. 민족문화추진회 韓國文集叢刊 16. 1988. 東洋文庫本 (卷1, 고려대학교도서관 華山文庫 所藏) ; 奎章閣本 (卷2, 3, 奎章閣 所藏)

《錦南先生文集》. 경인문화사, 1992. 檀紀4287年 (1954) 刊本, 木活字本.

■ 標點

〈漂海錄〉. 牧田諦亮,《策彥入明記硏究》. 1959.

〈漂海錄〉.《錦南集》. 민족문화추진회 韓國文集叢刊 16. 1988.

《漂海錄》. 葛振家. 社會科學文獻出版社, 1992.

■ 飜譯

淸田君錦.《唐土行程記》. 皇都書林, 1769 ;《通俗漂海錄》(改題). 東都書林 · 浪華書林 · 皇都書林, 1795.

失名,《표히록》. 1873년경 (筆寫本).

Meskill, John. *A Record of Drifting across the Sea, Pyohae-rok 漂海錄*. 1958.

김찬순. 〈표해록〉.《기행문집 (1)》. 문예출판사, 1964.

Meskill, John. *Choe Pu's Diary : A Record of Drifting across the Sea*. Tucson : The University of Arizona Press, 1965.

李載浩. 〈漂海錄〉.《국역 연행록선집》. 민족문화추진회 고전국역총서. 민족문화추진회, 1976.

崔基弘.《漂海錄》. 三和印刷株式會社, 1979.

崔周容.《漂海錄》. 極東精版社, 1984.

崔基弘.《금남선생 표해록》. 教養社, 1989.

김찬순. 〈표해록〉.《기행문집 (1)》. 조선고전문학선집 20. 문예출판사, 1990.

洪林. 〈표해록〉.《기행문집》. 民族出版社, 1991.

허문섭. 〈표해기〉.《기행문집》. 해누리, 1994.

최기홍.《최부 표해록》. 교양사, 1997.

서인범 · 주성지.《표해록》. 한길사, 2004.

■ **論著**

牧田諦亮.〈漂海錄と唐土行程記〉.《策彥入明記硏究》. 法藏館, 1959.

Meskill, John. "Introduction." *A Record of Drifting across the Sea, Pyohae-rok 漂海錄*. Submitted in partial fulfillment of the requirements for the degree of Doctor of Philosophy, in the Faculty of Philosophy. Columbia University, 1958 ; *Choe Pu's Diary : A Record of Drifting across the the Sea*. Tucson : The University of Arizona Press, 1965 재수록.

高柄翊.〈成宗朝 崔溥의 漂流와 漂海錄〉.《李相伯博士回甲紀念論叢》. 1964 ;〈崔溥의 錦南漂海錄〉.《東亞交涉史의 硏究》. 서울大學校 出版部, 1970 재수록.

金炳夏.〈崔溥와 하멜의 漂流記에서 본 社會相과 意識構造〉.《문화비평》, 5권 1호, 1973.

高柄翊.〈메스킬 "崔溥漂海錄" 譯註〉.《東洋史學硏究》, 1집, 1966 ;〈崔溥의 漂流記〉.《東亞史의 傳統》. 一潮閣, 1976 재수록.

鄭炳昱.〈표해록에 대하여〉.《한국고전의 재인식》. 弘盛社, 1979.

崔康賢.〈한국 해양문학 연구〉.《省谷論叢》, 12집, 1981.

崔康賢.〈기행가사의 유형적 고찰〉.《韓國紀行文學硏究》. 一志社, 1982.

牧田諦亮.〈漂海錄と唐土行程記〉.《金澤文庫硏究》, 272호, 1984.

牧田諦亮.〈唐土行程記談義〉.《神田博士追悼中國學論叢》. 1986.

金在先.〈崔溥 "漂海錄" 與明代海防〉.《第一屆中國域外漢籍國 際學術會議論集》. 1987.

張德順.〈海洋文學의 白眉 "漂海錄"〉.《여행과 체험의 문학—국토기행》. 1987.

金在先.〈明弘治年間南北水陸交通及衛所之考察〉.《第四屆中國域外漢籍國際學術會議》. 1991.

葛振家.〈序文—漂海錄初探〉.《漂海錄》. 1992.

金在先.〈明弘治年間中國江南江北的人文社會生活及習俗之考察〉.《第五屆中國域外漢籍國際學術會議論集》. 1992.

崔來沃.〈"漂海錄" 硏究〉.《比較民俗學》, 10집, 1993.

葛振家.〈"漂海錄" 學術價值再檢討〉. 第2回朝鮮硏究環太平洋 國際會議. 1994 ;〈"漂海錄" 價値再探〉.《當代韓國》, 秋季号. 1994 ;《韓國學論

文集》, 第3輯, 1994 재수록 .

金在先. 〈"漂海錄" 中明弘治年間之蘇州景觀〉. 《第九屆中國域 外漢籍國際學術會議》. 1994.

金在先. 〈崔溥 "漂海錄" 與明代弘治年間之杭州地區景觀〉. 《中國社會史學會第五屆年會》. 1994.

金在先. 〈崔溥從明國還國後經歷考〉. 《第十屆中國域外漢籍國際學術會議》. 1994.

楊萬鼎. 〈錦南崔溥漂海錄 撰進에 따른 受難과 戊午被禍에 대한 考察〉. 1994.

尹致富. 〈燕行綠選集 所載 崔溥의 漂海錄〉. 《한국해양문학연구》. 학문사, 1994.

葛振家. 《崔溥漂海錄研究》. 社會科學文獻出版社, 1995.

張德順. 〈異國紀行의 錦南崔溥漂海錄〉. 《韓國 隨筆文學史》. 도서출판 박이정, 1995.

曺永祿. 〈崔溥漂海錄所描寫的十五世紀下半期中國－朝鮮士 人官僚之批判性觀察〉. 《明史論文集, 第六屆明史國際 學術討論會》. 1997.

尹致富. 《註解 표히록》. 도서출판 박이정, 1998.

曺永祿. 〈近世 東亞 三國의 傳統社會에 관한 比較史的 고찰－崔溥의 "漂海錄"과 日譯 "唐土行程記"를 中心으 로〉. 《東洋史學研究》, 64, 1998.

김기주. 〈"漂海錄"의 저자 崔溥 연구〉. 《全南史學》, 19, 2002.

서인범. 〈조선 관인의 눈에 비친 중국의 강남－崔溥 "漂海錄"을 중심으로〉. 《曺永祿教授定年紀念論叢 東國 史學》, 第37輯, 2002.

松浦章. 〈明代漂到中國的朝鮮船〉. 《明清時代中國與朝鮮的交流》. 樂學書局, 2002.

曺永祿. 〈15세기 한 · 중 두 나라의 문화적 이질성－崔溥의 "漂海錄"을 중심으로〉. 《近世 동아시아 三國의 國際交流와 文化》. 지식산업사, 2002.

주성지. 〈漂海錄을 통한 韓中航路 分析〉. 《曺永祿教授定年紀 念論叢 東國史學》, 第37輯, 2002.

朴元熇. 〈崔溥 "漂海錄" 研究述評〉. 《史叢》, 56집, 2003.

朴元熇. 〈崔溥 "漂海錄" 版本考〉. 《書誌學研究》, 26집, 2003.

朴元熇. 〈崔溥 "漂海錄" 校勘記〉, 《書誌學報》, 27집, 2003.

서인범. 〈崔溥 "漂海錄" 연구〉. 《國史館論叢》, 102, 2003.

金民. 〈朝鮮人眼中的中國運河風情－崔溥 "漂海錄" 爲中心〉. 京都大學大學院文學硏究科 編. 《人文知の新たな總合に向けて》, 第二回報告書 '歷史篇'. 2004.

朴元熇. 〈明代 朝鮮 漂流民의 送還節次와 情報傳達－崔溥 "漂海錄"을 중심으로〉. 《明淸史硏究》, 24輯, 2005.

朴元熇. 〈朝鮮人이 본 明 '弘治中興'의 兆朕－弘治원년(1488)의 崔溥 "漂海錄"을 중심으로〉. 《中國學論叢》, 16輯, 2005.

朴元熇. 〈15世紀 中國人의 朝鮮認識－崔溥 "漂海錄"을 길잡이로 삼아〉. 《15-19세기 중국인의 조선인식》. 고구려연구재단 연구총서 9. 2005.

朴元熇. 〈崔溥 "漂海錄" 飜譯述評〉. 《韓國史學報》, 21호, 2005.

洪性鳩. 〈두 외국인의 눈에 비친 15·16세기의 中國－崔溥 " 漂海錄"과 策彦 "入明記"의 比較〉. 《明淸史硏究》, 24 輯, 2005.

■ **說叢**

權五惇. 〈漂海錄〉. 《독서신문》, 1973. 5. 20-8. 12. (12회)

최강현. 〈기행가사의 유형적 고찰〉. 《한국기행문학연구》. 일지사, 1982.

한송주. 〈湖南學－崔溥〉, 《光州日報》 1993. 5. 15-6. 19.

최진환. 〈錦南선생 "漂海錄"을 따라서〉. 《한국일보》, 1994. 6. 18-7. 7. (2회)

金井昊. 〈표해록을 따라〉. 《無等日報》, 1994. 11. 1-1995. 4. 4. (19회)

박태근. 〈崔溥의 明나라 표류기 "漂海錄"〉. 《한국일보》, 1997. 9. 1-12. 22.

葛振家. 〈寧海越溪 '崔溥漂流事跡碑'文〉. 中國 浙江省 寧海縣 越溪村, 2002. 7.

김기주. 〈"표해록"의 저자 최부에 관한 연구〉. 《최부의 "표해록"을 계기로 본 한중교류증진방안》. 호남대·浙江 旅遊大學 자매결연체결기념 국제학술회의. 호남대학교 호남 발전연구원·浙江旅遊大學, 2002년 11월 21일.

안종수. 〈"표해록"을 계기로 본 한중관광증진방안 연구〉. 호남대·浙江旅遊大學 자매결연체결기념 국제학술회의, 《최부의 "표해록"을 계기로 본 한

중교류증진방안》, 호남대학교 호남발전연구원 · 浙江旅遊大學, 2002년 11월 21일.

劉俊和. 〈최부와 "표해록"이 가지는 의미〉. 호남대 · 浙江旅 遊大學 자매결연체결기념 국제학술회의, 《최부의 "표해록"을 계기로 본 한중교류증진방안》, 호남대학교 호남발전연구원 · 浙江旅遊大學, 2002년 11월 21일.

曺永祿. 〈錦南 "漂海錄"의 동아시아 交流史的 硏究와 그 몇 가지 課題〉. 호남대 · 浙江旅遊大學 자매결연체결기념 국제학술회의. 《최부의 "표해록"을 계기로 본 한중교류증진방안》. 호남대학교 호남발전연구원 · 浙江旅遊 大學, 2002년 11월 21일.

최철호. 〈청년 崔溥와 그의 "漂海錄"〉. 《월간 붓다》, 2002. 12. 27.

주성지. 〈조선의 마르코폴로 '崔溥'〉. 《내외저널》, 2003년 5월.

박원호. 〈최부의 발자취를 따라—조선선비의 중국기행기 "표해록"을 추적하다〉. 《내일을 여는 역사》, 13호, 2003. 9 ; 14호, 2003. 12 ; 15호, 2004. 3.

메스킬. 〈미국인 동양학 교수의 辯〉. 《월간중앙》, 2004년 11월.

박태근. 〈崔溥의 표류지 중국 浙江성 현지 르포〉. 《월간중앙》, 2004년 11월.

曺永祿. 〈조선의 마르코폴로, 최부의 표해록 연구〉. 《월간중앙》, 2004년 11월.

한만선. 〈故 고병익 전 서울대 총장의 최부論〉, 《월간중앙》, 2004년 11월.

찾아보기

인문사회과학총서 · 63

崔溥 漂海錄 研究

초판 발행 2006년 1월 25일
초판 2쇄 2007년 3월 27일

지은이 朴元熇
펴낸곳 고려대학교출판부
www.kupress.com
kupress@korea.ac.kr
136-701 서울특별시 성북구 안암동
02-3290-4230, 4232
Fax 923-6311
찍은곳 한국컴퓨터인쇄정보

ISBN 89-7641-571-X 94910
ISBN 89-7641-359-8 (세트)

값 23,000원
* 잘못 만들어진 책은 바꿔드립니다.